AWS
컨테이너 설계와 구축
철저 입문

그림과 실전 운용 사례로 배우는
최적의 컨테이너 설계와 구축의 기술

AWS
컨테이너 설계와 구축
철저 입문

그림과 실전 운용 사례로 배우는
최적의 컨테이너 설계와 구축의 기술

지은이 아라이 마사야, 우마카츠 아츠시

옮긴이 양현

펴낸이 박찬규 엮은이 전이주, 이대엽 디자인 북누리 표지디자인 Arowa & Arowana

펴낸곳 위키북스 전화 031-955-3658, 3659 팩스 031-955-3660

주소 경기도 파주시 문발로 115 세종출판벤처타운 311호

가격 32,000 페이지 468 책규격 175 x 235mm

초판 발행 2022년 06월 17일
ISBN 979-11-5839-337-3 (93000)

등록번호 제406-2006-000036호 등록일자 2006년 05월 19일

홈페이지 wikibook.co.kr 전자우편 wikibook@wikibook.co.kr

AWS 컨테이너 설계와 구축 철저 입문

그림과 실전 운용 사례로 배우는
최적의 컨테이너 설계와 구축의 기술

아라이 마사야, 우마카츠 아츠시 지음 / 양현 옮김

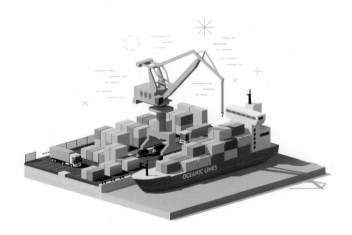

위키북스

책 사용 설명서

본문 내용을 시작하기에 앞서 이 책의 도서 홈페이지 및 예제 파일을 소개하고, 이 책에서 사용된 편집 서식에 대해 알아보겠습니다.

도서 홈페이지

이 책의 홈페이지 URL은 다음과 같습니다.

- 책 홈페이지: https://wikibook.co.kr/awsc

이 책을 읽는 과정에서 내용상 궁금한 점이나 잘못된 내용, 오탈자가 있다면 홈페이지 우측의 [도서 관련 문의]를 통해 문의해 주시면 빠른 시간 내에 안내해 드리겠습니다.

예제 파일

이 책의 예제 파일은 깃허브 저장소에서 관리됩니다. 아래 깃허브 저장소에서 예제 파일을 확인하고 내려받을 수 있습니다.

- 프런트엔드 예제 파일: https://github.com/wikibook/awsc
- 백엔드 예제 파일: https://github.com/wikibook/awsb

예제 파일이 변경될 경우 위 깃허브 저장소에 반영됩니다.

부록 안내

이 책의 부록에서는 다음과 같은 내용을 다루고 있습니다.

- 부록 A: AWS 계정 생성 및 설정
- 부록 B: 생성한 자원 삭제

AWS 계정이 없거나 처음 AWS를 사용하는 독자라면 부록 A를 통해 AWS 계정을 생성하고 초기 설정을 하는 데 도움을 받을 수 있습니다.

또한 이 책의 실습 과정에서 AWS 서비스를 이용하면서 생성된 자원을 삭제하지 않고 방치하면 요금이 발생합니다. 요금이 발생하지 않도록 실습이 끝났을 때 각 자원을 삭제하는 방법을 부록 B에서 다루고 있으니 참고하기 바랍니다.

편집 서식

이 책의 본문에 사용된 서식은 다음과 같습니다.

색상글: 본문에서 강조하는 내용을 나타냅니다.

> 여기서 '격리'가 중요하다. 컨테이너에서 실행되는 소프트웨어는 하나의 프로세스로 가동되고 있지만, 컨테이너 내의 소프트웨어에서 보면 독립된 OS 환경을 점유하고 있는 것처럼 보인다.

본문 코드: 본문에서 코드, 명령, 파일명, 옵션 등과 관련된 사항을 표기합니다.

> 컨테이너를 실행하려면 **docker container run** 명령을 실행한다.

코드 블록: 코드 예제를 나타냅니다.

이미지 삭제

```
$ docker image rm 490d2aa1d2b5
Untagged: myapp:v1
Deleted: sha256:490d2aa1d2b54afcce33a2656b942f8a7d6efd9f19ca49af335a9b9b25c81068

$ docker image ls
REPOSITORY     TAG       IMAGE ID    CREATED     SIZE
$
```

면책조항

- 이 책의 내용을 실행해서 일어나는 모든 일의 책임은 자기 자신에게 있습니다. 내용의 실행으로 발생한 직간접적인 피해에 대해 필자 및 출판사, 제품 메이커, 서점 등은 아무런 책임이 없습니다.

- 이 책에 기재된 회사명, 상품명, 제품명 등은 일반적으로 각 회사의 등록 상표 또는 상표입니다. 이 책에서는 ®, ™ 마크는 명기하지 않습니다.

요새는 스마트폰 앱 이용은 당연시되어 일상 생활에서 떼놓을 수 없는 존재가 됐다.

1시간 후의 날씨 정보를 확인하거나 매장에서 현금 없이 결제하거나 전철 환승 정보를 검색하거나 원어민과의 영어 회화 강좌를 보는 등이 앱의 대표적인 사용 예다. 그 외에도 다른 나라 사람과의 온라인 게임, SNS를 이용한 커뮤니티 활동, 맛집 정보나 요리 레시피 검색과 같이 다양한 분야에 걸쳐 이용되고 있다.

또한 앱에 대한 평가나 문의 등 사용자의 피드백도 손쉽게 받을 수 있게 됐다. 사용의 요구에 맞춰 기능을 개선하거나 새로운 기능을 신속하게 제공해 서비스의 가치를 지속적으로 높여 사용의 만족도를 높이며 사업을 성공시킬 수도 있다.

지속적으로 사업을 발전시키기 위해서는 기술을 활용해 실패에 대한 영향을 최소화하면서 신속하게 사용자에게 가치를 제공하는 것이 중요하다. 이를 실현할 수 있는 핵심 기술 중 하나가 퍼블릭 클라우드 서비스와 컨테이너 기술이다.

이 책은 대표적인 퍼블릭 클라우드 서비스인 Amazon Web Services(AWS)와 컨테이너 기술에 초점을 맞추고 있다.

이 책의 목표

이 책은 AWS를 중심으로 한 컨테이너 활용을 위한 설계 포인트와 실습 내용을 소개한다. 특히 실습은 단순히 문서를 기반으로 하는 절차가 아니라 프로덕션 환경에서의 가동이나 실제 운영을 가정한 설계 방식을 체험할 수 있는 형태로 구성했다. AWS에서 컨테이너 기술을 제대로 잘 활용하기 위한 부분에 주력한 내용이므로 컨테이너 자체의 구조나 기술에 대한 상세한 내용까지는 다루지 않는다.

컨테이너 기술이라고 하면 오픈소스 오케스트레이터인 쿠버네티스(Kubernetes)를 떠올리는 독자분도 많을 것이다. 실제로 쿠버네티스와 관련된 커뮤니티는 전 세계적으로 매우 활발하게 활동하고 있으며, 많은 서적과 웹 매체에서도 다루고 있다. 이런 자료는 어느 것 하나 훌륭하지 않은 것이 없다. 쿠버네티스에 관한 내용은 손쉽게 고급 정보를 찾을 수 있으므로 꼭 참고해 보길 권한다.

하지만 쿠버네티스는 활발히 개발되고 있어 버전업 빈도도 높아 작은 조직에서는 이를 따라가는 것만으로도 힘들다. 이 책에서는 쿠버네티스에 견주어도 손색이 없고 소규모 시스템이나 대규모 시스템에도 쉽게 적용할 수 있는 AWS 서비스인 Amazon ECS와 AWS Fargate를 중심으로 다룬다.

AWS에는 이용할 수 있는 서비스가 매우 많다. 이 책을 쓰는 시점에 200개를 훨씬 넘으며, AWS 의 웹 콘솔에서 확인할 수 있는 메뉴만 해도 197개나 된다. 물론 메뉴에 표시되지 않는 서비스 도 많다. 그중에서 Amazon ECS와 AWS Fargate는 다른 AWS 서비스와의 궁합이 좋아 제대로 조합하면 그 진가를 발휘한다. 필자는 이 서비스를 통해 현재의 앱 개발과 운영을 크게 발전시킬 수 있다고 확신한다.

이런 점에서 AWS 서비스와 컨테이너를 어떻게 유기적으로 활용할지를 생각하며 집필했다.

다시 말해서 이 책의 목표는 클라우드 네이티브인 AWS 관리형 서비스를 다수 활용하며 독자가 프로덕션 레디 환경을 구축할 수 있는 기술을 익힐 수 있도록 하는 것이다.

Amazon ECS와 AWS Fargate를 중심으로 컨테이너 애플리케이션의 단순한 운영을 목표로 하 면서도 Well-Architected 프레임워크를 고려하며 워크로드를 설계 및 구축하는 데 주안점을 뒀다. 그렇기 때문에 서비스 메시나 분산 트레이싱 같은 대규모 마이크로서비스를 전제로 하는 시스템까지는 다루지 않는다.

이 책의 필자 모두는 이 책이 독자분들의 'AWS×컨테이너' 도전에 도움이 되길 바란다.

이 책의 구성

이 책은 모두 5장으로 구성돼 있다. 컨테이너 기술의 개요에서 설계, 구축, 운영이라는 하나의 흐름을 실습이라는 형태로 다뤄 나간다.

1장에서는 도커를 중심으로 컨테이너의 개요를 소개한다. 컨테이너를 활용하는 것의 장점과 사 용 사례를 고찰하며, 컨테이너를 도입하기 위해 생각해야 할 점을 설명한다.

2장에서는 컨테이너와 관련된 AWS 서비스를 소개한다. Amazon ECS와 AWS Fargate에 대한 서비스 설명 외에도 서비스별 장점과 단점, 연계 가능한 다른 AWS 서비스에 대해 다룬다.

3장에서는 AWS에서 컨테이너를 이용할 때의 아키텍처 설계에 대해 검토한다. 이 책의 중심 주제이며, AWS Well-Architected 프레임워크 방침에 따라 최적의 컨테이너 설계를 생각해본다. 보안 설계와 신뢰성에 관한 설계뿐 아니라 검토한 아키텍처에 대한 분석과 고찰을 해나간다.

4장에서는 3장에서 검토한 설계 포인트를 바탕으로 실습 형태로 아키텍처를 구축한다. 기본적인 컨테이너 관련 AWS 서비스 이용에 중점을 두며 AWS에서 애플리케이션을 동작시키는 것을 목표로 한다.

5장은 4장 실습의 심화편으로, 운영과 보안, 최적화에 필요한 아키텍처를 구축한다. CI/CD에 필요한 AWS Code 시리즈를 비롯해 스케일 전략을 구현하는 방법을 소개한다. 그리고 로깅 구현 및 DevSecOps를 통한 지속적인 보안 컴플라이언스도 다룬다.

대상 독자

이 책은 다음과 같은 독자를 가정하고 집필했다.

- 지금부터 AWS를 활용해 컨테이너를 공부하고 싶은 분
- 온프레미스에서 클라우드 네이티브 애플리케이션으로의 마이그레이션을 검토하고 있는 분
- Lift & Shift를 위해 컨테이너를 활용하고자 하는 분
- 프로덕션 운영을 염두에 둔 컨테이너 설계를 체계적으로 학습하고 싶은 분
- 직접 실습을 하며 AWS 서비스를 공부하고 싶은 분

이 책을 최대한 활용하기 위해

이 책은 컨테이너에 필요한 설계 포인트를 소개할 뿐 아니라 실습을 통해 'AWS에서 프로덕션 환경을 가정한 플랫폼 구축 방법을 익히는 것'을 목표로 집필했다.

따라서 AWS 계정을 준비해 이 책을 읽으며 직접 실습할 것을 권장한다. 실습이 끝나면 AWS와 컨테이너에 대한 새로운 풍경이 펼쳐질 것이다.

책 내에는 많은 칼럼이 있다. 처음으로 AWS에서 컨테이너를 다뤄보는 독자뿐 아니라 어느 정도 이용 경험이 있는 독자라도 지식의 폭을 넓히기 위해 한 번 읽어보길 바란다.

이 책의 전제

이 책은 번역 시점인 2022년 2월 시점의 정보를 기반으로 한다.

기재된 AWS 서비스 이용 요금은 '1USD = 1,200원'으로 계산했다.

요금 및 실습은 모두 서울 리전의 내용을 바탕으로 하고 있다.

이 책에서 다루는 AWS 서비스에 대해

AWS의 각종 서비스 이름은 편의상 다음과 같이 표현한다.

정식 명칭	이 책에서의 표기
Amazon API Gateway	API Gateway
Amazon Aurora	Aurora
Amazon CloudFormation	CloudFormation
Amazon CloudFront	CloudFront
Amazon CloudWatch	CloudWatch
Amazon Elastic File System	EFS
Amazon Elastic Compute Cloud	EC2
Amazon Elastic Container Registry	ECR
Amazon Elastic Container Service	ECS
Amazon Elastic Kubernetes Service	EKS
Amazon EventBridge	EventBridge
Amazon GuardDuty	GuardDuty
Amazon Kinesis Data Firehose	Firehose
Amazon OpenSearch Service	OpenSearch Service
Amazon Redshift	Redshift
Amazon Simple Storage Service	S3
Amazon Simple Notification Service	SNS
Amazon Virtual Private Cloud	VPC
AWS App Mesh	App Mesh

정식 명칭	이 책에서의 표기
AWS App Runner	App Runner
AWS Auto Scaling	Auto Scaling
AWS Chatbot	Chatbot
AWS Cloud Development Kit	CDK
AWS Cloud Map	Cloud Map
AWS Cloud9	Cloud9
AWS CloudTrail	CloudTrail
AWS CodeBuild	CodeBuild
AWS CodeCommit	CodeCommit
AWS CodeDeploy	CodeDeploy
AWS CodePipeline	CodePipeline
AWS Device Farm	Device Farm
AWS Elastic Beanstalk	Elastic Beanstalk
AWS Fargate	Fargate
AWS FireLens	FireLens
AWS Identity and Access Management	IAM
AWS Key Management Service	KMS
AWS Lambda	Lambda
AWS Management Console	Management Console/관리 콘솔
AWS Organizations	Organizations
AWS PrivateLink	PrivateLink
AWS Serverless Application Model	SAM
AWS Secrets Manager	Secrets Manager
AWS Security Hub	Security Hub
AWS Step Functions	Step Functions
AWS Systems Manager	Systems Manager/SSM
AWS Systems Manager Parameter Store	Parameter Store/파라미터 스토어

정식 명칭	이 책에서의 표기
AWS Systems Manager Session Manager	Session Manager/세션 매니저
AWS Trusted Advisor	Trusted Advisor
AWS WAF	WAF
AWS Well-Architected Framework	Well-Architected 프레임워크
AWS X-Ray	X-Ray
Application Load Balancer	ALB
Classic Load Balancer	CLB
Elastic Load Balancing	ELB
Network Load Balancer	NLB

아라이 마사야(新井雅也)

머리말, 1장, 3장 담당

주로 금융 업계의 고객에 대한 비즈니스 제안과 시스템 설계, 개발, 운영을 담당. UI/UX 디자인 및 스마트폰 앱, 서버 사이드 프로그램 등이 가능한 풀스택 엔지니어로 클라우드 아키텍처 설계와 개발이 특기. 업무 외에도 강연과 기고, AWS 커뮤니티 운영 등 폭넓은 활동 중.

우마카츠 아츠시(馬勝淳史)

2장, 4장, 5장, 예제 애플리케이션 담당

프런트엔드 및 백엔드 애플리케이션을 구현하는 시스템 엔지니어. 금융 관련 고객에 대한 비즈니스 제안, PoC를 위한 프로덕트 개발, UI/UX 검토 등에도 종사. 저서로는 'Voice User Interface 설계' 등이 있음.

사사키 타쿠로(佐々木拓郎)

감수

SI 기업에서 클라우드를 중심으로 하는 시스템 구축 컨설팅 및 개발 운영에 종사. 최근에는 직접적인 기술론이 아닌 CCoE 등 조직 설계의 비율이 높음.

이 책은 많은 분의 협력으로 만들어졌다. 이 페이지에서 조금이나마 감사의 말을 전하고 싶다.

1-3장에서는 KDDI 주식회사의 야마구치 마사토쿠 님, 클래스 메서드의 하마다 효지 님, 아이스리 디자인의 쿠보 세이야 님, 노무라 종합 연구소의 사코 노부테루 님에게 도움을 받았다.

업무로 바쁜 와중에도 전문가로서의 깊은 전문성, 컨테이너와 보안에 대해 폭넓은 지식을 바탕으로 이 책을 위해 많은 지적과 조언을 받았다. 지적 받은 내용은 모두 이 책의 근간이 됐으며 독자 여러분에게도 가치가 있을 것이라고 확신한다. 진심으로 감사의 말을 전한다.

4-5장의 실습에서도 노무라 종합 연구소의 타카하시 히로시 님, 호사카 쇼헤이 님, 카와세 유우카 님, 카토 아스마 님에게 많은 도움을 받았다. 실제로 자신들의 AWS 계정에 구축을 해 작은 실수나 독자 관점에서 봤을 때 수정해야 할 점 등 많은 지적을 해주셨다. 덕분에 이 책은 확실히 더 좋아졌다.

필자들의 새로운 도전에 대해 많은 응원을 해 주신 야노 마사시 님, 우자와 요이치 님, 야마모토 슈우코 님, 나카지마 히로시 님도 든든한 존재다. 업무 외의 일에도 적극적으로 도전을 하게 해 주신 모두의 덕에 집필에 대한 강력한 동기가 생겼다.

이 책의 편집을 담당한 SB 크리에이티브 주식회사의 후쿠이 야스오 님에게도 많은 도움을 받았다. 집필이 생각대로 진행되지 않았지만 내용의 방향성부터 집필의 일정까지 필자들이 멋대로 했어도 끈기 있게 지원해준 점 정말 감사를 드린다.

그리고 기획에서 제본까지 1년 이상의 긴 기간 가족들에게도 많은 부담을 줬지만 언제나 따뜻한 응원을 받았다. 가족의 응원이 없었다면 이 책을 끝까지 쓸 수 없었을 것이다. 필자들에게 큰 격려가 됐다.

마지막으로 이 책을 끝까지 읽어주신 독자 여러분께도 감사를 드린다. 필자들이 이렇게 AWS와 컨테이너에 대한 설계, 구축 내용을 전달할 수 있었던 것도 이 책에 흥미를 가진 독자 여러분이 있기 때문이었다. 이 책이 독자 여러분들의 기술과 비즈니스 성장에 도움이 되기를 진심으로 바란다.

2021년 9월 필자 대표 아라이 마사야

Chapter 05 ▶▶ 컨테이너 구축하기(실천편)

부록

chapter

01

▼

컨테이너 개요

1장에서는 이 책에서 기본적으로 다룰 기술인 컨테이너와 오케스트레이터의 개요에 대해 학습한다.

컨테이너 기술의 중심적 존재인 Docker(이후 도커)의 주요 명령어와 오케스트레이터의 역할을 이해하고, 2장 이후에서 학습할 AWS 컨테이너 서비스의 이해와 설계, 구축을 위한 기본 지식을 습득한다. 또한 컨테이너 기술을 익히기 위해 알아둬야 할 개발 방법에 대해서도 다룬다.

먼저 서버 가상화 기술과 비교해가며 컨테이너 기술의 개요에 대해 알아본다.

▶ 서버 가상화와 컨테이너

'컨테이너'란 다른 프로세스와 격리된 상태로 OS에서 소프트웨어를 실행하는 기술이다.

여기서 '격리'가 중요하다. 컨테이너에서 실행되는 소프트웨어는 하나의 프로세스로 가동되고 있지만, 컨테이너 내의 소프트웨어에서 보면 독립된 OS 환경을 점유하고 있는 것처럼 보인다[1].

컨테이너와 자주 비교되는 기술이 '서버 가상화'다. 서버 가상화란 하이퍼바이저[2]를 이용해 CPU와 메모리, 저장소 등의 하드웨어 자원을 에뮬레이트해 여러 OS를 하나의 하드웨어에서 실행하는 기술이다.

이렇게 가상으로 만들어진 하드웨어 자원을 '가상 머신'이라 한다. 가상 머신에서 동작하는 OS는 '게스트 OS'라고 한다.

게스트 OS는 하나의 서버로 취급되며, 미들웨어나 각종 라이브러리를 설치한 상태로 여러 애플리케이션을 가동하는 것이 일반적이다. 서버 가상화는 게스트 OS별로 커널을 점유하는 구조다.

한편 컨테이너 기술은 OS와 커널을 공유하고, 프로세스를 분리하는 구조다. 컨테이너의 프로세스별로 프로세서, 메모리와 같은 컴퓨팅 자원이 할당되고, 애플리케이션 실행에 필요한 라이브러리와 미들웨어 등의 의존 관계가 모두 포함된다.

컴퓨터 자원을 가상화해 취급한다는 점은 같지만, 분리하는 계층과 그에 따른 점유 자원이 다르다.

---

1 실제로 호스트 OS에서 보는 컨테이너 프로세스 ID와 컨테이너 안에서 보는 자신의 프로세스 ID는 다르게 보인다.
2 물리적 기기에 가상의 컴퓨터(가상 머신)를 만들어 그 실행 제어를 담당하는 소프트웨어를 지칭한다.

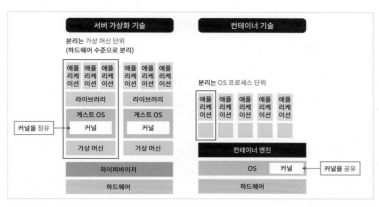

그림 1-1-1 서버 가상화 기술과 컨테이너 기술의 차이

▶ 컨테이너의 장점

서버 가상화와 컨테이너 기술의 차이로 생기는 컨테이너의 장점에 대해 알아본다.

환경 의존에서 해방

컨테이너는 애플리케이션의 가동에 필요한 런타임과 라이브러리를 하나의 패키지로 묶을 수 있다. 이렇게 함으로써 애플리케이션 의존 관계를 컨테이너 안에 집약할 수 있다.

독자 중에도 OS에 설치된 라이브러리 버전 등에 주의하며 애플리케이션을 개발해본 경험이 있을 것이다.

개발 환경과 스테이징 환경, 프로덕션 환경 등 여러 환경을 운영하는 경우, 시간이 경과함에 따라 라이브러리 버전이 환경마다 조금씩 달라지기 시작한다.

한편 컨테이너를 사용한 애플리케이션은 의존 관계가 포함된 패키지가 배포 단위가 된다. 배포할 때는 환경별로 어떤 패키지를 사용해야 할지 신경 쓰지 않아도 된다. 그리고 한 번 빌드한 이미지는 컨테이너의 런타임상에서 동일한 동작을 하므로 라이브러리와 관련된 환경 의존을 고려하지 않아도 된다.

환경 구축 및 테스트에 필요한 시간 감소

컨테이너의 큰 장점 중 하나는 재현성과 이동성이다.

컨테이너는 애플리케이션을 기동 단위로 패키지화해 취급한다. 모든 의존관계가 컨테이너 안에서 완결되므로 로컬 환경은 물론, 온프레미스나 퍼블릭 클라우드 서비스에서도 동일하게 동작한다. 이런 특징으로 인해 애플리케이션의 배포나 마이그레이션에 관한 업무가 단순해지며 구축도 간단해진다.

또한 스테이징 환경에서 테스트가 완료된 컨테이너 이미지를 프로덕션 환경에서 이용함으로써 라이브러리 버전 차이로 인한 테스트를 하지 않아도 되기 때문에 애플리케이션 개발과 배포가 더욱 효율적으로 이루어진다.

자원 효율

서버 가상화는 가상 머신 수준에서 자원을 분리하고 게스트 OS에서 애플리케이션이 실행된다. 즉, 애플리케이션뿐 아니라 게스트 OS 자체를 작동시키기 위한 컴퓨팅 자원이 필요하다.

한편 컨테이너는 프로세스 수준에서 분리돼 애플리케이션이 실행된다. 즉, OS에서 보면 1개의 프로세스가 동작하는 것으로 취급된다. 서버 가상화와 비교하면 컨테이너에서는 게스트 OS와 하드웨어 에뮬레이트를 하지 않아도 되기 때문에 애플리케이션을 실행하기 위해 필요한 컴퓨팅 자원의 소비가 적다.

그리고 컨테이너는 OS 단위가 아니라 프로세스 단위로 동작하므로 애플리케이션의 기동도 빠르다. 신속한 컨테이너 기동이 애플리케이션의 빠른 배포와 연결돼 효율적인 개발에 기여한다.

컨테이너의 장점을 정리해보면 다음과 같다.

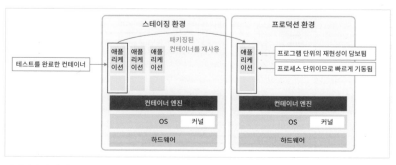

그림 1-1-2 컨테이너의 장점

컨테이너를 사용한 애플리케이션 개발과 실행을 위해 사용하는 대표적인 플랫폼인 도커의 개요를 설명한다.

▷ 도커 개요

도커[3]는 dotCloud사(현재 Docker사)가 개발한 컨테이너 라이프사이클을 관리하기 위한 플랫폼이다. 도커를 이용하면 애플리케이션을 컨테이너 이미지로 빌드하거나 이미지 취득 및 저장, 컨테이너의 기동 등을 간단하게 수행할 수 있다.

도커사가 제창하는 'Build, Ship, Run'이라는 슬로건을 바탕으로 컨테이너 관련 작업을 간단하게 할 수 있다는 것이 장점이다.

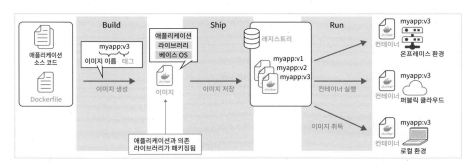

그림 1-2-1 'Build, Ship, Run'을 바탕으로 하는 컨테이너 워크플로[4]

여기서 간단히 도커에서 사용하는 기본 용어에 대해 알아보자[5].

Dockerfile

이미지를 생성하기 위한 텍스트 파일이다.

이 파일에 명령을 기입해 애플리케이션에 필요한 라이브러리를 설치하거나 컨테이너의 환경 변수를 지정한다.

---

3 https://www.docker.com/
4 (옮긴이) AWS에서는 워크플로우 또는 워크플로로 표현하고 있으나, 올바른 한글 표기는 워크플로이므로 이 책에서는 워크플로로 통일한다.
5 https://docs.docker.com/glossary

이미지

컨테이너를 실행하기 위해 필요한 빌드된 패키지를 말한다.

태그

이미지에 할당한 라벨이다. 주로 이미지 버전 관리 용도로 사용된다.

레지스트리(Registry)

이미지를 보관하기 위한 서비스를 말한다. 도커 레지스트리를 기점으로 다양한 플랫폼에 이미지를 배포하거나 이용자 간 이미지를 공유할 수 있다.

도커 레지스트리는 여러 개의 리포지토리(Repository – 저장소)로 구성되지만, 인터넷에 공개된 '공용 리포지토리(Public repository)'와 특정 조직이나 팀에서만 접근이 가능한 '사설 리포지토리(Private repository)'로 구분된다.

컨테이너

이미지로부터 생성된 실행 주체다. 애플리케이션 및 그와 관련된 의존 라이브러리를 포함한 형태로 실행된다.

▶ 알아둬야 할 기본 도커 조작

4장 이후에서는 AWS에서 컨테이너를 다루기 위해 몇 가지 기본적인 도커 명령어를 이용한다. 여기서는 꼭 알아둬야 할 도커 명령어를 소개한다[6].

6　여기서는 이 책에서 다루는 도커 명령어만을 설명한다. 그 외 명령어에 대해서는 https://docs.docker.com/engine/reference/commandline/docker/를 참조하기 바란다.

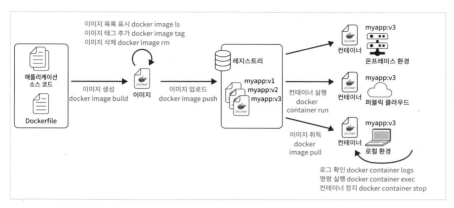

그림 1-2-2 주요 도커 명령

이미지 생성(docker image build)

애플리케이션의 소스 코드와 Dockerfile을 이용해 이미지를 만드는 경우, `docker image build` 명령을 이용한다.

다음은 Dockerfile과 애플리케이션 소스 코드가 현재 디렉터리(Current directory)에 함께 있을 때 'myapp'이라는 이름과 v1이라는 버전 태그를 붙여 이미지를 만드는 예다.

이미지 생성[7]

```
$ docker image build -t myapp:v1 .
```

여기서는 이미지 버전 관리를 위해 'v1'이라는 태그를 추가했다.

이미지 목록 표시(docker image ls)

생성하거나 취득한 이미지의 목록을 표시하려면 `docker image ls` 명령을 사용한다.

이미지 목록 표시

```
$ docker image ls
REPOSITORY    TAG       IMAGE ID        CREATED         SIZE
myapp         v1        490d2aa1d2b5    34 seconds ago  89.8MB
```

---

7 (옮긴이) 실제 이미지를 만들어 보고자 한다면 현재 디렉터리에 다음과 같은 내용으로 Dockerfile을 생성한 후 예제 명령을 실행한다.
  FROM ubuntu:20.04

이미지 삭제(docker image rm)

더 이상 사용하지 않거나 불필요한 이미지는 `docker image rm` 명령으로 삭제할 수 있다.

다음은 생성한 'myapp' 이미지를 삭제하는 예다(삭제할 이미지는 ID로 지정한다). 삭제 후 이미지 목록을 확인해보면 앞서 생성한 이미지가 사라진 것을 알 수 있다.

이미지 삭제

```
$ docker image rm 490d2aa1d2b5
Untagged: myapp:v1
Deleted: sha256:490d2aa1d2b54afcce33a2656b942f8a7d6efd9f19ca49af335a9b9b25c81068

$ docker image ls
REPOSITORY    TAG        IMAGE ID    CREATED    SIZE
$
```

이미지 태그 추가(docker image tag)

생성한 이미지에 docker image tag 명령으로 태그 정보를 추가할 수 있다.

다음은 'v1' 태그를 붙인 'myapp' 이미지에 새롭게 '20211201' 태그를 추가하는 예다.

```
$ docker image tag myapp:v1 myapp:20211201

$ docker image ls
REPOSITORY    TAG         IMAGE ID        CREATED           SIZE
myapp         20211201    490d2aa1d2b5    52 seconds ago    89.8MB
myapp         v1          490d2aa1d2b5    52 seconds ago    89.8MB
```

레지스트리에 이미지 업로드(docker image push)

생성한 이미지는 `docker image push` 명령으로 지정한 레지스트리에 업로드할 수 있다.

다음은 'v1' 태그를 붙인 'myapp' 이미지를 레지스트리에 업로드하는 예다.

레지스트리에 이미지 업로드

```
$ docker image push myapp:v1
```

실제 운영을 할 때 **docker image push**를 이용하려면 사전에 저장소에 로그인을 하고 특정 규칙에 따라 이미지 이름을 붙여야 한다.

레지스트리에서 이미지 취득(docker image pull)

저장소에 저장한 이미지는 **docker image pull** 명령으로 취득할 수 있다.

다음은 저장소에 저장된 'v1' 태그를 부여한 'myapp' 이미지를 가져오는 예다.

레지스트리에서 이미지 취득

```
$ docker image pull myapp:v1
```

컨테이너 실행(docker container run)

컨테이너를 실행하려면 **docker container run** 명령을 실행한다.

다음은 분리 모드(Detached mode - 백그라운드에서 컨테이너를 실행) 및 80번 포트를 매핑해 컨테이너를 실행하는 예다.

컨테이너 실행

```
$ docker container run -d -p 80:80 myapp:v1
f0cf3731da0b0bae6ad8486d27ac7d2dc475c53cb86f6bacb3f65cdad76b8520
```

실행한 컨테이너의 기동 상태는 **docker container ls** 명령으로 확인할 수 있다.

다음은 출력할 정보를 지정해 화면에 표시해주는 예다.

컨테이너 기동 상태 확인

```
$ docker container ls --format 'table {{.ID}}\t{{.Image}}\t{{.Status}}'
CONTAINER ID        IMAGE          STATUS
f0cf3731da0b        myapp:v1       Up 8 days
```

로그 확인(docker container logs)

컨테이너 안에서 실행되는 애플리케이션의 로그를 확인하는 데는 **docker container logs** 명령이 편리하다.

명령을 실행할 때 **docker container ls** 명령을 실행해 표시되는 'CONTAINER ID'를 지정한다. '-f' 옵션을 붙이면 로그를 계속해서 표시할 수 있다.

로그 확인

```
$ docker container logs f0cf3731da0b
```

실행 중인 컨테이너에 명령 전달(docker container exec)

docker container exec 명령을 이용해서 실행 중인 컨테이너에 명령을 전달할 수 있다.

다음은 가동 중인 컨테이너에 '**/bin/sh**' 명령을 실행해 컨테이너의 셸에 접속하는 예다.

실행 중인 컨테이너에 명령 전달

```
$ docker container exec -it f0cf3731da0b /bin/sh
#
```

컨테이너 정지(docker container stop)

실행 중인 컨테이너를 정지하려면 **docker container stop** 명령을 실행한다. 명령을 실행할 때 **docker container ls**로 확인한 'CONTAINER ID'를 지정한다.

컨테이너 정지

```
$ docker container stop f0cf3731da0bf0cf3731da0b

$ docker container ls --format 'table {{.ID}}\t{{.Image}}\t{{.Status}}'
CONTAINER ID        IMAGE          STATUS
```

Column

도커 명령어 체계에 대해

예전부터 도커를 사용해온 독자라면 **docker build**나 **docker run, docker rmi** 같은 명령을 많이 사용하고 있을 것이다. 도커는 버전 1.13부터 이 책에 쓰여진 것과 같이 'docker [무엇을] [어떻게 한다]' 형식의 명령 체계로 바뀌었다[8].

다음 표는 예전 명령어와 새로운 명령어를 비교한 것이다.

표 1-2-1 도커의 '기본 명령'

동작	명령(예전 체계)	명령(새로운 체계)
이미지 생성	docker build	docker image build
이미지 목록 표시	docker images	docker image ls
이미지 삭제	docker rmi	docker image rm
이미지 태그 추가	docker tag	docker image tag
저장소에 이미지 저장	docker push	docker image push
저장소로부터 이미지 취득	docker pull	docker image pull
컨테이너 실행	docker run	docker container run
로그 확인	docker logs	docker container logs
실행 중인 컨테이너에 명령 전달	docker exec	docker container exec
컨테이너 정지	docker stop	docker container stop

이 책에서 소개하는 명령은 모두 새로운 체계를 따른다.

아직까지 예전 체계 명령을 사용할 수 있지만 도커사에서는 새로운 체계 명령을 사용할 것을 추천하고 있다. 예전 체계가 명령어 자체가 짧아 편하게 사용할 수 있지만, 업데이트된 내용을 올바르게 쓴다는 의미에서도 새로운 명령어 체계를 사용하는 것을 추천한다.

---

8 https://www.docker.com/blog/whats-new-in-docker-1-13/

이 절에서는 프로덕션 환경에서 일련의 컨테이너 그룹을 안정적으로 운용하기 위해 필요한 '오케스트레이터'의 특징과 역할에 대해 살펴본다.

▷ 컨테이너를 운용할 때의 과제

단순하게 단일 컨테이너를 가동하는 것뿐이라면 지금까지 설명한 내용만으로 어느 정도 애플리케이션을 운용할 수 있을 것이다. 그러나 비즈니스의 성장과 더불어 시스템 규모가 커지고 여러 컨테이너를 연계해야 하는 경우라면 어떻게 해야 할까?

여러 컨테이너를 가동하기 위해서는 단일 호스트가 아니라 여러 호스트로 이루어진 클러스터 구성을 해야 한다. 그리고 클러스터가 구성된 분산 호스트 환경에 있는 컨테이너에 부하 분산, 다운 타임을 최소화하기 위한 업데이트 방법도 고려해야 한다. 그리고 장애가 발생할 때의 탐지나 컨테이너의 복구와 같이 안정적인 프로덕션 환경을 만들기 위해 많은 것을 고려해야 한다.

이런 과제를 해결하기 위해 등장한 것이 '오케스트레이터'라고 하는 컨테이너 그룹을 관리하는 서비스다.

▷ 오케스트레이터가 해결할 수 있는 것

오케스트레이터를 이용하면 컨테이너 워크로드에 대해 다음과 같은 관리를 수행할 수 있다.

- 컨테이너 배치 관리
- 컨테이너 부하 분산
- 컨테이너 상태 감시 및 자동 복구
- 컨테이너 배포

이 내용에 대해 하나씩 살펴보자.

컨테이너 배치 관리

클러스터 구성을 전제로 신규 컨테이너를 기동한 경우 각 컨테이너가 호스트에 균등하게 부하를 주도록 분산 배치하는 것이 바람직하다[9].

그리고 특정 호스트에 문제가 발생한 경우 서비스를 지속해야 하기 때문에 컨테이너 복구가 필요하다. 정상 가동 중인 호스트 중 얼만큼의 컨테이너가 가동돼야 할지도 고려해야 한다.

컨테이너의 배치 관리를 자동 제어할 수 있다는 점이 오케스트레이터의 장점 중 하나다.

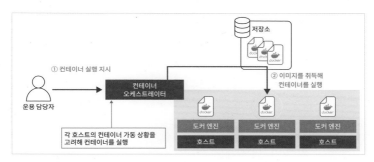

그림 1-3-1 오케스트레이터를 통한 컨테이너 배치 관리

컨테이너 부하 분산

처리량에 따라 요청을 분산해 가용성과 시스템의 성능을 높일 수 있다.

부하 분산을 처리하기 위해서는 애플리케이션 컨테이너를 같은 그룹으로 만들어 여러 호스트에 분산 배치된 컨테이너에 적절하게 처리를 나눠주도록 설계해야 한다.

오케스트레이터가 가진 기능이나 오케스트레이터와 로드밸런서를 조합하면 컨테이너의 부하 분산 처리를 구현할 수 있다.

---

9 AWS Fargate나 Google Cloud GKE Autopilot 등, 클라우드 서비스에 따라서는 컨테이너를 가동하는 호스트를 풀 매니지드로 제공하는 서비스도 있다.

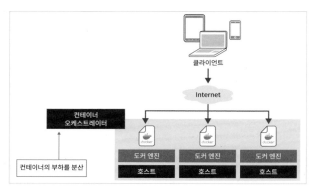

그림 1-3-2 오케스트레이터에 의한 컨테이너 부하 분산

컨테이너의 상태 감시 및 자동 복구

컨테이너의 상태를 감시하고 이상 발생을 탐지해 문제가 발생한 컨테이너의 분리와 자동 복구를
수행해 컨테이너의 수를 유지, 서비스를 안정적으로 가동할 수 있다.

오케스트레이터를 통해 컨테이너의 상태를 감시해 사전에 정해둔 컨테이너 수를 유지하도록 자
동 제어할 수 있다.

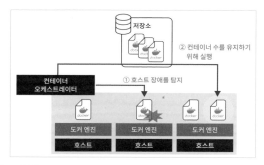

그림 1-3-3 오케스트레이터를 이용한 컨테이너 상태 감시 및 자동 복구

컨테이너 배포

애플리케이션을 새로운 버전으로 업데이트하는 경우, 가동 중인 컨테이너를 정지하고 새로운 컨
테이너로 교체해야 한다.

오케스트레이터를 활용하면 애플리케이션을 가동 중인 상태로 컨테이너를 자동으로 교체할 수
있다.

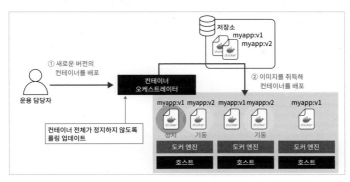

그림 1-3-4 오케스트레이터를 이용한 컨테이너 배포

이와 같이 안정적 컨테이너 워크로드를 실현하기 위해 오케스트레이터는 반드시 필요한 존재다.

▷ 대표적인 컨테이너 오케스트레이터

여기서는 대표적인 컨테이너 오케스트레이터를 간단하게 설명한다.

사실상 표준인 Kubernetes

오픈 소스나 클라우드 서비스에서 제공하는 다양한 컨테이너 오케스트레이터가 있지만, 그중 사실상 표준으로 자리잡고 있는 것이 Kubernetes(이후 쿠버네티스로 표기)다[10].

쿠버네티스는 구글에서 컨테이너 클러스터 매니저로 이용한 'Borg'를 바탕으로 탄생했다[11]. 2015년 7월 21일에 v1.0이 발표된 이후 Cloud Native Computing Foundation(CNCF)에서 관리하고 있다.

쿠버네티스 커뮤니티는 매우 활발하며, 지금까지도 개발이 활발하게 이루어지고 있다.

쿠버네티스를 기반으로 하는 각종 컨테이너 오케스트레이터

쿠버네티스가 사실상 표준이 되기 전에는 다양한 오케스트레이터가 나오고 있었다. 대표적인 것이 도커사에서 나온 클러스터링 기능을 제공해주는 'Swarm'이다.

현재 Swarm은 도커 엔진에 탑재됐지만, 2017년 10월 도커는 쿠버네티스와의 통합을 발표했다[12].

---

10 https://kubernetes.io/

11 https://kubernetes.io/blog/2015/04/borg-predecessor-to-kubernetes/

12 https://www.docker.com/blog/kubernetes-docker-platform-and-moby-project/

많은 클라우드 서비스는 쿠버네티스를 기반으로 하는 매니지드 서비스를 제공하고 있다. AWS 의 'Amazon EKS'[13], 구글 클라우드의 GKE[14], 마이크로소프트 Azure의 'AKS'[15]가 그 대표적인 서비스다.

그 외, 알리바바 클라우드(Alibaba Cloud)가 제공하는 'ACK'[16], 오라클 클라우드(Oracle Cloud Infrastructure)가 제공하는 OKE[17]가 있다.

한편 기업에서 컨테이너 오케스트레이터를 도입하는 경우 쿠버네티스를 확장한 형태로 레드햇 (Red Hat)사에서 서비스를 제공하는 'OpenShift'[18]를 사용하는 경우가 많다.

일반 기업이 쿠버네티스를 다룰 때 장벽이 되는 것이 기술 지원이다. 쿠버네티스는 오픈 소스라 는 특성상 심각한 문제가 발생해도 스스로 처리하거나 커뮤니티에 해당 이슈를 올려 해결하는 방법 외에는 없다. 그런 의미에서 OpenShift를 사용해 기술 지원을 받는 것은 사업을 운영하는 데 있어 강력한 뒷받침이 될 수 있다.

그 외 기업에서 사용할 수 있는 오케스트레이터로는 'Mirantis Kubernetes Engine'(예전 Docker Enterprise/UCP)가 있다[19].

클라우드 서비스가 제공하는 컨테이너 오케스트레이터

클라우드 서비스 업체에 따라 독자적인 오케스트레이터를 제공하는 경우도 있다.

그중 하나가 이 책에서 다룰 서비스인 'Amazon ECS'[20]다. AWS가 제공하는 독자적인 컨테이너 오케스트레이터이며, 오픈 소스인 쿠버네티스에 비해 각종 AWS 서비스와의 친화성이 높은 것 이 특징이다. 물론 ECS는 AWS로부터 완전한 지원을 받을 수 있다.

ECS는 매우 많은 기업과 스타트업 기업에서 중요 기술로 사용되고 있으며, AWS에서 컨테이너 기술을 사용할 때 이용되는 인기 있는 서비스다. AWS에서 오케스트레이터를 사용할 때 사용할 수 있는 서비스는 ECS와 EKS가 있다. 어떤 것을 선택해야 하는지는 2장에서 다룬다.

---

13 https://aws.amazon.com/ko/eks/
14 https://cloud.google.com/kubernetes-engine
15 https://azure.microsoft.com/ko-kr/services/kubernetes-service/
16 https://www.alibabacloud.com/ko/product/kubernetes
17 https://www.oracle.com/kr/cloud-native/container-engine-kubernetes/
18 https://www.redhat.com/ko/technologies/cloud-computing/openshift
19 https://www.mirantis.com/
20 https://aws.amazon.com/ko/ecs/

앞 절에서는 컨테이너, 도커, 오케스트레이터의 개요에 대해 설명했다. 이 기술은 애플리케이션의 환경 의존을 해결해 개발 속도를 높이기 위한 관점으로 보면 매우 매력적인 기술이다. 하지만 아무것도 없는 상태에서 이 기술을 도입하는 경우라면 기술 요건 외에도 사전에 검토해야 할 부분이 있다.

이 책에서는 '컨테이너를 전제로 하는 애플리케이션을 개발하는 방법', '컨테이너 설계 · 운용에 임하는 자세', '개발 팀 역할 분담 개편'의 3가지를 중심으로 다뤄본다.

▷ 컨테이너를 전제로 하는 애플리케이션을 개발하는 방법

클라우드 서비스에서 컨테이너를 기반으로 하는 플랫폼을 검토하는 경우 애플리케이션과 라이브러리의 의존 관계가 닫힌 상태로 여러 컨테이너가 연계하는 구성이 되므로 자연스럽게 분산 시스템과 같은 구성이 된다. 분산 시스템을 전제로 한다면 컨테이너 간 느슨한 결합성과 이식성을 고려한 방식을 검토해야 한다.

그리고 컨테이너의 디스크 영역은 휘발성이고 컨테이너의 파기와 동시에 내부 데이터는 삭제된다.

그렇기 때문에 컨테이너를 다루는 애플리케이션의 설계는 기존 온프레미스 환경에서 서버를 다루는 경우와는 다른 방식이라는 것을 이해하고 받아들이는 것이 중요하다.

클라우드 서비스에서 컨테이너를 사용한 애플리케이션 개발 방법론 중 하나가 'The Twelve-Factor App'[21]이다. The Twelve-Factor App은 현대적인 애플리케이션 개발에 대한 12가지 방법론을 정의하고 있다. 그중 '종속성(Dependencies)'과 '일회성(Disposability)', '빌드, 배포, 실행(Build, release, run)' 등에 조금 더 신경을 쓰면 자연스럽게 클라우드 구성에 친숙해질 수 있다.

개발한 애플리케이션에 The Twelve-Factor App을 적용시켜 봤을 때 어느 정도 변경해야 하는지 미리 검토를 해보는 것이 컨테이너 환경으로 가는 가장 가까운 길이다.

▷ 컨테이너 설계 · 운용에 임하는 자세

컨테이너 기술을 도입하면 당연히 그에 맞는 새로운 운용도 발생한다. 예를 들어 저장소에 저장된 이미지의 수명주기(Life cycle)를 관리하거나 이미지를 보호하는 것 등이다.

그리고 빌드에서 배포까지의 흐름과 컨테이너 오케스트레이션 자체의 권한 제어, 정의 (Definition) 관리, 보안 설계 등도 필요하다.

클라우드 서비스를 이용한다면 구축과 그 운용 부하는 일부 감소하지만, 가용성과 운용성, 성능, 보안 등 기존 서버 구성에서 필요했던 비기능 관련 부분은 변함없이 중요하다.

이 책의 3장에서는 AWS에서의 컨테이너 활용을 전제로 하며 각종 비기능 관련 부분도 고려한 아키텍처 설계를 다룬다.

▷ 개발 팀 역할 분담 개편

온프레미스 환경과 클라우드 서비스에서 IaaS를 중심으로 한 시스템 운용에서는 인프라와 관련된 전문성이 보다 많이 요구되기 때문에 개발 팀과 인프라 팀으로 나눠서 업무를 하는 경우가 많았다.

개발 팀은 애플리케이션 개발에 주력하고, 미들웨어나 실행 환경 정비, OS 설정 및 OS 라이브러리 준비 등은 인프라 팀이 수행하는 게 일반적인 모습일 것이다.

컨테이너화가 진행되면 이런 업무 형태에도 변화가 생긴다.

컨테이너는 애플리케이션과 의존 라이브러리를 하나의 패키지로 취급한다. 즉, 애플리케이션 가동에 필요한 컨테이너 안에 OS 라이브러리, 미들웨어, 언어별 라이브러리를 개발 팀에서 관리하므로 보다 더 신속한 개발이 가능해진다. 하지만 지금까지 인프라 팀에서 관리했던 영역을 개발 팀에서 담당해야 하며, 개발 팀 내에서 패키징 영역까지 수행하기 위해서는 그 수준에 이를 때까지 시간이 필요할 수도 있다.

컨테이너 기술 도입을 시작으로 클라우드 네이티브[22] 개발 및 소프트웨어 중심 개발 스타일이 더 널리 퍼지게 되면 IaC(Infrastructure as Code)를 이용한 클라우드 자원 구축과 같이 인프라 팀

---

22 (옮긴이) 클라우드의 이점을 최대로 활용할 수 있게 서비스를 구축하고 실행하는 방식

에서도 코드를 직접 짜는 기회가 늘 것이다[23]. 인프라 팀이 지금까지 소프트웨어 개발에서 얻은 지식을 활용할 수 있는지 여부가 중요해지며 개발 팀의 협력이 필요한 경우도 나올 것이다.

컨테이너 기술을 중심으로 한 팀을 양성하는 의미에서도 개발 팀과 인프라 팀이 함께 하며 서로의 역할 분담을 재검토해 나가는 자세가 중요하다.

정리

이 장에서는 컨테이너, 도커, 컨테이너 오케스트레이터의 개요에 대해 설명했다.

기존 서버 가상화 기술과는 달리 컨테이너는 프로세스 단위로 분리되기 때문에 가볍고 기동이 빨라 애플리케이션의 개발 주기를 빠르게 하는 중요 기술이라는 것을 이해했을 것이다. 그리고 컨테이너 오케스트레이터와의 조합으로 개발 속도를 늦추지 않고도 안정적인 시스템 운용이 가능하다.

하지만 컨테이너 기술을 도입하기 위해서는 애플리케이션 개발 방법이나 운용에 있어서 고려할 점을 생각해야 하며, 컨테이너 기술 활용을 위한 풍토도 조성해야 한다.

다음 장에서는 이 장에서 다룬 컨테이너 개요를 바탕으로 AWS에서 컨테이너를 다루는 방법을 소개한다.

---

23 IaC란 인프라 자원을 코드를 통해 관리함으로써 인프라 구축을 자동화할 수 있게 하는 것이다. IaC를 활용해서 동일한 인프라 환경을 신속하게 구축할 수 있다. 코드의 공유나 재사용이 간단해지는 것뿐만 아니라 버전 관리나 코드 리뷰를 통한 품질 검증을 적용할 수 있다는 장점도 있다.

컨테이너 설계에 필요한
AWS 기초 지식

2장에서는 컨테이너 설계를 하기 위해 반드시 필요한 지식인 AWS 컨테이너 서비스에 대해 살펴본다. 그리고 각 컨테이너 서비스를 조합한 기본 아키텍처와 사용 예에 대해 알아본다. 마지막으로 AWS에서 컨테이너를 사용해서 얻을 수 있는 장점에 대해 설명한다.

AWS에는 1장에서 설명한 쿠버네티스를 기반으로 하는 서비스와 AWS 자체 오케스트레이터, 저장소 등 컨테이너와 관련된 여러 서비스가 있다. 이 각 서비스를 '제어 플레인', '데이터 플레인', '저장소', '기타'로 분류해 체계적으로 설명한다.

▷ 제어 플레인

여기서 알아볼 제어 플레인(Control plane)이란 컨테이너를 관리하는 기능을 의미한다.

IT 세계에서는 제어 플레인에 여러 의미가 있다. 예를 들어 네트워크 관련 용어에서는 '네트워크 라우팅을 제어하는 모듈'이라는 의미로 제어 플레인을 사용하기도 한다. 이 책에서는 컨테이너 기술을 다루므로 '컨테이너를 관리하는 기능'을 제어 플레인이라고 한다.

AWS가 제공하는 제어 플레인은 2가지 종류가 있다.

Amazon Elastic Container Service(ECS)

Amazon Elastic Container Service(이후 ECS로 표기)는 완전 관리형(Fully managed) 컨테이너 오케스트레이터다.

제어 플레인과 마찬가지로 컨테이너 오케스트레이션이라는 말은 컨테이너를 관리한다는 의미다. 다른 점은 오케스트레이션 서비스이며 컨테이너를 동작시키는 실행 환경 서비스는 아니라는 점이다. 쿠버네티스와는 달리 ECS는 AWS가 소유권을 가지고 제공하는 컨테이너 오케스트레이터다.

2021년 9월 시점에는 EKS(Amazon Elastic Kubernetes Service)도 제공하고 있어 'AWS에서 컨테이너 오케스트레이터를 쓴다면 ECS'라고는 할 수 없다. 하지만 ECS는 예전부터 제공해온 컨테이너 오케스트레이터이며 매우 많은 사용 사례와 안정성을 가지고 있다.

그리고 ECS는 다른 AWS 서비스와의 연계성이 매우 좋다. ECS의 월간 가동률은 최소 99.99%라는 매우 높은 서비스 수준 계약(Service Level Agreement – SLA)을 보증할 정도로 신뢰성이 높다[1].

---

1 https://aws.amazon.com/compute/sla/

뒤에서 ECS 용어와 개념에 대해 설명한다.

태스크(Task)

ECS에서 애플리케이션을 실행하기 위해서는 컨테이너가 필요하다.

컨테이너가 동작하는 컴포넌트를 '태스크(Task – 작업)'라고 한다. 태스크는 하나 이상의 컨테이너로 구성된 애플리케이션의 실행 단위다. 이후 이 책에서는 특별한 내용이 없는 이상 '태스크'는 'ECS 태스크'로 표기한다.

태스크 정의(Task Definition)

태스크를 만드는 템플릿 정의다. JSON 형식으로 작성한다.

템플릿 정의 안에 배포할 컨테이너 이미지, 태스크와 컨테이너에 할당할 자원과 IAM 역할, CloudWatch Logs 출력 장소 등을 지정한다.

태스크 정의에 포함된 컨테이너 정의는 여러 개 설정할 수 있다. 1개의 태스크 안에 여러 컨테이너가 포함돼 있으면 태스크 정의 안에서 지정된 자원은 그림 2-1-1과 같이 할당된다.

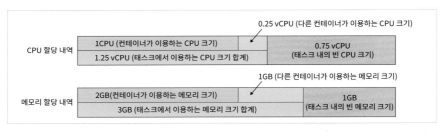

그림 2-1-1 ECS 태스크에 할당되는 자원 예

서비스(Service)

지정한 수만큼의 태스크를 유지하는 스케줄러로, 오케스트레이터의 핵심 기능 요소 중 하나다. 서비스를 만들 때는 실행할 태스크의 수에 맞춰 로드 밸런서와 태스크를 실행할 네트워크를 지정한다.

그리고 태스크가 어떤 이유로 종료되는 경우 태스크 정의를 바탕으로 새로운 태스크를 만들어 지정한 태스크 수를 유지한다. 단순히 '서비스'라고 하면 이후 혼란스러울 수 있으므로 이후 이 책에서는 'ECS 서비스'로 표기한다.

클러스터(Cluster)

ECS 서비스와 태스크를 실행하는 논리 그룹이다. 이후 'ECS 클러스터'로 표기한다.

ECS 전체 개념도

ECS 용어에 대해 살펴봤다. 각 용어는 관련성을 알기 어렵다는 의견도 종종 나온다.

ECS의 개념을 정리해보면 앞에서 설명한 정의는 '태스크 정의(태스크) 〈 ECS 서비스 〈 ECS 클러스터'와 같이 하위 개념을 포함하는 관계로 돼 있다. 관련성은 다음 그림과 같다.

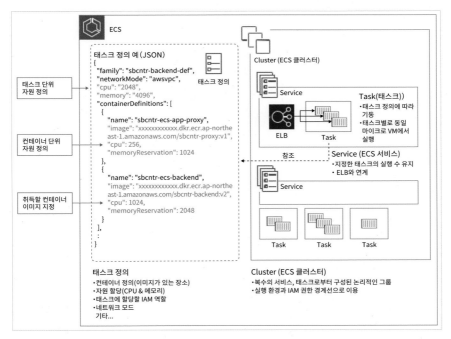

그림 2-1-2 ECS 아키텍처

Amazon Elastic Kubernetes Service(EKS)

Amazon Elastic Kubernetes Service(이후 EKS로 표기)는 완전 관리형 쿠버네티스 서비스다. 쿠버네티스 서비스이므로 ECS와 마찬가지로 컨테이너 오케스트레이터로 사용한다.

쿠버네티스 컴포넌트는 쿠버네티스 제어 플레인과 쿠버네티스 노드(Worker 노드)로 구성된다[2].

---

2 https://kubernetes.io/docs/concepts/overview/components/

쿠버네티스를 운영하는 데 있어서 가장 어려운 것은 제어 플레인을 건전하게 유지하는 것이다. EKS를 이용함으로써 쿠버네티스 제어 플레인 관리를 AWS에 위임할 수 있다.

AWS에서 쿠버네티스를 운영하는 데 있어 EKS를 사용하는 이점은 다음과 같다.

우선 쿠버네티스 노드를 동작시키는 실행 환경으로 뒤에 설명할 Fargate(완전 관리형 실행 환경)를 선택할 수 있다.

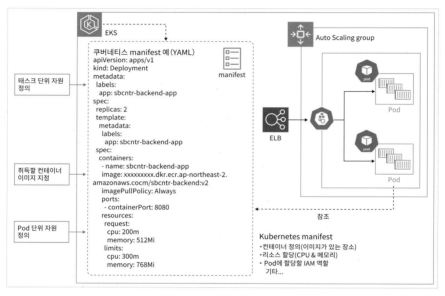

그림 2-1-3 EKS 아키텍처

2018년 6월에 정식 서비스를 제공하기 시작한 서비스로, ECS만큼 역사가 길지는 않지만 다른 AWS 서비스와의 연계가 가능하다. ECS와 마찬가지로 월간 가동률을 최소 99.99% 보증한다.

EKS는 표준 쿠버네티스를 기반으로 만들어졌기 때문에 ECS와는 달리 AWS의 독자적인 용어를 사용하지는 않는다. EKS 클러스터(쿠버네티스 클러스터)를 구축해 클러스터에 컨테이너 애플리케이션을 배포하고 실행할 수 있다.

▷ 데이터 플레인

컨테이너가 실제로 동작하는 자원 환경을 지정한다. AWS가 제공하는 데이터 플레인은 2가지가 있다.

Amazon Elastic Compute Cloud(EC2)

Amazon Elastic Compute Cloud(이후 EC2로 표기)는 AWS에서 가상 머신을 이용할 수 있는 서비스다.

AWS를 처음 시작하는 사람이 가장 먼저 접하는 서비스가 보통 이 EC2 서비스다. 제공되는 가상 이미지는 '인스턴스(Instance)'라고 하며, 필요에 따라 사양(CPU 코어 수, 메모리 용량, 스토리지)을 변경할 수 있다.

AWS 관리 콘솔에서 사양을 선택하고 몇 번의 클릭만으로 서버를 구축할 수 있다.

EC2는 ECS나 EKS에서 동작하는 컨테이너의 데이터 플레인으로서 이용할 수도 있다. EC2를 컨테이너 호스트로 이용하는 경우, 호스트를 운영하는 비용은 높아진다. EC2를 사용하기 위한 자원을 할당하고, OS 업데이트와 보안 패치 적용, 서버가 제대로 작동하는지 확인하기 위한 모니터링 등 안전하게 자원을 관리할 책임이 부과되기 때문이다(공동 책임 모델)[3].

그 대신 사용자의 요건에 맞는 설계가 가능하기 때문에 유연성을 요구하는 설계가 필요한 경우에는 EC2를 데이터 플레인으로 선택하기도 한다.

AWS Fargate

AWS Fargate(이후 Fargate로 표기)는 ECS와 EKS에서 모두 사용 가능한 컨테이너용 서버리스 컴퓨팅 엔진이다.

Fargate는 AWS의 완전 관리형 데이터 플레인이다. 컨테이너용이기 때문에 Fargate만으로는 이용할 수 없다. ECS 또는 EKS와 함께 사용해야 한다.

Fargate의 장점과 단점은 다음과 같다.

장점

Fargate의 가장 큰 장점은 호스트를 관리하지 않아도 된다는 점이다. 서버 확장, 패치 적용, 보호, 관리와 같은 운영 오버헤드는 발생하지 않는다. Fargate의 컨테이너 실행 환경은 AWS에서 언제나 최신 상태를 유지해준다.

---

[3] https://aws.amazon.com/ko/compliance/shared-responsibility-model

Fargate가 등장하기 전에는 OS 인프라 관리 부하를 줄이고 개발에 집중하기 위한 과제를 사용자가 직접 해결해야 했다.

Fargate가 등장한 이후 사용자는 호스트 관리에서 해방돼 그만큼 더 많은 인적 자원을 서비스 개발에 사용할 수 있게 됐다.

단점

Fargate도 만능 해결사는 아니기 때문에 몇 가지 단점도 존재한다.

하나는 가격이다. 서비스가 처음 출시됐을 때는 EC2에 비해 꽤 비쌌지만, 이 책의 집필 시점 (2021년 9월)에는 꽤 가격이 내려갔다. AWS의 블로그에도 게재된 것처럼[4] Fargate의 가격이 대폭 내렸지만, 그럼에도 불구하고 EC2를 사용하는 것보다 비싸다.

Fargate는 관리형 데이터 플레인이며 AWS에서 컨테이너 실행을 위한 OS를 관리하고 있다. 따라서 AWS 사용자가 OS를 직접 조작할 수 없다. 그렇기 때문에 커널 관련 매개변수와 같은 데이터 플레인 측 OS 자원을 세세하게 튜닝해야 하는 애플리케이션과는 맞지 않는다. 그 외에도 CPU/메모리 할당에 제한이 있으며, 컨테이너 기동 시간이 다소 오래 걸린다는 단점이 있다.

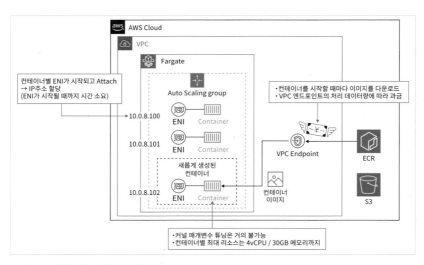

그림 2-1-4 Fargate 태스크가 시작될 때의 동작

단점도 많이 있지만, Fargate 스케일링(Scaling)은 매우 간단하다.

---

4   https://aws.amazon.com/ko/blogs/compute/aws-fargate-price-reduction-up-to-50/?nc1=h_ls

무엇보다 OS와 관련된 운영에서 해방되는 점은 굉장한 장점이다. 즉, 비즈니스 차별화를 하기 어려운 OS에 보안 패치를 적용하거나 각종 라이브러리를 업데이트하기 위한 전담 인력을 확충 하지 않아도 된다.

이 작업 인력의 비용과 Fargate 이용 요금을 비교해 보면 Fargate 요금이 EC2에 비해 약간 높 지만, TCO[5] 관점으로 보면 압도적으로 유리하다.

비즈니스에서 부가 가치를 만드는 활동에 주력하는 의미에서도 신규 컨테이너를 구축할 때는 Fargate 활용이 가능한지 적극적으로 검토해보기 바란다.

Column

Amazon ECS Anywhere

Amazon ECS Anywhere(이후 ECS Anywhere로 표기)란 2020년 12월 개최된 re:Invent2020에서 발표된 서비스다[6].

ECS의 제어 플레인은 AWS를 이용하고, 데이터 플레인은 자신이 관리하는 서버를 이용할 수 있는 서비스다.

ECS Anywhere는 아마존의 기술력이 잘 이용된 서비스다.

ECS Anywhere가 등장하기 전에는 ECS를 제어할 수 있는 데이터 플레인은 EC2를 사용하거나 Fargate를 사용하는 등 AWS가 관리하는 환경만을 이용해야 했다. 하지만 온프레미스에서 워크로드를 실행하던 이용자에게는 온프레미스 자산을 제대로 활용하고 싶다는 요구가 있다. 그리고 보안 요건에서도 데이터는 직접 관리하는 서버에서만 취급해야 하는 경우도 있다. 이러한 문제를 해결하기 위해 ECS 태스크를 어디서나 배포할 수 있는 ECS Anywhere를 출시했다.

2021년 중 서비스 개시 예고를 했으며, 2021년 5월에 일반 공개됐다[7].

앞에서 언급한 것처럼 제어 플레인은 AWS에서 동작하므로 계속해서 AWS 관리 서비스를 이용할 수 있다. 2021년 9월 시점에는 ECS의 데이터 플레인으로 이용할 온프레미스의 자원을 추가하기 위한 AWS Systems Manager 에이전트 플러그인을 설치하는 등의 절차가 필요하다.

몇 단계의 절차를 수행한 뒤 제어 플레인이 데이터 플레인을 인식하면 ECS 데이터 플레인의 새로운 시작 형태로 'EXTERNAL'이 추가된다. 이 새로운 시작 형태에 따라 ECS는 사용자가 관리하는 서버에서도 ECS 태스크를 실행할 수 있게 된다.

AWS 자원의 권한 제어도 살펴보자.

---

5 서비스 도입, 유지, 관리에 드는 총 비용. 예를 들어 EC2를 사용하는 경우 OS 라이브러리 버전업 작업, 보안 문제 해결 등 운영 담당자의 인건비가 필요하다. 하 지만 Fargate를 사용한다면 이런 작업은 AWS에서 수행하므로 관리에 필요한 비용이 감소한다. 결과적으로 TCO에서 우위를 갖는다.

6 https://aws.amazon.com/ko/blogs/containers/introducing-amazon-ecs-anywhere/

7 https://aws.amazon.com/ko/blogs/aws/getting-started-with-amazon-ecs-anywhere-now-generally-available/

ECS Anywhere에서 동작되는 데이터 플레인의 권한 제어는 기존 ECS 태스크와 마찬가지로 IAM 역할을 사용할 수 있다. 즉, ECS에 대한 개발자 경험을 그대로 자신이 관리하는 서버에서 활용할 수 있다.

자사에서 관리하는 자원과 거버넌스 요건, 컴플라이언스 요건 때문에 ECS를 사용할 수 없던 사용자라면 한 번 이용을 검토해보는 것도 좋을 것이라고 생각한다.

Column

Amazon EKS Anywhere

Amazon EKS Anywhere(이후 EKS Anywhere로 표기)란 2020년 12월에 개최된 re:Invent2020에서 발표된 서비스다[8]. 바로 앞에서 다룬 ECS Anywhere와 이름은 비슷하지만 서비스 내용은 전혀 다르다.

ECS Anywhere는 ECS의 제어 플레인으로 AWS를 사용하고, 데이터 플레인으로 직접 관리하는 서버를 사용하는 서비스다. EKS Anywhere는 제어 플레인, 데이터 플레인을 모두 직접 관리하는 서버에서 동작시켜야 한다.

EKS Anywhere의 특징은 AWS EKS에서 구축한 쿠버네티스를 자신의 온프레미스 환경에 구축할 수 있게 해준다는 것이다.

이 이벤트에서 Amazon EKS Distro(이후 EKS Distro로 표기)도 발표됐다[9]. 이는 EKS가 이용하는 쿠버네티스 배포판을 사용자가 이용할 수 있도록 OSS로 제공한다는 내용이다. 여기서 말하는 배포판은 리눅스 배포판과 그 의미가 같다. 2021년 중 제공 개시를 예고했으며, 2021년 9월에 일반 공개됐다[10].

EKS가 오픈소스 쿠버네티스를 기반으로 개발되고 있다는 것은 이미 알려진 내용이다. EKS Distro의 발표로 EKS가 사용하던 쿠버네티스 컴포넌트군이 오픈소스로 공개됐다. EKS Distro에서 쿠버네티스의 후속 버전이 지원된다는 특징도 있다[11].

즉, EKS Anywhere는 EKS Distro를 이용해 온 프레미스 환경에서 EKS를 사용하게 하는 서비스라고 할 수 있다.

EKS Distro만을 이용할 때와 EKS Anywhere를 이용할 때의 차이는 AWS의 지원 여부다. EKS Anywhere를 이용하면 EKS 전문가의 지원 및 아키텍처 리뷰를 받을 수 있다.

EKS Anywhere는 ECS Anywhere와 마찬가지로 자사의 자원과 거버넌스 요건, 컴플라이언스 요건 등으로 인해 EKS를 사용할 수 없던 이용자를 위한 서비스다. 물론 자사의 체제나 자원만으로는 쿠버네티스를 제대로 활용할 수 없던 경우에도 유용하게 사용할 수 있는 서비스다.

선택지가 늘어난다는 것은 매우 중요하다. AWS에서 컨테이너와 쿠버네티스를 운영하기 위한 중요한 지식이므로 칼럼에서 소개해둔다.

---

8   https://aws.amazon.com/ko/eks/eks-anywhere/

9   https://aws.amazon.com/ko/eks/eks-distro/

10 https://aws.amazon.com/ko/blogs/aws/amazon-eks-anywhere-now-generally-available-to-create-and-manage-kubernetes-clus-ters-on-premises/

11 쿠버네티스는 약 3개월에 한 번 마이너 버전이 배포되며 EKS는 마이너 버전 배포로부터 약 12개월간 지원해준다.

▷ 저장소(Repository)

저장소란 일반적으로 '소스 코드를 관리하기 위한 장소'를 의미한다. 하지만 여기서는 컨테이너 서비스에 대한 저장소로, 컨테이너 이미지가 저장되는 서비스를 말한다.

Amazon Elastic Container Registry(ECR)

Amazon Elastic Container Registry(이후 ECR로 표기)는 완전 관리형 컨테이너 저장소다[12]. 이 서비스를 이용해 컨테이너 이미지[13]를 간단하게 저장, 관리할 수 있다. ECR은 ECS와의 연계가 쉽기 때문에 새로운 컨테이너를 만들 때도 간단히 ECR에 저장된 컨테이너 이미지를 가져올 수 있다.

일반적 컨테이너 저장소로는 도커 허브(Docker Hub)[14]가 있다. ECR은 처음에 개인 저장소만을 제공했지만, 2020년 12월에 개최된 re:Invent2020에서 공개 저장소를 공개했다[15].

이로 인해 Dockerfile에서 이미지를 바로 취득할 때 도커 허브를 이용하지 않고도 이미지를 취득할 수 있게 됐다.

AWS에 시스템을 구축할 때 AWS의 다른 서비스와의 연계나 보안 설정 등을 생각해보면 ECR을 사용하는 것을 추천한다.

▷ 기타

AWS는 내부적으로 컨테이너를 사용하는 서비스가 몇 가지 있다. 대표적이고 유명한 'AWS Lambda'와 2021년 화제를 모은 'AWS App Runner'에 대해 잠시 살펴본다.

AWS Lambda

AWS Lambda(이후 람다로 표기)는 이용자가 소스 코드를 업로드하는 것만으로 애플리케이션을 실행할 수 있는 서비스로, AWS에서 제공하는 컴퓨팅 자원을 인프라로 활용해 자동으로 애플리케이션을 구축해주는 완전 관리형 서비스다.

---

12 저장소(Registry)는 리포지토리(코드 등의 집합. 역시 저장소로 번역된다)를 넣어 관리하는 장소(서버 또는 서비스)를 말한다.
   (옮긴이) 도커에서는 Registry는 도커 허브와 같이 이미지를 저장하고 배포하는 서비스를, Repository는 관련 이미지(같은 애플리케이션이나 서비스의 각 버전 등)를 모아둔 장소를 가리킨다.

13 도커 컨테이너 이미지, Open Container Initiative(OCI) 이미지, OCI 호환 아티팩트 컨테이너 이미지

14 https://hub.docker.com/

15 https://gallery.ecr.aws/

람다는 Firecracker[16]라는 컨테이너에서 실행되며 경량 마이크로 가상 머신(microVM)을 실행한다[17]. 즉, 람다도 컨테이너 관련 기술을 사용한다. 서버리스라는 관점에서 보면 Fargate도 같은 의미를 가지지만, 람다는 개발자가 컨테이너 기술에 신경 쓸 필요 없이 개발에만 집중할 수 있게 해준다는 점이 다르다.

데이터 플레인을 고려하지 않아도 되므로 ECS나 EKS 같은 제어 플레인에 배치할 수 없다.

ECS나 ECR을 사용하지 않고 람다만으로 서비스를 개발하면 관리할 부분을 최소화할 수 있다. 소스 코드와 할당 메모리, 실행을 위한 IAM 권한만 관리하면 부담을 줄일 수 있다. 만약 람다에서 구현할 수 없는 애플리케이션이라면 ECS나 EKS, 아니면 EC2를 사용하는 방법을 생각해야 한다.

AWS App Runner

AWS App Runner(이후 앱 러너로 표기)는 2021년 5월에 공개된 서비스다[18].

앱 러너란 웹 애플리케이션을 빠르게 구축, 배포할 수 있게 해주는 완전 관리형 서비스다. 깃허브(GitHub)와 연동해 소스 코드를 앱 러너에서 빌드 및 배포할 수 있을 뿐 아니라 ECR의 빌드된 컨테이너 이미지도 바로 배포할 수 있다. 애플리케이션 개발자가 보다 간단하게 웹 애플리케이션을 배포할 수 있게 하는 데 주안점을 뒀다.

ECS와 Fargate로 애플리케이션을 구축하려면 네트워크나 로드 밸런싱, CI/CD 설계와 같은 인프라 설계를 해야 한다. 즉, 인프라 관련 지식이 어느 정도 필요하다. 앱 러너는 인프라 관련 구축을 모두 블랙박스화해서 관리할 수 있게 해준다는 점이 특징이다.

이슈도 잘 개선되고 있으며 요건에 맞게 사용한다면 매우 강력한 솔루션이 될 수 있다.

---

16 https://aws.amazon.com/blogs/aws/firecracker-lightweight-virtualization-for-serverless-computing/
17 엄밀히 말하면 람다는 AWS팀이 관리하는 EC2에서 실행되는 경우와 Firecracker에서 실행되는 경우가 있다. 이용자는 이 부분에 신경 쓰지 않아도 된다.
18 https://aws.amazon.com/ko/about-aws/whats-new/2021/05/aws-announces-aws-app-runner/

지금까지 설명한 제어 플레인과 데이터 플레인으로 컨테이너를 이용하는 아키텍처를 검토해 본다.

컨테이너 아키텍처 패턴은 크게 4가지로 나눌 수 있다. 엄밀히는 EKS의 데이터 플레인에 관리형 노드 그룹[19]을 이용하는 경우도 있지만 이것은 EC2에 포함되는 것으로 한다.

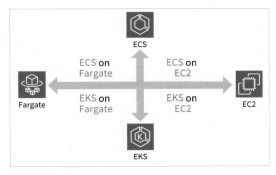

그림 2-2-1 4가지 컨테이너 아키텍처 패턴

각 패턴의 장점과 단점을 자유롭게 기술하면 패턴과 맞지 않으므로 다음 4가지 내용으로 장점과 단점을 설명해본다.

- 비용
- 확장성
- 신뢰성
- 엔지니어링 관점

비용

비용에는 여러 의미가 있다. 먼저 AWS 서비스 사용료로 지불하는 비용이 있다. 그리고 운영 비용이 있다. 이것은 운영 단계의 서비스에 직접 드는 것이 아닌, 간접적으로 드는 비용을 말한다.

---

19 https://docs.aws.amazon.com/ko_kr/eks/latest/userguide/managed-node-groups.html

예를 들어 OS 보안 패치를 하거나 가용성을 확보하는 작업을 위해 드는 인적 비용이 간접 비용이다. 그리고 학습 비용도 있다. AWS에 대해 잘 모르는 사람에게 아무런 인수인계 없이 운영 담당을 시킨다면 아무것도 할 수 없을 것이다. 학습하지 않으면 아무리 좋은 서비스라도 소용이 없으므로 어느 정도의 학습은 필요하며, 교육을 위해 인적 비용과 교재 비용 등이 사용된다.

확장성

다음은 확장성이다. 여기서 말하는 확장성은 배포의 신속성, 수평 스케일링, 그리고 자원 확장(수직 스케일링)에 중점을 둔다.

신뢰성

일반적으로 의도한 기능을 워크로드가 의도대로 수행하는 것을 보증하는 것이 신뢰성이다. 여기서는 신뢰성 중 복구 계획에 중점을 두고 살펴본다. 구체적으로는 어떤 문제가 발생했을 때 신속한 복구가 가능한지를 살펴본다. 문제가 발생했을 때 조사를 쉽게 할 수 있는지, 서비스 제공자로부터 얼만큼 지원을 받을 수 있는지를 중심적으로 알아본다.

엔지니어링 관점

마지막으로 엔지니어 확보의 용이성을 비교한다.

이 4개의 내용을 바탕으로 각 패턴에 대해 살펴본다.

▷ ECS on EC2

제어 플레인이 'ECS', 데이터 플레인이 'EC2'인 아키텍처다. 이 아키텍처는 가장 긴 역사를 가진 패턴이다. 이 패턴은 EC2에 ECS 태스크를 실행해 태스크 위에서 컨테이너를 가동시킨다. 그러면 위의 4가지 내용으로 특징에 대해 살펴본다.

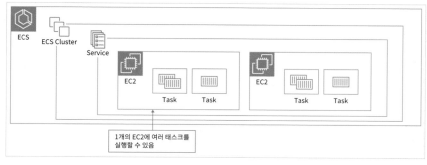

그림 2-2-2 ECS on EC2 아키텍처 패턴

비용

이 아키텍처는 EC2 인스턴스와 EBS 볼륨에 대해 서비스 이용 비용이 발생한다. EC2 인스턴스는 실행되는 시간만큼 비용이 발생한다. 인스턴스가 커질수록 시간당 단가가 커진다. 하지만 너무 작은 인스턴스를 선택하면 ECS에서 배치하는 태스크를 확장할 수 없다. 여기서 자원에 대한 스케일 계획을 적절히 할 수 있다면 이용할 때 발생하는 비용은 어느 정도 낮출 수 있다.

운영 비용은 높은 편이다. 데이터 플레인이 EC2라서 EC2의 유지보수가 발생하기 때문이다. 자원을 늘리고 OS 업데이트나 보안 패치를 적용하는 것은 모두 이용자의 업무가 된다[20]. 호스트가 되는 EC2 골든 이미지(최신 패치가 적용된 AMI 이미지)를 제대로 유지보수하는 것이 중요하므로 운영 비용이 높아진다.

마지막으로 학습 비용이다. 온프레미스 경험과 검색을 통한 정보를 활용할 수 있어 비교적 구축과 관련된 정보를 많이 얻을 수 있다. ECS, EC2는 오래된 서비스이며, 특히 데이터 플레인인 EC2는 많은 사용자에게 친숙한 서비스다. 따라서 이용하기 위한 학습 비용은 낮다.

확장성

배포의 신속성은 우수하다. 배포할 때 이용하는 이미지 캐시를 EC2 호스트에 저장할 수 있기 때문이다. 이미지 캐시를 가지고 있기 때문에 컨테이너 저장소에서 컨테이너를 다운로드받는 시간을 줄일 수 있다. 컨테이너를 시작할 때 시간이 걸리는 부분이 컨테이너 이미지를 다운로드받는 부분이다. 이 부분이 생략되므로 순수하게 컨테이너 프로세스가 실행되는 시간이 배포 시간이 되므로 신속한 배포가 가능하다.

수평 스케일링은 용량 계획을 얼마나 잘 세웠느냐에 영향을 받기 때문에 다소 약한 편이다. 확보한 용량까지만 수평 스케일링이 가능하기 때문이다.

자원 확장은 우수하다. EC2 사양은 AWS 콘솔에서 클릭 몇 번으로 변경할 수 있다.

신뢰성

장애 복구 쪽을 살펴보면 ECS는 관리형 서비스이므로 장애 복구는 AWS의 책임이 된다.

EC2에 무언가 문제가 발생한다면 SSH로 서버에 로그인해서 원인을 조사할 수 있다. 최근에는 Systems Manager를 사용해서 SSH를 사용하지 않고도 서버에 로그인할 수 있게 됐다. 로그

---

20 https://aws.amazon.com/ko/compliance/shared-responsibility-model

인 후에는 일반 서버와 같은 방법으로 조사해야 한다. 따라서 장애 조사 자체는 비교적 쉬운 편이다.

ECS에 문제가 발생했을 때의 지원은 좋은 편이다. ECS는 AWS 자체의 오케스트레이터이며 내부 동작도 모두 AWS에서 설계한 것이다. 지원 요청을 하면 공개된 정보인 경우 내부 사양과 설계에 대한 조언도 받을 수 있기 때문에 전문적인 지원을 기대할 수 있다.

엔지니어링 관점

마지막으로 엔지니어 확보 용이성이다. ECS와 EC2는 비교적 역사가 긴 서비스이며, 관련 지식을 가진 경험자가 많다. 엔지니어의 수가 절대적으로 많다고 할 수 있다. 새로운 것에 도전하고 싶은 엔지니어에게는 흥미가 없는 분야일 수 있다는 우려도 있지만, 좋게 생각하면 원숙한 구성이다. 엔지니어의 수가 많으므로 확보는 비교적 쉬운 편이다.

‖▷ ECS on Fargate

제어 플레인이 'ECS', 데이터 플레인이 'Fargate'인 아키텍처다. 2019년에 개최된 re.Invent에서 EKS 대응을 하기까지는 Fargate라고 하면 이 아키텍처밖에 없었다. 이 패턴에서는 Fargate의 ECS 태스크를 실행해 태스크 위에 컨테이너를 가동시킨다.

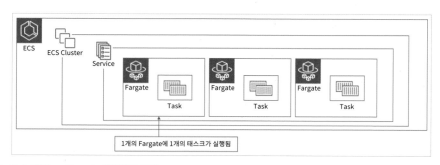

그림 2-2-3 ECS on Fargate 아키텍처 패턴

비용

이 아키텍처에 드는 서비스 관련 비용은 주로 Fargate 비용이다. 컨테이너 애플리케이션에 필요한 vCPU와 메모리 자원에 대한 비용이 발생한다. vCPU와 메모리 자원은 컨테이너 이미지를 취득한 시점부터 ECS 태스크가 종료될 때 까지를 계산해 초 단위로 과금한다. 하지만 최저 요금

은 1분 경과 후의 요금이 된다. Fargate 서비스 설명에도 있지만, 요금을 큰 폭으로 할인하고 있는데 그럼에도 불구하고 EC2보다 다소 비싼 편이다.

운영 비용은 상당히 낮다. EC2에서 걸림돌이 됐던 인프라 관리 비용이 들지 않기 때문이다. 호스트 머신 운영/관리 비용이 들지 않는다는 점이 Fargate의 가장 큰 장점이라고 해도 과언이 아니다. TCO 관점 외 컴플라이언스 준수 관점에서도 가치가 있다. 예를 들어 ECS/Fargate는 신용 카드 업계의 정보 보안 기준인 PCI DSS를 준수한다[21].

PCI DSS는 수백 개의 테스트 항목으로 구성돼 있는데, 그중 다음과 같은 항목이 있다.

"모든 시스템 구성요소와 소프트웨어는 벤더가 제공하는 최신의 보안 패치를 설치해야 한다. 중요한 보안 패치는 발표된 지 한 달 이내에 설치돼야 한다[22]."

이 요건을 EC2에서 만족시키기 위해서는 취약점을 탐지하고 탐지한 취약점에 반드시 대응해야 한다. 실시간 취약점 탐지는 물론, 취약점 대응도 상당히 운영 비용이 많이 든다.

Fargate를 사용하면 컨테이너를 실행하기 위한 인프라 아키텍처를 추상화할 수 있으므로 호스트 머신의 OS와 미들웨어는 취약점에 대한 대응을 하지 않아도 좋다고 판단한 예도 있다[23].

마지막으로 학습 비용이다. ECS 이용 방법은 ECS on EC2와 많은 부분이 동일하다. 데이터 플레인 조작은 몇 가지 제약 사항을 이해하는 정도면 되기 때문에 학습 비용은 비교적 낮은 편이다.

확장성

배포의 신속성은 우수하지 않다. 여기에는 두 가지 이유가 있다.

첫 번째 이유는 Fargate에서 가동하는 컨테이너는 컨테이너별로 ENI(Elastic Network Interface)를 연결해야 하기 때문이다. ENI 생성에는 다소 시간이 걸린다.

두 번째 이유는 이미지 캐시가 불가능하기 때문이다. EC2를 사용하면 이미지 캐시를 활용할 수 있었지만, Fargate에서는 이미지 캐시가 불가능해 컨테이너 기동을 할 때 컨테이너 이미지를 가져와야 한다. 컨테이너 이미지 취득에는 시간이 걸린다.

---

21 https://aws.amazon.com/ko/compliance/services-in-scope/

22 (옮긴이) 요구사항 6: 안전한 시스템과 애플리케이션을 개발하고 유지한다.

23 https://d1.awsstatic.com/ja_JP/startupday/sudo2020/SUD_Online_2020_Tech03.pdf

이 2가지 이유 때문에 Fargate에서의 배포는 비교적 느리다. 수평적 확장은 Fargate가 쉽게 조절할 수 있으나 자원 확장은 몇 가지 제약이 있다.

먼저 작업에 할당되는 휘발성 스토리지는 2021년 9월 기준, 200GB다[24]. 이 용량은 늘릴 수 없다. 하지만 영구 스토리지 용량은 필요한 경우 EFS 볼륨을 이용하는 방법이 있기 때문에 강한 제약은 아니다. 할당 가능한 자원은 2021년 9월 기준으로 4vCPU, 30GB 메모리가 최대다[25]. 기계 학습에 사용하는 노드와 같이 대용량 메모리를 요구하는 호스트용으로는 적합하지 않다.

신뢰성

ECS와 관련한 부분은 ECS on EC2와 같다. 장애 복구와 관련해 데이터 플레인인 Fargate에 대해 살펴보자.

Fargate는 AWS가 관리하는 호스트이기 때문에 기본적으로 SSH 등을 통해 호스트에 접근할 수 없다. Fargate에서 실행되는 컨테이너에 sshd를 실행해 컨테이너에 직접 로그인하는 방법을 사용할 수 있으나, 보안상 컨테이너에 직접 로그인하는 것은 권장하지 않는다. 그 밖에 SSM 세션 매니저를 이용해 로그인하는 방법도 있다. SSM 에이전트를 설치하고 몇 가지 준비 단계를 거쳐 이용할 수 있으나, 어느 방법을 사용해도 EC2 데이터 플레인에 비해 장애 조사를 하는 데는 편하지 않다. 하지만 2021년 3월 'Amazon ECS Exec'가 발표됐다. ECS Exec를 이용하면 컨테이너에 대화형 셸을 이용해 조작하거나 명령을 실행할 수 있다[26]. 이를 통해 Fargate 장애 조사가 상당히 편해졌다.

그리고 지원 측면을 보면 EC2와는 달리 AWS가 대부분을 관리하므로 문제가 발생하면 다양한 지원을 받을 수 있어 안심하고 이용할 수 있다.

엔지니어링 관점

Fargate가 등장하고 시간이 경과함에 따라 다양한 사례를 찾을 수 있고 관련 지식을 가진 사람도 늘어나고 있다. ECS on EC2와 마찬가지로 비교적 엔지니어 확보는 쉬운 편이다. ECS on EC2와 비교하면 새로운 기술이기 때문에 새로운 것에 도전하고 싶은 엔지니어에게는 끌릴 만한 요소가 있다.

---

24 https://docs.aws.amazon.com/ko_kr/AmazonECS/latest/developerguide/fargate-task-storage.html
25 https://aws.amazon.com/ko/fargate/pricing/
26 https://aws.amazon.com/ko/blogs/containers/new-using-amazon-ecs-exec-access-your-containers-fargate-ec2

▷ EKS on EC2

제어 플레인이 'EKS', 데이터 플레인이 'EC2'인 아키텍처다. 역시 4가지 기본 축을 살펴본다.

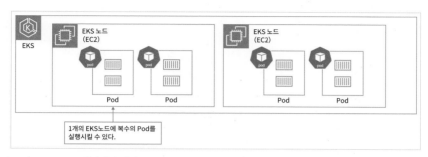

그림 2-2-4 EKS on EC2 아키텍처 패턴

비용

ECS on EC2 아키텍처에서 서비스 이용에 드는 비용은 EC2 인스턴스와 EBS 볼륨뿐이었다. EKS에서는 제어 플레인인 EKS에도 비용이 든다. 2021년 9월 현재, 서울 리전에서 1개의 EKS 클러스터를 이용하는 비용은 1시간당 0.1달러다[27]. 데이터 플레인 서비스 사용료에 비하면 미미한 가격이지만 제어 플레인에도 과금이 이루어진다는 점이 ECS와 다르다.

데이터 플레인 서비스 이용료에 드는 비용은 ECS와 거의 비슷한 정도이나, 운영료는 비교적 비싸다.

우선 데이터 플레인인 EC2의 높은 운영 비용에 쿠버네티스 운영 비용이 높기 때문이다. 쿠버네티스는 약 3개월에 한 번 마이너 버전이 나온다. EKS에도 이 특징은 계승되므로 EKS의 마이너 버전은 출시 후 약 12개월간 지원된다[28]. 즉, 컨테이너 플랫폼 버전을 정기적으로 업데이트하는 운영이 필요하다.

이 버전업은 제어 플레인과 데이터 플레인 둘 다 대상이다. 그리고 쿠버네티스는 컨테이너 오케스트레이터이면서 컨테이너 전체의 플랫폼이라는 역할을 가진다. 정기적인 버전업을 위해 쿠버네티스에서 실행되는 다수의 애플리케이션 가동에 영향이 없는지 확인해야 한다.

---

27 https://aws.amazon.com/ko/eks/pricing/
28 https://docs.aws.amazon.com/ko_kr/eks/latest/userguide/kubernetes-versions.html

학습 비용은 비교적 높은 편이다. 데이터 플레인인 EC2는 많은 사용자가 사용하기 때문에 학습에 큰 문제는 없을 것이다. 하지만 EKS, 즉 쿠버네티스의 학습 비용은 일반적으로 높다. 따라서 ECS를 제어 플레인으로 하는 아키텍처와 비교하면 학습 비용이 높다.

확장성

확장성은 ECS on EC2와 큰 차이가 없다. EC2의 이미지 캐시를 이용할 수 있으므로 배포 속도는 우수하다. 수평적 스케일을 충분히 고려한 성능 계획의 어려움은 EKS에도 마찬가지로 존재한다. EC2를 스케일 업하는 수직 스케일 및 자원 확장이 가능하다.

신뢰성

먼저 장애 복구 측면이다. EKS도 관리형 서비스이기 때문에 EKS 자체의 장애나 물리 장치의 고장은 AWS가 책임지고 관리한다. 하지만 앞에서 설명한 것처럼 EKS는 쿠버네티스가 기반인 서비스다. 쿠버네티스 자체에 문제가 발생한 경우 AWS에서 해결할 수 없는 문제가 된다.

쿠버네티스 자체는 공식적으로 AWS 지원 대상이 아니므로 자력으로 문제를 해결해야 하는 경우도 있다. EC2에 문제가 발생했을 때의 장애 복구는 ECS와 마찬가지로 가상 머신 자체에 로그인해 조사할 수 있다. 문제 발생 시 지원은 장애 복구 측면과 마찬가지로 자력으로 문제를 해결해야 할 수 있기 때문에 ECS보다 떨어진다.

엔지니어링 관점

EC2 부분은 ECS on EC2와 동일하다. 다른 점은 제어 플레인인 EKS다. 쿠버네티스의 강력한 기능을 여기에서 사용할 수 있다. Sysdig[29]의 보고서에 따르면 2019년 조사에서는 컨테이너 오케스트레이터를 이용하는 77%의 사용자가 쿠버네티스를 이용한다고 한다[30].

쿠버네티스는 커뮤니티 그룹이 매우 활성화돼 있으며 엔지니어의 열정도 매우 크다. 쿠버네티스 관련 스터디가 커뮤니티 안에서도 매일같이 진행되며 모던 아키텍처에 대한 공유와 토론도 같이 이루어진다. 엔지니어의 수도 많으며 배워야 할 기술이라는 위치에 도달했기 때문에 쿠버네티스를 모르는 엔지니어라도 동기를 가지고 배울 수 있는 매력이 있다. 새로운 체제와 기술을 배우고 싶은 엔지니어가 있는 조직이라면 EKS를 채용해보는 것도 충분히 가치가 있을 것이다.

---

29 컨테이너와 쿠버네티스 환경용 보안, 모니터링 서비스를 제공(https://sysdig.com/)
30 https://sysdig.com/blog/sysdig-2019-container-usage-report/

Column

CNCF 소프트웨어와의 조합을 통한 기능 확장

쿠버네티스는 원래 Cloud Native Computing Foundation(CNCF)[31]과 관련된 소프트웨어다. CNCF 관련 소프트웨어와 쿠버네티스를 조합해 다양한 기능을 높은 자유도로 구현할 수 있다. 한편 ECS는 Fargate와 같은 관리형 컴퓨팅 자원과 조합하여 이용함으로써 클라우드를 운영하는 쪽의 운영 부담을 줄일 수 있다는 점이 큰 매력이다. AWS의 서비스를 잘 조합해 이용하느냐, OSS 소프트웨어를 사용해 제어 플레인을 동작시키느냐를 잘 생각해 EKS를 선택할지 ECS를 선택할지 검토해보는 것도 좋을 것이다.

▷ EKS on Fargate

제어 플레인이 'EKS', 데이터 플레인이 'Fargate'인 아키텍처다. 이 아키텍처의 특징은 데이터 플레인을 모두 Fargate로 하지는 않는다는 점이다. 상주 실행이 필요한 처리를 위해 EC2를 준비하고, 스팟 처리가 필요한 경우에는 Fargate를 이용한다. Fargate를 이용하는 Pod는 Fargate 프로필에 의해 결정된다[32].

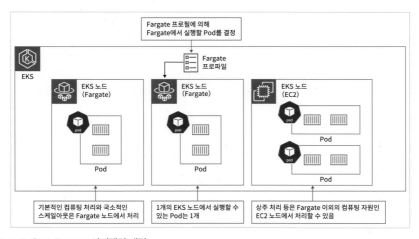

그림 2-2-5 EKS on Fargate 아키텍처 패턴

---

31 클라우드 네이티브 애플리케이션 개발/운영 관련 오픈 소스 프로젝트를 제공하는 등의 활동을 하는 단체(https://www.cncf.io/)

32 https://docs.aws.amazon.com/ko_kr/eks/latest/userguide/fargate-profile.html

EKS on Fargate는 2019년 개최된 re:Invent 이벤트에 등장해 아직 역사는 깊지 않으며, 많은 장점이 있지만 제약 사항도 많다[33]. 이 아키텍처의 장단점을 살펴보기에 앞서 제약사항에 대해 먼저 살펴본다.

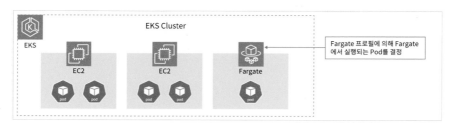

그림 2-2-6 Fargate에서 Pod를 실행

Pod와 노드의 관계

EKS on EC2에서는 노드인 EC2 위에 여러 Pod를 만들 수 있으나, EKS on Fargate에서는 Fargate 노드 위에 1개의 Pod만을 만들 수 있다. 이 제약이 있기 때문에 쿠버네티스의 컴포넌트인 DaemonSet[34]을 이용할 수 없다. DaemonSet은 Pod의 로그를 수집하기 위해 자주 사용된다. 데몬이 필요한 경우 Pod 안에 사이드카 컨테이너[35]를 별도로 구축해 데몬을 실행시켜야 한다.

관리 권한 컨테이너 이용

Fargate 노드에서는 관리 권한 컨테이너를 이용할 수 없다. 이것은 쿠버네티스의 제한이 아니라 EKS on Fargate의 제한이다. 그렇기 때문에 `kubectl apply` 명령 자체는 실행이 되지만 Pod가 'Pending'인 상태가 지속된다.

클러스터 외부로부터의 통신이 가능한 로드 밸런서

EKS의 엔드포인트를 클러스터 외부에 공개할 때 ELB를 이용한다. EKS on EC2에는 다음 Service와 Ingress를 로드 밸런서로 이용할 수 있다[36].

---

33 https://docs.aws.amazon.com/ko_kr/eks/latest/userguide/fargate.html

34 https://kubernetes.io/ko/docs/concepts/workloads/controllers/daemonset/

35 메인 처리를 하는 컨테이너 옆에 보조적인 처리를 하기 위한 컨테이너를 구축하는 구성을 사이드카 패턴이라 한다. 컨테이너가 출력한 로그를 사이드카가 읽어 들여 로그 저장 서버 등으로 전송하는 패턴으로 자주 사용된다.

36 AWS 로드 밸런서에 대한 자세한 내용은 https://aws.amazon.com/ko/elasticloadbalancing/을 참고하기 바란다.

Service

- CLB(Classic Load Balancer)
- NLB(Netowrk Load Balancer)

Ingress

- AWS Load Balancer Controller[37]
- NLB(Network Load Balancer)

EKS on Fargate에서는 앞에서 설명한 것처럼 Service 아래에 배치되는 CLB를 지원하지 않는다. 2020년 9월까지는 ALB를 이용하는 ALB Ingress Controller만을 지원했다.

하지만 2020년 10월, ALB Ingress Controller가 AWS Load Balancer Controller로 명칭이 변경되면서 NLB를 지원하기 시작했다[38]. 이로 인해 EKS on Fargate는 ALB와 NLB를 Ingress 서비스로 등록할 수 있게 됐다.

EKS on Fargate에는 이와 같이 몇 개의 제약사항이 있지만, 이 제약을 넘는 이점이 있는 것도 사실이다. 이제 4가지 기준을 바탕으로 본 특징을 살펴본다.

비용

EKS on Fargate 아키텍처를 이용하기 위해 드는 서비스 비용은 제어 플레인인 EKS 비용과 데이터 플레인인 Fargate 비용이다. Fargate 노드를 이용할 때의 비용은 실행시간 만큼만 부과되기 때문에 그림 2-2-7과 같이 스팟 사용으로 비용을 줄일 수 있다[39] [40] [41]. 그림 2-2-7의 비용은 모두 온디맨드(On demand)로 계산한 것이다. 온디맨드 외에 다른 비용 플랜도 있으므로 추가로 요금을 줄이는 것이 가능하다[42]. 일반적으로는 Fargate가 EC2보다 비싸지만, 사용 방법에 따라서는 비용 절감이 가능하다.

---

37 https://docs.aws.amazon.com/ko_kr/eks/latest/userguide/alb-ingress.html
38 https://aws.amazon.com/ko/blogs/containers/introducing-aws-load-balancer-controller/
39 엄밀히는 EKS를 실행하기 위한 내부 컨테이너(kube-proxy 등)를 이용하는 데 따른 Fargate 비용도 과금된다. 자세한 내용은 https://docs.aws.amazon.com/ko_kr/eks/latest/userguide/fargate-pod-configuration.html을 참고하기 바란다.
40 https://aws.amazon.com/ko/ec2/pricing/on-demand/
41 https://aws.amazon.com/ko/fargate/pricing/
42 https://aws.amazon.com/ko/about-aws/whats-new/2019/12/aws-launches-fargate-spot-save-up-to-70-for-fault-tolerant-applications/

그림 2-2-7 EC2를 이용했을 때와 Fargate를 이용했을 때의 비용 비교

운영 비용은 EKS on EC2에 비해 낮다. 쿠버네티스에 드는 비용이 있지만, 데이터 플레인이 Fargate라서 대부분의 운영에서 해방되기 때문이다.

그리고 쿠버네티스 버전업을 할 때의 대응 범위는 EKS on EC2와 다르다. EKS on EC2에서는 제어 플레인과 데이터 플레인 모두 버전업을 해야 했으나, EKS on Fargate는 데이터 플레인의 버전업 작업은 불필요하다. Fargate의 가장 큰 매력은 이런 운영에서 해방된다는 점이다. 비즈니스에 이 모델이 적용 가능하다면 다른 비용은 EKS on EC2보다 높지만 운영에 드는 비용을 줄일 수 있으므로 도입을 고려해봐도 좋을 것이다.

마지막으로 학습 비용은 지금껏 비교한 아키텍처 중에서 가장 높다. 쿠버네티스의 학습 비용에 추가로 Fargate 학습 비용이 소요된다. 그리고 현 시점에서는 제약도 많기 때문에 이 제약을 피해 시스템을 구축하는 방법을 검토해야 하므로 추가 비용이 든다.

확장성

확장성은 ECS on Fargate와 큰 차이가 없다. 배포 속도는 Fargate의 특성상 EC2에 비해 느리다. 할당 가능한 자원의 상한은 제어 플레인이 아닌 데이터 플레인의 특성이다. ECS on Fargate와 마찬가지로 4vCPU, 30GB가 상한이라는 점과 GPU를 이용할 수 없다는 제약사항이 있다.

신뢰성

제어 플레인은 EKS on EC2와 같으며, 데이터 플레인은 ECS on Fargate와 같다.

엔지니어링 관점

EKS를 제어 플레인으로 사용하므로 쿠버네티스 관련 인재를 채용하게 된다. 이 부분은 EKS on EC2 아키텍처와 동일하다.

EKS on EC2보다 새로운 기술인 Fargate를 이용하므로 관련 지식을 가진 엔지니어는 적으며, 아직 기술이 성숙되지는 않았다. 트위터 등에서도 많은 논의가 이루어지고 있으며 스터디 그룹도 많으므로 도전 요소가 많은 아키텍처다.

2021년 9월 시점의 제약도 독자들이 이 책을 읽고 있을 무렵이면 많이 해결됐으리라 생각한다.

업데이트가 빈번하게 발생하므로 언제나 최신 정보를 입수해야 하지만, 운영 체계와 기술을 제대로 활용할 수 있는 조직이라면 EKS를 도입할 가치는 충분히 있다.

지금까지 AWS에서 이용 가능한 제어 플레인과 데이터 플레인을 조합한 아키텍처의 장점과 단점에 대해 알아봤다.

어떤 아키텍처를 사용하더라도 장점과 단점이 존재한다. 그렇기 때문에 어떤 아키텍처를 사용할지 결정하는 것은 어려운 일이다. 하지만 각 비즈니스의 특성에 따라 사용 사례와 전제 사항을 비교해보면 어떤 아키텍처를 선택하면 좋은지 검토할 수 있다.

여기서는 사용 사례를 살펴본다. 각 사례에 맞는 아키텍처를 살펴보고 왜 그 아키텍처를 선택했는지 알아본다.

실제 사례 중에는 전제 사항이나 해결 과제가 훨씬 복잡하며 완벽하게 들어맞는 경우는 많지 않을 것이다. 하지만 부분적이라도 들어맞는다면 충분히 적용 가능한 경우도 있으므로 참고하기 바란다.

▷ 온프레미스 또는 EC2에 쿠버네티스를 사용하는 경우

직접 쿠버네티스의 제어 플레인 및 데이터 플레인을 운영하는 경우다. 예전부터 AWS에서 쿠버네티스를 운영해 서비스를 제공하는 사례도 있을 것이다.

온프레미스 자산을 클라우드로 이전하고 싶은 경우 또는 제어 플레인을 직접 운영하는 운영 비용을 줄이기 위해 아키텍처를 변경하는 경우가 이에 해당한다.

대상 아키텍처

쿠버네티스의 장점 중 하나는 OSS이기 때문에 어떤 클라우드 환경에서도 동작한다는 점이다[43]. 온프레미스나 EC2에서 실행되는 쿠버네티스 매니페스트를 읽어와 제어 플레인을 관리형 서비스로 이전하는 것이 가능하다.

제어 플레인을 ECS로 변경하고자 한다면 쿠버네티스 매니페스트에 정의된 구성을 AWS 서비스에서 동작하도록 변경해야 한다.

---

43 물론 이것은 그대로 받아들여서는 안 된다. 클라우드 서비스마다 약간씩 다르게 서비스를 제공하거나 관련 서비스가 모두 클라우드에 있는 것이 아니기 때문이다. 하지만 쿠버네티스 매니페스트는 이론상 쿠버네티스라면 선언한 대로 동작하기 때문에 틀린 말은 아니다.

이 비용은 매우 크기 때문에 우선 'EKS'를 선택하는 것이 좋다.

다음으로 데이터 플레인이다. 앞에서 설명한 것과 같이 EKS on Fargate는 제약이 많으며, 특히 DaemonSet을 사용할 수 없다는 점이 걸릴 것이다. 우선은 관리형 쿠버네티스로 전환한다는 생각으로 데이터 플레인은 'EC2'로 구축하는 편이 좋을 것이다.

▷ 블록체인을 이용하는 풀 노드(Full node)를 구축하는 경우

블록체인이란 비트코인이나 이더리움으로 대표되는 가상 화폐의 기반이 되는 기술이다. 가상 화폐의 기반이 되는 기술이라고 해서 블록체인에 구축된 애플리케이션이 화폐일 필요는 없다. 다양한 정보를 블록체인에 저장해 변조를 불가능하게 하고 투명성을 확보한 플랫폼으로 사용되는 경우가 많다.

블록체인 플랫폼인 이더리움의 역할에는 풀 노드(Full node)와 검증자(validator), 채굴자(miner)라는 역할이 있다. 그중 풀 노드는 모든 트랜잭션 블록과 트랜잭션을 보유, 관리, 공유하는 서버 역할을 한다. 노드에 존재하는 '모든' 블록을 가지고 있기 때문에 대용량 데이터를 로컬에 저장하고 있어야 한다.

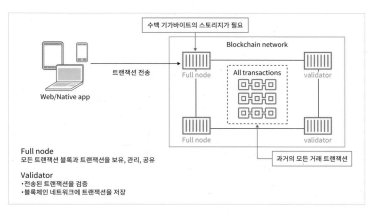

그림 2-3-1 블록체인 네트워크 풀 노드를 구축

대상 아키텍처

이 경우 고려해야 할 점은 대용량 데이터를 로컬에 저장한다는 것이다.

데이터를 저장할 스토리지가 필요하기 때문에 데이터 플레인 검토에도 영향을 미친다. 이더리움 풀 노드라면 수백기가 바이트의 저장 용량이 필요하다(이더리움 네트워크에서 발생하는 전체 트랜잭션을 다뤄야 하므로).

그렇다면 EC2와 Fargate 중 어느 것을 데이터 플레인으로 사용해야 할까? EC2는 EBS로 용량 확보를 할 수 있으며, 2021년 9월 기준으로 최대 확보 가능 용량은 16TB다[44]. Fargate에서 이용 가능한 휘발성 스토리지는 2021년 9월 기준으로 200GB다. 따라서 데이터 플레인은 'EC2'를 선택한다.

제어 플레인은 어떻게 해야 할까? 필자의 생각으로는 ECS와 EKS 어느 쪽을 이용해도 운영이 가능하다. 대부분의 블록체인은 생성된 블록이 네트워크에 반영될 때까지 약간 시간이 걸린다. 따라서 고속 스루풋[45]은 실현하기 어렵기 때문에 확장 속도는 크게 고려하지 않아도 될 것이다.

그리고 AWS 이외의 클라우드나 온프레미스에서 동작시키는 것까지 고려한다면 'EKS'를 선택하는 것도 좋을 것이다. 학습 비용과 운영 비용까지 생각한다면 'ECS'를 추천한다.

▷ 기계 학습이 필요한 경우

기계 학습을 할 때 병목이 생기는 곳은 추론 모델[46] 구축과 추론[47] 처리 부분이다. 기계 학습으로 도출해낸 결과를 핵심 가치로 하는 비즈니스라면 대량의 데이터를 추론 모델에 입력해 추론 모델을 성장시켜야 한다.

이 추론 모델의 생성과 추론 처리를 위해서는 막대한 처리가 필요하고, 이 처리는 병렬로 수행되는 경우가 많다. 따라서 CPU보다는 병렬 처리에 특화된 GPU를 이용해 처리를 실행한다.

---

44 https://docs.aws.amazon.com/ko_kr/AWSEC2/latest/UserGuide/volume_constraints.html
45 (옮긴이) 스루풋(throughput) 또는 처리율(處理率)은 통신에서 네트워크상의 어떤 노드나 터미널로부터 또 다른 터미널로 전달되는 단위 시간당 디지털 데이터 전송으로 처리하는 양을 말한다.
46 추론 모델은 이미 학습된 데이터를 바탕으로 입력된 데이터를 처리해 출력해주는 함수와 같은 것이다.
47 추론이란 학습을 통해 만들어진 추론 모델에 데이터를 넣어 결과를 취득하는 프로세스다.

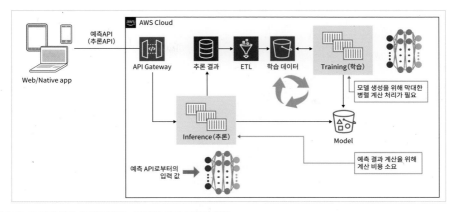

그림 2-3-2 기계 학습 아키텍처에는 막대한 계산 처리가 필요

대상 아키텍처

이 특징을 바탕으로 데이터 플레인을 선택한다. EC2에는 학습과 추론에 특화된 P3[48]나 Inf1[49], G4[50]와 같은 인스턴스가 준비돼 있다. 이들 인스턴스는 GPU 사용이 가능하거나 기계 학습에 특화된 칩셋을 사용할 수 있다. 전용 인스턴스를 사용하면 시간이 많이 걸리는 추론 처리와 추론 모델 생성에 걸리는 시간을 대폭 줄일 수 있다.

Fargate에서는 어떨까? Fargate는 제약으로 인해 GPU를 사용할 수 없다. 물론 운영 비용을 추가해 Fargate에서 컨테이너를 실행해 CPU를 이용한 학습과 추론 처리를 할 수도 있다.

하지만 기계 학습 애플리케이션을 운영하기 위해 몇 번이나 학습과 추론을 반복해야 한다는 점을 생각해보면 짧은 시간에 이 처리를 수행하는 것이 TCO는 좋다. 따라서 데이터 플레인은 'EC2'를 선택한다.

제어 플레인은 ECS와 EKS 중 어느 것을 사용해도 상관없다. 기계 학습을 주로 사용하는 개발 조직은 인프라 지식보다는 데이터 사이언스 지식이 더 많을 것이다. 이런 부분을 감안해 프로덕트 개발만을 하는 팀으로 구성한다고 생각하면 'ECS'가 유리할 것이다. 물론 운영 단계를 포함해서 인프라 관리를 위한 체제를 구축하거나 온프레미스 또는 다른 클라우드에 서비스를 배포할 계획이라면 'EKS'를 선택하는 것이 좋다.

---

48 https://aws.amazon.com/ko/ec2/instance-types/p3/
49 https://aws.amazon.com/ko/ec2/instance-types/inf1/
50 https://aws.amazon.com/ko/ec2/instance-types/g4/

▷ 높은 자원 집약율을 실현하고자 하는 경우

다음으로 비용을 고려한 사용 방법이다.

EC2에서 서비스가 실행 중일 때의 '높은 자원 집약율'이란 인스턴스에 할당된 CPU와 메모리를 낭비하지 않게 사용한다는 것을 의미한다. 예를 들어 c5.xlarge(4vCPU, 메모리 8GB)의 경우 각 CPU의 가동률이 100%에 메모리 8GB를 모두 사용하는 상태가 가장 높은 자원 집약율이다.

온프레미스 기기에서는 이렇게 과부하 상태가 되면 시스템이 다운되거나 커널 패닉이 발생할 수 있기 때문에 자원을 완전히 다 사용하는 것은 좋지 않다. 하지만 종량 과금제인 클라우드 서비스에서는 자원을 전부 사용하는 것이 가장 비용 효율이 좋다[51].

컨테이너가 처리해야 할 처리량을 고려해 적절한 자원을 할당하는 것으로 높은 자원 집약율을 실현할 수 있다.

대상 아키텍처

데이터 플레인부터 고려해본다. EC2를 이용한다면 인스턴스에서 컨테이너를 실행한다.

높은 자원 집약율을 실현하기 위해서는 처리량에 따라 적절한 인스턴스 유형을 지정해야 한다. 한 인스턴스 유형을 지정해 여러 인스턴스를 만드는 것은 쉽지만, 매번 다른 인스턴스 유형을 이용해야 한다면 매우 힘든 일이 된다.

한편, Fargate를 이용하면 인스턴스 유형은 선택하지 않아도 된다. 처리량에 따라 CPU와 메모리 요건을 지정해 호스트를 만들고 컨테이너를 실행한다. 자원을 낭비 없이 활용해 높은 자원 집약율을 실현하기 위한 데이터 플레인으로는 'Fargate'가 적격이다. 제어 플레인은 ECS와 EKS 어느 것을 사용해도 문제없다.

▷ SI로 서비스를 만드는 경우

다음은 서비스 관점이 아니라 조직에 관점을 맞춘 사용 방법이다.

조직의 경우 만들고자 하는 다양한 서비스가 있을 것이다. 따라서 '이 아키텍처가 좋다'는 대답은

---

51 자원을 완전히 소모해서 할당받은 자원을 낭비 없이 사용할 수 있기 때문이다. 이는 할당된 자원을 초과하는 워크로드라도 쉽게 스케일업할 수 있는 클라우드만의 사고 방식이다. 하지만 일반적으로 CPU를 한계까지 사용하는 경우는 드물다. CPU 사용률이 70~80%가 된 상태에서 스케일업을 하는 경우가 많다.

할 수 없다. 하지만 조직에서 서비스를 만드는 데 발생하는 제약이나 특성은 매우 비슷하다.

자사 제품이 아니라 타사의 의뢰를 받아 서비스를 만드는 경우 발주자의 이익이 되지 않는 제안은 하기 어려운 경우가 많다. 이익이 되지 않는다는 것은 '사업 가치를 만들기 어렵다'라고 치환해서 생각하면 된다. 최근에는 애자일 방법론으로 제품을 개발하는 경우가 많아 처음부터 완벽한 제품을 요구하는 경우는 줄어들고 있다.

그렇지만 발주하는 쪽에서는 전문성을 기대하고 발주하기 때문에 기술적 부채[52]가 없는 제품을 받기를 원한다. 하지만 최근 기술의 발전 속도가 매우 빨라져서 개발 당시에는 가장 좋은 방법이었던 것이 1년 후에는 좋지 않은 방법이 되는 경우도 종종 발생한다. 즉, 제품에 대한 개선 노력을 하지 않으면 어느새 기술적 부채가 쌓이게 된다.

제품을 관리하는 발주자 측에서 이런 생각을 가지고 있다면 이야기가 달라진다. 그 제품은 매일같이 기능이 추가되고 개선이 이루어지는 매우 좋은 방향성을 가지게 된다. 하지만 제품의 기능에 직접적인 영향이 없는 부분의 개선[53]은 SI 개발 측에서는 어려운 경우가 많다.

이처럼 기능과 직접 관련이 없기 때문에 개선이 어렵다는 특성을 고려해 아키텍처를 선택해 보겠다.

대상 아키텍처

제어 플레인부터 생각해본다. SI로 제품 개발을 하는 데 있어서 좋은 점은 다양한 사례를 접할 수 있다는 점이다. 최신 사례는 적겠지만, 많은 사례에서 얻은 노하우를 이용할 수 있다.

역사가 긴 서비스일수록 사례도 많다. 즉, 서비스 기간이 긴 ECS가 EKS보다 많은 사례를 접할 수 있다. 물론 선구자로서 새로운 것을 만들어내야 하는 경우도 있다. 이것은 발주자나 프로젝트의 특성에 맞춰 변하는 부분이다.

다른 부분도 한 번 살펴보자.

'기능과 관련 없는 부분의 개선'이 어렵다는 특성을 고려해야 한다.

SI 제품도 몇 년에 한 번은 인프라와 미들웨어 업데이트를 한다. 이 업데이트는 비기능 개선이지

---

52 제대로 된 개발 계획 없이 개발돼 최적화되지 않았거나 구 라이브러리나 개발 방법을 사용해 문제를 안고 있는 제품 상태를 말한다. 이 상태를 '기술적 부채가 있다'고 한다.

53 소스 코드 리팩터링 등은 유지보수를 할 때 매우 중요한 개선사항이다. 하지만 리팩터링은 제품에 기능을 추가하는 행위 또는 버그를 수정하는 행위가 아니라 가치를 매길 수 없는 활동이다.

기능 개선이 아니다.

이런 제품을 EKS를 이용해 구축한다면 몇 년에 한 번 발생하던 비기능 개선 작업이 몇 개월마다 발생하게 된다. 이 영향은 꽤 크다. ECS를 사용하면 이런 인프라 관련 업데이트는 모두 AWS 측에서 책임지고 실시한다.

그리고 서비스 개시 후 누가 쿠버네티스를 관리할지에 대해서도 고려해야 한다.

SI 개발에서는 개발을 수행하는 Dev와 운영을 담당하는 Ops 조직이 서로 다른 경우가 많다. Ops 조직과 함께하는 범위가 넓어져 운영까지 포함하게 되면 인수인계에 그만큼 시간이 걸린다는 것도 유념해야 한다.

물론 제대로 Ops 조직을 구축해 Dev 조직과 연계할 수 있는 체제를 갖추고 있다면 쿠버네티스를 고려해볼 수 있다.

이런 점을 고려할 때 이 SI 개발에는 제어 플레인으로 'ECS'를 선택하는 경우가 많다. 물론 제품 특성과 별개로 EKS를 선택하고 싶은 경우도 있을 것이다. 여기서 설명한 내용은 프로젝트의 특성에 맞춰 참고하기 바란다.

그러면 데이터 플레인은 어떨까? 데이터 플레인도 제품의 특성[54]이 허용한다면 'Fargate'를 추천한다. 운영 비용을 최소화해서 사업과 직접 관련이 있는 기능에 더 많은 투자를 할 수 있기 때문이다.

SI에서는 제대로 된 운영을 제공하는 것을 가치의 하나로 두는 경우도 있다. 하지만 사용자가 더 편하게 사용할 수 있는 애플리케이션을 제공하는 것도 중요하다. 프로젝트에는 한정된 비용만 주어지는 경우가 많고, 운영[55]보다 기능에 집중하기 위해서는 운영 비용을 줄이는 방법밖에 없다. 따라서 비용을 절감할 수 있는 Fargate를 추천한다.

---

54 장애 복구의 간편함, 휘발성 스토리지 용량, GPU 사용, 기동 속도 등의 특성을 말한다.

55 운영에는 안정적인 서비스를 제공하는 것 외에도 서비스 지표를 감시해 다음 버전을 준비하는 측면도 있다. 여기서 말하는 운영은 안정된 서비스 제공에 초점을 맞추고 있으며 감시와 관련된 부분은 고려하지 않는다.

▷ 자사 제품으로 서비스를 개발하는 경우

마지막으로 자사 제품으로 서비스를 개발하는 경우다. 앞에서 다룬 'SI로 서비스를 구축'에서 범위가 자사로 한정된 경우다.

SI로 개발하는 경우와 비교해보면 발주와 수주라는 관계성이 없다는 점이 있지만, 자사 개발이라도 기능에 직접적으로 관련이 없는 개선이 어렵다는 점은 어느 정도 비슷하다. 하지만 SI 개발은 간접적인 도전이라 하더라도 개발하면서 얻은 기술과 지식은 수주받은 쪽에 남는다. 이런 점이 있기 때문에 간접적인 개선을 하기 어려운 경우가 있다. 자사 개발의 경우에는 새롭게 시도한 것에 대한 노하우가 회사에 남는다. 그리고 이렇게 도전한다는 것을 적극 홍보해 엔지니어를 끌어올 수도 있을 것이다.

따라서 자사 제품으로 서비스를 개발하는 경우는 도전에 가치가 있는 사례를 고려한다.

대상 아키텍처

운영 비용을 절감해서 제품을 출시하는 단계에서는 'ECS on EC2' 또는 'ECS on Fargate'를 선택지로 둘 수 있다.

제품이 궤도에 올라 기술적 도전을 할 여유가 생기면 학습 비용에도 프로젝트 비용을 할애할 수 있으므로 EKS에 도전해볼 수 있을 것이다. 그리고 EKS를 이용하고 있는 기업은 많지 않기 때문에 쿠버네티스를 이용하는 것 자체가 회사와 서비스에 대한 일종의 광고가 돼 엔지니어 확보에도 도움이 될 것이다.

데이터 플레인은 운영 비용을 줄이기 위해 우선 'Fargate'를 검토하는 것이 좋다. 시스템 유지보수에 드는 운영 비용이 높기 때문이다. Fargate에서는 구축이 불가능한 경우(특히 EKS on Fargate는 아직 제약이 많다)라면 EC2를 선택하는 것도 좋다.

앞에서도 언급했지만, 자사 제품이든 SI 제품이든 제품 특성에 따라 사용할 아키텍처가 달라지기 때문에 어느 아키텍처가 가장 좋다고 단정지을 수 없다. 하지만 SI로 개발하는 서비스보다 자사 제품 쪽이 확실하게 아키텍처에 대한 평가를 할 수 있다. 자신의 것이기 때문에 학습 비용이나 엔지니어 확보, 앞으로의 확장까지를 포함해 TCO를 고려한 최적의 아키텍처를 선택할 수 있을 것이다. 이 부분을 생각해 제어 플레인의 사실상 표준인 쿠버네티스='EKS'를 선택하느냐 AWS다운 서비스인 'ECS'를 선택하느냐를 검토하면 좋을 것이다.

Column

빌딩 블록의 개념

AWS는 컴퓨팅과 데이터베이스, 스토리지 등 많은 서비스로 구성돼 있다.

풍부한 서비스군을 블록처럼 잘 조합해서 사용하는 것을 빌딩 블록이라고 한다. 이 빌딩 블록 개념에 따라 아키텍처를 조합해 사용할 수 있다는 것이 AWS의 큰 장점이다. AWS가 개발한 ECS는 빌딩 블록을 모두 활용해 아키텍처를 만들어낼 수 있다.

그림 2-3-3의 ECS와 AWS 서비스 구성 예를 살펴보자.

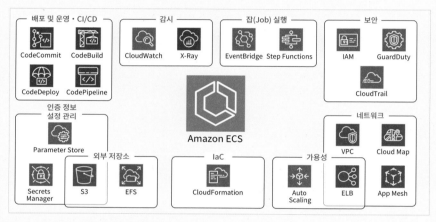

그림 2-3-3 ECS와 AWS 서비스 구성 예

로그 수집에는 모니터링 블록에 있는 'CloudWatch', 감사 대응에는 보안 블록에 있는 'CloudTrail', 스케줄러에는 잡 실행 블록에 있는 'EventBridge'를 활용할 수 있다.

이처럼 각 요건을 구현하기 위한 서비스가 준비돼 있다. AWS로 아키텍처를 구축할 때는 이 AWS의 세계관에 맞춰 구성하면 쉽게 시스템을 구축할 수 있다. ECS를 이용할 때 과거에 익힌 빌딩 블록을 활용할 수 있기 때문에 AWS 경험자에게는 학습 비용이 낮은 아키텍처라고 할 수 있다.

한편, 쿠버네티스도 기본은 Pod 같은 컴포넌트를 빌딩 블록으로 구축한다는 개념이다. 그리고 쿠버네티스도 1개의 플랫폼으로 기능하는 수준의 기능군이 있다. 앞에서 다룬 로그 수집이나 스케줄러 기능을 생각해보자.

쿠버네티스에서 로그 수집을 구현하기 위해 Fluentd 컨테이너를 DaemonSet 컴포넌트에 배포하는 것으로 구현할 수 있다. 스케줄러는 CronJobs 컴포넌트를 이용해 구현이 가능하다.

이처럼 쿠버네티스에도 각종 기능을 구현할 수 있는 컴포넌트가 준비돼 있어 쿠버네티스만으로 아키텍처를 완결할 수 있다.

EKS는 쿠버네티스 플랫폼 개념이 AWS의 빌딩 블록 개념과 결합된 서비스라고 할 수 있다[56].

AWS에서 아키텍처를 구축할 때 AWS 서비스만 잘 조합하면 구축이 가능하지만, EKS는 쿠버네티스 개념을 만족시키며 아키텍처를 구축하는 데 꽤 어려움이 있다.

하지만 2020년 8월 AWS Controllers for Kubernetes(ACK)[57] 평가판이 출시됐다. ACK를 사용하면 AWS 서비스나 자원을 쿠버네티스 컴포넌트로 정의해 사용할 수 있다.

ACK를 이용하면 쿠버네티스를 기반으로 하는 플랫폼의 일부 컴포넌트를 AWS 빌딩 블록으로 구현해 AWS의 관리 서비스를 받을 수 있다.

ACK는 AWS와 쿠버네티스라는 2개의 플랫폼 특징을 잘 조합할 수 있는 도구로 기대를 받고 있으며 앞으로 EKS가 각광받을 수 있는 가능성도 있어 주목할 만하다[58].

---

56 https://toris.io/2019/12/what-i-think-about-when-i-think-about-kubernetes-and-ecs/ (일본어)
57 https://aws.amazon.com/ko/about-aws/whats-new/2020/08/announcing-the-aws-controllers-for-kubernetes-preview
58 쿠버네티스답게 깃허브에 공개돼 있다. 필요한 기능이 없다면 요청해보는 것도 좋다. (https://github.com/aws-controllers-k8s/community)

AWS에서 컨테이너를 이용할 때의 장점

이 책에서는 이후 AWS로 컨테이너를 이용해 서비스를 설계하고 구축한다. AWS에서 컨테이너를 이용할 때의 장점에 대해 잠시 살펴보자.

▷ 로드맵 정보 제공

AWS 컨테이너 기술에서는 컨테이너를 업데이트해 나가는 지침이 로드맵으로 제공되며, 이는 깃허브의 컨테이너 로드맵 저장소[59]에서 확인할 수 있다.

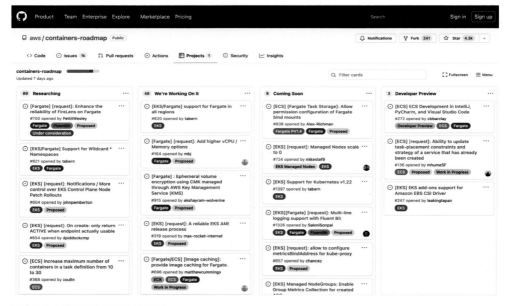

그림 2-4-1 깃허브의 컨테이너 로드맵

깃허브에는 이 로드맵의 목적에 대해서도 기재돼 있다. 몇 가지만 살펴보자.

> Q. 왜 이 저장소를 만들었는가?
>
> A. 우리는 이용자가 계획을 세울 때 우리가 개발 중인 것을 기반으로 결정과 계획을 세우는 것을 알고 있다. 우리는 이용자가 계획을 세우는 데 필요한 통찰력을 제공하고자 한다.

이용자가 아키텍처를 선택할 때 도움이 되고자 하는 생각이다. 이것은 아마존이 내세우는 리더
십 원리[60] 중 Customer Obsession[61] 항목과도 일맥상통한다.

> Q. 로드맵에 모든 것이 있는가?
>
> A. Amazon ECS, Fargate, ECR, ELS 및 기타 AWS가 제공하는 OSS 프로젝트에 대한 대부분의 개발 작
> 업이 이 로드맵에 포함돼 있다. 물론 이용자를 놀라게 하거나 기쁘게 하기 위해 예고 없이 출시하고 싶은
> 매우 재미있는 기술들도 있을 것이다.

큰 이벤트에서 갑자기 서비스가 발표되면 개발자는 매우 흥분한다. 그런 요소를 남겨두면서도
전체 방침을 로드맵에서 알 수 있게 하고 있다.

> Q. 피드백을 제공하거나 추가 정보를 요청하려면 어떻게 해야 하는가?
>
> A. Issue를 만들면 된다!

즉, 필요한 기능이 있다면 깃허브의 Issue를 이용해 요청할 수 있다. 이용하는 기능에서 궁금한
점이 있다면 능동적으로 오류 보고를 할 수도 있다. 독자적인 프로젝트 관리 도구를 사용하고 있
다면 이렇게는 할 수 없다. 개발자에게 익숙한 깃허브를 이용하고 있기 때문에 이런 정보 공유도
가능하다.

이와 같이 제공자와 이용자 모두가 활발히 활동할 수 있는 곳에서 컨테이너 기술 로드맵이 제공
된다. 아직 제공되지 않지만, 앞으로 제공될 수 있는 기능이 있는지 한 번 찾아보는 것도 좋을 것
이다.

▶ 지속적인 요금 개정

클라우드 서비스를 활용하는 데 있어서 요금은 매우 중요한 요소다. AWS는 가볍고 편하게 시작
할 수 있으며 각 서비스 이용 요금도 비교적 합리적이다.

시스템을 구축하다 보면 어느새 매월 이용료가 처음에 예상한 금액 이상으로 올라가는 경우도
있다. 이런 경우 보통 비용 절감을 위한 다양한 검토를 할 것이다. 이때 가장 기본이 되는 서비스
의 요금을 줄일 수 있다면 나머지 서비스 비용을 조금 더 유연하게 설정할 수 있을 것이다.

---

60 https://www.aboutamazon.com/about-us/leadership-principles
61 고객 중심으로 생각하겠다는 의미

AWS 컨테이너 관련 서비스는 사용자도 많고 수요도 많아지고 있어 계속 요금이 개정되고 있다[62].

'Fargate'는 2017년 11월에 발표돼 2018년 11월 서울 리전에 서비스를 제공하기 시작했다[63]. 당시 요금은 표 2-4-1과 같다[64].

표 2-4-1 Fargate 서비스 개시 당시의 요금

1시간당 vCPU 단위	1시간당 메모리 GB 단위
약 $0.06	약 $0.02

당시 Fargate는 EC2와 비교해 상당히 요금이 비싸서 선뜻 사용할 수 없는 서비스였다(약 2배에 가까운 요금). 그러나 2019년 1월 가격을 대폭 인하하는 요금 개정이 이루어졌다[65].

현재(2021년 12월) 서울 리전의 요금을 보면 시간당 CPU 코어당 단위 요금은 20%가량 낮아졌으며, 메모리 역시 GB당 이용 요금이 65%가량 낮아졌다.

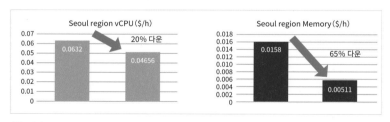

그림 2-4-2 서울 리전 Fargate 요금 개정

'EKS'도 요금 인하가 이루어졌다[66]. 인하율은 50%로 Fargate와 마찬가지로 대폭 인하됐다.

기본 요금 할인 외에도 'Savings Plans'[67]라는 요금 플랜이 있다.

Savings Plans는 단위 시간당 EC2, Fargate 및 람다 이용 요금을 합산해 가장 저렴한 요금을 제공하는 요금 모델이다. 잘 사용하면 컨테이너 서비스 이용 요금을 줄일 수 있다.

---

62 AWS 이용자가 잘 사용하는 서비스는 가격이 개정되지만, 그다지 사용되지 않는 서비스라면 가격도 그다지 개정되지 않는다.

63 https://aws.amazon.com/ko/blogs/korea/aws-fargate-now-available-in-seoul-region/

64 당시의 가격 정보는 문서로 남아있지 않기 때문에 정확하지 않을 수 있다.

65 https://aws.amazon.com/ko/blogs/korea/aws-fargate-price-reduction-up-to-50/

66 https://aws.amazon.com/ko/about-aws/whats-new/2020/01/amazon-eks-announces-price-reduction/?nc1=h_ls

67 https://aws.amazon.com/ko/savingsplans/compute-pricing/

이처럼 지속적으로 기본 가격을 할인하거나 요금 플랜을 제공한다. 이용 요금은 이용자에게는 중요한 요소이기 때문에 지속적인 가격 개정은 매우 중요하다.

▶ 다수의 컨테이너 활용 사례

대상 서비스의 활용 사례도 많이 찾아볼 수 있다. 활용 사례가 많다는 것은 그만큼 이용을 많이 한다는 지표다. 활용 사례를 인터넷이나 대규모 콘퍼런스에서 찾아서 자신이 만들려고 하는 서비스에 활용할 참고 자료로 이용할 수도 있다.

2021년 AWS Summit Online Korea[68]에서는 '클라우드 네이티브로 가는 길'이라는 세션으로 AWS 컨테이너 서비스를 자세히 다뤘다[69]. 이 밖에도 'Amazon EKS를 위한 AWS CDK와 CDK8s 활용법', '컨테이너 및 서버리스를 위한 효율적인 CI/CD 아키텍처 구성하기' 같은 유용한 강연이 있었다.

새로 아키텍처를 만들기에 앞서 이런 강좌나 활용 사례를 알아두는 것은 매우 중요하다. 그 안에서 모범 사례를 발견할 수도 있고, 안티 패턴을 줄일 수 있기 때문이다[70]. 이처럼 다양한 강좌나 활용 사례를 쉽게 접할 수 있는 것은 컨테이너 사용의 장점 중 하나다.

▶ 풍부한 학습 매뉴얼

새로운 것에 도전할 때는 학습 콘텐츠가 중요하다. AWS를 익히기 위한 매우 충실한 학습 콘텐츠가 있다.

이것은 컨테이너만의 이야기가 아니다. 각 학습 단계에 따른 학습 매뉴얼이 제공된다.

AWS 공식 콘텐츠

공식 문서를 비롯해 충실한 콘텐츠가 준비돼 있다. 각 내용을 살펴보자.

---

68 https://aws.amazon.com/ko/events/summits/online/korea/
69 https://www.slideshare.net/awskorea/path-to-cloud-native-exploring-aws-container-services
70 (옮긴이) 안티 패턴(Anti-pattern). 소프트웨어 공학 분야 용어이며, 실제 많이 사용되기는 하지만, 비효율적이거나 비생산적인 패턴을 의미한다.

AWS 문서

AWS 문서[71]에는 AWS가 공식적으로 제공하는 사용자 가이드, 개발자 가이드, API 레퍼런스, 튜토리얼 등이 있다. 이 문서는 학습 단계와 관계없이 매뉴얼로서 매우 많이 참고되고 있다. 각 서비스를 이용할 때의 옵션, 동작 등을 전체적으로 배우기 위해서는 이 문서를 보는 것이 좋다.

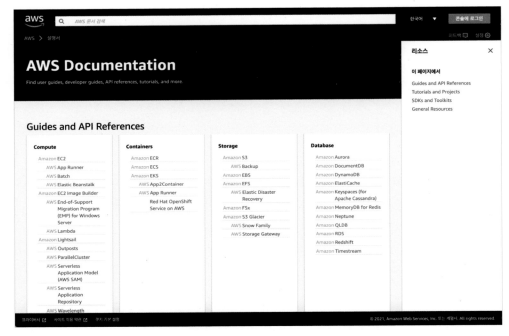

그림 2-4-3 AWS 문서

AWS Webinar

AWS Webinar는 AWS가 제공하는 온라인 콘텐츠다. AWS에 대한 기초 지식이나 각 서비스의 지식을 폭넓게 알기에 좋다. 관련 내용은 AWS 행사 및 교육[72] 페이지에서 확인할 수 있다. 기초 부터 차근차근 배울 수 있는 정기교육 정보부터 다양한 콘텐츠를 볼 수 있다.

---

71 https://docs.aws.amazon.com/
72 https://aws.amazon.com/ko/about-aws/events/

그림 2-4-4 AWS의 온라인 콘텐츠

공식 콘퍼런스

AWS가 매년 주최하는 콘퍼런스 중 큰 이벤트에는 AWS re:Invent와 AWS Summit이 있다. AWS re:Invent[73]는 매년 라스베가스에서 개최되며 AWS에서 개최하는 이벤트 중 가장 규모가 큰 이벤트다. 이 이벤트에서 매년 많은 신규 서비스가 발표된다. 참가자 수가 약 6만 명을 넘을 정도로 인기 있는 이벤트다. re:Invent에서 발표된 자료 대부분은 이벤트 후 인터넷에 공개되며 공식 문서에서 찾기 힘든 유익한 정보가 많이 있다. AWS Summit[74]은 앞의 '다수의 컨테이너 활용 사례' 절에서도 언급했다. 세계 각지에서 매년 개최되는 AWS 이벤트다. 최근에는 코로나의 영향으로 온라인으로 개최됐다. AWS Summit은 개최하는 국가의 언어로 개최하는 국가의 사례를 발표한다. 여기서 발표된 자료는 AWS 블로그[75]나 'AWS Stash'[76], Slideshare[77]에서 확인할 수 있다.

---

73 https://reinvent.awsevents.com/
74 https://aws.amazon.com/ko/events/summits/online/korea/
75 https://aws.amazon.com/ko/blogs/korea/aws-summit-online-korea-2021-only/
76 https://awsstash.com/
77 https://www.slideshare.net/awskorea

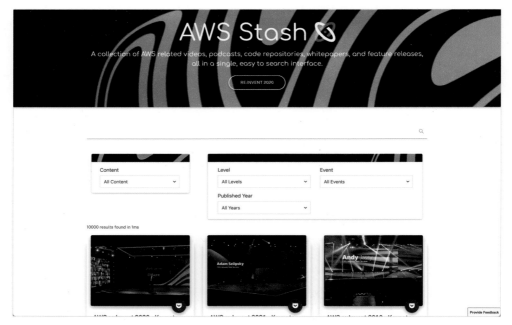

그림 2-4-5 AWS Stash

서비스에 대한 설명이나 AWS 기초를 배우기 위해서는 콘퍼런스 자료보다는 공식 문서 또는 Webinar를 보는 것이 좋다. 하지만 콘퍼런스 자료에는 다른 회사의 사례나 서비스 활용 방법 등 공식 문서에서는 다루지 않는 유익한 정보가 많이 있다. 컨테이너를 시작하기에 앞서 신경 써서 살펴봐야 할 부분, 다른 회사에서는 어떻게 사용하고 있는지를 참고하기에 좋다.

AWSKRUG

AWS 기술 정보는 빠르게 변화하고 있기 때문에 혼자서 따라잡는 것은 효율적이지 않다. 추천하고 싶은 것은 커뮤니티에 참가해 서비스를 사용하고 있는 다른 이용자에게 배우는 것이다.

한국에는 AWS 한국 사용자 모임이라는 커뮤니티가 있다(AWSKRUG)[78]. 2012년부터 시작된 이 모임은 AWS에서 개최되는 이벤트 공유뿐만 아니라 스터디 모임 진행, 새로운 기능 소개 및 강의, 질문 및 답변 등 활발한 활동을 하고 있다. 2021년 12월 기준, 그룹 참가자는 2만 3천 명을 넘는다. 페이스북을 이용하는 사람이라면 누구나 자유롭게 그룹에 가입할 수 있다. 그룹 내

---

78 https://awskrug.github.io/ 페이스북 그룹으로 이동한다.

에서 해시태그로 주제를 찾거나 등록할 수 있다. 한국뿐만 아니라 일본 AWS 이용자 그룹인 JAWS-UG와도 교류하고 있다[79].

AWS Certification

AWS Certification은 AWS와 관련된 지식과 기술, 역량이 있다는 것을 증명한 사람에게 발급해주는 자격증이다. 이 자격 시험 준비를 통해 AWS 관련 지식을 익힐 수 있다. 학습 콘텐츠는 단순 암기식이 아니라 결과물을 내는 방식이다. 실무와 관계 깊은 문제가 나오므로 체계적인 학습에도 도움이 된다. 현재의 지식 상태를 재확인하는 목적으로 이용할 수도 있다.

Qwiklabs

Qwiklabs[80]는 클라우드 플랫폼과 인프라 소프트웨어의 체험을 할 수 있는 학습 환경을 제공한다. AWS뿐만 아니라 다른 클라우드 서비스 실습 환경도 제공한다.

경험이 없는 사람도 간단하게 서비스를 체험할 수 있게 구성돼 있다. 유료 서비스(크레딧으로 원하는 강의를 수강)나 무료 강의도 있다. 학습 전용 AWS 계정이 일시적으로 발급되므로 AWS 요금 걱정 없이 이용할 수 있다. 실제로 시스템을 구축하기 전에 Qwiklabs에서 시험 삼아 구축하는 용도로 활용할 수도 있다.

AWS Workshops

AWS Workshops[81]는 AWS에서 공식적으로 제공하는 실습 이벤트다. 100개가 넘는 콘텐츠, 실제 운영에 사용하는 아키텍처로 구성돼 실용적인 기술과 개념을 배울 수 있다.

워크숍 목록에는 참가에 필요한 레벨을 100부터 400까지 나눠 표시해주고 있으며 워크숍에 소요되는 시간도 기재돼 있다.

워크숍 자체는 무료지만 AWS 환경을 실제로 이용해야 하므로 AWS 이용에 따른 과금이 발생하기 때문에 주의해야 한다.

---

79 (옮긴이) COVID-19 상황으로 최근에는 오프라인 교류가 없었다.

80 https://www.qwiklabs.com/?locale=ko

81 https://www.workshops.aws/

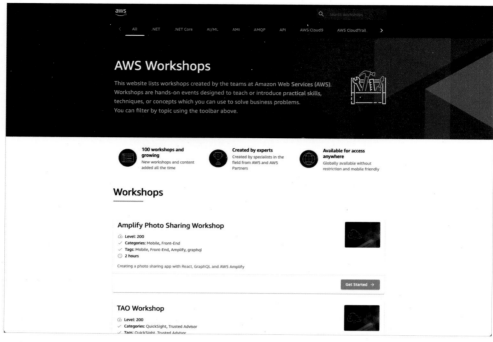

그림 2-4-6 AWS Workshops

Awesome AWS Workshops

Awesome AWS Workshops[82]에서 분야별 워크숍을 찾는 방법도 있다. 홈페이지에도 기재돼 있듯이 AWS 공식 콘텐츠는 아니다. 이곳에는 특정 분야에 대한 수준 높은 내용이 많이 있으며 re:Invent에서나 가능한 워크숍도 찾을 수 있다. 이곳도 워크숍 자체는 무료지만, AWS 환경을 실제로 이용해야 하므로 AWS 이용에 따른 과금이 발생하기 때문에 주의해야 한다.

---

82 https://awesome-aws-workshops.com/

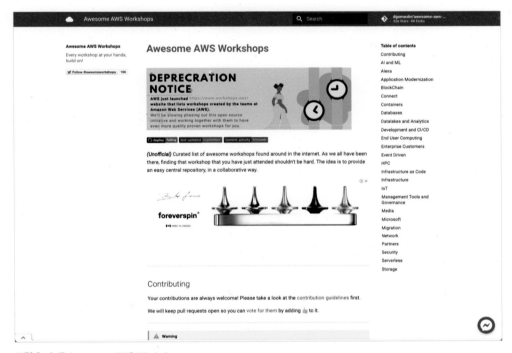

그림 2-4-7 Awesome AWS Workshops

콘텐츠 선택

지금까지 이론 위주 학습 콘텐츠와 실습 위주 학습 콘텐츠까지 다양한 학습 콘텐츠를 소개했다.

상황과 지식 수준에 따라 선택할 수 있는 콘텐츠는 다양하지만, 어떤 콘텐츠를 참고하는 게 좋을지 다음 그림에 정리했다. 물론 이것은 어디까지나 선택하는 데 참고하는 정도로만 활용하길 바란다.

예를 들어 국내에서 컨테이너를 활용하는 사례에 대해 찾고 싶다면 이론이나 실습이 아니라 특정 사례를 찾아야 한다. 따라서 한국에서 개최된 AWS Summit 또는 한국 사용자 그룹에서 찾아봐야 한다.

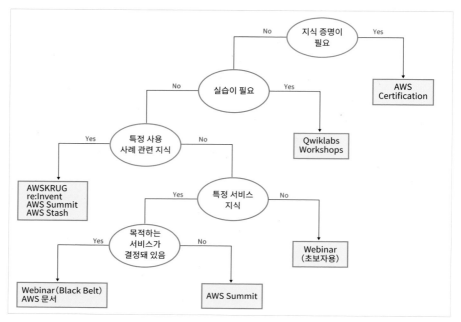

그림 2-4-8 학습 자료 선택

정리

이 장에서는 AWS에서 컨테이너를 활용할 때의 콘텐츠, 학습 방법, 장점, 그리고 AWS가 제공하는 컨테이너 관련 서비스에 대해 폭넓게 설명했다.

그중 제어 플레인과 데이터 플레인을 조합하는 대표적인 아키텍처에 대해서도 설명했다. 각 아키텍처는 어떤 경우에 사용하는지에 대해서 알아봤다.

어떤 사례에 어떤 아키텍처가 알맞은지에 대한 질문에 명확한 답은 없다. 여기서 소개한 활용 사례, 학습 자료의 풍부함, 각 아키텍처의 장단점 등을 고려해 판단해야 한다. 만들고자 하는 서비스의 특성을 파악하고 사용할 컨테이너 아키텍처를 선택해야 한다.

chapter

03

▼
▼

컨테이너를 이용한
AWS 아키텍처

3장에서는 ECS/Fargate를 중심으로 프로덕션 레디 AWS 아키텍처를 설계한다. 웹 애플리케이션을 테마로 해서 AWS Well-Architected 프레임워크 및 컨테이너에 대한 표준화 지침과 비교해가며 운영, 보안, 신뢰성, 성능, 비용 관점에서 견고하고 우수한 아키텍처를 찾아본다. ECS/Fargate뿐만 아니라 CI/CD와 네트워크, 보안과 관련된 많은 AWS 서비스도 함께 살펴보며 주요한 AWS 설계에 관한 내용을 배운다.

사업을 위해 시스템을 운영한다는 것은 단순히 시스템에 애플리케이션을 실행시키기만 하면 되는 것은 아니다. 안정된 서비스를 지속적으로 제공할 수 있는 신뢰성과 운영 방침, 성능, 보안, 비용 등 다양한 부분을 고려한 시스템 설계 및 구축이 필요하다. 물론 시스템에 따라 더 중요시 여기는 설계 포인트는 다르다.

한편, 설계에서 고려해야 할 포인트와 모범 사례를 전반적으로 파악하면 단순히 미처 고려하지 못한 부분을 없애는 것뿐만 아니라 효율적인 시스템 설계와 구현에 도움이 된다.

이 장에서는 AWS 컨테이너 서비스인 ECS와 Fargate 중심으로 시스템과 아키텍처를 설계하는 방법에 대해 소개한다.

이 장에서는 ECS/Fargate에 관한 사양 소개는 하지 않는다. 각 서비스가 가진 특징을 이해한 후 요건을 충족시키기 위해 서비스를 어떻게 조합해서 사용할지에 대한 내용을 중심으로 설명한다.

이 장에서 소개하는 각종 설정 내용의 일부는 4~5장의 실습에서도 다룬다. 이 장에서 설명한 내용이 잘 이해가 되지 않더라도 4~5장의 실습을 통해 이해할 수 있을 것이다. 직접 실습해보며 몸에 익혀보는 것을 권장한다.

AWS는 Well-Architected[1]라는 시스템 설계와 관련된 지침 및 도구를 제공한다.

Well-Architected 프레임워크는 6대 원칙(운영 우수성, 보안, 안정성, 성능 효율성, 비용 최적화, 지속 가능성)을 바탕으로 AWS를 활용할 때의 모범 사례를 공유한다. 이 프레임워크를 이용해서 검토-설계 단계에서 미처 고려하지 못했던 부분을 되짚어볼 수 있다.

이 장에서는 Well-Architected 프레임워크의 6대 원칙 중 지속 가능성을 제외한 5개 원칙에 맞춰 ECS/Fargate를 설계해 본다.

그림 3-2-1 Well-Architected 프레임워크의 6대 원칙

Column

Well-Architected 프레임워크 렌즈

Well-Architected 프레임워크는 서버리스와 기계 학습, 금융 서비스와 같은 특정 업계 또는 기술 영역에 특화된 'Lens(렌즈)[2]'라는 모범 사례를 제공한다.

이 책의 번역 시점(2022년 1월)에는 다음과 같은 렌즈가 제공된다.

- 관리 및 거버넌스
- 기계학습
- 데이터 분석
- 서버리스
- SAP

---

1 https://docs.aws.amazon.com/ko_kr/wellarchitected/latest/framework/welcome.html
2 https://docs.aws.amazon.com/ko_kr/wellarchitected/latest/userguide/lenses.html

- 스트리밍 미디어

- IoT

- SaaS

- FTR[3]

- 금융 서비스 산업

- HPC(High Performance Computing)

예를 들어 금융 서비스에 관한 Well-Architected 프레임워크 렌즈[4]는 설계된 보안(Security by Design)을 일반 설계 원칙으로 제시하고 있다. 이것은 기획, 설계 단계에서부터 보안을 확보해 문제를 미연에 방지하고자 하는 생각을 기초로 하고 있다.

그리고 이 렌즈의 보안 원칙에서는 컨테이너에 대해 다음과 같은 모범 사례를 소개하고 있다.

- 프라이빗 컨테이너 리포지토리 사용

- 최소한의 변경 불가능한 컨테이너 이미지 사용

- 컨테이너 구축 및 배포 파이프라인 사용

- 컨테이너 이미지의 취약성 검사

금융 서비스 영역 외에도 높은 수준의 보안이 필요한 시스템을 설계할 때 참고하면 좋은 프레임워크다. 보안이 중요한 아키텍처를 검토한다면 한 번 읽어보길 권한다.

---

3   Foundational Technical Review – 기초 기술 검토. 독립 소프트웨어 벤더(ISV)가 AWS 아키텍처의 기술 검토를 위해 이용하는 렌즈다.

4   https://docs.aws.amazon.com/ko_kr/wellarchitected/latest/financial-services-industry-lens/welcome.html

설계를 진행하기에 앞서 이 장에서 다룰 각종 AWS 서비스와 배포용으로 사용할 예제 웹 애플리케이션 개요를 소개한다. 그리고 설계를 검토하는 데 필요한 시스템 요건에 대해서도 설명한다.

▷ 이 장에서 다룰 AWS 서비스

2장에서는 AWS 컨테이너 서비스의 제어 플레인과 데이터 플레인의 4가지 조합에 대해 소개했다.

이 장에서는 사용 사례가 늘어나고 있는 ECS/Fargate를 활용한 아키텍처 설계를 다룬다. 그리고 다음과 같은 AWS 서비스를 이용하여 설계를 진행해 나간다.

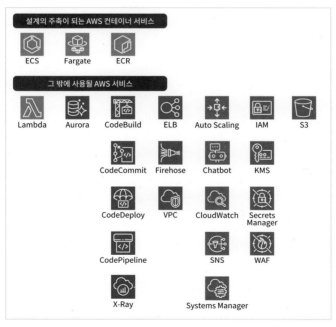

그림 3-3-1 이 장에서 다루는 AWS 서비스

▷ 예제 웹 애플리케이션 개요

이 책에서는 간단한 아이템 관리 웹 애플리케이션을 사용한다.

아이템 관리 웹 애플리케이션에서는 새롭게 등록된 아이템과 알림을 일괄 표시하고 사용자가 아이템을 즐겨찾기에 추가할 수 있다. 단순한 기능으로 구성돼 있으나 인증 기능이나 API 콜, DB 접근 등 웹 애플리케이션의 중요한 부분은 구현돼 있다.

프런트엔드와 백엔드로 구성돼 있으며 다음과 같은 기능으로 구성돼 있다.

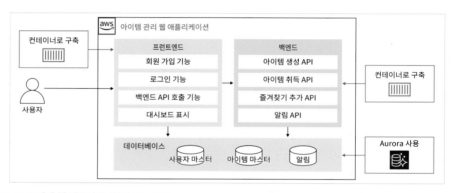

그림 3-3-2 예제 웹 애플리케이션의 기능 구성

이 예에서는 각 프런트엔드와 백엔드를 컨테이너 프로그램으로 구축한다[5].

SSR(Server Side Rendering)[6]을 전제로 하는 웹 애플리케이션과 API를 구축하기 위해 AWS에 컨테이너를 구축하고자 하는 사용 사례를 상정한다.

아이템 관리 웹 애플리케이션은 기능 관련 데이터를 가지고 있으나 이 예에서는 1개의 Aurora 데이터베이스에 데이터를 저장한다.

---

5 이 책에서 다루는 웹 애플리케이션은 이해하기 쉽도록 백엔드 애플리케이션을 1개의 컨테이너로 만들었다. 하지만 1장에서 설명한 것처럼 컨테이너의 장점을 최대한 활용하고자 한다면 컨테이너를 그 역할별로 나눠 최소 애플리케이션 단위로 실행되게 하는 것이 좋다. 즉, 역할별로 도메인을 분리해 그것을 하나의 서비스로 취급하고, 여러 서비스가 서로 협조하는 마이크로서비스를 염두에 두고 컨테이너를 분리하면 적절한 크기가 될 것이다.

6 브라우저가 아니라 서버에서 웹 페이지 렌더링을 수행해 출력하는 형태를 말한다. 클라이언트의 브라우저에서 자바스크립트 코드로 페이지를 이동하는 단일 페이지 애플리케이션(SPA: Single Page Application)과 비교하면 HTML이 완전히 생성된 형태로 반환되므로 구글 크롤러와 같은 SEO 대책에 더 유리하다. 이런 형태의 대표적인 웹 프레임워크로는 Nuxt.js와 Next.js가 있다.

▷ 설계 요구사항과 기본 아키텍처

아키텍처 구축을 위한 대략적인 시스템 요건은 다음과 같다.

- 다수의 사용자가 이용할 것을 고려해 유연하게 확장 가능한 구성으로 하고 싶다.
- 가용성을 높이기 위해 다중 AZ를 기본 구성으로 하고 싶다.
- CI/CD 파이프라인을 구성해 애플리케이션 배포를 빠르게 하고 싶다.
- 각 계층별로 적절한 보안 대책(침입 방지, 인증 데이터의 적절한 관리, 로그 저장, 서버를 통한 내부 접근 방지 등)을 마련하고 싶다.

이 시스템 요건을 충족하기 위해 먼저 AWS의 각 서비스를 이용한 예제 웹 애플리케이션의 기본 구성을 그려보자. 구성도는 그림 3-3-3과 같다.

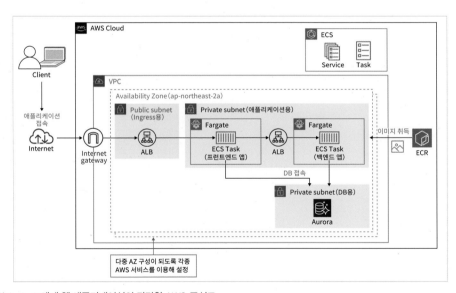

그림 3-3-3 예제 웹 애플리케이션의 간단한 AWS 구성도

지금 단계에서는 매우 단순한 AWS 구성이다.

그러면 요건을 만족하기 위해 주요 원칙과 대조해 나가본다.

먼저 Well-Architected 프레임워크의 첫 번째 원칙인 '운영 우수성'을 만족시킬 아키텍처를 검토한다.

이 원칙은 '유지 보수성을 높이기 위해 요구되는 조직 운영과 시스템 운영'과 관련된 내용이 중심이 된다[7].

'운영 우수성' 원칙에서는 시스템 운영 관점에서 다음과 같은 설계 검토 사항을 확인한다.

- 어떻게 시스템 상태를 파악할 것인가
- 어떻게 시스템의 버그 수정을 쉽게 할 것인가
- 어떻게 배포할 때의 위험을 줄일 것인가

이 절에서는 ECS/Fargate를 이용할 때의 시스템 상태를 파악하기 위한 모니터링과 감시에 대한 설계, 버그 수정과 배포할 때의 위험을 줄이기 위한 CI/CD 설계에 대해 검토한다.

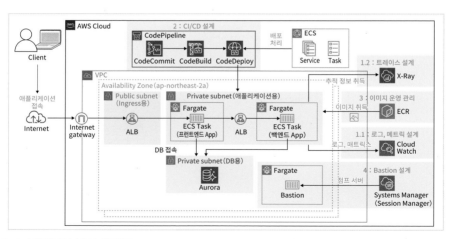

그림 3-4-1 '운영 우수성' 설계 포인트

---

7 이 책에서는 AWS 컨테이너 설계에 초점을 맞추고 있기 때문에 조직 운영에 대한 내용은 생략한다.

▷ 모니터링과 옵저버빌리티(Observability)의 중요성

서비스 사용자에게 안정적인 서비스를 제공하기 위해서는 시스템 내부의 상태를 파악해야 한다.

하지만 시스템이 정상인지 판단하기 위해서는 데이터가 필요하다. 시스템의 각 정보, 애플리케이션 로그, 네트워크 트래픽 로그 등 다양한 정보를 모아 정보를 가시화하고 특정 값에 대해서는 임곗값이나 조건을 설정해 경보가 발생하게끔 설정하면 보다 안정적으로 운영할 수 있다.

이처럼 시스템에 정해진 기준을 설정하고 상태를 계속 확인하는 것을 '모니터링(감시)'이라고 한다. 모니터링의 주 목적은 시스템에 문제가 발생하는 것을 즉시 발견해 시스템의 가용성을 유지하는 것이다.

메모리 사용율이나 디스크 사용율과 같은 정량적인 계측 정보(지표)와 애플리케이션 로그를 통한 정성적 정보로부터 상태 이상을 감지해 경보를 발생한다.

한편, 문제 발생 원인을 조사하기 위해서는 트랜잭션의 흐름과 애플리케이션 내부의 자세한 흐름까지 깊이 파고 들어가야 하는 경우도 있다.

AWS 컨테이너 서비스가 기반이 되는 애플리케이션에서는 AWS가 제공하는 각종 서비스와 비교적 크지 않은 애플리케이션이 서로 협조하는 형태로 분산 시스템을 구성하는 것이 일반적이다. 시스템 안에 컴포넌트 연계가 많아지지만, 구조가 복잡해지고 장애가 발생했을 때의 영향 범위 및 원인 파악을 하기가 어려워진다.

그런 상태가 됐을 때 컴포넌트 간 처리 및 애플리케이션 내부의 처리 내용을 추적하기 위한 정보가 '트레이스(Trace)'다. 그리고 시스템 전체를 살펴보며 내부 상태까지 깊이 파고들 수 있는 상태를 '옵저버빌리티(가관측성)'라고 한다.

옵저버빌리티를 얻음으로써 문제가 발생했을 때 원인을 식별하고 대응 방법을 신속하게 검토할 수 있게 돼 결과적으로 운영의 질이 좋아진다[8].

---

8 옵저버빌리티를 얻는 또 다른 장점으로는 애플리케이션을 추가하고 수정할 때 시스템 영향을 쉽게 파악할 수 있게 된다.

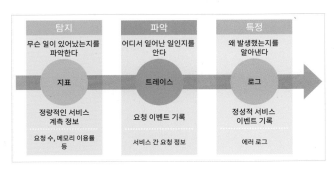

그림 3-4-2 옵저버빌리티를 얻기 위해 필요한 3 요소

AWS에는 CloudWatch와 연계해 각종 로그와 지표 정보를 간단하게 수집하고 저장할 수 있는 서비스가 있다. ECS/Fargate에서 애플리케이션의 로그를 취득하기 위해서는 CloudWatch Logs나 FireLens를 활용한다.

CloudWatch 지표와 연결하면 지표에서 ECS 태스크의 구동 상태와 자원 이용 상태도 파악할 수 있다.

그리고 X-Ray와의 조합으로 요청의 흐름을 추적할 수 있다.

그러면 모니터링과 옵저버빌리티를 실현하기 위해 ECS/Fargate 구성에서 로그, 지표, 트레이스를 얻을 수 있는 아키텍처를 살펴본다[9].

Column

주먹구구식 모니터링에서 벗어나자

'모니터링의 목적은 무엇인가?'라는 질문에 대해 잠시 생각해보자.

모니터링의 목적은 단순히 시스템 관련 정보를 수집하는 것이 아니다. 필자는 모니터링은 이용자를 위해 해야 하는 것이라고 생각한다. 구체적으로 말하면 '이용자가 애플리케이션을 이용할 수 있는 상태를 유지하기 위해' 모니터링을 하는 것이다.

중요한 점은 로그나 지표에 관계없이 모니터링은 이용자의 경험이 손상되는 이벤트를 염두에 둬야 한다는 점이다.

---

9 옵저버빌리티를 얻기 위해서는 단순히 지표, 트레이스, 로그 데이터를 수집하는 것뿐만 아니라 각 데이터의 상관 관계를 조사하거나 가시화를 수행하는 등 복합적인 처리가 필요하다. 이 모든 내용을 다루면 이 책의 범위를 크게 넘어서므로 이 책에서는 옵저버빌리티를 얻기 위한 기본이 되는 지표, 트레이스, 로그 데이터 수집에 대한 설계 내용만을 다룬다.

ECS 태스크가 정지해 HTTP 응답 코드로 503 에러가 발생한다거나 등록 처리가 제대로 완료되지 않아 사용자에게 에러가 반환되면 그 서비스는 건전한 상태라고 할 수 없다.

이 책에서도 ECS/Fargate와 관련된 몇 개의 지표를 다루지만, 그 지표가 이용자에게 영향을 주는 것인지 파악하기 위해 가시화하거나 경보 대상이 돼야 하는지는 제공하는 서비스의 특성에 따라 달라진다. 최종적으로 모니터링해야 할 항목은 여러 가지가 있겠지만, 모니터링을 시작할 때는 먼저 '이용자 시점에서 필요한가?'라는 고민을 잊지 말아야 한다.

▷ 로깅 설계

ECS/Fargate 구성에서 애플리케이션 로그를 수집하는 절차는 크게 CloudWatch Logs를 이용하는 방법과 FireLens를 이용하는 방법이 있다. 각 방법의 특징과 사용 방법에 대해 고찰하고 로깅 설계를 검토한다.

CloudWatch Logs를 이용한 로그 운영

ECS/Fargate 구성에서는 CloudWatch Logs와 연동해서 간단히 애플리케이션 로그를 수집할 수 있다. 애플리케이션 로그 검색, Lambda나 SNS 연계를 통한 애플리케이션 장애 알림에서도 CloudWatch는 중심적인 역할을 한다.

예를 들어 'CloudWatch Logs 구독 필터'[10]를 이용하면 로그 내에 특정 문자열이 포함된 경우의 로그만을 추출할 수 있다. 그리고 추출한 로그를 Lambda와 연계하면 SNS를 통해 장애를 즉시 통보할 수 있다. CloudWatch Logs는 보존 기간을 설정할 수 있으므로 필요에 따라 저장된 로그의 유지보수 처리도 자동화할 수 있다.

---

10 https://docs.aws.amazon.com/ko_kr/AmazonCloudWatch/latest/logs/WhatIsCloudWatchLogs.html

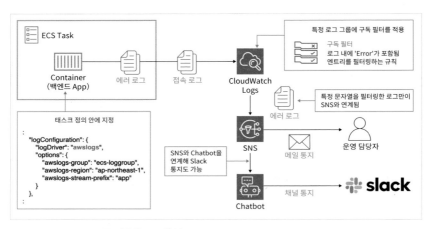

그림 3-4-3 CloudWatch Logs를 이용한 로그 운영

ECS/Fargate 외에도 CloudWatch는 많은 AWS 서비스에서 이용할 수 있어 사실상 AWS에서 로그 운영을 하는 데 표준적인 서비스다. 단순한 애플리케이션이나 대량으로 로그가 발생하지 않는 경우라면 CloudWatch Logs만으로 충분히 로그를 수집할 수 있다.

FireLens를 이용한 로그 운영

ECS/Fargate 구성에서 로그를 수집하기 위한 다른 방법으로는 'FireLens'라는 로그 통합 관리 기능을 이용하는 것이다.

FireLens를 이용하면 CloudWatch Logs 외에도 AWS 서비스나 AWS가 아닌 SaaS에 로그를 쉽게 전송할 수 있고 Firehose와 연계해 S3나 Redshift, OpenSearch Service에도 로그를 전송할 수 있다는 장점이 있다.

FireLens에서는 로그 라우팅(Log routing) 기능을 담당하는 소프트웨어로 오픈 소스인 'Fluentd'[11] 또는 'Fluent Bit'[12]를 선택할 수 있다. Fluent Bit는 Fluentd에 비해 플러그인이 적지만 자원 효율이 좋고[13] AWS도 Fluent Bit를 사용할 것을 추천하고 있다[14].

---

11 https://www.fluentd.org/

12 https://fluentbit.io/

13 https://docs.fluentbit.io/manual/about/fluentd-and-fluent-bit

14 https://docs.aws.amazon.com/ko_kr/AmazonECS/latest/developerguide/using_firelens.html

Fluent Bit를 이용하는 경우 AWS가 공식적으로 제공하는 전용 컨테이너 이미지를 사용할 수도 있다[15]. ECS 태스크 정의 안에 애플리케이션용 컨테이너와 Fluent Bit 컨테이너를 함께 넣는 구성이 된다. 컨테이너 디자인 패턴의 하나인 사이드카 구성[16]으로 Fluent Bit 컨테이너를 경유해 로그 수집을 할 수 있다.

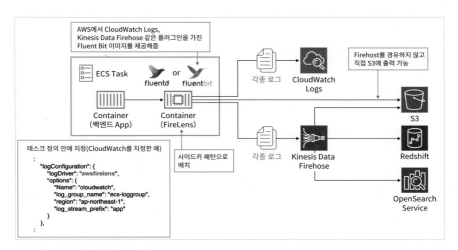

그림 3-4-4 FireLens를 이용한 로그 운영

FireLens와 연동할 수 있는 서비스를 생각해보면 FireLens는 데이터 분석 용도로 많이 사용될 것이라 생각할 수 있다. Redshift는 데이터 웨어하우스용 관리형 데이터베이스 서비스이며, OpenSearch Service는 관리형 검색 엔진 서비스다. 데이터 분석을 전제로 하는 구성이라면 Redshift나 OpenSearch Service를 활용하는 경우가 많으며, 그런 구성에서는 FireLens를 사용하는 경우가 많을 것이다.

한편 FireLens를 사용했을 때의 장점 중 하나는 S3뿐 아니라 CloudWatch Logs에도 동시에 로그를 전송할 수 있다는 점이다. 이 점이 장점이 되는 이유는 다음에 다룰 ECS 태스크 정의 제약과 관련이 있다.

15 https://gallery.ecr.aws/aws-observability/aws-for-fluent-bit
16 https://www.usenix.org/system/files/conference/hotcloud16/hotcloud16_burns.pdf

CloudWatch Logs와 FireLens의 선택 기준 및 로그 운영 디자인

ECS 태스크 정의 사양에서는 각 컨테이너가 어디에 로그를 출력할지 지정하는 로그 드라이버 정의는 1개뿐이다. 즉, CloudWatch Logs에 전송하는 awslogs 로그 드라이버를 사용할지, FireLens 로그 드라이버를 사용할지 지정해야 한다.

그렇다면 로그를 장기 보존하기 위해 애플리케이션의 접속 로그를 S3에 보존하고, 에러 로그는 CloudWatch Logs에 전송하려면 어떻게 해야 할까?

생각해볼 수 있는 방법으로는 모든 로그를 한 번 CloudWatch Logs에 전송한 뒤 CloudWatch Logs에서 S3로 내보내는 방법이다[17]. FireLens가 등장하기 전에는 아키텍처 구성 사례로 종종 사용됐다.

하지만 CloudWatch Logs는 로그를 취득하는 시점에 과금이 발생한다. 만약 매월 200GB의 로그가 발생하고, CloudWatch Logs에 이 로그를 전달한다고 가정해보면 매월 152달러(약 17만 원)의 비용이 발생한다[18] [19].

다른 방법으로는 CloudWatch Logs의 구독 필터 기능을 이용해서 Firehose를 경유해 S3에 로그를 저장하도록 구현하는 방법이 있다.

하지만 결국 CloudWatch Logs에 한 번 로그를 저장하므로 비용이 발생한다는 점은 변하지 않는다. 그리고 Firehose 요금도 추가되기 때문에 비용적인 측면을 생각해보면 좋은 구성은 아니다.

로그 보존 관점의 비용 최적화와 장애 시 운영을 모두 만족하고 싶다면 FireLens를 로그 드라이버로 지정하는 것을 추천한다. FireLens에서 사용할 수 있는 Fluent Bit의 기능이 뛰어나기 때문이다.

Fluent Bit는 CloudWatch Logs와 S3 양쪽에 동시에 로그를 전송할 수 있다. Fluent Bit의 사용자 정의를 이용하면 같은 로그를 CloudWatch Logs와 S3에 동시에 출력하거나 어느 한쪽에만 출력할 수도 있다.

---

17 https://docs.aws.amazon.com/ko_kr/AmazonCloudWatch/latest/logs/S3Export.html
18 https://aws.amazon.com/ko/cloudwatch/pricing/?nc1=h_ls
19 무료 이용 용량인 5GB를 제외한 금액이다.

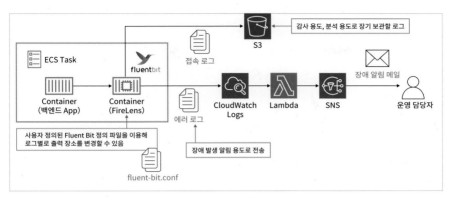

그림 3-4-5 FireLens를 이용한 로깅 설계

CloudWatch Logs에 저장된 로그는 CloudWatch Logs Insights를 통해 이용할 수 있다[20]. 쿼리를 이용해 로그를 검색하거나 검색 결과를 대시보드에 쉽게 표시할 수 있다. 그러므로 사용 용도에 따라 CloudWatch Logs를 이용하는 것이 좋다.

로그 운영을 검토할 때 중요한 것은 비즈니스 관점에서 로그를 어떻게 취급할지를 생각하는 것이다.

비즈니스 목표를 달성하기 위해 로그의 종류, 내용, 보존 기간, 분석 방법 등을 검토하면서 시스템 요건에 맞춰 설계해야 한다.

Column

Fluent Bit에서 로그 출력을 나눌 때 주의할 점

Fluent Bit에서 로그 출력 장소를 나눌 때 AWS가 제공하는 기본 Fluent Bit 컨테이너 이미지와 ECS 태스크 정의만으로는 설정할 수 없다. Fluent Bit 자체 설정 파일을 수정해 Fluent Bit 컨테이너 안에 넣어야 한다. 설정 파일을 컨테이너 안에 추가하는 방법은 두 가지가 있다.

첫 번째는 S3 버킷에 설정 파일을 올려두고 태스크 정의를 할 때 해당 버킷 위치를 지정해서 태스크가 시작될 때 파일을 읽어 들이게 하는 방법이다.

---

20 https://docs.aws.amazon.com/ko_kr/AmazonCloudWatch/latest/logs/WhatIsCloudWatchLogs.html

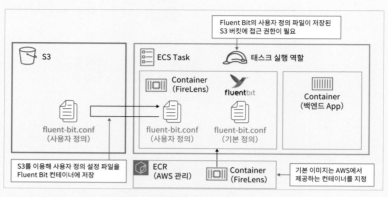

그림 3-4-6 S3 버킷에서 Fluent Bit 사용자 정의 설정 파일을 읽어 들임

이 구성은 AWS가 제공하는 Fluent Bit 컨테이너 이미지는 변경하지 않고 사용자 정의 설정 파일을 변경할 수 있다.

한편, Fluent Bit에 복잡한 로그 라우팅을 설정해야 한다면 파서나 스트림 같은 여러 설정 파일을 함께 넣어야 한다. S3를 이용한 설정 파일 변경은 한 개의 파일만 가능하므로 여러 파일을 함께 교체할 수 없다.

이런 경우에는 사용자 정의 설정 파일을 추가한 Fluent Bit 컨테이너 이미지를 직접 만든 뒤 태스크 정의에서 대상 컨테이너로 지정해야 한다. 이것이 두 번째 방법이다.

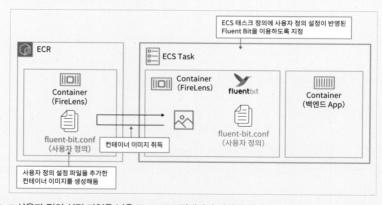

그림 3-4-7 사용자 정의 설정 파일을 넣은 Fluent Bit 컨테이너 이미지 생성

S3를 이용하는 것과 비교하면 생성된 이미지 관리를 비롯해 이미지 버전과 수명 주기 등의 관리가 발생한다. 요건을 보고 어떤 방법을 사용하는 것이 좋은지 확인해두자.

▷ 지표 설계

모니터링이 필요한 수집 대상 데이터로 지표(Metric)가 있다.

지표란 정기적으로 계측되고 수집되는 시스템 내부의 정량적인 동작 데이터다. 로깅 설계와 마찬가지로 AWS에서는 CloudWatch를 이용해 시스템과 관련된 다양한 지표를 취득할 수 있다. 그리고 'CloudWatch 지표'와 'CloudWatch 경보'를 조합해 관리자에게 경고를 보낼 수 있다.

ECS에서 취득 가능한 지표는 크게 기본적인 CloudWatch 지표와 CloudWatch Container Insights로 나눌 수 있다.

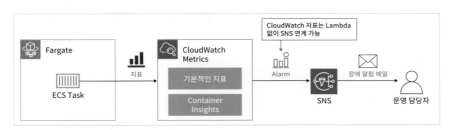

그림 3-4-8 CloudWatch 지표를 이용한 경고 전달

기본적인 CloudWatch 지표

ECS를 이용하면 기본적으로 ECS 클러스터 또는 ECS 서비스 단위로 다음과 같은 지표를 받을 수 있다.

- CPUUtilization: 이용 중인 CPU 비율
- MemoryUtilization: 이용 중인 메모리 비율

이 지표는 1분 간격으로 취득하며 ECS 서비스별로 자원 이용 현황을 파악할 수 있다. 보다 자세한 지표를 얻기 위해서는 다음에 설명할 'CloudWatch Container Insights'를 활성화해야 한다.

CloudWatch Container Insights 활용

앞서 설명한 기본적인 CloudWatch 지표는 어디까지나 ECS 서비스 단위다. 그렇기 때문에 ECS 태스크별로 나눠서 정보를 표시할 수 없다.

실제 시스템을 운영할 때는 특정 ECS 태스크에 요청이 집중돼 부하가 걸리거나 특정 ECS 태스크만 정지하는 경우도 있다. 이런 경우 ECS 서비스 단위로 정보를 확인하면 평균 값이 나오기 때문에 장애가 발생해도 정확한 시스템 상태를 파악할 수 없다.

그리고 네트워크 트래픽 과다 발생이나 디스크 읽기 쓰기로 인한 장애가 발생한 경우 CPU와 메모리 이용률만으로는 장애 발생 원인을 찾을 수 없다.

CloudWatch Container Insights를 이용하면 ECS 태스크 수준의 정보를 파악할 수 있을 뿐만 아니라 디스크나 네트워크에 대한 지표도 수집할 수 있다.

ECS/Fargate 구성에서 CloudWatch Container Insights로 이용할 수 있는 지표[21]는 다음과 같다.

표 3-4-1 CloudWatch Container Insights에서 취득 가능한 지표 목록

분류	지표 이름	지표 설명
CPU	CpuUtilized	이용 중인 CPU 유닛 수
	CpuReserved	예약된 CPU 유닛 수
메모리	MemoryUtilized	이용 중인 메모리 양
	MemoryReserved	예약된 메모리 양
네트워크	NetworkRxBytes	수신 바이트
	NetworkTxBytes	송신 바이트
스토리지	StorageReadBytes	스토리지에서 읽어 들인 바이트
	StorageWriteBytes	스토리지에 쓴 바이트
ECS 태스크	TaskCount	클러스터에서 실행 중인 태스크 수
	TaskSetCount	서비스에서 실행 중인 태스크 수
ECS 서비스	DeploymentCount	ECS 서비스의 배포 수
	DesiredTaskCount	ECS 서비스 내에서 실행돼야 할 태스크 수

---

21 https://docs.aws.amazon.com/ko_kr/AmazonCloudWatch/latest/monitoring/Container-Insights-metrics-ECS.html

ECS는 배포할 때 롤링 업데이트를 이용한 배포와 CodeDeploy와 연계한 Blue/Green 배포를 선택할 수 있다.

지표에 대해 조금 보충 설명을 하면 DeploymentCount에는 ECS에 롤링 업데이트된 배포 수가 표시된다. Blue/Green 배포를 하면 DeploymentCount 값은 변하지 않고 TaskSetCount 값이 변한다는 점에 주의해야 한다.

그리고 앞에서 다룬 ECS의 기본 지표인 CPUUtilization과 MemoryUtilization의 취득 간격은 1분으로 정해져 있다. 한편 CloudWatch Container Insights의 구체적인 취득 간격은 문서에 명기돼 있지 않다. 실제로 CloudWatch 지표 데이터와 그래프를 보면 1분 간격으로 취득되는 것으로 추측된다. 이런 부분도 유의하면서 활용하는 것이 좋다.

그리고 Container Insights를 활성화하면 차원(Dimension)이라는 단위 축을 통해 각 지푯값을 그래프로 볼 수 있는 대시보드를 이용할 수 있다.

다음은 ECS 서비스의 각 지표를 그래프로 표시한 것이다.

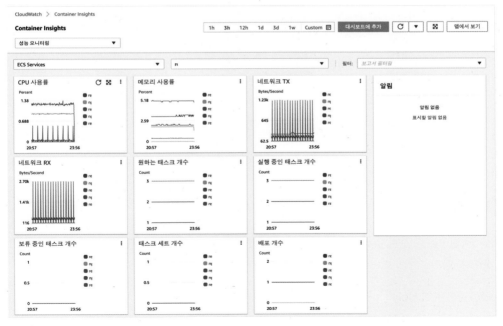

그림 3-4-9 ECS Container Insights 대시보드

주의점으로, CloudWatch Container Insights를 이용하기 위해서는 ECS 클러스터 단위로 명시적인 옵트인(내용을 수락하고 활성화하는 것)이 필요하다. 기본 설정으로는 대상 지표가 수집되지 않는다는 점을 주의해야 한다.

CloudWatch Container Insights는 사용자 지정 지표이기 때문에 모든 지표가 추가 과금 대상이다. 수집 대상이 되는 ECS 태스크 수가 많아지면 그만큼 비용이 늘어난다.

ECS 태스크에 대한 요금 검토를 할 때 CPU나 메모리 같은 컴퓨팅 자원 외 CloudWatch에 대한 비용도 고려해야 한다.

Column

OS 자원 감시는 필요한가?

온프레미스가 주가 되는 시스템에서는 하드웨어 자원이 한정돼 있다. CPU와 메모리, 디스크 용량과 같은 자원에 대한 모니터링은 시스템을 안정적으로 동작시키고 하드웨어 추가 여부를 판단하기 위해 중요하다.

클라우드 환경에서는 어떨까? 자동 스케일링 같은 기능을 통해 컴퓨팅 자원의 확장을 자동으로 유연하게 할 수 있게 되어 자원 감시에 대한 중요성은 낮아질 것이라 생각할 수 있다.

물론 애플리케이션의 자원 효율성 관점이나 ECS 태스크에 할당한 컴퓨팅 자원이 적절한지 확인하기 위해 지표를 확인하는 것은 합리적이다.

하지만 필자는 이 자원 감시는 운영자에게 경보를 보내는 용도가 아닌, 자동 스케일링을 위한 용도로 취급되기에 이용 용도도 바뀌고 있다고 생각한다.

클라우드를 활용하면 서버를 감시하는 설계보다는 서비스 측면에 더 신경을 쓸 수 있다.

경보를 설계할 때는 각 지표와 로그가 어떻게 이용자에게 영향을 미치는지 검토해 필요한 부분만 취하는 것이 좋다.

▷ 트레이스 설계

옵저버빌리티를 가지기 위해서는 로그와 지표 외에도 애플리케이션 내부의 처리와 서비스 간 트랜잭션 정보와 같은 트레이스 정보를 취득해야 한다.

AWS에서는 'X-Ray'[22]라는 서비스를 이용해 트레이스 정보 수집을 할 수 있다. X-Ray는 서비스 맵 대시보드도 제공해 시스템 전체를 시각적으로 표시해준다.

---

22 https://aws.amazon.com/ko/xray

ECS/Fargate 애플리케이션에 X-Ray를 이용하고자 한다면 다음과 같이 해야 한다.

사이드카 구성으로 X-Ray 컨테이너를 배치

ECS/Fargate에서 X-Ray를 이용하는 경우 ECS 태스크 정의 안에 애플리케이션 컨테이너와 X-Ray 컨테이너를 함께 넣는다[23].

그리고 애플리케이션 자체에 AWS가 제공하는 X-Ray용 SDK로 일부 코딩을 하면 X-Ray에 트레이스 정보를 보낼 수 있다.

ECS 태스크 역할 부여

ECS/Fargate에 있는 컨테이너 애플리케이션에서 X-Ray에 트레이스 정보를 보내기 위해서는 특정 IAM 권한이 필요하다[24].

ECS 태스크 역할에 IAM 관리 정책인 'AWSXRayDaemonWriteAccess'가 부여돼 있어야 한다. 그리고 X-Ray에 트레이스 정보를 저장하는 주체는 ECS 컨테이너 에이전트가 아니라 ECS 태스크(또는 ECS 태스크 내에 있는 X-Ray 컨테이너)다.

그렇기 때문에 태스크 실행 역할이 아니라 ECS 태스크 역할에 권한을 부여한다. 트레이스를 설계할 때 종종 실수할 수 있는 부분이므로 주의해야 한다.

VPC와 퍼블릭 네트워크 간 통신 경로

X-Ray는 VPC 밖의 AWS 퍼블릭 네트워크에 서비스 엔드포인트가 존재한다. ECS 태스크는 VPC 내에서 동작하므로 VPC에서 퍼블릭 네트워크까지의 경로를 고려해야 한다.

ECS 태스크가 프라이빗 네트워크에 배포돼 있는 경우 X-Ray용 인터페이스 형태의 VPC 엔드포인트 또는 NAT 게이트웨이를 이용한 네트워크 경로를 마련해야 한다.

이상의 내용을 정리해보면 다음과 같은 구성이 된다.

---

23 https://docs.aws.amazon.com/ko_kr/xray/latest/devguide/xray-daemon-ecs.html

24 https://docs.aws.amazon.com/ko_kr/AmazonCloudWatch/latest/monitoring/deploy_servicelens_CloudWatch_agent_deploy_ECS.html

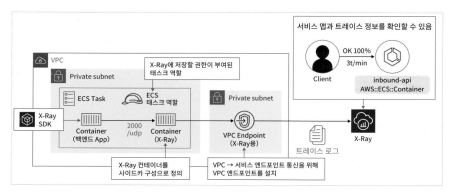

그림 3-4-10 ECS 태스크에 X-Ray를 통합할 때의 설계 포인트

X-Ray를 충분히 활용하기 위해서는 애플리케이션에서 SDK를 적극적으로 활용해야 한다[25].

트레이스 정보를 자세히 취득하기 위해 매번 코딩을 해야 하는 언어도 있기 때문에 미리 애플리케이션 개발자와 검토하는 것이 좋다.

▷ CI/CD 설계

애플리케이션을 실행하기 위해서는 빌드, 테스트, 배포와 같은 절차가 필요하지만, CI/CD(지속적 통합/지속적 제공)를 구축해 이 절차를 자동화할 수 있다. 테스트를 하고 자동으로 프로덕션 환경에 배포가 가능하게 만들어 비즈니스의 민첩성을 비약적으로 높일 수 있다.

이 책에서는 AWS Code 시리즈라고 하는 서비스군을 주축으로 CI/CD 프로세스를 설계한다.

CI/CD가 주는 혜택

개발한 애플리케이션을 AWS에서 동작시키기 위해서는 빌드 및 각종 테스트, 릴리스를 위한 배포라는 일련의 작업을 해야 한다.

이 일련의 작업은 개발자와 운영 담당자가 수동으로 하는 경우가 종종 있다(지금도 레거시 시스템을 사용하거나 회사 규정의 문제로 많이 사용되고 있을 것이다).

---

25 집필 시점에 X-Ray가 지원하는 언어 및 프레임워크는 C#, Go, Java, Node.js, Python, Ruby다. 자세한 내용은 온라인 문서를 참고하기 바란다(https://docs. aws.amazon.com/ko_kr/xray/latest/devguide/aws-xray.html).

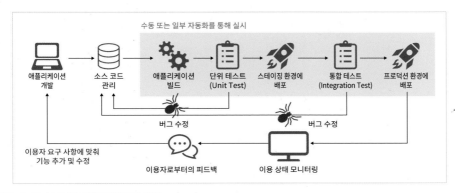

그림 3-4-11 수동으로 애플리케이션을 배포

한편 비즈니스 민첩성을 높이기 위해서는 소프트웨어의 개발 주기를 빠르게 하는 것이 중요하다. 같은 절차를 거치는 빌드와 테스트, 배포 작업의 자동화로 개발 주기를 빠르게 할 수 있다.

여기서 등장하는 것이 'CI/CD'다. CI/CD란 빌드와 테스트, 패키징, 배포와 같은 소프트웨어 개발 사이클을 자동화하고 고속화하기 위해 사용되는 방법이다.

CI/CD는 스테이징 환경 구성과 프로덕션 환경으로의 배포까지 포함하는 경우도 있다('지속적인 배포[Continuous Deployment]'라고도 한다). 개발 수명 주기에서 필요한 작업 내용을 파이프라인으로 정의한다.

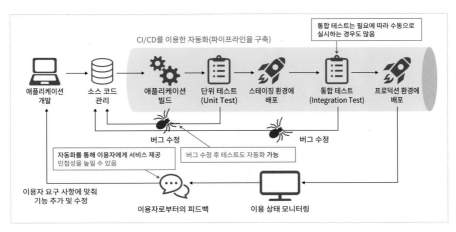

그림 3-4-12 CI/CD를 이용한 애플리케이션 배포 운영

CI/CD를 사용하면 변경 사항을 자동으로 릴리스할 수 있게 되므로 지금까지 빌드 및 배포에 소모된 시간을 애플리케이션 개발에 집중할 수 있다.

그리고 테스트 자동화를 통합해 신속하게 문제를 발견할 수 있으므로 품질 개선 효율화도 기대할 수 있다. 애플리케이션은 한 명의 개발자가 아니라 여러 명의 개발자가 만드는 경우가 많다. 각 개발자가 만든 기능이 올바르게 동작하는 것을 보증하고, 문제점이 생기는 것을 조기에 발견하며, 소스 코드를 언제나 최신 상태로 유지하는 것은 개발 효율화를 위한 전제 조건이다. CI/CD는 개발 팀이 빠르게 개발하기 위해 필요한 방법으로 자리매김하고 있다.

CI/CD와 잘 어울리는 컨테이너

컨테이너는 우수한 이식성, 재현성, 경량성이라는 특성을 가지고 있다. 이 특성은 CI/CD를 구현하기에 적합하다.

개발 환경, 스테이징 환경, 프로덕션 환경과 같이 여러 환경이 있는 상태에서는 시스템 구성이 달라지는 경우가 종종 있다. 이런 상태에서는 각 환경에 설치된 OS의 라이브러리 버전 차이와 코드의 종속성 등을 고려해 빌드 및 배포를 해야 한다. 신경 써야 하는 부분이 늘어날수록 문제가 발생할 가능성이 커진다.

컨테이너는 애플리케이션에 필요한 종속성까지 패키징해서 빌드한다. 한 번 빌드한 컨테이너 이미지는 어느 머신에서 실행해도 동일한 동작을 한다. 이식성과 재현성이 우수하다는 점이 바로 이것이다. 컨테이너를 CI/CD와 결합함으로써 종속성을 해결한 애플리케이션의 자동 빌드-배포를 실현할 수 있다.

그리고 컨테이너는 기존 가상화 기술과 비교해서 애플리케이션이 동작하기 위해 필요한 최소한의 컴퓨팅 자원만을 소비한다. 자원을 적게 사용하며 신속한 애플리케이션 실행이 가능하다는 점이 컨테이너의 장점이다. CI/CD와 결합하면 배포를 자동화하면서도 효율적으로 실행할 수 있으므로 빠르고 안정적인 개발 수명 주기에 크게 기여할 수 있다.

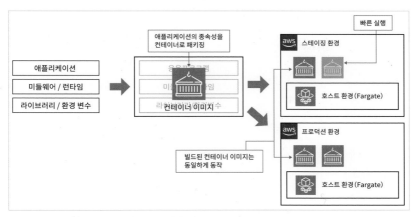

그림 3-4-13 컨테이너의 우수한 이식성, 재현성, 경량성으로 인해 배포에 장점을 가짐

AWS가 제공하는 관리형 CI/CD 서비스

서드파티 벤더가 제공하는 SaaS를 포함해 CI/CD를 구현하기 위한 몇 개의 선택지가 있다. AWS에서는 Code 시리즈라는 서비스군을 활용해 CI/CD 파이프라인을 구축할 수 있다.

모든 서비스는 관리형이며 이 서비스를 조합해 자동화된 CI/CD 파이프라인과 애플리케이션 빌드 사양에 맞는 처리를 구현할 수 있다. 각 서비스의 자세한 내용은 공식 문서를 참고하기 바란다.

용도	AWS 서비스	개요
소스 코드 관리	CodeCommit	• 관리형 프라이빗 소스 코드 저장소 서비스 • IAM과 통합해 안전한 소스 코드 관리 가능
빌드 및 테스트 실행	CodeBuild	• 관리형 빌드 서비스 • YAML 형식으로 빌드 사양을 작성해 빌드 처리를 유연하게 정의할 수 있음
배포 실행	CodeDeploy	• 관리형 배포 서비스 • 단계적인 배포와 간단한 롤백이 가능
파이프라인 구축	CodePipeline	• 관리형 CI/CD 파이프라인 서비스 • 비즈니스 요건에 맞춰 다양한 AWS 서비스와 통합 가능

그림 3-4-14 CI/CD를 구현하는 AWS 서비스

AWS를 중심으로 하는 워크로드를 제공하는 경우 이 Code 시리즈를 활용하면 충분히 상용화 제품 수준의 CI/CD 구축이 가능하다.

AWS Code 시리즈를 이용해 컨테이너의 빌드와 배포를 통합하면 다음과 같은 CI/CD 파이프라인이 된다.

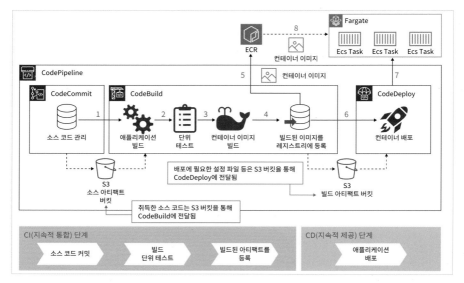

그림 3-4-15 CodePipeline을 이용한 워크플로

실제 CI/CD 파이프라인 내에는 업무 프로세스 요건이나 컴플라이언스를 위한 배포 전 승인 프로세스 등을 마련하거나 배포 후 개발자에게 성공 여부를 알려주는 경우도 있다.

CodePipeline을 이용하면 이런 요건을 쉽게 구현할 수 있을 뿐 아니라 다양한 AWS 서비스와의 조합으로 보다 유연한 파이프라인을 운영할 수 있다.

CodePipeline에는 대상이 되는 소스 코드나 빌드, 배포와 같은 액션 카테고리별로 연계할 수 있는 서비스가 많이 있다. 그림 3-4-16은 CodePipeline에서 각 액션 카테고리에서 기본으로 연계가 가능한 서비스의 예다.

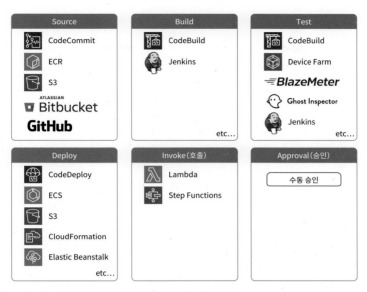

그림 3-4-16 CodePipeline의 각 액션 카테고리별 연계 가능한 기본 서비스

프로덕션 운영을 상정한 CI/CD 설계

AWS가 제공하는 완전 관리형 CI/CD 서비스와 ECS의 연계에 대해 살펴봤으니 조금 실전적인 프로덕션 운영을 상정한 CI/CD 설계를 생각해보자.

CI/CD에 관한 요건은 다음과 같다고 가정한다.

- 요건 1: 각 환경 분리 및 인프라 계층에 따른 품질 담보를 위해 프로덕션 환경과는 별도로 스테이징 환경을 마련한다.

- 요건 2: 개발 효율화를 위해 스테이징 환경과는 별도로 개발 환경을 마련한다.

- 요건 3: 거버넌스 강화를 위해 프로덕션 환경의 CI/CD 파이프라인은 다른 환경과 분리한다.

- 요건 4: 애플리케이션의 동작 품질을 유지하기 위해 스테이징 환경에서 빌드 및 테스트가 완료된 컨테이너 이미지를 프로덕션 환경에 배포한다.

우선 요건 1과 요건 2를 충족하기 위해 각 환경을 분리하는 방법을 검토한다. AWS에는 다중 계정 구성을 채택하는 경우가 일반적이며[26] [27] [28] 계정을 분리하는 가장 큰 목적은 워크로드 환경의 분리다.

VPC를 이용한 환경 분리도 가능하지만, 프로덕션 환경과 그 외 환경을 AWS 계정으로 분리하면 자원을 확실히 분리할 수 있다.

그리고 개발 환경과 스테이징 환경에서 실시한 테스트 등이 프로덕션 환경에 영향을 끼칠 위험을 줄일 수 있다[29].

이런 이유로 여기에서는 환경별로 3개의 AWS 계정을 준비했다.

그림 3-4-17 CI/CD 설계를 위한 AWS 계정 구성

다음으로 요건 3을 충족하는 구성을 검토한다.

프로덕션 환경의 CI/CD 파이프라인은 다른 환경과 분리해야 하므로 프로덕션 환경 내에 개별 CodePipeline을 준비한다. 여기서 CodeCommit 부분은 주의해야 한다.

각 환경에 CodeCommit을 정의한 경우 애플리케이션의 소스 코드가 분산된다. 개발 자산 관리 측면이나 운영의 복잡성을 피하기 위해 CodeCommit은 각 환경이 공유 자원으로서 한 곳에서 관리해야 한다.

CodeCommit에 환경별로 브랜치(Branch)를 준비해두면 소스 코드는 한 곳에서 관리하면서도 각 브랜치를 병합(Merge)할 때 해당 환경의 CodePipeline이 실행되게 할 수 있다. 따라서 준비한 3개의 환경용 계정과는 별도로 공유 자원용 계정을 준비한다.

---

26 https://aws.amazon.com/ko/organizations/getting-started/best-practices/
27 https://aws.amazon.com/ko/organizations/
28 https://aws.amazon.com/ko/blogs/mt/best-practices-for-organizational-units-with-aws-organizations/?org_product_gs_bp_OUBlog
29 다중 계정 구성은 장점만 있는 것은 아니다. 계정 증가에 따라 관리 비용도 증가하고, 계정 상한 해제 신청을 하거나 AWS 지원 계약을 계정별로 하지 않으면 안 된다는 점 등은 다중 계정 구성의 단점이다. 그리고 각 계정의 IAM 사용자 관리나 공유 자원 집약 등도 검토해야 한다. 하지만 다중 계정 활용에 대한 모범 사례 는 많이 공개돼 있다. 실제 운용을 고려해보면 단점보다 장점이 큰 경우가 많아 장기적인 AWS 운영을 전제로 한다면 다중 계정 구성을 통한 환경 분리를 추천 한다.

CodeBuild의 워크플로에 정의하는 빌드 및 테스트 내용은 스테이징 환경과 프로덕션 환경이 서로 다르다. 스테이징 환경에서는 실제 컨테이너 이미지를 빌드하고 테스트한 뒤, ECR에 이미지를 푸시하는 처리가 기술된다. 한편 프로덕션 환경에서는 필드 및 테스트는 실시하지 않고 스테이징 환경에서 빌드된 이미지를 이용하도록 한다.

따라서 CodeBuild는 환경별로 분리해 배치한다[30].

CodeDeploy는 딱히 각 환경에 동일한 공유 자원으로 취급할 이유가 없다. CodeDeploy는 ECS 자원과 연계해 컨테이너를 배포하지만, 각 환경에서 공유 자원으로 취급하면 계정 권한을 넘는 설계를 해야 하므로 설계가 복잡해진다. 그렇기 때문에 CodeDeploy는 환경별로 분리해서 배치하는 것이 좋다.

지금까지 검토한 내용을 아키텍처에 반영해보면 다음과 같다.

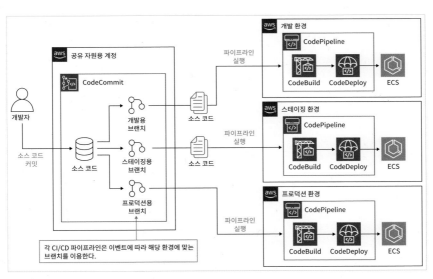

그림 3-4-18 Code 시리즈를 이용한 파이프라인 배치 구성

마지막으로 요건 4를 검토한다.

요건 4를 만족시키기 위해서는 스테이징 환경과 프로덕션 환경에 동일한 컨테이너 이미지를 이용하는 것이 이상적이다.

---

30 CodeBuild라는 서비스 이름을 가지고 있으므로 빌드가 실행된다고 생각할 수 있지만, CodeBuild의 처리를 맡는 buildspec.yml은 이용자가 자유롭게 기술할 수 있다. 프로덕션 환경용 buildspec.yml은 빌드하지 않고 스테이징 환경에서 빌드된 ECR 이미지를 취득하므로 빌드하지 않고도 위 내용을 처리할 수 있다.

스테이징 환경에 빌드된 이미지가 스테이징 환경에서 테스트된 후 그 이미지를 프로덕션 환경에서 이용할 수 있게 하면 요건을 만족한다. 이미지가 동일하므로 하나의 ECR을 이용하는 형태로 아키텍처를 구성한다.

단, 이 ECR 이미지는 스테이징 환경과 프로덕션 환경에서 중립적인 위치에 있어야 한다. CodeCommit과 마찬가지로 공유 자원용 AWS 계정에 ECR을 마련하면 중립적인 위치를 만족시키는 구성이 된다.

개발 환경의 컨테이너 이미지는 어떻게 취급하는 것이 좋을까? 스테이징 및 프로덕션 환경에서 이용하는 ECR에 개발용 컨테이너 이미지를 저장하는 방법도 선택지 중 하나다. 하지만 프로덕션 수준의 통제가 ECR에 적용된 경우 개발 환경 이미지 역시 동일한 통제가 적용된다.

요건 2 부분을 생각해보면 개발자를 위한 환경이 따로 마련돼 있으므로 개발자가 직접 이미지 조작을 할 수 있게 허용하면 해결할 수 있다.

여기까지 검토한 내용을 설계에 반영해보면 다음과 같다.

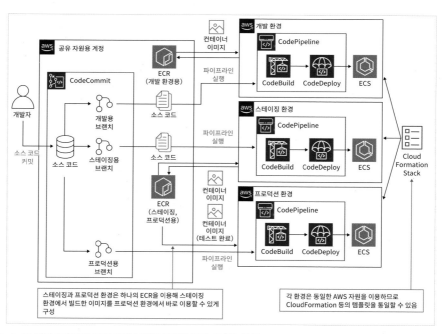

그림 3-4-19 개발 효율화와 동작 품질 보증의 균형을 맞춘 CI/CD 구성

지금까지 스테이징 환경과 프로덕션 환경에 공통 ECR을 준비하고 개발 환경 용도로는 별도의 ECR을 구축하는 아키텍처 설계 프로세스를 소개했다.

프로덕션 환경에서 보다 강력한 통제가 필요하다면 스테이징 환경과는 별도로 ECR을 준비해야 한다. 그 경우 스테이징 환경의 ECR과 프로덕션 환경의 ECR에 저장된 이미지가 동일하다는 것을 보증하는 설계가 필요하다[31].

이번에 설계한 아키텍처는 다음과 같은 이유로 개발 환경용 ECR을 개발 환경 계정이 아닌 공유 자원용 계정에 만들었다.

- 빌드된 이미지 관리를 모두 공유 자원용 계정에 일임해 정보 자산을 일원화할 수 있다.
- CI/CD 및 컨테이너에 대한 AWS 자원 정의는 각 환경의 계정 간 동일하다. CloudFormation과 같은 IaC를 활용해 각 자원을 프로비저닝하는 경우에는 IaC 소스 코드를 통일할 수 있어 관리 부하가 줄어든다.

조금 복잡한 구성이지만, 개발자 입장에서 유연한 개발과 검증이 가능하며, 통제도 신경 쓴 CI/CD 설계가 완료됐다.

이 책에서 설명한 아키텍처는 어디까지나 하나의 예다. 실제 구성은 독자 여러분의 환경과 거버넌스, 애플리케이션 특성에 따라 크게 바뀔 수 있으므로 필요한 부분만 적절히 활용하기 바란다.

Column

CI/CD 설계를 할 때의 브랜치 전략 고찰

'프로덕션 운영을 상정한 CI/CD 설계'에서 소개한 아키텍처 예에서는 스테이징 환경에서 빌드가 완료된 이미지를 프로덕션 환경에 배포하는 흐름이었다. 즉, 프로덕션 환경에 애플리케이션을 배포하기 위해서는 반드시 사전에 스테이징용 CI/CD 파이프라인을 실행해야 한다.

실행 순서를 보증하기 위해서는 리포지토리의 각 환경용 브랜치가 각 CI/CD 파이프라인에 맞게 설정돼야 하며, 개발 팀 내에서도 적절한 브랜치 전략을 운영해야 한다.

브랜치 전략이란 애플리케이션을 개발할 때 각 기능을 동시에 개발하기 위해 필요한 소스 코드 관리 방법론이다. 브랜치 전략은 여러 종류가 있으며, 대표적으로는 Git flow[32], GitHub flow[33], GitLab flow[34]가

---

31 예를 들어 프로덕션 환경용 CodeBuild 워크플로 처리에 배포 대상 컨테이너 이미지를 스테이징 환경에 있는 ECR로부터 취득해 이미지의 변경 없이 프로덕션 환경의 ECR에 저장한다면 동일 이미지라는 것을 보증할 수 있을 것이다.

32 https://nvie.com/posts/a-successful-git-branching-model/

33 https://docs.github.com/en/get-started/quickstart/github-flow

34 https://docs.gitlab.com/ee/topics/gitlab_flow.html

있다. 그리고 도입해야 할 브랜치 전략은 각 프로젝트나 프로덕트에서 필요한 환경 개수나 개발 규모, 버그 수정 방침 등에 따라 달라진다.

이 책에서는 브랜치 전략의 매우 간단한 부분만 소개하지만, CI/CD 설계를 위한 파이프라인 실행 조건이나 애플리케이션 배포 순서를 검토할 때 브랜치 전략이 관련된다는 점에 주의하기 바란다.

Column

파이프라인 우선 사상

이 절에서는 CI/CD 설계의 중요성과 AWS 서비스를 활용한 CI/CD 파이프라인 설계 예를 소개했다. CI/CD 관련 서비스가 모두 관리형으로 제공된다는 점은 '클라우드의 장점을 최대한 활용한다'라는 관점에서 볼 때 클라우드 네이티브를 추진할 때의 중요 요소라고 할 수 있다.

그런데 CI/CD를 구축할 때 독자 여러분이 꼭 주의했으면 하는 것이 있다. 본격적으로 애플리케이션을 개발하기 전에 CI/CD 파이프라인을 준비하는 것이다.

AWS 환경에 애플리케이션을 배포할 때는 애플리케이션 개발에 많은 관심이 쏠릴 때다. 그리고 배포는 수작업으로도 가능하다. 따라서 애플리케이션 개발이 진행되면 CI/CD 파이프라인은 점차 뒤로 밀리게 된다.

당연하지만 CI/CD 파이프라인은 빌드와 테스트 처리도 포함되는 경우가 많다. 애플리케이션 사양에 따라서는 CI/CD 내용이 바뀌거나 개별 고려가 필요한 경우도 있을 것이다.

하지만 필자는 처음부터 애플리케이션에 최적화된 파이프라인을 준비할 필요는 없다고 생각한다. 개발 팀 내에서 파이프라인을 우선시하는 문화를 조성하기 위해 예제용 프로그램을 준비해 CI/CD를 통한 배포를 해보는 것을 권장한다.

애플리케이션 개발이 궤도에 오르면 CI/CD를 고도화하거나 보안 대책 등 파이프라인 자체의 설계를 정리해 나갈 수 있을 것이다.

CI/CD 파이프라인은 애플리케이션을 어떻게 빌드하고 테스트할지와 같은 워크플로를 정의하는 것이다. 애플리케이션의 사양이나 운영이 바뀌면 CI/CD 내용도 바뀌어야 하며 애플리케이션 개발에 따라 파이프라인도 정비해 나가야 한다는 점을 기억해두자.

▷ 이미지 유지 보수 운영

빌드된 컨테이너 이미지를 ECR에 저장하면 이미지의 내구성이나 확장성에 신경 쓰지 않고 ECS 와 연계할 수 있다.

ECR에 저장된 컨테이너 이미지는 실제로는 S3에 저장된다[35].

그림 3-4-20 ECR을 이용한 컨테이너 이미지 관리 사양

S3는 '9가 11개(99.999999999%)'라는 우수한 데이터 내구성[36]을 가지고 있어 안전하게 데이터를 보존할 수 있다. 그리고 컨테이너 이미지는 소스 코드와 Dockerfile만 있다면 언제든 다시 빌드할 수 있다. 그렇기 때문에 필자의 견해로는 ECR 외 다른 곳에 백업할 필요는 없다고 생각한다.

ECR은 저장한 컨테이너 이미지 용량만큼 요금이 발생한다[37]. 내부적으로 S3를 이용하지만, S3 보다 요금이 비싸 과거 이력까지 모두 영구 보존할 경우 비용이 많이 든다. 컨테이너 이미지는 적절히 관리해야 한다.

ECR에는 '수명 주기 정책'이라는 기능이 있다. 컨테이너 이미지를 일정 기간만 이용하고 싶다거나 지정한 세대만 저장하고 싶을 때 이 기능을 이용한다.

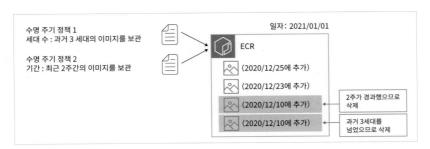

그림 3-4-21 ECR 수명 주기 정책

수명 주기 정책을 적절히 활용하면 이미지 보관과 비용 관리를 균형 있게 할 수 있다.

---

35 https://aws.amazon.com/ko/ecr/faqs/

36 https://aws.amazon.com/ko/s3/

37 https://aws.amazon.com/ko/ecr/pricing/

다중 계정 구성에서의 이미지 보관

복수 환경 또는 복수의 애플리케이션을 하나의 ECR에서 관리하는 경우 설계상의 주의가 필요하다.

예를 들어 스테이징 환경에서 빌드한 컨테이너 이미지를 프로덕션 환경에서도 이용할 때 규칙에 따라서는 스테이징 환경 문제가 프로덕션 환경에까지 영향을 미칠 수 있다.

다음 그림은 이미지 전체에 대해 과거 세대의 수명 주기 규칙을 설정한 예다.

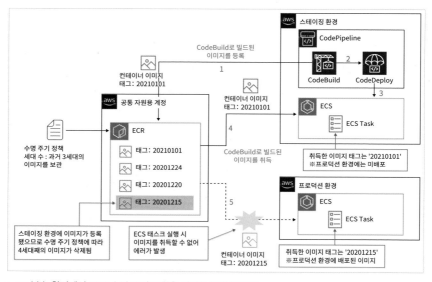

그림 3-4-22 복수 환경에서 ECR 수명 주기 규칙을 설정할 때의 문제점

스테이징 환경과 프로덕션 환경의 컨테이너 이미지 이용 수명 주기가 다르기 때문에 프로덕션 환경에서 컨테이너 이미지를 취득할 수 없게 된다.

이와 같은 문제는 환경마다 고유의 태그 식별 문자를 부여해 태그별 수명 주기 정책을 지정해서 해결할 수 있다.

Docker에는 1개의 이미지에 여러 개의 태그를 붙일 수 있다[38]. 즉, 태그를 여러 개 부여해 1개의 이미지에 복수의 수명 주기 정책을 적용할 수 있다.

---

[38] https://docs.docker.com/engine/reference/commandline/tag/

다음과 같이 태그별로 다른 수명 주기 정책을 설정하면 프로덕션 환경에서 이용되는 컨테이너 이미지는 스테이징 환경의 수명 주기 정책에 영향을 받지 않고 보관할 수 있다.

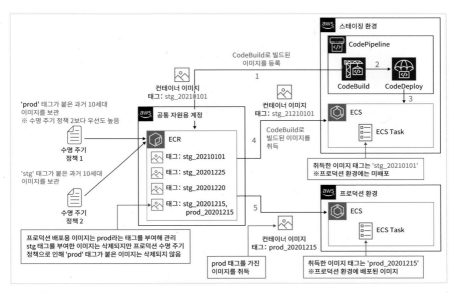

그림 3-4-23 태그 식별을 이용한 ECR 수명 주기 정책 설계

컨테이너의 장점인 가용성을 활용하면서도 비용을 고려한 관리 방법을 검토해보기 바란다.

Column

이미지 태그 규칙

컨테이너 이미지에 붙이는 태그는 이용자가 자유롭게 부여할 수 있다. 하지만 어떤 규칙으로 어떻게 태그를 만들어야 할지 모르는 독자도 있을 것이다.

만약 아직 규칙을 정하지 않았다면 앞에서 설명한 것처럼 환경별로 식별자를 나누고 소스 코드 저장소의 커밋 ID를 부여하는 방법을 추천한다.

다음 그림처럼 커밋 ID를 사용하면 현재 ECS에서 동작 중인 컨테이너가 어느 버전의 소스 코드를 사용하고 있는지 명확하게 알 수 있다.

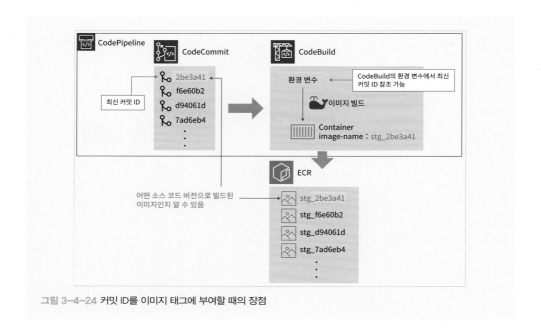

그림 3-4-24 커밋 ID를 이미지 태그에 부여할 때의 장점

거버넌스와 컴플라이언스 요건 고려

시스템에 따라서는 조직의 정책과 지침 같은 거버넌스 요건, 업계별 법률, 규정 등의 컴플라이언스 요건을 준수해야 한다.

예를 들면 다음과 같은 요건이 있을 수 있다.

- 배포와 관련된 파일은 변조되지 않도록 방지 대책을 세울 것
- 의도하지 않은 소프트웨어 배포를 막기 위해 승인 프로세스를 마련할 것
- 지정한 CI/CD 파이프라인 외 배포를 금지할 것

예제로 앞에서 다룬 CI/CD 설계에 대해 위 요건을 준수하도록 하는 구성을 검토해보자.

먼저 파일 변조 방지 대책을 보면, CI/CD 플로에는 다음과 같이 2개의 장소에 배포와 관련된 데이터가 저장된다.

- CI/CD 단계별 아티팩트[39]를 전달하기 위한 S3 버킷

- 빌드된 컨테이너 이미지를 관리하는 ECR

잘못된 데이터가 CI/CD에 들어오거나 배포될 위험을 완전히 제거하고 싶다면 IAM 정책과 S3 버킷 정책을 이용해 각 IAM 사용자를 제한한다. 승인 프로세스에 대한 내용은 CodePipeline에 승인 액션을 설정해 해결할 수 있다. 그리고 ECS나 ECR에 대해 쓰기 및 실행 권한을 제한하면 CI/CD 파이프라인을 통하지 않은 컨테이너 이미지 배포를 막을 수 있다.

이를 고려한 설계는 그림 3-4-25와 같다.

주로 대기업이나 금융 관련 회사에서 사용되는 구성이지만, 강력한 규제 요건을 만족해야 하는 경우 이런 설계가 요구된다는 점도 이해해두자.

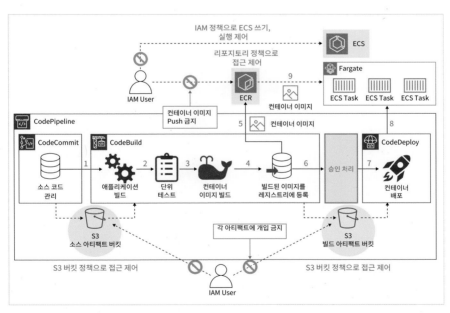

그림 3-4-25 거버넌스, 컴플라이언스를 고려한 CI/CD 설계

▶ Bastion 설계

장애 분리를 목적으로 내부 네트워크에서 애플리케이션 통신을 확인하거나 DB 인스턴스에 로그인해서 데이터베이스를 정비해야 하는 경우가 있다.

보안상 인터넷을 통해 직접 이런 작업을 하지 못하도록 구성한 경우가 대부분이다. 그리고 작업 통제 관점에서도 이런 작업을 할 때 '언제, 누가, 어디서, 어떤 작업을 했는가'를 감사 기록으로 남겨둘 것을 요구하기도 한다.

이런 요구사항을 충족하기 위해 외부 네트워크와 내부 네트워크를 연결하기 위해 일반적으로 'Bastion(Jump Server)'을 이용한다.

운영 담당자가 Bastion을 통해 작업을 하면 불특정 다수로부터의 내부 접속을 막을 수 있으며 내부 작업에 대한 작업 기록도 취득할 수 있다. 그림 3-4-26은 EC2에 Bastion을 구축해 인터넷을 통해 로그인하는 예다.

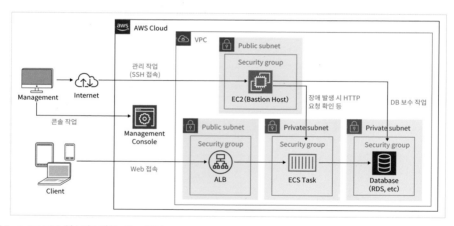

그림 3-4-26 EC2 인스턴스에 Bastion 구성

ECS/Fargate를 중심으로 하는 구성에서 EC2를 Bastion으로 구축할 때 주의할 점은 다음과 같다.

- 점프 서버 자체는 누구나 접속할 수 있는 상태가 된다.
- 컨테이너와 관련된 서비스로 구성한 통일된 아키텍처였으나 새롭게 EC2 설계 및 구축을 해야 한다.
- 공동 책임 모델이므로 EC2 인스턴스의 OS 관리라는 운영 부담이 발생한다.

이 문제점은 다음 두 가지를 만족하는 아키텍처로 해결할 수 있다.

- 점프 서버 자체를 프라이빗 서브넷에 두어 공격 지점(Attack surface)[40]을 줄인다.
- EC2 점프 서버를 ECS/Fargate 구성으로 하여 OS 관리를 AWS에 위탁한다.

첫 번째 해결책은 키 페어를 이용한 SSH 접속이 아니라 세션 관리자를 이용하는 것이다. 세션 관리자를 활용하면 Bastion 접속을 위해 SSH를 사용하지 않아도 된다[41]. IAM 권한으로 서버에 로그인할 수 있으므로 보안 설정을 IAM에서 집중 관리할 수 있다.

Bastion을 프라이빗 서브넷에 배치한 상태에서도 세션 관리자를 통해 접속할 수 있기 때문에 퍼블릭 네트워크 영역에 두지 않아도 된다. 게다가 AWS 계정의 세션 활동의 감사 및 로그가 가능하므로 추후 문제 발생 시 활용할 수 있다. 세션 관리자는 호스트 안에 SSM 에이전트를 설치해 실행하는 것만으로 사용할 수 있다.

두 번째 해결책은 말 그대로 Bastion을 EC2가 아니라 ECS/Fargate에 구축하는 것이다. ECS 태스크 안에 SSM 에이전트를 포함시켜 EC2와 동일한 Bastion을 구축할 수 있다.

만약 ECS/Fargate를 중심으로 하는 아키텍처에 구축된 시스템이라면 EC2 자체는 설계하지 않아도 되므로 컨테이너만 운영 관리하도록 구성할 수 있다.

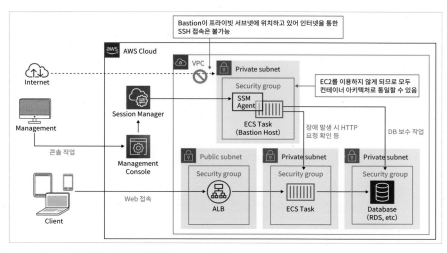

그림 3-4-27 Fargate와 세션 매니저를 활용한 Bastion 구성

이상으로 ECS/Fargate를 이용한 운영 설계에 대한 소개를 마친다.

---

40 인터넷에서 접근 가능한 대상은 각종 사이버 공격을 받을 가능성이 높다. 인터넷에서 직접 접근할 수 없도록 구성해 공격을 받을 가능성을 줄이는 것이 중요하다.

41 https://docs.aws.amazon.com/ko_kr/systems-manager/latest/userguide/session-manager.html

3-5 보안 설계

여기서는 Well-Architected 프레임워크의 두 번째 요소인 '보안'을 설명한다.

보안 위협으로부터 안전한 아키텍처를 설계하는 것은 비즈니스를 성공시키는 데 있어 가장 중요하다. AWS에서도 클라우드 보안은 최우선 사항으로 취급된다[42].

여기서는 AWS가 제시하는 공동 책임 모델을 기반으로 ECS/Fargate를 취급하는 데 있어 중요한 설계 포인트를 정리한다.

▷ 공동 책임 모델의 이해

AWS는 '보안과 규정 준수는 AWS와 고객의 공동 책임이다'라고 명시하고 있다. 바꿔 말하면 이용자는 AWS가 제공하는 공동 책임 모델을 따르는 보안 설계를 해야 한다[43].

공동 책임 모델에서 설비와 하드웨어 같은 기반 시설 부분은 'Security OF the Cloud(클라우드 '의' 보안)'로서 AWS가 책임진다. 한편 애플리케이션이나 데이터 등의 암호화에 관련된 대책은 'Security IN the Cloud(클라우드 '안에서의' 보안)'로서 이용자가 그 책임을 진다.

AWS는 많은 관리형 서비스를 제공하지만, AWS 서비스에 따라 이용자의 책임 범위도 변한다. 다음 그림은 제어 플레인으로 ECS를, 데이터 플레인으로 EC2를 이용한 경우의 공동 책임 모델이다.

그림 3-5-1 데이터 플레인으로 EC2를 이용했을 때의 공동 책임 모델

---

42 https://docs.aws.amazon.com/ko_kr/wellarchitected/latest/userguide/security.html
43 https://aws.amazon.com/ko/compliance/shared-responsibility-model/

데이터 플레인인 워커 노드(EC2)는 이용자가 직접 운영해야 한다. 즉, EC2에 설치하는 ECS 에이전트와 OS 보안 패치, 모니터링과 같은 보안 대책은 이용자의 책임이 된다.

그렇다면 데이터 플레인으로 Fargate를 이용하는 경우에는 어떻게 바뀔지 살펴보자.

EC2를 이용할 때와는 달리 관리형 서비스에 워커 노드를 구축하므로 워커 노드와 관련된 보안 대책은 AWS 책임이 된다. 이용자는 애플리케이션과 데이터, 네트워크 설정, ECS 태스크, 컨테이너 등의 보안에 집중할 수 있게 된다.

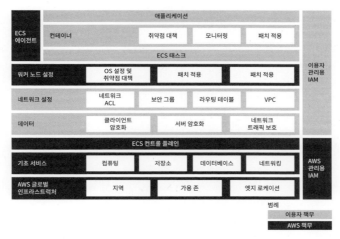

그림 3-5-2 데이터 플레인으로 Fargate를 이용했을 때의 공동 책임 모델

이와 같이 이용할 AWS 서비스의 공동 책임 모델을 파악하면 어디까지 보안을 해야 할지 알 수 있다.

ECS/Fargate 구성에서 '네트워크 설정', 'ECS 태스크', '컨테이너', '애플리케이션', '이용자 관리 IAM'의 보안 설계를 주제로 설명한다[44].

---

44 이 책에서는 AWS 아키텍처 설계에 초점을 맞추고 있다. 따라서 공동 책임 모델의 이용자측 책임인 '비즈니스 데이터' 보호에 대한 대책은 다루지 않는다.

Column

AWS 보안 관련 백서

AWS는 보안 우수 사례 문서를 제공한다. ECS/Fargate 외 다른 서비스에 대한 보안도 살펴보고 싶다면 읽어보길 바란다.

- AWS 보안 문서

  https://docs.aws.amazon.com/ko_kr/security/

- Best Practices for Security, Identity & Compliance

  https://aws.amazon.com/ko/architecture/security-identity-compliance/

- AWS Security Incident Response Guide

  https://docs.aws.amazon.com/ko_kr/whitepapers/latest/aws-security-incident-response-guide/shared-responsibility.html

▷ 컨테이너 개발 보안 모범 사례

AWS 아키텍처의 보안 설계에 맞춰 컨테이너에 필요한 보안 대책에 대해서도 알아본다.

컨테이너의 보안 수준을 높이기 위한 모범 사례 및 지침으로 'NIST SP800-190'이 있다. 이 지침을 이용해 AWS에서 어떻게 보안 위협으로부터 안전한 컨테이너를 구축하는지 살펴보자.

NIST SP800-190

미국 국립 표준 기술 연구소(NIST)는 'SP800-190(Application Container Security Guide)' 라는 컨테이너 보안 지침을 공개하고 있다[45] [46].

NIST SP800-190은 컨테이너 워크플로를 구성하는 구성 요소를 '이미지', '레지스트리', '오케스트레이터', '컨테이너', '호스트'로 분류해 각 요소에서 보안상 주의해야 할 점과 대책을 제공한다.

---

45 원문: https://www.nist.gov/publications/application-container-security-guide
46 한국어: https://xiphiasilver.net/wp-content/uploads/2020/02/NIST.SP_800-190.Korean.pdf

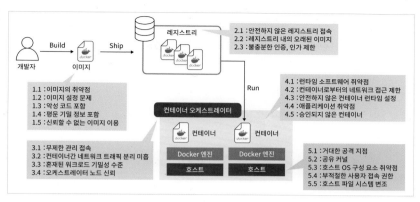

그림 3-5-3 NIST SP800-190의 컨테이너 보안 대책

ECS/Fargate를 이용할 때의 AWS 공동 책임 모델을 NIST SP800-190 항목에 대입해보면 어떻게 컨테이너 보안을 구성해야 할지 알 수 있다.

이 내용을 정리하면 표 3-5-1과 같다.

표 3-5-1 NIST SP800-190을 바탕으로 ECS/Fargate의 보안 대책을 수립

구성 요소	NIST SP800-190 항목	공동 책임 모델의 항목	대책 마련
이미지	이미지 취약점	컨테이너	필요
	이미지 설정 문제	컨테이너, ECS 태스크	필요
	악성코드 포함	컨테이너	필요
	평문 기밀 정보 포함	애플리케이션, 컨테이너	필요
	신뢰할 수 없는 이미지 사용	컨테이너	필요
레지스트리	안전하지 않은 레지스트리 접속	기초 서비스	불필요
	레지스트리 내의 오래된 이미지	ECS 태스크	필요
	불충분한 인증, 인가 제한	이용자 관리 IAM	필요
오케스트레이터	제한 없는 관리 접속	이용자 관리 IAM	필요
	컨테이너 간 네트워크 트래픽 분리 미흡	네트워크 설정	필요
	혼재된 워크로드 기밀성 수준	ECS 제어 플레인	불필요
	오케스트레이터 노드 신뢰	ECS 제어 플레인	불필요

구성 요소	NIST SP800-190 항목	공동 책임 모델의 항목	대책 마련
컨테이너	런타임 소프트웨어 취약점	ECS 제어 플레인	불필요
	컨테이너로부터의 네트워크 접근 제한	네트워크 설정	필요
	안전하지 않은 컨테이너 런타임 설정	ECS 제어 플레인	불필요
	애플리케이션 취약점	애플리케이션	필요
	승인되지 않은 컨테이너	컨테이너	필요
호스트	거대한 공격 지점	워커 노드 설정	불필요
	공유 커널	워커 노드 설정	불필요
	호스트 OS 구성 요소 취약점	워커 노드 설정	불필요
	부적절한 사용자 접속 권한	워커 노드 설정	불필요
	호스트 파일 시스템 변조	워커 노드 설정	불필요

이미지에 대한 보안 대책은 모두 이용자의 책임이지만, 그 외에는 AWS와 공동으로 책임져야 한다.

이 책에서는 이용자가 책임져야 하는 부분을 설명한다.

▷ 이미지에 대한 보안 대책

우선 이미지에 대한 보안 대책을 검토해보자.

'설계 요구사항과 기본 아키텍처'에서 다룬 ECS/Fargate 기본 구성에 대한 보안 대책은 다음 그림과 같다.

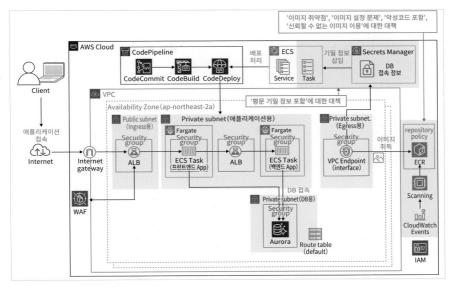

그림 3-5-4 이미지에 대한 보안 대책

'이미지 취약점'에 대한 대책

생성된 컨테이너 이미지에는 애플리케이션뿐만 아니라 애플리케이션 실행에 필요한 라이브러리 등이 포함돼 있다.

한편 소프트웨어 취약점은 매일 새로 공개되고 있다. 컨테이너 이미지에 포함된 라이브러리는 시간이 지나면 버전 취약점 등에 해당될 수 있다. 취약점을 내재하고 있는 애플리케이션을 방치 하는 것은 비즈니스 보안 관점에서 바람직하지 않다[47].

그리고 발견된 취약점의 중요도에 따라 긴급 대응을 하지 않으면 비즈니스에 막대한 영향을 끼 치는 경우도 있다. 컨테이너를 안전하게 이용하기 위해서는 컨테이너 이미지에 어떤 취약점이 있는지 주기적으로 스캔해서 취약점을 제거하는 것이 중요하다.

이 책에서는 컨테이너의 취약점 유무를 확인하기 위해 ECR 이미지 스캔과 OSS인 Trivy를 활용 한 대책을 검토한다[48].

---

47 신용 카드 업계의 국제 보안 기준인 PCI DSS에서는 신속한 취약점 패치 절차를 요구한다.

48 이 책에서 소개하지는 않지만, Docker Desktop을 이용한다면 `docker scan` 명령을 이용해서 로컬 PC의 Dockerfile과 컨테이너 이미지에 대한 취약점을 스 캔할 수 있다.

ECR을 이용한 취약점 스캔

ECR에는 푸시된 컨테이너 이미지의 취약점을 스캔하는 기능이 있다. 레지스트리로 ECR을 이용하는 경우 이 기능을 활성화하면 취약점 존재 여부를 간단하게 알 수 있다.

ECR에서 이미지를 스캔하는 방법은 2가지가 있다[49].

- 푸시 시 스캔(Scan on push)
- 수동 스캔(Manual scan)

ECR 이미지 스캔은 추가 비용 없이 이용할 수 있다. ECR 리포지토리를 만들 때 '푸시 시 스캔'을 활성화해두는 것을 추천한다.

Trivy를 이용한 취약점 스캔

Trivy[50]는 Teppei Fukuda(@knqyf263)가 개인적으로 개발했고, 이후 AquaSecurity가 이어서 개발하고 있는 OSS다. 영국 정부 디지털 서비스에서도 활용[51]하고 있으며 GitLab의 컨테이너 이미지 스캐너로 도입[52]됐다. Red Hat의 인증 스캔 도구[53]이기도 하다. 현재는 컨테이너 보안 수준을 높이기 위해서 반드시 이용해야 하는 도구로 자리매김하고 있다.

그림 3-5-5 Trivy

Trivy의 우수한 특징 중 하나는 스캔 대상이다. 기본 이미지에 포함된 OS 패키지뿐만 아니라 Python(pip)과 Ruby(gem), Node.js(npm, yarn) 등 애플리케이션 종속성도 스캔 대상이 된다. 지원하는 컨테이너의 OS도 다음과 같이 다양하다[54].

- Alpine
- Red Hat Enterprise Linux
- CentOS
- Oracle Linux
- Debian GNU/Linux

---

49 https://docs.aws.amazon.com/ko_kr/AmazonECR/latest/userguide/image-scanning.html
50 https://github.com/aquasecurity/trivy
51 https://technology.blog.gov.uk/2020/06/29/using-multi-stage-docker-builds-to-patch-vulnerable-containers/
52 https://www.aquasec.com/news/trivy-default-gitlab-vulnerability-scanner/
53 https://www.redhat.com/en/blog/introducing-red-hat-vulnerability-scanner-certification
54 여기에 기재한 OS는 일부다. 자세한 내용은 https://github.com/aquasecurity/trivy/blob/main/docs/vulnerability/detection/os.md를 참고하기 바란다.

- Ubuntu

- Amazon Linux

- openSUSE Leap

Trivy는 실행 방법도 매우 간단하며, CI/CD 파이프라인과도 쉽게 통합할 수 있다. CodeBuild 워크플로 파일에 기입하는 것만으로 쉽게 스캔할 수 있다.

지속적인 스캔을 위한 설계

컨테이너 이미지의 취약점 대책에서 중요한 점은 자동으로 정기적인 스캔을 실행해야 한다는 것이다.

앞에서도 언급했지만, 이미지는 정적인 면이 있기 때문에 내부 구성 요소의 버전은 처음에 이미지를 생성할 때의 버전 그대로다. 이미지를 생성할 당시에는 최신 버전이었어도 몇 개월 후 새로운 취약점이 발견되는 등 대책 마련이 필요해질 수 있다. CI/CD에서 취약점 스캔을 하는 것은 보안 문제가 있을지 모르는 애플리케이션을 프로덕션 환경에 배포하지 않기 위한 좋은 방법이다.

그리고 빈번하게 개발 및 배포가 시행되는 현장에서는 끊임없이 보안 대책을 실시해야 한다.

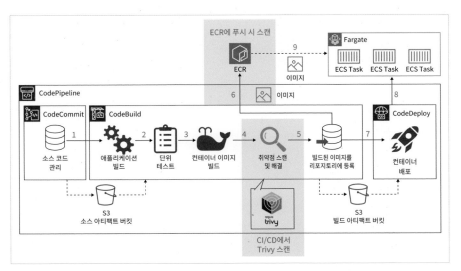

그림 3-5-6 지속적인 이미지 스캔을 고려한 CI/CD 파이프라인 구성

하지만 바꿔 생각해보면 CI/CD에서 스캔 처리만 실시하는 경우 CI/CD 파이프라인이 실행되지 않으면 취약점을 확인할 수 없다.

개발과 배포가 빈번하게 이루어지는 애플리케이션에서는 모르는 사이에 취약점이 포함된 이미지가 만들어져 발견이 늦어질 수 있다. 개발 사이클 특성에 따라서는 정기적인 수동 스캔 실행도 필요하다.

다음 그림은 CloudWatch Event에서 정기적으로 Lambda를 실행해 ECR 수동 스캔을 실행하는 아키텍처 예다.

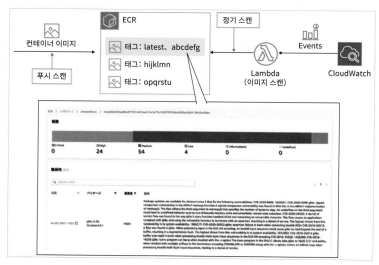

그림 3-5-7 Lambda를 이용한 지속적인 이미지 스캔 구성

ECR 이미지 수동 스캔은 하루에 한 번만 가능하므로 일과 마무리 직전 등 가장 효과적인 시간을 골라 스캔하는 것이 좋다.

'이미지 설정 문제'에 대한 대책

Docker로 컨테이너 이미지를 빌드하는 경우 Dockerfile 내용에 따라 처리가 이루어진다. 이 Dockerfile은 개발자가 작성하지만 작성 방법이나 개발자의 수준에 따라서는 보안상 바람직하지 않은 구성이 될 수도 있다. 예를 들어 애플리케이션이 root 권한으로 실행된다면 시스템 영역에 파일 쓰기나 프로세스 조작 등이 가능하기 때문에 침해 사고가 발생하면 더 큰 영향을 받을 수 있다.

이런 위협에 대해 The Center for Internet Security(CIS)[55]나 Docker 사에서는 컨테이너 이미지를 만들 때의 모범 사례를 공개하고 있다[56]. 보안을 위해서는 해당 내용을 참고해 개발하는 것을 추천한다.

하지만 개발자 전원이 이 모범 사례를 모두 파악하고 구현하는 것은 꽤 힘든 작업이다. 이때 도움이 되는 것이 Dockle[57]이다.

그림 3-5-8 Dockle

Dockle은 Tomoya Amachi(@tomoyamachi)가 개발한 오픈 소스 소프트웨어로 컨테이너 설정 내용을 확인해주는 도구다. 컨테이너 이미지에 대해 CIS가 제공하는 CIS Benchmarks에서 Docker 관련 항목과 Docker 모범 사례를 바탕으로 이미지를 확인한다.

Dockle을 이용하면 전체적인 컨테이너 이미지 확인이 가능해 안전한 컨테이너 개발에 도움이 된다.

Trivy와 마찬가지로 Dockle도 빌드된 이미지를 지정하는 것만으로 간단하게 실행할 수 있다. CI/CD 프로세스에 넣으면 지속적인 이미지 설정 확인이 가능하다.

'악성코드 포함' 대책

컨테이너 이미지를 생성하기 위해서는 기본 이미지(Base image)를 바탕으로 애플리케이션과 의존성 라이브러리를 패키징한다. 이 과정에서 악성 소프트웨어(악성코드)가 이미지 안에 포함되면 컨테이너나 시스템에 피해를 준다.

이러한 보안 위협에 대응하기 위해서는 다음과 같은 방법이 효과적이다.

---

55 https://www.cisecurity.org/benchmark/docker/
56 https://docs.docker.com/develop/develop-images/dockerfile_best-practices/
57 https://github.com/goodwithtech/dockle

신뢰할 수 있는 제공자가 제공한 기본 이미지 이용

기본 이미지(기본 레이어)는 일반적으로 도커 허브나 ECR Public Gallery와 같은 공개 리포지토리 서비스에서 취득한다.

한편 이런 리포지토리 서비스는 서드파티나 개인이 자유롭게 이미지를 업로드하거나 공개 및 공유할 수 있다. 공개된 곳에 있다는 특성상 악성 코드가 포함된 이미지가 있을 수 있기 때문에 주의해야 한다.

대책으로는 알 수 없는 제공자가 제공하는 기본 이미지 이용을 피하는 것이다. 예를 들어 도커 허브에는 Docker 사 자체에서 제공하는 공식 이미지[58]나 설정 완료된 서드파티 벤더가 공식으로 제공하는 이미지[59]를 식별할 수 있게 돼 있다.

ECR Public은 ECR Public Gallery에서 'Verified account' 배지가 부여된 이미지가 AWS에서 공식적으로 제공자 확인을 완료한 이미지다[60]. Dockerfile에 기본 이미지를 지정할 때는 신뢰할 수 있는 이미지가 지정돼 있는지 확인해야 한다[61].

GuardDuty 활용

GuardDuty는 VPC 플로 로그나 CloudTrail의 이벤트 로그, DNS 로그 등에서 악성 통신을 식별하고 탐지하는 관리형 서비스[62]다. 만약 컨테이너 내에 악성 코드가 삽입돼 외부의 악성 IP와 통신이 발생하면 GuardDuty가 침해 내용을 알려준다.

ECS/Fargate의 컨테이너 워크로드에 한정된 내용이지만, GuardDuty는 악성 코드 탐지 대책으로 활용할 수 있는 선택지 중 하나다.

'평문 기밀 정보 포함' 대책

애플리케이션을 개발할 때 데이터 베이스 접속 정보나 서드파티 API를 호출하기 위한 API 키와 같은 기밀 정보를 취급하는 경우가 종종 발생한다.

---

58 https://docs.docker.com/docker-hub/official_images/

59 https://docs.docker.com/docker-hub/publish/

60 https://docs.aws.amazon.com/ko_kr/AmazonECR/latest/public/public-gallery.html

61 공식 이미지나 신뢰할 수 있는 제공자가 제공하는 것이라 해도 지속적인 관리가 되지 않는다면 버전 관련 취약점이 발생할 수 있으므로 주의해야 한다(https://blog.aquasec.com/docker-official-images).

62 https://docs.aws.amazon.com/ko_kr/guardduty/latest/ug/what-is-guardduty.html

이런 기밀 정보를 소스 코드나 이미지 내에 평문으로 저장하면 이미지에 접근 가능한 사람이라면 누구라도 취득할 수 있다. 그렇기 때문에 기밀 정보는 이미지 밖의 안전한 영역에 저장하고 컨테이너를 실행할 때 동적으로 제공되게 설정하는 것이 바람직하다. 이 내용은 모던 웹 프로그램 개발 방법론인 "The Twelve-Factor App"[63]에서도 언급된다.

ECS/Fargate에서는 Secrets Manager 또는 System Manager(구 SSM) Parameter Store에 기밀 정보를 저장하고 환경 변수로 컨테이너 안에 안전하게 기밀 정보를 전달하는 방법을 제공한다[64].

구체적으로 설명하면 기밀 정보가 저장된 Secrets Manager나 System Manager Parameter Store의 ARN과 환경 변수명을 태스크 정의 안에서 매핑해서 컨테이너 이미지의 OS 환경 변수로 인식시킬 수 있다.

다음 그림은 Secrets Manager를 이용해 기밀 정보를 환경 변수로서 컨테이너 내에 전달하는 예다.

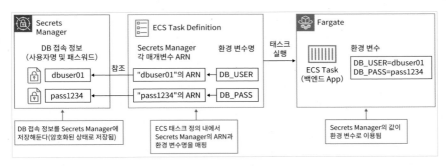

그림 3-5-9 Secrets Manager를 이용해 컨테이너에 기밀 정보를 전달

System Manager Parameter Store 역시 마찬가지 방식으로 기밀 정보를 추가해 이용할 수 있지만, 한 가지 주의해야 할 점이 있다.

System Manager Parameter Store에는 평문(Plain Text)을 저장하는 string 정의와 암호화된 매개변수를 취급하는 secure string 정의가 있다. secure string 정의는 내부적으로 KMS를 이용해 저장된 값을 암호화하지만, string 정의는 암호화하지 않는다. 기밀 정보를 저장해야 한다면 반드시 secure string을 선택해야 한다.

---

63 https://12factor.net/ko/
64 https://docs.aws.amazon.com/ko_kr/AmazonECS/latest/developerguide/specifying-sensitive-data.html

'신뢰할 수 없는 이미지 사용' 대책

검증이 불충분한 외부 컨테이너 이미지를 이용하는 것은 취약점이나 악성 코드가 포함될 위험성이 있다. 직접 빌드하고 충분한 테스트를 거친 이미지를 이용해 위험성을 없애야 한다.

기본적인 대책은 환경에 맞는 신뢰할 수 있는 이미지 및 리포지토리를 한 곳에서 관리하는 것이다. AWS에서는 관리형 리포지토리 서비스인 ECR을 이용하면 이미지를 한곳에서 쉽게 관리할 수 있다.

추가 대책으로 효과적인 것은 이미지의 서명을 검증하는 것이다. Docker에는 기본 이미지 등이 변조된 것을 탐지하기 위한 'DCT(Docker Content Trust)'라는 기능이 있다[65]. 이를 통해 컨테이너 이미지에 다이제스트 서명을 추가해 레지스트리에 저장된 이미지와 일치하는지 검증할 수 있다.

예를 들어 도커 허브에 서명된 기본 이미지가 공개돼 있다면 DCT를 활성화해서 사전에 이미지 변조 여부를 확인할 수 있다. CodeBuild로 이미지를 빌드할 때 DCT를 활성화하면 CI/CD와의 연계를 통해 기본 이미지의 정합성 확인도 자동화할 수 있다.

Column

ECR에서의 이미지 서명 검증에 대해

이용자가 DCT를 이용해 컨테이너 이미지의 정합성을 검증하는 경우 키를 생성해 이미지에 서명을 하고 레지스트리에 푸시하게 된다.

이 책의 집필 시점(2021년 9월)을 기준으로 도커 허브는 서명된 이미지를 푸시할 수 있지만, ECR은 이를 지원하지 않았다.

AWS가 공개한 컨테이너 로드맵에는 Issue로 올라가 있으며[66], 현재 대응 중이다. 관심이 있는 독자는 한 번씩 살펴보기 바란다.

---

[65] https://docs.docker.com/engine/security/trust/
[66] https://github.com/aws/containers-roadmap/issues/43

▷ 레지스트리에 대한 보안 대책

레지스트리에 대한 보안 대책을 검토해본다.

레지스트리 서비스로 ECR을 이용하는 경우 레지스트리 자체를 호스트하는 OS 레이어는 AWS 가 책임지므로 이용자는 이 부분을 고려하지 않아도 된다. 그리고 ECR에 접속할 때는 HTTPS 를 이용하므로 NIST SP800-190 항목인 '안전하지 않은 레지스트리 접속' 부분도 해결된다. 따라서 이용자가 대응해야 할 부분은 없다.

하지만 다음 그림처럼 레지스트리에 저장된 이미지 관리나 레지스트리 자체의 인증 및 인가는 보안을 고려해야 한다.

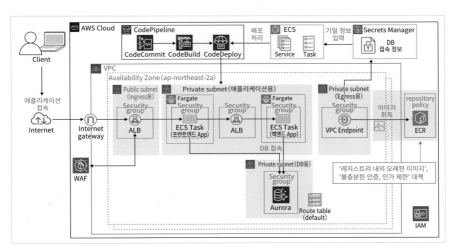

그림 3-5-10 레지스트리에 대한 보안 대책

그럼 이 2가지를 고려한 보안 설계에 대해 살펴보자.

'레지스트리 내의 오래된 이미지' 대책

컨테이너 이미지는 태그를 이용해 여러 버전을 관리하는 것이 일반적이다.

어느 정도 경과한 버전을 관리하는 것은 배포 후 롤백하기 위해 필요할 수 있지만, 너무 오래된 이미지를 이용하는 것은 취약점을 다수 포함하는 버전으로 바뀔 수도 있다. 이런 이미지가 프로덕션 환경에 배포되면 보안상 문제가 될 수 있으므로 이미지 버전은 적절하게 관리해야 한다.

'이미지 유지보수 운영'에서 이미 다뤘지만, ECR에서는 수명 주기 정책을 적절히 설정해 버전 관리를 간단히 자동화할 수 있다. 운영과 비용 관점뿐만 아니라 보안 관점에서도 오래된 이미지는 적절히 삭제해야 한다.

ECR에서는 리포지토리에 푸시된 태그와 동일한 태그를 가진 이미지를 푸시하면 기존에 있던 이미지의 태그는 삭제되며(untagged 상태) 이미지의 버전 정보가 사라진다. 만약 ECR에 배포된 ECS 태스크가 삭제된 버전 정보를 참조하고 있다면 정합성이 없어질 위험성이 있다.

ECR에는 이미지 태그 덮어쓰기를 금지하는 IMMUTABLE(변경 불가능) 설정을 할 수 있다[67]. 컨테이너 이미지의 일관성을 유지하고 잘못된 이미지가 푸시되는 것을 막기 위해 활성화하는 것이 좋다.

'불충분한 인증, 인가 제한' 대책

레지스트리의 인증, 인가가 제대로 되지 않은 경우 예상하지 못한 곳에서의 접속을 허가하게 될 수 있으므로 이미지 변조나 정보 유출의 원인이 된다.

ECR로 이미지를 조작한다면 먼저 로그인해야 하며 로그인에 필요한 자격증명은 IAM 정책이 부여된 IAM 이용자와 IAM 역할에 한정된다. IAM 정책 설계를 잘 하는 것만으로도 어느 정도의 보안 레벨은 달성할 수 있다.

그리고 ECR을 이용하는 데 있어서 보안을 더욱 고도화하기 위해서 다음과 같은 기본 대책도 이용하면 좋다.

프라이빗 리포지토리 선택

ECR은 특정 IAM 접근 권한이 부여된 사용자나 역할만이 접근 가능한 프라이빗 리포지토리[68]와 푸시한 이미지가 인터넷에 일반 공개되는 퍼블릭 리포지토리를 제공한다. 일반 공개 용도로 이용하지 않는 이상 반드시 프라이빗 리포지토리를 생성해 이용하자[69].

---

67 https://docs.aws.amazon.com/ko_kr/AmazonECR/latest/userguide/image-tag-mutability.html

68 https://docs.aws.amazon.com/ko_kr/AmazonECR/latest/userguide/what-is-ecr.html

69 https://docs.aws.amazon.com/ko_kr/AmazonECR/latest/public/public-repositories.html

Column

IAM 정책을 이용한 퍼블릭 설정 금지

다음과 같이 정책을 설정하면 ECR 퍼블릭 리포지토리 생성을 금지할 수 있다.[70]

작업 실수로 인해 이미지가 공개되는 위험을 줄이는 데 유효한 수단이다.

ECR 퍼블릭 리포지토리 생성 금지

```
{
    "Version": "2012-10-17",
    "Statement": [
        {
            "Effect": "Deny",
            "Action": [
                "ecr-public:*"
            ],
            "Resource": "*"
        }
    ]
}
```

추가적으로 AWS Organizations의 Service Control Policy(SCP)에 적용하면 Organizations의 조직 내에서 정책을 상속하고 적용할 수 있어 AWS 계정 수준에서 거버넌스를 구현할 수 있다. AWS가 제안하는 가드레일 규정 준수의 하나로, 거버넌스를 강화하는 목적으로도 유효하다.

리포지토리 정책 활용

IAM 정책뿐만 아니라 리포지토리 자체에도 정책을 설정하면 보다 세세한 접근 제어를 할 수 있다[71].

ECR에 컨테이너 이미지를 푸시하는 것은 개발자가 API나 CLI를 통해 수동으로 실행할 수 있다. 하지만 프로덕션용 ECR에 수동 푸시를 허용하면 CI/CD에서 정한 운영 규칙에서 벗어난 이미지가 프로덕션 환경에 배포될 가능성이 있다.

---

70 https://docs.aws.amazon.com/ko_kr/service-authorization/latest/reference/list_amazonelasticcontainerregistrypublic.html

71 https://docs.aws.amazon.com/ko_kr/AmazonECR/latest/userguide/repository-policies.html

CI/CD를 이용한 배포 자동화를 이용하면서 관리자를 포함한 모든 IAM 이용자로부터 이미지 수동 푸시를 막아 거버넌스를 강화하고 싶다면 다음과 같이 리포지토리 정책을 설계하는 것이 효과적이다.

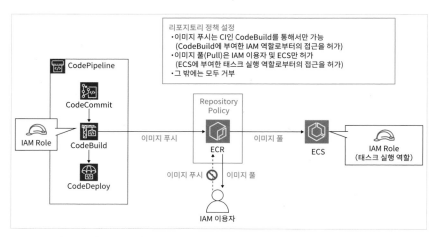

그림 3-5-11 ECR 리포지토리 정책을 이용한 인증, 인가 설정

조직 및 서비스에서 요구하는 거버넌스와 컴플라이언스 요건에 맞춰 리포지토리 정책을 수정해 나간다.

▷ 오케스트레이터에 대한 보안 대책

오케스트레이터로 ECS를 이용하는 경우 호스트 OS 레이어는 AWS가 책임지므로 이용자는 보안을 고려하지 않아도 된다.

이용자 책임이 되는 부분을 살펴본다.

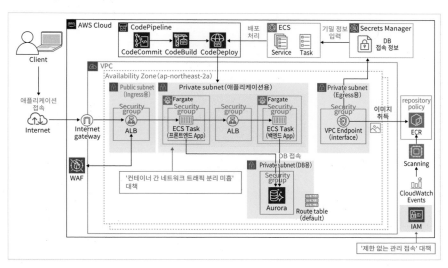

그림 3-5-12 오케스트레이터에 대한 보안 대책

'제한 없는 관리 접속' 대책

ECS는 컨테이너 워크로드를 구현하는 중심이므로 모두에게 ECS 관리 접속을 허용하는 것은 바람직하지 않다.

ECS에 국한되는 이야기가 아니라 AWS 자원 이용에 있어서 AWS에서는 IAM을 이용한 최소 권한 부여를 추천하고 있다[72].

예를 들어 직무별로 IAM 계정에 그룹을 지정하고, 각 그룹에 부여한 IAM 정책에 따라 ECS 조작 범위를 한정하면 관리 접속을 제한할 수 있다.

또한 각 팀의 업무에 따라 IAM 그룹을 지정하고, 업무와 관련된 ECS 클러스터를 매핑하면 업무 단위로 권한을 분리하는 것도 가능하다.

---

72 https://docs.aws.amazon.com/ko_kr/IAM/latest/UserGuide/best-practices.html

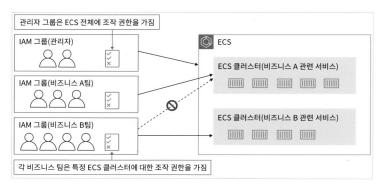

그림 3-5-13 IAM 정책을 통해 직무를 고려한 ECS 클러스터 접속 제한

IAM을 통해 유연한 접속 제한을 구현할 수 있지만, 최소 권한 부여를 지키는 IAM 설계는 복잡해진다. 직무에 따른 권한 부여는 적절하게 수행해야 하지만, ECS 클러스터별로 접근을 분리해야 하는지 여부는 요건에 따라 달라진다.

권한을 너무 많이 제한하면 개발 민첩성이 낮아질 수 있으므로 우선은 선택할 수 있는 방법 중 하나로 알아두는 것이 좋다.

'컨테이너 간 네트워크 트래픽 분리 미흡' 대책

ECS/Fargate에서 실행하는 ECS 태스크는 모두 VPC 위에 배치된다. ECS 태스크에 대한 네트워크 연결 방법은 몇 가지가 있으며, 이를 '네트워크 모드'라고 한다.

Fargate에서 호스팅되는 ECS 태스크는 'awsvpc'라는 네트워크 모드가 선택된다. ECS 태스크별로 고유한 ENI(Elastic Network Interface)가 할당되고, ENI에 프라이빗 IPv4 주소가 할당된다. 이를 통해 ECS 태스크를 독립적인 네트워크 서비스로 인식할 수 있다.

그런데 IPv4 주소가 ECS 태스크에 할당되면 그 자체가 네트워크의 노드가 된다. 그렇기 때문에 ECS/Fargate 네트워크 보안은 VPC 전체 모습을 생각하며 설정하는 것이 좋다.

컨테이너 간 네트워크 트래픽에 대한 보안은 '컨테이너로부터의 네트워크 접근 제한 대책'과 함께 정리한다.

▷ 컨테이너에 대한 보안 대책

컨테이너에 대한 보안 대책은 크게 '실행 중인 컨테이너 자체와 런타임에 대한 것'과 '네트워크에 관한 것'으로 나눌 수 있다.

ECS/Fargate 이용 시 컨테이너 런타임 자체는 관리형 서비스로 취급돼 이용자는 책임을 지지 않는다. 그렇기 때문에 이용자가 신경 써야 하는 보안 대책은 다음 3가지다.

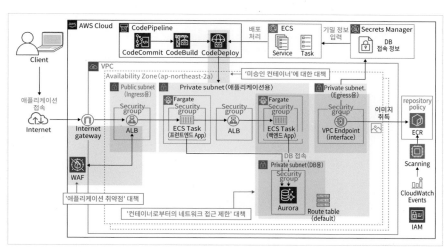

그림 3-5-14 컨테이너에 대한 보안 대책

'컨테이너로부터의 네트워크 접근 제한' 대책

'컨테이너 간 네트워크 트래픽 분리 미흡 대책'에서 설명한 것과 같이 ECS 태스크는 고유한 ENI 를 부여받아 IPv4 주소를 가지고 있다. 이로 인해 ECS 태스크 간 내부 통신이 가능할 뿐만 아니라 퍼블릭 IP 주소를 가지므로 외부와의 통신도 가능하다.

ECS 태스크에서 구성된 VPC 네트워크에는 다음 3가지 설계 사항이 반영된다.

- 퍼블릭 네트워크→VCP 통신
- ECS 태스크 간 통신
- VPC→퍼블릭 네트워크 통신

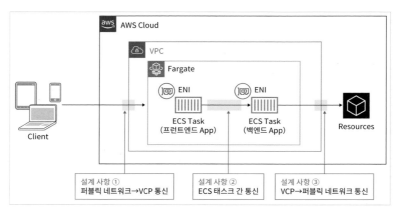

그림 3-5-15 ECS 태스크에서의 네트워크 보안 대책 설계 사항

퍼블릭 네트워크→VCP 통신

퍼블릭 네트워크에서 ECS 태스크와 통신하는 방법은 몇 가지가 있다.

AWS에서는 ECS 태스크에 직접 퍼블릭 IP 주소를 자동으로 할당할 수 있다. ECS 태스크를 인터넷 게이트웨이와 통신할 수 있는 퍼블릭 서브넷에 배치하고 퍼블릭 IP 주소를 할당하는 것으로 손쉽게 퍼블릭 네트워크와 통신할 수 있다.

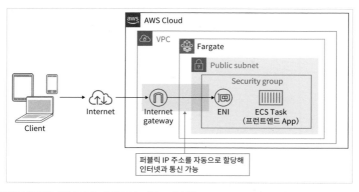

그림 3-5-16 퍼블릭 네트워크에서 VPC 내의 ECS 태스크에 접속

여기서 보안 부분을 살펴보자.

이 구성에서는 퍼블릭 네트워크에서 들어오는 통신을 ECS 태스크(또는 ECS 서비스)에 할당된 보안 그룹 또는 애플리케이션 내부에서 제어한다.

프로덕션 운영을 전제로 한다면 특정 IP 주소와 포트만 허용하거나 특정 HTTP 헤더 또는 메서드만을 허용해야 하는 경우도 종종 발생한다. 그리고 이 구성은 애플리케이션에 대한 보안 공격(SQL 인젝션이나 크로스 사이트 스크립트 등)에 대응하기 위한 많은 노력이 필요하다. 퍼블릭 통신 트래픽이 프라이빗 네트워크로 들어오기 전에 어느 정도 위협을 막을 수 있다면 보안상 안전하다.

AWS에서는 관리형 WAF(Web Application Firewall) 서비스를 제공한다. WAF를 활용하면 애플리케이션에 대한 보안 대책이 가능하다. 하지만 WAF와 연계 가능한 서비스는 다음 3가지밖에 없다.

- CloudFront
- ALB(Application Load Balancer)
- API Gateway(HTTP API는 대응하지 않음)

그렇기 때문에 인터넷을 경유하는 ECS 태스크 통신에 WAF를 도입하기 위해서는 위 3가지 서비스와의 연계를 고려해 설계해야 한다.

대표적인 구성은 ALB를 이용하는 것이다. ALB를 퍼블릭 서브넷에 배치하고 ECS 태스크를 프라이빗 서브넷에 배치하면 가용성 향상과 함께 보안도 향상시킬 수 있다.

그리고 ECS 태스크에 연결한 보안 그룹의 인바운드 규칙은 ALB와 연결한 보안 그룹 ID에서의 통신만 허가하도록 설정하면 ALB와 ECS 태스크는 필요 최소한의 보안 요건을 만족시킬 수 있다.

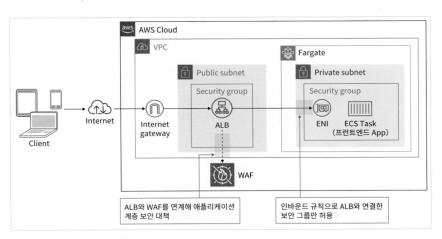

그림 3-5-17 ALB와 WAF를 이용한 네트워크 보안 대책

ECS/Fargate 설정에서 조금 벗어난 주제지만, 인터넷에 직접 공개되는 AWS 서비스는 추가 요금 없이 AWS Shield Standard를 이용할 수 있다[73]. 이 기능을 통해 네트워크의 3, 4계층을 목표로 하는 DDoS 공격의 위협에서 보호받을 수 있다.

AWS에서는 DDoS 공격 대응을 위한 모범 사례를 백서로 제공하고 있다[74]. 아키텍처를 설계할 때 한 번 읽어둘 것을 권장한다.

WAF 관련 자료는 DevelopersIO에 게재된 발표자료가 매우 알기 쉽게 설명돼 있으므로 참고하기 바란다[75].

ECS 태스크 간 통신

ECS 태스크 간 네트워크에 대해서는 ECS 태스크와 ALB에 연결된 보안 그룹 규칙을 적절히 설정하면 간단히 통신을 제어할 수 있다. EC2 인스턴스를 이용할 때와 크게 다르지 않으므로 EC2 인스턴스를 운영해 본 경험이 있다면 쉽게 다룰 수 있을 것이다.

다음 예는 백엔드 애플리케이션용 ALB 보안 그룹의 인바운드 규칙에 프런트엔드 애플리케이션의 ECS 태스크와 연결된 보안 그룹 ID를 설정해 ALB에 접속할 수 있는 출발지 IP를 제어한다.

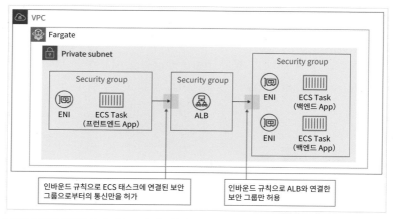

그림 3-5-18 보안 그룹을 이용한 ECS 태스크 간 네트워크 보안 대책

---

73 https://aws.amazon.com/ko/shield/features/

74 https://d1.awsstatic.com/whitepapers/Security/DDoS_White_Paper.pdf

75 https://dev.classmethod.jp/articles/deviokorea-waf-basics/

보안 그룹의 아웃바운드 규칙은 엄격하게 설정해야 하는가

보안 그룹은 인바운드 규칙뿐만 아니라 아웃바운드 규칙을 이용한 통신 제어도 가능하다.

AWS 관리 콘솔에서 보안 그룹을 만드는 경우 기본적으로는 아무 제한도 없이 모든 대상이 허용된 상태다.
독자 여러분 중에서도 아웃바운드 규칙은 별다른 설정을 하지 않았을 수 있다. 아웃바운드 규칙을 확실히
제어해야 하는가의 질문에 대해서 필자는 보안 요건과 운영 관리 부하에 따라 달라진다고 생각한다.

만약 모든 통신에 대해 아웃바운드 규칙을 설정한다면 관리해야 할 규칙이 많아질 뿐만 아니라 새롭게 ECS
태스크를 추가할 때의 통신 요건도 복잡해진다. 한편 PCI DSS와 같은 금융 컴플라이언스 요건에 따라서는
아웃바운드 통신 허가 설정이 필수가 되는 경우가 있다[76]. 그리고 VPC 밖의 다른 시스템과 통신해야 하는
경우나 타 조직과의 통신에 대해서도 보안 수준을 높이는 의미에서 명시적으로 설정하는 경우도 있다.
비즈니스 요건에 맞춰 보안 설정 수준을 결정하자.

VPC→퍼블릭 네트워크 통신

VPC 내에서 리전 서비스에 접속하기 위해서는 퍼블릭 네트워크까지의 네트워크 경로가 필요하
다. ECS 태스크에서 S3 버킷에 파일을 업로드하거나 CloudWatch에 로그를 전달하는 경우가
이에 해당한다.

간단하게 구현할 수 있는 구성은 ECS 태스크에 직접 퍼블릭 IP 주소를 자동으로 할당해 퍼블릭
서브넷에 배치하는 것이다. 이렇게 하면 바로 통신할 수 있다[77].

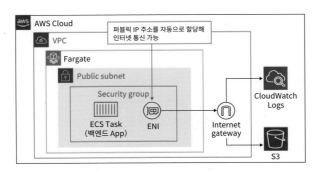

그림 3-5-19 VPC 내의 ECS 태스크에서 퍼블릭 네트워크에 접속

---

[76] https://docs.aws.amazon.com/ko_kr/securityhub/latest/userguide/securityhub-pci-controls.html

[77] 정확히 말하면, awsvpc 네트워크 모드를 통해 ECS 태스크에 할당한 태스크 ENI(Elastic Network Interface)에 대해 퍼블릭 IP가 할당된다. ECS 태스크에 직
접 퍼블릭 IP 주소를 부여할 수 있는 것은 Fargate로 구성한 경우다. EC2 인스턴스에서 호스팅되는 ECS 태스크 구성인 경우 태스크 ENI에 퍼블릭 IP를 부여할
수 없다(https://docs.aws.amazon.com/ko_kr/AmazonECS/latest/userguide/service-configure-network.html).

'퍼블릭 네트워크→VPC 통신'과 마찬가지로 이 구성 예에서 ECS 태스크는 퍼블릭 서브넷에 배치돼 있다. 특별한 이유가 없다면 보안상 ECS 태스크에 퍼블릭 IP 주소를 부여하지 않는 것이 좋다(AWS에서는 프라이빗 서브넷에 컨테이너를 배치하는 것을 추천하고 있다[78]).

그래서 프라이빗 서브넷에 ECS 태스크를 배치하면서도 퍼블릭 네트워크와 통신이 가능하도록 NAT 게이트웨이를 이용한 네트워크 설계를 하는 경우가 많다. 구체적으로 설명하면 다음과 같다. NAT 게이트웨이를 퍼블릭 네트워크에 배치하고 ECS 태스크를 프라이빗 서브넷에 배치한다. 이 프라이빗 서브넷에 NAT 게이트웨이까지의 경로가 추가된 라우팅 테이블을 설정하면 퍼블릭 네트워크와의 통신은 NAT 게이트웨이를 거치는 통신으로 제한된다.

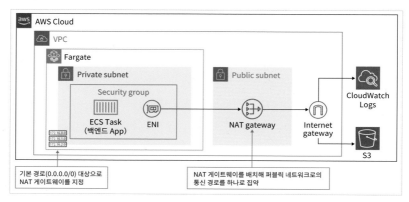

그림 3-5-20 NAT 게이트웨이를 활용한 네트워크 보안 대책

컴플라이언스 요건 등에 따라서는 가능한 한 네트워크 트래픽이 퍼블릭 네트워크로 나가지 않도록 요구하는 경우도 있다. 이 경우 NAT 게이트웨이를 이용한 패턴은 퍼블릭 네트워크를 경유하므로 요건을 만족시킬 수 없다.

AWS에서는 VPC 서비스와 리전 서비스 간 프라이빗 통신을 위한 'VPC 엔드포인트'라는 서비스를 제공한다. VPC 엔드포인트는 게이트웨이 엔드포인트와 인터페이스 엔드포인트 2종류가 있다. VPC 엔드포인트는 AWS 서비스 단위로 준비해야 하며 2종류 중 AWS 서비스별로 어느 것이 사용되는지 명확히 정해져 있다.

---

78 https://docs.aws.amazon.com/ko_kr/AmazonECS/latest/developerguide/vpc-endpoints.html

앞의 예와 같은 프라이빗 구성을 하는 경우 S3용 게이트웨이 엔드포인트와 CloudWatch Logs 용 인터페이스 엔드포인트를 생성한다. 그리고 각 VPC 엔드포인트에 대해 라우팅 테이블을 추 가하고 동시에 보안 그룹도 설정해야 한다.

다음 그림은 이 구성의 예다.

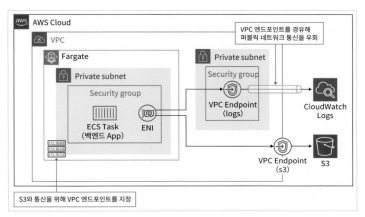

그림 3-5-21 인터페이스 엔드포인트를 이용한 AWS 내부 서비스 간 통신

여기서 ECS/Fargate를 이용한다고 생각해보자.

ECR과 연계해 컨테이너 이미지를 취득하는 경우, 총 3개의 VPC 엔드포인트(S3용 게이트웨 이 엔드포인트 1개와 ECR용 인터페이스 엔드포인트가 2개)가 필요하다. 그리고 CloudWatch Logs와 연계해 로그를 출력한다면 엔드포인트를 추가 생성해야 한다. 그리고 애플리케이션에서 인증 정보 등을 Secrets Manager나 System Manager Parameter Store에 저장해 이용하는 경 우 이와의 연동을 위한 인터페이스 엔드포인트도 추가해야 한다.

이처럼 VPC 내의 AWS 서비스와 VPC 외부의 AWS 서비스가 프라이빗으로 통신하기 위해서는 연계할 AWS 서비스별로 VPC 엔드포인트를 만들어야 한다.

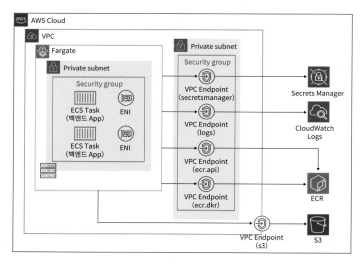

그림 3-5-22 각 AWS 서비스에 대응하는 VPC 엔드포인트 생성

여기서 우려되는 것은 비용이다.

게이트웨이 엔드포인트는 무료로 이용할 수 있지만, 인터페이스 엔드포인트는 시간 단위 과금이 발생한다(정확히는 시간 과금과 처리 데이터에 따른 과금이 발생한다).

그리고 가용성을 높이기 위해 다중 AZ 구성을 하는 경우 인터페이스 엔드포인트도 AZ별로 추가해야 하므로 시간별 과금이 발생한다.

예를 들어 CloudWatch Logs의 VPC 엔드포인트를 2개의 AZ에 생성하는 경우 시간별 요금이 1개월간 약 23,000원가량 발생한다[79]. 한편 NAT 게이트웨이의 다중 AZ 구성은 약 10만 원이다. 인터페이스 엔드포인트 구성 요건이 많아지면 결국 NAT 게이트웨이를 경유하는 구성이 저렴해지는 경우도 있다.

ECS 태스크가 인터넷 서비스와 통신해야 한다면 결국 NAT 게이트웨이를 이용해야 한다. 보안 요건과 비용 요건의 균형에 달려 있지만, 비용을 줄이는 것이 우선이라면 NAT 게이트웨이에 통신을 집중시키는 편이 좋다[80].

---

79 인터페이스 엔드포인트는 시간 요금뿐만 아니라 처리하는 데이터 양에 따라서도 과금된다(https://aws.amazon.com/ko/privatelink/pricing/). 대량의 데이터 전송이 발생하는 요건이라면 사전에 비용 추산을 실시해야 한다.

80 NAT 게이트웨이와 인터페이스 엔드포인트는 처리 데이터당 비용이 다르다. 대량의 데이터를 처리하는 워크로드라면 인터페이스 엔드포인트를 이용하는 편이 요금이 절약된다. 워크로드의 특성에 따라 데이터 처리 비용도 달라지므로 주의해야 한다.

비즈니스 요건과 컴플라이언스 요건에 따라 VPC 엔드포인트를 생성해야 한다.

Column

ECR은 왜 VPC 엔드포인트가 여러 개 필요할까

VPC 엔드포인트를 통해 ECR에 접속하는 경우 ECR용뿐만 아니라 S3용 VPC 엔드포인트도 필요하다[81].

ECR에 저장된 컨테이너 이미지는 실제로 S3에 저장되기 때문이다[82]. 이를 통해 컨테이너 이미지에 대해 우수한 내구성을 보장해준다.

그리고 Fargate 플랫폼 버전에 따라 필요한 ECR VPC 엔드포인트 종류가 다르다. 초기 구축을 할 때 놓치기 쉬운 부분이므로 주의해야 한다.

'애플리케이션 취약점' 대책

컨테이너 이용과 관계없이 애플리케이션 자체의 취약점 대책은 보안 대책의 기본이다. 시큐어 코딩 실시나 '**컨테이너로부터의 네트워크 접근 제한** 대책'에서 설명한 WAF를 설치하는 것은 애플리케이션 공격에 대한 기본적인 대책이다[83].

ECS 태스크 정의에서는 컨테이너의 루트 파일 시스템을 읽기 전용으로 변경할 수 있다[84]. 사전에 컨테이너를 읽기 전용으로 동작하게끔 하면 파일 변조와 같은 보안 위협은 줄어든다.

애플리케이션이 루트 파일 시스템에 파일을 저장하거나 변경하는 기능이 없다면 루트 파일 시스템을 읽기 전용으로 설정해두는 것을 추천한다.

'승인되지 않은 컨테이너' 대책

스테이징 환경이나 프로덕션 환경 등 거버넌스를 준수해야 하는 환경에서는 컨테이너가 적절한 승인 프로세스를 거쳐 배포됐는지를 엄격하게 확인해야 하는 경우가 있다. 이럴 때의 대책으로 IAM 정책과 리포지토리 정책을 사용해 승인되지 않은 컨테이너의 배포를 차단할 수 있다.

다음과 같은 예를 전제(환경, 배포 조건)로 승인되지 않은 컨테이너 대책을 검토해보자.

---

81 https://docs.aws.amazon.com/ko_kr/AmazonECR/latest/userguide/vpc-endpoints.html
82 https://aws.amazon.com/ko/ecr/features/
83 KISA에서는 이와 관련된 여러 가지 보안 대책 정보를 공개하고 있다(https://www.kisa.or.kr/public/laws/laws3_List.jsp).
84 https://docs.aws.amazon.com/ko_kr/AmazonECS/latest/developerguide/task_definition_parameters.html#ContainerDefinition-readonlyRoot-Filesystem

- **개발 환경**: CI/CD를 통해 빌드된 컨테이너 이미지 배포를 기본으로 하지만, 수동으로 빌드하고 푸시한 컨테이너 이미지로부터의 배포를 허용

- **스테이징 환경**: CI/CD를 통해 빌드된 컨테이너 이미지만 배포가 가능하며 그 외 이미지로부터의 배포는 금지

- **프로덕션 환경**: 스테이징 환경용 CI/CD에서 빌드 및 배포된 이미지로부터의 배포만 가능하며 그 외 이미지로부터의 배포는 금지

'이미지 유지 보수 운영'에서도 다룬 다중 계정 구성을 바탕으로 생각해보면 다음과 같은 설계로 사전에 정의한 컨테이너를 배포할 수 있다.

- 스테이징/프로덕션용 ECR 리포지토리 정책에 CI/CD(CodeBuild에 부여한 IAM 역할)에서만 이미지 푸시가 가능하게 설정

- IAM 사용자에게 할당된 IAM 정책에는 ECS 태스크 정의를 변경할 수 없게 설정

첫 번째는 '리포지토리 정책 활용'을 이용해 구현할 수 있다.

두 번째는 ECS 태스크를 변경할 수 있는 권한이 있다면 자유롭게 배포할 컨테이너 이미지를 지정할 수 있기 때문에 정책에서 변경 권한을 없애면 승인되지 않은 컨테이너 배포를 막을 수 있다.

이 내용을 반영한 설계는 다음과 같다.

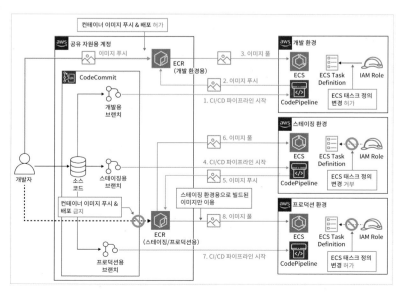

그림 3-5-23 승인되지 않은 컨테이너 보안 대책

이는 승인된 컨테이너만을 확실하게 이용할 때의 예 중 하나다.

AWS의 각종 정책을 잘 활용하면 이미지 변조와 같은 보안 위협에서 비즈니스를 지킬 수 있다. 각 환경에서 요구하는 보안을 정의하고, 승인 프로세스를 고려해 안전한 컨테이너를 배포하도록 주의를 기울여야 한다.

이상으로 보안 설계에 대한 설명은 마친다.

이 장의 세 번째 테마인 '안정성'에 대한 설계를 다룬다. 안정성에 관한 Well-Architected 프레임워크 설계 원칙[85]을 보면 다음과 같은 내용을 확인할 수 있다.

- 장애 자동 복구

- 복구 절차 테스트

- 수평적 확장으로 워크로드 전체 가용성 증대

- 용량 추정 불필요

- 자동화 변경 사항 관리

여기서 중요한 키워드는 '장애', '복구', '가용성', '자동'이다.

시스템 전체를 안정적으로 운영하기 위해 다양한 시스템 장애를 고려해야 신속한 복구가 가능하다. 시스템 요건으로서의 가용성을 만족시키기 위해 적절한 구성을 검토하는 것은 컨테이너뿐만 아니라 아키텍처를 검토하는 데 있어서도 중요하다.

이 절에서는 다음 그림과 같은 구성을 주제로 설계를 검토한다.

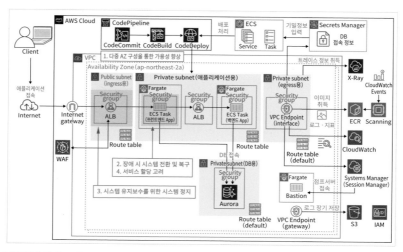

그림 3-6-1 '안정성' 설계 포인트

▷ 다중 AZ 구성을 통한 가용성 향상

가용성을 높이기 위한 방법은 몇 가지가 있는데, 그 대표적인 방법 중 하나가 '다중 AZ 구성'이다. AZ(Availability Zone)[86]는 여러 개의 데이터 센터로 구성돼 지리적으로 떨어져 있기 때문에 전원 구성이나 네트워크가 모두 분리돼 있다. 다중 AZ 구성을 함으로써 AWS의 물리적 장애나 광범위한 피해에 대한 가용성을 높일 수 있다. 이미 AWS를 이용하는 사람들에게는 익숙한 모범 사례 중 하나일 것이다.

온프레미스 구성과 클라우드는 '가용성'에 대해 받아들이는 방법이 다르다.

클라우드를 이용하면 여러 AZ를 이용하는 아키텍처를 쉽게 구축할 수 있다. ECS/Fargate에서도 다중 AZ 구성으로 시스템을 설계해 가용성을 높일 수 있다. 기본적인 구성은 다음과 같다.

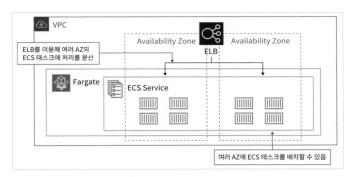

그림 3-6-2 다중 AZ로 ECS 태스크 배치를 하는 구성

Fargate로 ECS 서비스를 실행시키면 ECS 서비스 내부의 스케줄러가 최적화 작업을 통해 AZ 부하 균형을 조절하며 ECS 태스크를 배치[87]한다. 따라서 이용자는 태스크를 AZ에 어떻게 배치할지에 대한 고민은 하지 않아도 된다.

---

86 https://aws.amazon.com/ko/about-aws/global-infrastructure/regions_az/
87 https://docs.aws.amazon.com/ko_kr/AmazonECS/latest/developerguide/ecs_services.html#service_scheduler

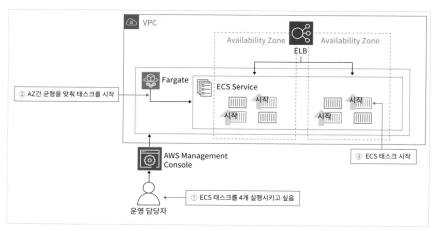

그림 3-6-3 ECS 서비스 스케줄러를 이용해 ECS 태스크를 AZ에 분산 배치

▷ 장애 시 전환 및 복구

Amazon.com의 CTO인 Werner Vogels는 'Everything fails all the time.'[88]이라는 말을 했다. '모든 것은 망가진다'는 것을 전제로 시스템 구성을 검토해야 하며 클라우드 시스템을 설계할 때도 'Design for Failure'에 따라 견고한 시스템을 만들어야 한다는 것이다.

당연한 말이지만, 시스템 장애를 미연에 방지하는 것은 중요하다. 하지만 장애를 자동으로 탐지하고 복구할 수 있는 시스템을 구축할 수 있다면 그것도 이상적일 것이다. AWS에서 컨테이너를 이용하는 경우에도 다른 AWS 서비스와의 연계를 통해 장애가 발생했을 때 부드럽게 복구할 수 있다.

CloudWatch를 활용한 ECS 태스크 장애 탐지

ECS는 CloudWatch와 연계해서 ECS 태스크 장애 및 애플리케이션 에러를 탐지할 수 있다. CloudWatch에는 ECS의 각종 지표를 이용할 수 있으므로 이를 이용해 CloudWatch Alarm과 연계해 자동으로 운영자에게 알림을 보낼 수 있다.

---

88 https://docs.aws.amazon.com/ko_kr/whitepapers/latest/running-containerized-microservices/design-for-failure.html

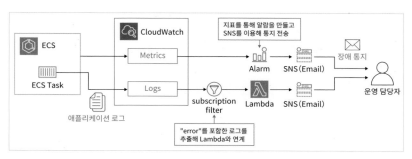

그림 3-6-4 CloudWatch를 이용한 ECS 태스크 장애 탐지

ECS 태스크 장애는 RunningTaskCount 지표 또는 TaskCount 지표와 CloudWatch 알람의 조합으로 탐지할 수 있다[89]. 참고로 RunningTaskCount 지표와 TaskCount 지표의 차이는 CloudWatch의 차원(dimension)이다.

표 3-6-1 ECS 태스크 장애 탐지에 이용할 수 있는 CloudWatch 지표

지표 이름	차원	설명
TaskCount	ECS 클러스터	실행 중인 태스크 수
RunningTaskCount	ECS 서비스	실행 중인 태스크 수

예를 들어 ECS 클러스터 내에 ECS 서비스가 2개 정의돼 있다고 가정한다. 그리고 ECS 서비스에는 속하지 않고 ECS 클러스터 내에서 독립적으로 실행 중인 ECS 태스크가 존재한다면 RunningTaskCount와 TaskCount의 숫자는 다음과 같을 것이다.

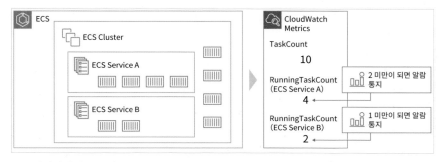

그림 3-6-5 장애 발생 시 ECS 태스크와 CloudWatch 지표

---

89 어느 지표를 사용하더라도 CloudWatch Container Insights를 활성화해야 한다. CloudWatch Container Insights를 활성화하지 않고 표준 지표로 ECS 태스크 수에 대한 정보를 취득하고 싶다면 CPUUtilization 또는 MemoryUtilization의 샘플 수를 이용한다(https://docs.aws.amazon.com/ko_kr/AmazonECS/latest/developerguide/cloudwatch-metrics.html#cw_running_task_count).

여기서 각 ECS 서비스의 RunningTaskCount별로 CloudWatch 알람을 정의해보자. 만약 ECS 태스크가 정지해 지표가 변경됐다면 다음과 같이 될 것이다.

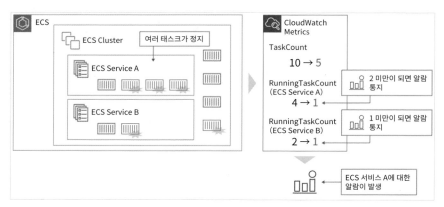

그림 3-6-6 장애 발생 후 ECS 태스크와 CloudWatch 지표

이처럼 ECS/Fargate 구성에서도 CloudWatch는 장애 탐지에서 중요한 역할을 담당한다.

실행 중인 태스크가 ECS 서비스에 소속돼 있는지 독립형인지에 따라 대상이 되는 지표가 달라진다는 점에 주의해야 한다.

ECS 서비스를 통한 ECS 태스크의 자동 복구

ECS 서비스는 ECS 서비스를 만들 때 지정한 태스크 수를 유지하려고 한다. 그렇기 때문에 정지된 ECS 태스크는 자동으로 실행된다.

AWS의 일시적인 하드웨어 장애 등으로 인한 ECS 태스크 정지는 대부분 이 스케줄러 설정으로 복구된다.

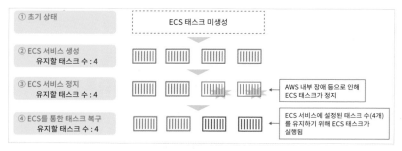

그림 3-6-7 ECS 서비스를 통한 ECS 태스크 자동 복구

ECS 태스크가 자동으로 복구된다면 일부러 알람 설정을 하지 않아도 되지 않을까 생각할 수도 있다.

다음 예에서와 같이 ECS 태스크가 정지하더라도 ECS 서비스에 의해 바로 복구되므로 비즈니스 영향이 없다고 판단해 1개의 ECS 태스크가 정지해도 알람 통지를 하지 않은 경우도 있다.

- 6개의 ECS 태스크가 실행 중
- 1개의 태스크가 정지해도 나머지 5개로 서비스 가능

가장 중요한 기능을 담당하는 시스템이라면 안정적인 동작과 더불어 데이터의 불일치에도 신경을 써야 한다. 이런 시스템에서 ECS 태스크가 1개 정지했을 때 데이터 정합성에 문제가 없는지 곧바로 확인해야 하는 경우도 생긴다. 이런 경우라면 ECS 태스크 변동과 관련된 알림 통지가 필요하다[90].

ECS 태스크에 장애가 발생했을 때 알람을 보낼지 여부는 비즈니스에 강하게 의존한다. 업무에 미치는 영향을 우선으로 확인해 태스크 정지 자체를 탐지할지, 자동 복구를 염두에 두고 탐지 조건을 완화할지 비즈니스 요건에 맞춰 설계한다.

ALB와 연계한 ECS 태스크의 제거 및 자동 복구

ECS 서비스에서 애플리케이션을 실행시키는 경우 ALB와 연계해 가용성을 높이는 설계를 할 수 있다.

ALB 타깃 그룹에 ECS 태스크를 등록해두면 ECS 태스크에 장애가 발생했을 때 ALB가 대상 ECS 태스크를 타깃에서 자동으로 제외한다. ALB에 대한 요청은 정상으로 동작 중인 ECS 태스크에만 전달되므로 서비스 전체의 가용성이 향상된다.

다음 그림은 ECS 태스크가 정지했을 때의 흐름이다.

---

90 적어도 ECS를 통해 웹 프로그램 기능을 제공하는 경우, 시스템 가용성이 손상됐을 때 관리자가 어떤 조치를 취해야 하는지 확인시키기 위해서라도 알람 통지는 필요하다고 생각한다.

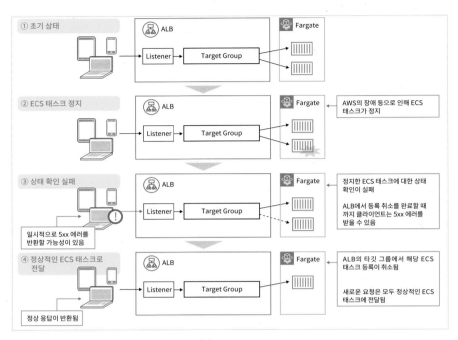

그림 3-6-8 장애 발생 시 ALB에 의한 ECS 태스크 절차

ECS 태스크 장애가 발생하면 ALB 타깃 그룹이 수행하는 상태 확인이 실패한다. 그리고 ALB는 타깃 그룹으로부터 장애가 발생한 ECS 태스크의 등록을 취소한다.

단, 취소가 완료될 때까지 클라이언트에서 요청이 발생하는 경우 ALB는 5xx 에러(502 Bad Gateway 등)를 반환할 수 있다[91]. 등록 취소 후에는 정상 ECS 태스크로 전환되지만, 일시적으로 에러가 발생할 수 있다는 점에 주의해야 한다.

Fargate 작업 유지 관리로 인한 ECS 태스크 정지

ECS 태스크 자체의 장애뿐 아니라 제어 플레인이 ECS 태스크 정지를 지시할 때의 처리에 대해서도 고려해야 한다.

ECS는 AWS 내부 문제로 인한 장애나 보안 취약점이 존재하는 플랫폼이라고 판단하는 경우 태스크를 중지하고 이를 대체할 새 태스크를 실행해야 한다[92].

---

91 https://docs.aws.amazon.com/ko_kr/elasticloadbalancing/latest/application/load-balancer-troubleshooting.html#http-502-issues
92 https://docs.aws.amazon.com/ko_kr/AmazonECS/latest/userguide/task-maintenance.html

Fargate에서 실행 중인 ECS 태스크가 이렇게 정지될 때는 AWS가 태스크 사용 중단 알림을 사용자 계정으로 전송한다. 처리 무결성이 필요한 비즈니스에서는 이렇게 시스템을 정지해야 할 때 무결성에 영향이 없도록 적절한 처리를 해야 한다.

ECS에서는 ECS 태스크 정지를 지시할 때 대상 ECS 태스크에 대해 SIGTERM 시그널[93]을 전송한다. 애플리케이션이 SIGTERM에 대해 응답하지 않는 경우 기본적으로 30초[94]를 기다린 후 SIGKILL 시그널[95]이 전송된다.

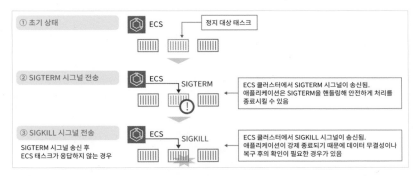

그림 3-6-9 Fargate 작업 유지 관리로 인한 ECS 태스크 정지 지시

애플리케이션이 SIGTERM을 핸들링하도록 구현하지 않았다면 SIGKILL을 통해 강제 종료된다. 즉, 애플리케이션 내부에서 처리 중인 내용이 갑자기 종료되기 때문에 데이터가 손실되거나 문제가 발생할 가능성이 있다. 반대로 보면, SIGTERM 전송 후 설정된 시간 이내에 애플리케이션이 적절히 종료된다면 SIGKILL은 송신되지 않는다[96].

ECS/Fargate를 이용한 서비스를 구축할 때 애플리케이션이 SIGTERM 시그널을 받아 안전하게 종료될 수 있게 구현하는 것도 염두에 둬야 한다.

---

93 시그널이란 프로세스에 대해 송신되는 신호이고, SIGTERM은 대상의 프로세스에 종료 요청을 보내는 신호다.
94 ECS/Fargate 구성에서 SIGKILL 시그널을 발행하기까지의 대기 시간은 태스크 정의 매개변수 'stopTimeout'에서 변경할 수 있다. 자세한 내용은 공식 문서 (https://docs.aws.amazon.com/ko_kr/AmazonECS/latest/developerguide/task_definition_parameters.html#container_definition_timeout)를 참조하기 바란다.
95 SIGKILL은 프로세스에 강제 종료를 요청하는 신호다.
96 https://aws.amazon.com/ko/blogs/containers/graceful-shutdowns-with-ecs/

▷ 시스템 유지 보수를 위한 서비스 정지

애플리케이션이나 시스템 구성, 비즈니스 관련 이유로 배포할 때 시스템을 점검해야 하는 경우가 있다. 이런 상황에 대응하기 위해 사용자에게는 점검 중이라는 것을 알리며 배포 대상 애플리케이션에 요청이 전달되지 않게 하는 설계가 필요하다.

대책으로는 이용자에게 현재 점검 중이라는 응답이나 콘텐츠를 반환하는 것이다. 이런 페이지를 보통 '공사 중 페이지' 또는 '점검 중 페이지' 등으로 부른다.

ALB와 연계해 ECS/Fargate를 이용하고 있다면 점검 중 페이지를 ALB의 리스너 규칙 정의에 설정하기만 하면 된다.

예를 들어 다음과 같이 ECS 태스크가 등록된 타깃 그룹에 전송하는 규칙과 점검 시 고유 응답을 반환하는 규칙을 준비해둔다. 그리고 평소에는 ECS 태스크 전송 규칙의 우선도를 높인다.

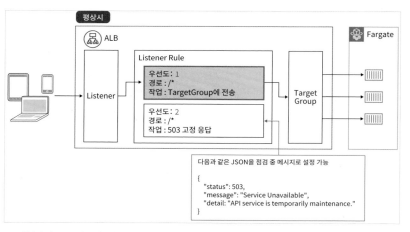

그림 3-6-10 평상시의 ALB 리스너 규칙 설정

점검을 실행할 때는 관리 콘솔이나 Lambda를 이용한 API 등으로 ALB 리스너 규칙의 우선도를 변경한다. 고정 응답 반환의 우선도를 높이면 클라이언트에는 점검 중 메시지가 전달된다.

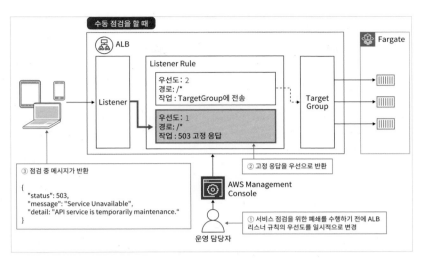

그림 3-6-11 점검 시 ALB 리스너 규칙 설정

점검 시 이용자에게 예상치 못한 오류를 반환하지 않도록 사전에 점검 중 페이지를 검토한다. 애플리케이션의 구현에 따라 JSON 형식의 메시지만 반환할지, HTML 페이지를 반환할지 고려해두는 것이 좋다.

▷ 서비스 할당량 고려

AWS의 각종 서비스에는 '할당량'[97]이라는 제한이 있다.

서비스 할당량은 의도하지 않은 사용으로 발생하는 과금 증가로부터 보호하기 위해 마련돼 있으며, ECS/Fargate에도 서비스 할당량이 정해져 있다. 최근 컨테이너 기술에 대한 이용 요구가 높아지고 있어 ECS/Fargate에도 서비스 할당량 상한치가 단계적으로 높아지고 있다[98] [99] [100].

ECS/Fargate와 관련된 대표적인 할당량은 다음과 같다.

---

97 https://docs,aws,amazon.com/ko_kr/general/latest/gr/aws_service_limits,html

98 https://aws.amazon.com/ko/about-aws/whats-new/2020/07/amazon-ecs-announces-increase-service-quota-limits/

99 https://aws.amazon.com/ko/about-aws/whats-new/2020/09/aws-fargate-increases-default-resource-count-service-quotas/

100 https://aws.amazon.com/ko/about-aws/whats-new/2021/02/aws-fargate-increases-default-resource-count-service-quotas-to-1000/

표 3-6-2 ECS와 Fargate의 주요 서비스 할당량

서비스 할당량	설명	기본 값
클러스터	현재 리전 내에서 해당 계정이 가진 클러스터의 최대 수	10,000
클러스터당 서비스 수	클러스터당 서비스의 최대 수	5,000
서비스당 태스크 수	서비스당 태스크의 최대 수(필요한 수)	5,000
Fargate 온디맨드 자원 수	현재 리전의 Fargate에서 한 계정이 동시에 실행할 수 있는 ECS 태스크와 EKS 포드의 최대 수	1,000
Fargate Spot 자원 수	현재 리전에서 한 계정이 Fargate Spot으로 동시에 실행할 수 있는 ECS 태스크의 최대 수	1,000

여기서 소개한 할당량은 모두 요청을 통해 값을 늘릴 수 있다. 이 외에도 각종 할당량 제한이 있으며, 이에 대해서는 온라인 문서[101]를 참고하기 바란다.

기본 설정 값으로 어느 정도 규모의 시스템을 운영할 수 있지만, 값이 자동으로 증가하지는 않는다는 점에 주의해야 한다. Auto Scaling 등을 통해 ECS 태스크 수가 상한에 도달하게 되면 그 이상은 확장되지 않아 서비스에 영향을 미칠 수 있다. AWS에는 할당량 이용률이 80%를 넘으면 경고해주는 Trusted Advisor라는 서비스가 있으나, ECS/Fargate 관련 할당량은 대상에 포함되지 않는다.

할당량 증가가 예상되는 비즈니스라면 CloudWatch 지표를 활용해 할당량을 지속해서 관찰할 수 있는 구조를 검토하기 바란다.

---

101 https://docs.aws.amazon.com/ko_kr/AmazonECS/latest/developerguide/service-quotas.html

3-7 성능 설계

이 장의 4번째 테마는 '성능 효율'에 대한 설계다. 여기서는 Well-Architected 프레임워크의 설계 원칙에서 성능 요건을 만족시키기 위한 설계를 이해하고 단계별로 ECS/Fargate에 설계할 때 알아둬야 할 점을 살펴본다.

▷ 성능 설계 아이디어

필자는 성능 설계에서는 비즈니스에서 요구되는 시스템의 수요를 충족하면서도 기술 영역의 진보와 환경 변화에 대응할 수 있는 아키텍처를 목표로 한다고 생각한다.

Well-Architected 프레임워크에서는 '성능 효율' 부문[102]에서 5개의 설계 원칙을 제시하고 있다. 이 설계 원칙을 요약해보면 다음과 같다.

표 3-7-1 '성능 효율' 부문의 설계 원칙

설계 원칙	원칙 요약
고급 기술의 대중화	전문 지식이 요구되는 기술은 클라우드에 위임
몇 분만에 전 세계에 배포	서비스에 최적인 AWS 리전을 선택하고 사용자 경험을 개선
서버리스 아키텍처 사용	서버 관리 운영 부하를 경감
실험 횟수 증가	유연한 자원 할당으로 적절한 자원 구성을 찾아냄
기계적 동조 고려[103]	각 AWS 서비스의 사용 사례를 파악해 서비스를 선택

ECS/Fargate를 이용한다면 OS 계층의 관리는 하지 않아도 된다. 그렇기 때문에 EC2 이용 시와 비교하면 서버 관리 운영 부담은 줄어든다. 한편 컴퓨팅에 할당된 자원은 EC2를 이용할 때와 동일하게 발생하므로 비즈니스 요건이나 애플리케이션 사양에 따라 설계해야 할 성능 설계 내용은 달라진다.

---

[102] https://docs.aws.amazon.com/ko_kr/ko_kr/wellarchitected/latest/framework/performance-efficiency.html

[103] 기계적 동조란 F1 레이싱 드라이버인 재키 스튜어트(Jackie Stewart)의 'You don't have to be an engineer to be a racing driver, but you do have to have Mechanical Sympathy.'라는 말에서 유래됐다. 이는 자신의 차가 어떻게 움직이는지를 본질적으로 이해하고 있다면 차의 성능을 최대한으로 끌어낼 수 있다는 뜻이다. 개발자 관점에서 AWS 서비스를 보면 AWS가 제공하는 서비스의 특징과 구조, 기능을 이해할 수 있다면 서비스를 최대한 활용할 수 있다는 것이다. 성능 관점에서는 그 서비스의 적절한 사용처를 이해하고 애플리케이션과의 상성을 파악하는 것이 중요하다.

여기서는 수요에 따른 최적 성능을 만족하면서도 유연한 사이징이 가능한 설계에 대해 살펴본다.

적절한 용량 설계

최적 성능 설계의 목적은 비즈니스에서 요구하는 시스템 수요를 만족시키는 것이다. 즉, 비즈니스 요건이 전제가 된다.

우선 비즈니스상 성능 요건(성능 목표)을 파악하는 것부터 시작한다. 다음으로 해당 성능을 만족시키기 위해 필요한 용량을 계획한다.

AWS를 이용한다면 이때 자세한 용량 계획(자원 계획)을 세울 필요는 없다[104]. 클라우드를 활용하기 때문에 필요에 따라 자원을 쉽게 확장할 수 있기 때문이다.

그렇지만 클라우드에서는 자원을 이용한 만큼 비용이 발생한다. 당연히 비즈니스가 지속될 수 있을 정도로 자원 사용률을 파악하고 할당해야 한다. 현실적으로 할당할 수 있는 자원 크기를 계산하거나 사용하지 않는 자원을 삭제하게끔 계획을 세우지 않으면 AWS 요금에 큰 영향을 미친다. 이용자 수나 워크로드의 특성을 확인하면서 성능 목표에 필요한 자원량을 가정해 둬야 한다.

AWS에서는 이용자의 수요에 맞춰 자동으로 자원 확장이 가능한 'Auto Scaling 기능'을 제공한다. ECS/Fargate를 이용할 때도 Auto Scaling을 활용하면 용량을 자동으로 조절할 수 있다.

Auto Scaling에는 조정 정책을 통해 어떻게 자원을 조정할지 정할 수 있다. 주요 정책으로는 '단계 조정 정책'과 '대상 추적 조정 정책'이 있다. 이 정책 전략 중 어느 것을 활용할지 미리 검토해 두면 비용과 성능을 균형 있게 맞춘 확장 설계를 할 수 있다.

아키텍처를 디자인하는 단계에서는 가정한 자원 크기나 Auto Scaling 정책으로 요건을 만족시킬 수 있는지 판단할 수 없다. 기존의 워크로드를 모방한 벤치마크나 부하 테스트를 수행해 성능 요건을 만족시킬 수 있는지 확인해야 한다. 그리고 테스트 결과를 통해 자동 확장 조건이나 할당한 자원 값의 타당성을 수정하면 최적 구성에 가까워진다.

정리하면 다음과 같다.

---

104 프로덕션 환경에 배포하기 전의 시스템에 대해 자세한 용량 계획을 세우는 것은 대부분의 경우 불가능에 가깝기 때문이다.

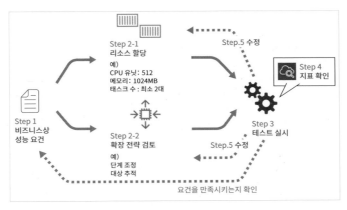

그림 3-7-1 성능 요건을 만족시키기 위한 적절한 자원 설계

다음 절에서는 자원 할당과 확장 전략 검토에 대해 살펴본다.

▷ Step 1: 비즈니스상 성능 요건

우선 비즈니스의 특성과 요건을 파악해야 한다. 여기서는 다음과 같은 시스템 요건을 상정한다.

- API 시스템을 전제로 한다.
- 업무 시간대에는 매초 10개 정도의 API 콜 요청이 발생한다.
- 야간에는 업무 시간 대비 1/3 정도의 요청이 발생한다.
- 마케팅이나 광고 등으로 인해 평소보다 최대 10배 정도 많은 요청이 예상된다.
- 다중 AZ 구성을 기본으로 하지만, AZ 장애가 발생해도 다중 AZ와 동일한 성능을 유지하고 싶다.

이 조건인 경우 최소한 초당 10건의 요청을 처리할 수 있도록 ECS 태스크 자원 할당 및 태스크 수를 설정해야 한다.

그리고 AZ 장애 시에도 자동으로 ECS 태스크 수를 유지하도록 고려해야 한다. 추가로 최대 요청 수를 고려해 유사 스파이크(Pseudo spike)를 발생시켜 에러가 발생하지 않고 처리가 가능한지도 확인해야 한다.

▷ Step 2-1: 자원 할당

ECS 태스크를 시작하기 위해서는 컴퓨팅 자원 할당을 해야 한다. ECS 태스크에는 2개 이상의 컨테이너를 포함하는 것도 있다. 초기 검토 시에는 어느 정도 여유를 가지고 자원을 할당하는 것이 좋다.

'Step 2-2: 확장 전략 검토'에서 다루겠지만, Auto Scaling이 동작하는 조건은 CPU나 메모리 같은 컴퓨팅 자원이 일반적이다.

참고로 ECS에서는 실행할 ECS 태스크 정의에 할당한 CPU/메모리 크기만큼의 시간당 요금이 발생한다. 따라서 과도한 자원을 설정해 불필요한 요금이 발생하지 않게 해야 한다.

우선 자원 할당 후 하나의 애플리케이션을 실행해 안정적으로 동작하는지 확인한다. 그후 Step 3에서 실시할 테스트 결과를 살펴보고 비용과 성능의 균형을 맞춰나가며 적절한 값을 설정한다.

▷ Step 2-2: 확장 전략 검토

ECS/Fargate 워크로드 성능을 높이는 방법은 몇 가지가 있지만, 크게 스케일업(Scale-up)과 스케일아웃(Scale-out)으로 나눌 수 있다[105]. 여기에서는 각 확장 전략 특징을 설명한 뒤 AWS에서 이용 가능한 2가지 스케일아웃 관련 정책을 살펴본다.

스케일업과 스케일아웃

ECS/Fargate에서는 수요에 따른 적절한 컴퓨팅 자원을 제공하기 위해 스케일업과 스케일아웃 전략을 선택할 수 있다.

스케일업이란 처리 가능한 컴퓨팅 용량 단위를 높이는 것이다. ECS 태스크에 할당된 CPU 수와 메모리 값을 늘려 성능을 향상시킬 수 있다. 하지만 스케일업을 반영하기 위해서는 실행 중인 태스크를 재시작해야 한다.

다음 그림은 ECS 태스크를 스케일업하는 예다.

---

[105] (옮긴이) 스케일업은 서버 자체의 성능을 향상시키는 것이고 스케일아웃은 서버를 양적으로 확장하는 것이다. 전자의 경우 단일 처리의 성능이 높아야 할 경우에 유리하고, 후자의 경우 비교적 낮은 성능으로 가능한 처리를 병렬로 수행할 경우에 유리하다.

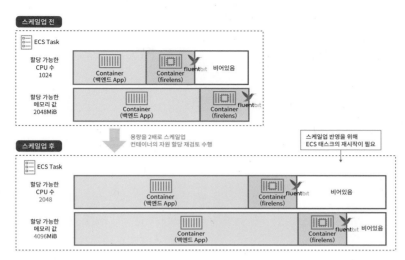

그림 3-7-2 스케일업 전후 ECS 태스크 내의 컴퓨팅 자원 변화

스케일아웃은 ECS 태스크 수를 늘려 태스크 전체의 처리 능력을 높이는 것이다. 스케일업과는 달리 실행 중인 태스크를 재시작하지 않아도 된다[106].

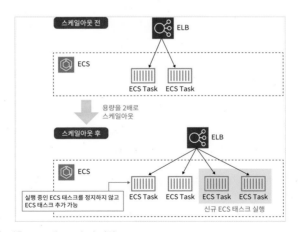

그림 3-7-3 스케일아웃 전후 ECS 태스크 수의 변화

그렇다면 스케일업과 스케일아웃 중 어느 쪽이 성능 향상에 적절한 것일까? 애플리케이션의 특성에 따라 다르지만, 다음과 같은 이유로 확장성이 높은 스케일아웃 구성을 추천한다.

---

106 ALB의 고정 세션(Sticky session) 기능을 이용하는 경우 부하가 한쪽에 몰릴 수 있기 때문에 ECS 태스크를 대체하는 등의 고려가 필요하다.

- 스케일업은 할당 가능한 용량 상한에 도달하기 쉽다[107].
- 실행 중인 태스크를 재시작하지 않아도 된다.
- Auto Scaling을 활용해 쉽게 자동 확장이 가능하다.
- 성능 효율화뿐만 아니라 가용성과 내장애성도 향상된다.

Auto Scaling을 이용하면 서비스 수요에 맞춰 태스크 수를 자동으로 조절할 수 있다(Auto Scaling 설계는 다음 항에서 자세히 다룬다).

한편 스케일업을 자동화하고자 하는 경우 직접 여러 AWS 서비스를 연계해 구현해야 한다. 애플리케이션 실행에 반드시 필요한 컴퓨팅 용량을 태스크에 할당하고 스케일아웃 전략을 이용하면 비용 최적화도 달성할 수 있다.

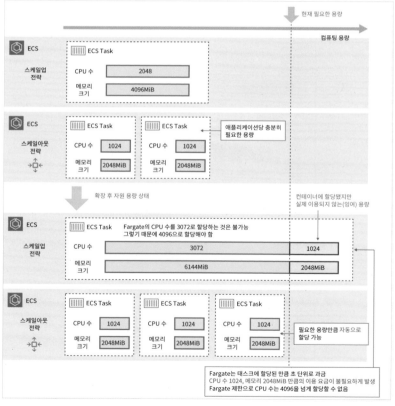

그림 3-7-4 자원 수요에 대한 스케일업과 스케일아웃의 차이

---

107 서버의 네트워크 포트가 고갈되는 등 CPU와 메모리 외의 OS 자원과 관련된 제약이 있다.

ECS/Fargate의 스케일아웃 전략을 사용하는 데 있어서의 주의점 중 하나는 '서비스 할당량'이다. '서비스 할당량 고려'에서도 설명했듯이 AWS 계정에서 리전당 실행 가능한 Fargate의 ECS 태스크 수는 기본 1,000개다.

이 할당량은 요청을 통해 상한을 높일 수 있다. AWS 계정을 다른 워크로드와 공용으로 사용하는 경우나 서비스 수요가 높아져 순간 접속율이 올라가는 경우가 발생하면 할당량 증가 요청을 고려해야 한다.

Fargate에서 실행 중인 모든 ECS 태스크에는 ENI가 제공돼 프라이빗 IP 주소가 할당된다[108].

바꿔 말하면 ECS 태스크가 늘어날 때마다 VPC 서브넷 내의 IP 주소는 줄어든다. 적은 수의 IP 주소를 갖는 서브넷을 ECS 서비스에 설정했다면 급격한 스케일아웃으로 인해 IP 주소가 부족해질 수 있으니 주의해야 한다.

Application Auto Scaling 활용

스케일아웃 전략을 이용하면 성능 효율을 최적화할 수 있다고 설명했다.

여기에 'Application Auto Scaling(서비스 자동 크기 조정)'을 같이 이용하면 수요 변화에 맞춰 실행할 컨테이너 수를 자동으로 조절할 수 있다[109]. 운영 부하를 줄이는 것뿐만 아니라 비용 최적화도 기대할 수 있다.

ECS/Fargate에서 이용할 수 있는 Application Auto Scaling에서는 CloudWatch 알람에서 정한 지표 임계치에 따라 스케일아웃 또는 스케일인이 실행된다. 개요도로 나타내면 다음과 같다.

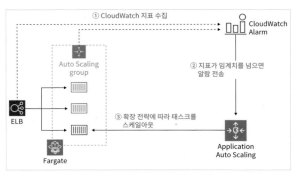

그림 3-7-5 Application Auto Scaling을 이용한 스케일아웃 구조

---

108 https://docs.aws.amazon.com/ko_kr/AmazonECS/latest/userguide/fargate-task-networking.html
109 https://docs.aws.amazon.com/ko_kr/AmazonECS/latest/userguide/service-auto-scaling.html

'적절한 용량 설계'에서는 스케일아웃의 내부 동작을 규정하는 방법으로 단계 조정 정책과 대상 추적 조정 정책을 살펴봤다.

여기에서는 각 정책의 특징에 대해 살펴본다.

단계 조정 정책

단계 조정 정책은 이름처럼 스케일아웃 및 스케일인 조건에 '단계'를 설정해 단계적으로 확장을 할 수 있도록 하는 정책[110]이다. 다음은 단계 조정 정책이 어떻게 동작하는지를 나타내는 예다.

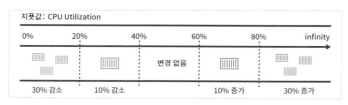

그림 3-7-6 단계 조정 정책으로 ECS 태스크를 조정

이 예는 CPU Utilization(태스크의 평균 CPU 사용률)을 확장 조건으로 설정하고 있다. CPU Utilization이 40~60%라면 태스크 수에 변동이 없어 ECS 태스크 수가 유지된다.

만약 CPU Utilization이 70%까지 상승한다면 Auto Scaling 그룹으로 설정된 ECS 태스크 수의 10%를 추가해 스케일아웃된다. 90%까지 상승한다면 다른 단계가 실행돼 ECS 태스크 수가 30% 추가된다.

여기서 중요한 점은 스케일링 이벤트가 발생하는 도중에 발생한 다른 이벤트에도 응답한다는 점이다. 스케일아웃 후에도 부하가 줄어들지 않는 경우에도 여러 단계를 정의해 두면 단계적인 스케일아웃이 가능하다.

반대로 CPU Utilization이 30%가 되면 태스크의 10%가 감소된다. 추가와 삭제 양쪽에 정책을 설정하면 부하에 따른 태스크 수를 조절할 수 있다.

대상 추적 조정 정책

대상 추적 조정 정책은 지정한 지표의 설정 값이 유지되도록 스케일아웃 또는 스케일인을 수행하는 정책[111]이다.

---

110 https://docs.aws.amazon.com/ko_kr/AmazonECS/latest/userguide/service-autoscaling-stepscaling.html
111 https://docs.aws.amazon.com/ko_kr/AmazonECS/latest/userguide/service-autoscaling-targettracking.html

ECS 태스크가 자동으로 증감하는 점은 단계 조정 정책과 같지만, 태스크를 얼마나 증가시키면 좋을지에 대한 판단은 하지 않는다. AWS에서 자동으로 태스크 수를 조절하므로 단계 조정 정책에 비해 관리가 편하다.

이 정책이 어떻게 동작하는지 살펴보자.

평가 대상으로 할 CloudWatch 지표는 앞에서와 같이 CPU Utilization으로 한다. CPU Utilization 값이 50%가 되게 대상 값을 설정해서 평균 50%를 넘으면 스케일아웃을 시작한다. 반대로 대상 값이 낮아지면 갑자기 태스크를 정지하는 것이 아니라 완만하게 스케일인한다.

이 동작을 그림으로 나타내면 다음과 같다.

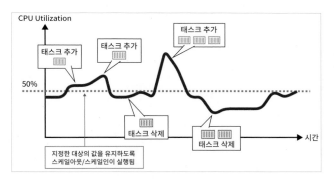

그림 3-7-7 대상 추적 조정 정책을 통한 ECS 태스크의 스케일아웃과 스케일인

대상 추적 조정 정책을 이용할 때는 몇 가지 파악해야 할 사양과 제한이 있다.

- 지표가 지정한 값을 초과하는 경우에만 스케일아웃을 수행한다. 지정한 값보다 낮을 때 스케일아웃을 하도록 정의할 수 없다.

- 대상 추적 조정 정책에서 스케일아웃은 고속으로 동작하지만, 스케일인은 천천히 실행된다. 이것은 급격한 스케일인으로 인해 서비스 가용성에 문제가 생기지 않게끔 배려한 설정[112]이다.

- 대상 추적 조정 정책에서 여러 지표의 목푯값을 지정할 수 있다. 이 경우 어느 하나의 값이 목푯값을 초과하는 경우 스케일아웃이 실행된다. 단, 스케일인은 모든 값이 목푯값보다 낮아져야 실행된다.

112 https://docs.aws.amazon.com/ko_kr/autoscaling/application/userguide/what-is-application-auto-scaling.html

단계 조정 정책 vs. 대상 추적 조정 정책

필자가 추천하는 전략은 '대상 추적 조정 정책을 이용한 스케일 계획 검토'다[113].

이용자가 직접 설정해야 할 부분이 최소한이라 작업 부하를 줄일 수 있다는 점, 비용과 성능을 균형 있게 맞출 수 있다는 점 때문이다. 목푯값을 밑돌 때 더 빨리 스케일인을 하고 싶거나 대상 추적 조정 정책의 제약 사항이 문제가 된다면 단계 조정 정책을 검토하는 것이 좋다.

▷ Step 3: 테스트 수행

Step 2에서 용량 할당과 확장 전략을 임시로 정한 뒤 Step 1에서 정의한 성능 요건이 충족되는 지 테스트한다.

Locust[114]나 Apache HTTP server benchmarking tool(ab)[115], Apache JMeter[116]와 같은 도구를 활용하면서 예상되는 요청량을 전송해본다.

테스트를 수행할 때 미리 소량의 요청을 전송하며 다음 내용에 대해서도 확인하면 좋다.

- CloudWatch 지표가 기대한 대로 취득되는가?
- Auto Scaling의 스케일아웃 및 스케일인이 설정돼 있는가?
- 애플리케이션에서 에러가 출력되고 있지는 않은가?
- 로그 출력 내용은 적절한가(빠진 내용은 없는지, 로그 레벨은 타당한지)?

▷ Step 4: 지표 확인

Step 3에서 테스트를 실행하면서 CloudWatch 지표를 활용해 다음 내용을 확인한다.

- 성능 요건에서 정의한 요청량을 만족하는가?
- ECS 태스크 정의에서 할당한 CPU/메모리 용량이 모자라거나 과다하지 않은가?
- ECS 태스크 정의 내 각 컨테이너에 할당한 CPU/메모리 용량이 모자라거나 과다하지 않은가?

---

113 AWS 공식 문서에서도 ECS를 이용할 때 단계 조정 정책보다 대상 추적 조정 정책을 권장한다.
114 https://locust.io.
115 https://httpd.apache.org/docs/2.4/programs/ab.html
116 https://jmeter.apache.org/

- Auto Scaling의 스케일아웃 · 스케일인이 올바르게 동작하는가?
- 스케일아웃 또는 스케일인이 될 때 애플리케이션에서 에러가 발생하지 않는가?

▷ Step 5: 용량 할당 및 확장 전략의 수정

Step 4의 결과를 확인하고 필요에 따라 ECS 태스크 정의의 용량 할당 및 확장 전략을 수정한다.

Step 2~5를 반복하며 최적의 성능 설계를 만들어 나간다.

▷ 성능 설계에 필요한 사고방식

클라우드를 이용한 구성에서는 성능에 대한 프로비저닝은 크게 신경 쓰지 않아도 상관없다는 의견을 종종 볼 수 있다.

클라우드를 이용하면 하드웨어에 대한 투자는 하지 않아도 된다. 그래서 성능 사양에 대한 엄격한 예측은 불필요하며, 갑자기 수요가 늘어나더라도 견딜 수 있는 시스템을 쉽게 구성할 수 있다.

클라우드에서 성능 설계를 하는 데 있어 중요한 고려사항 중 하나가 운영 비용과의 균형이다. ECS 태스크는 Auto Scaling을 이용해 부하가 발생했을 때 태스크 수를 수평적으로 확장할 수 있다. 조금 단순하게 말하면 Auto Scaling을 설정해 주기만 하면 쉽게 컴퓨팅 성능을 높일 수 있다.

하지만 비즈니스 요건에 맞추기 위해 어느 정도 적절한 수요를 고려하지 않으면 불필요하게 많은 자원이 할당될 수 있다. 그 결과 불필요한 요금이 발생하거나 장애에 대응할 수 없는 구성이 되기도 한다. 클라우드는 확장이 가능하지만, 이것을 현명하게 사용하는 것은 이용자에게 달려 있다.

'적당한 자원 할당과 Auto Scaling만 수행하면 완료'라는 것은 검토가 이루어지지 않았다는 것이다. 한편 '성능 목표는 명확히 요구되지 않았지만, 가용성을 위해 Auto Scaling은 설정해둔다'라는 판단은 비즈니스 요건만을 고려한 결과다. 지금까지 살펴본 것과 같이 성능과 비용을 균형 있게 맞추기 위해서는 지표를 수집하고 적절한 자원 할당과 확장 전략을 세워 최적의 자원을 판단하는 것이 중요하다.

Well-Architected 프레임워크의 '성능 효율' 원칙에는 '실험 횟수 증가'라는 설계 원칙이 있다. 이것은 'AWS에서는 일시적인 자원 변경이나 설정이 쉽다는 특성을 활용하면서 다양한 시행착오를 하며 최적의 값을 찾아낸다'는 것을 뜻한다. 시스템 구축을 할 때뿐만 아니라 운영 단계에서도 지속적인 감시와 성능 튜닝이 필요하므로 '실험 횟수 증가'에 대해 조직과 팀에서 합의를 구하는 것도 중요하다.

실제 워크로드를 모방한 부하를 시스템에 걸어 수집된 지표를 통해 적절하게 판단된 자원과 태스크 수를 ECS에 설정함으로써 적절한 설계가 완성된다.

이 장의 마지막 주제는 '비용 최적화'다. ECS/Fargate 구성에서 비용 감소를 검토하는 데 있어서 중요한 내용을 몇 가지 다룬다.

▷ 비용 최적화 아이디어

클라우드 서비스는 온프레미스 구성과는 달리 이용자는 자산을 소유하는 것이 아니라 빌리는 입장이다. 그래서 비용 계상도 고정비가 아니라 변동비로 취급하는 경우가 대부분이다. 이용한 만큼 비용 계상을 하기 때문에 비용 이용 현황을 잘 파악해 불필요한 비용이 발생하지 않게 설계하는 것도 중요하다.

그리고 서비스 이용 방법에 따라서는 클라우드를 이용하는 편이 더 비쌀 가능성도 있다. 클라우드 이용 비용으로 적자가 발생하지 않기 위해서도 비용 최적화는 중요하다.

Well-Architected 프레임워크의 '비용 최적화' 원칙에서는 다음과 같은 설계 원칙을 제시하고 있다[117].

표 3-8-1 '비용 최적화' 설계 원칙

설계 원칙	원칙 요약
클라우드 재무 관리 구현	기존 프로그램과 프로세스를 개선해 조직의 비용 의식을 개선해 나감
소비 모델 도입	필요할 때 필요한 자원만을 이용
전반적인 효율성 측정	실제 필요한 비용을 측정해 비용 절감
획일적인 업무 부담에 대한 비용 지출 중단	관리형 서비스를 이용해 운영 부담을 낮춤
지출 분석 및 귀속	비용 식별을 통한 합리적 비용 절감

ECS/Fargate에서 주로 관련되는 것은 '소비 모델 도입'이다.

ECS 태스크에서 사용하는 자원의 종류와 크기, 스팟 인스턴스를 사용할지 온디맨드 인스턴스를 사용할지 선택하는 것은 비용과 직결되는 부분이다. 그리고 데이터 전송 요금 역시 중요하게 생각해야 할 부분이다.

이 절에서는 다음과 같은 항목에 대한 대책을 검토한다.

- ECS 태스크 수와 자원 크기 산정
- Compute Saving Plans 활용
- ECR 컨테이너 이미지 유지 보수
- 개발 · 스테이징 환경의 ECS 실행 시간대 조절
- Fargate Spot 활용
- 컨테이너 이미지 크기 줄이기

▷ ECS 태스크 수와 자원 크기 산정

2022년 2월 기준, ECS/Fargate의 시간당 자원 이용 요금은 다음과 같다[118] [119].

표 3-8-2 ECS/Fargate 태스크의 컴퓨팅 자원 관련 요금

종류별 요금	요금(USD)	요금(한국 원)
1시간당 vCPU 요금	0.04656	약 56원
1시간당 GB 요금	0.00511	약 6원

이 요금 표를 바탕으로 1개의 태스크를 1개월간(31일) 실행한 경우를 계산해보면 다음과 같은 요금이 발생한다[120].

표 3-8-3 자원 크기별로 1개의 태스크를 실행했을 때 발생하는 요금

ECS 태스크의 자원 구성	월간 요금(한국 원)
0.25vCPU, 0.5GB	약 12,500원
0.5vCPU, 1GB	약 25,000원

---

[118] https://aws.amazon.com/ko/fargate/pricing
[119] 이 가격은 서울 리전의 내용이다. 환율은 1USD = 1,200원으로 계산했으며 소수점은 반올림 처리했다.
[120] 10원 단위에서 반올림 처리했다.

ECS 태스크의 자원 구성	월간 요금(한국 원)
1vCPU, 2GB	약 50,000원
2vCPU, 4GB	약 100,000원
4vCPU, 8GB	약 200,000원

자원 크기와 요금은 대략 비례한다. ECS/Fargate를 이용할 때 애플리케이션 실행에 필요한 충분한 자원량을 결정하는 것이 비용 최적화의 기본이다. '성능 설계'에서도 설명했듯이 ECS 태스크에 필요한 최소한의 자원을 확인하는 것부터 시작한다.

▷ Compute Savings Plans 활용

Fargate를 이용하고 있다면 'Compute Savings Plans'를 이용해 이용 요금을 큰 폭으로 줄일 수 있다[121].

Compute Savings Plans는 지정한 자원을 1년 또는 3년간 약정 이용하는 것을 조건으로 저렴한 요금을 제공하는 모델이다[122].

약정한 자원 사용량을 초과해 사용한 부분은 일반 요금이 적용된다. 그렇기 때문에 서비스 제공을 위해 어느 정도 컨테이너 실행이 예상되는 시스템에 이 서비스를 이용하면 비용을 줄일 수 있다.

2022년 2월 기준의 요금 할인율은 다음과 같다.

표 3-8-4 Compute Savings Plans를 이용하는 경우의 할인율

약정 기간	결제 옵션	할인율
1년	선결제 없음	20%
1년	부분 선결제	25%
1년	전체 선결제	27%
3년	선결제 없음	40%
3년	부분 선결제	45%
3년	전체 선결제	47%

---

[121] https://aws.amazon.com/ko/savingsplans/compute-pricing/
[122] https://aws.amazon.com/ko/savingsplans/

워크로드의 특성을 파악하고 Compute Savings Plans 활용을 검토하자.

▶ ECR 컨테이너 이미지 관리

'이미지 유지 보수 운영'에서도 설명했듯이 운영 관리를 위해 ECR에 있는 이미지를 적절하게 관리하는 것은 비용을 아끼는 데도 도움이 된다.

실제로 ECR은 저장한 컨테이너 이미지 크기에 비례해 요금이 발생한다. 운영 관리와 보안 대책 외에도 합리적인 비용 사용을 위해 적절한 컨테이너 이미지 관리가 필요하다.

▶ 개발 · 스테이징 환경의 ECS 태스크 실행 시간대 조절

'ECS 태스크 수와 자원 크기 산정'에서 설명한 것처럼 ECS/Fargate는 실행 중인 ECS 태스크의 자원과 시간에 따라 요금이 발생한다.

개발 환경이나 스테이징 환경을 이용하는 구성에서는 해당 환경을 24시간 내내 이용할 필요가 없는 경우가 많으므로 실행해야 할 시간대를 정해두면 요금을 절약할 수 있다.

다음과 같이 CloudWatch Events에서 정기적으로 Lambda를 실행시켜 ECS 서비스의 태스크 수를 변경하는 방법을 이용해 야간에 ECS 태스크를 정지시키는 것도 가능하다.

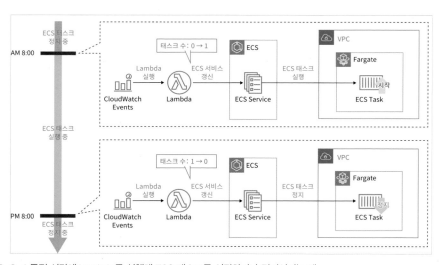

그림 3-8-1 특정 시각에 Lambda를 실행해 ECS 태스크를 시작하거나 정지시키는 예

개발 환경은 일반적으로 개발을 하면서 애플리케이션이 제대로 실행되는지, 기능 추가나 수정을 했을 때 올바르게 동작하는지 등을 확인하는 목적으로 이용되는 경우가 대부분이다. 그렇기 때문에 ECS 태스크에 할당하는 자원도 최소한으로 하고 가용성도 어느 정도 무시할 수 있다면 ECS 태스크를 최소한으로 설정해 추가적으로 비용을 낮출 수 있다.

독자 여러분도 각자의 개발 환경이나 스테이징 환경의 실행 요건에 맞춰 가동 시간을 설정해보기 바란다.

▷ Fargate Spot 활용

개발 환경이나 스테이징 환경에서 정지를 허용하는 경우 Fargate Spot을 활용하는 것도 효과적인 방법이다.

Fargate Sopt이란 ECS 태스크 중단을 허용해서 AWS의 빈 공간을 보다 저렴하게 이용할 수 있는 서비스다.

일반적인 ECS 태스크(온디맨드)와 비교한 가격은 다음과 같다.

표 3-8-5 Fargate Spot 가격

종류별 요금	요금(USD)	온디맨드 대비 할인율
1시간당 vCPU 요금	0.013968	70%
1시간당 GB 요금	0.001533	70%

즉, Faragte Spot을 활용하면 70% 할인된 요금으로 서비스를 이용할 수 있다. 단, 온디맨드 ECS를 이용할 때와 달리 다음 2가지 점에 주의해야 한다.

용량 공급자 구성

Fargate Spot을 이용하면 ECS 서비스에 용량 공급자 전략을 설정해야 한다[123].

이는 미리 ECS 태스크 실행에 관련된 규칙을 정해서 ECS 클러스터 내에 설정하는 것으로 ECS 태스크 수를 조절하기 위한 것이다.

---

123 https://docs.aws.amazon.com/ko_kr/AmazonECS/latest/developerguide/fargate-capacity-providers.html

용량 공급자 전략은 복수의 용량 공급자로 구성된다. 일반적인 온디맨드는 'FARGATE', Fargate Spot 태스크는 'FARGATE_SPOT'이라는 이름으로 용량 공급자가 미리 정의돼 있다. 그리고 이 용량 공급자는 ECS 클러스터와 연동돼 있다. 복수의 용량 공급자를 1개의 전략으로 묶어(이것을 용량 공급자 전략이라 한다) 어떤 종류를 어느 정도 증감시킬지를 정하는 것이다.

용량 공급자 개요를 그림으로 표시하면 다음과 같다.

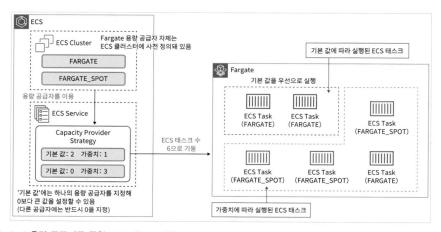

그림 3-8-2 용량 공급자를 통한 ECS 태스크 실행 구조

앞에서 설명한 것처럼 용량 공급자 자체는 ECS 클러스터에 정의돼 있다. 이들을 묶어 용량 공급자 전략으로 ECS 서비스에 지정하는데, 이때 각 용량 공급자에 '기본 값'과 '가중치(Weight)'를 설정한다[124].

기본 값은 우선으로 실행할 용량 공급자다. 그림에서는 Fargate Spot보다 먼저 온디맨드 태스크가 2개까지 실행되게 설정돼 있다.

가중치는 기본 값에서 지정한 수만큼 배포가 완료된 후 시작되는 비율이다. 여기서는 FARGATE에 1, FARGATE_SPOT에 3으로 가중치가 설정돼 있으므로 온디맨드:Fargate = 1:3의 비율로 실행된다.

이처럼 Fargate Spot을 사용하는 경우 용량 공급자를 잘 활용해야 한다는 점에 주의해야 한다.

---

[124] https://docs.aws.amazon.com/ko_kr/AmazonECS/latest/developerguide/cluster-capacity-providers.html

종료 경고에 대한 고려

Fargate Spot은 ECS 태스크의 중단 가능성을 허용하는 대신 할인된 요금으로 이용하는 것이다. 즉 AWS에서 이용자의 의도와 상관없이 ECS 태스크를 중단시킬 가능성이 있다.

ECS 태스크가 정지되기 전 2분간 경고가 발생한다. 이때 CloudWatch Event에 상태 변경 내용에 대한 이벤트가 전달됨과 동시에 실행 중인 태스크에 SIGTERM 신호가 전달된다.

'장애 시 전환 및 복구'에서 설명한 것처럼 애플리케이션에 SIGTERM 신호와 관련된 처리를 구현해두면 애플리케이션은 안전하게 종료된다. EC2 스팟 인스턴스 이용 경험이 있다면 익숙할 것이다.

Fargate Spot 이용을 고려하고 있다면 ECS 태스크 강제 정지와 관련된 추가 구현도 검토해야 한다.

▶ 컨테이너 이미지 크기 줄이기

NAT 게이트웨이를 경유하는 아웃바운드 통신이나 인터페이스형 VPC 엔드포인트를 이용해 AWS 서비스와 통신하는 경우 데이터량에 따른 요금이 발생한다. 만약 ECS가 ECR에서 컨테이너 이미지를 취득하는 경우 NAT 게이트웨이를 경유하거나 VPC 엔드포인트를 이용하면 요금이 발생한다.

현재 Fargate는 취득한 컨테이너 이미지를 캐시하지 않는다[125]. 예를 들어 Auto Scaling이 동작할 때나 ECS 태스크가 멈춰 ECS 태스크를 복구할 때 등은 매번 ECR에서 컨테이너 이미지를 취득한다.

이때 NAT 게이트웨이 또는 인터페이스형 VPC 엔드포인트를 경유한다면 다음과 같은 요금이 발생한다.

---

[125] Fargate 이미지 캐시는 AWS의 컨테이너 로드맵에서 구현을 검토하고 있다(https://github.com/aws/containers-roadmap/issues/696).

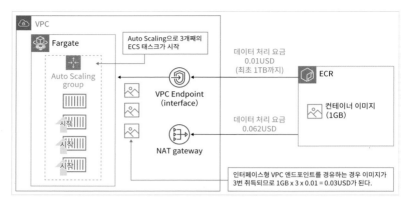

그림 3-8-3 이미지 캐시가 불가능해 발생하는 데이터 처리 요금

스케일아웃이나 스케일인이 자주 발생하는 워크로드나 컨테이너 이미지의 크기가 큰 경우, 상정했던 것보다 많은 데이터 요금이 발생한다.

Fluent Bit나 X-Ray와 같은 컨테이너를 사이드카 구성으로 넣는 경우 이에 대한 데이터 처리량도 함께 청구된다. 그렇기 때문에 애플리케이션 컨테이너는 가능한 한 최소 구성을 유지하는 것이 좋다.

컨테이너 구성을 최소한으로 하면 데이터 처리량도 줄어들기 때문에 비용적인 이점이 발생할 뿐만 아니라, 이미지 다운로드 시간도 단축돼 시작 시간이 단축된다. 최소한의 기본 이미지에 불필요한 라이브러리를 삭제하면 보다 안전한 컨테이너 이미지가 된다.

그렇지만 일시적으로 대량의 요청이 발생하는 등 처리가 많아지면 서비스 가용성을 위해 스케일아웃이 실행돼 컨테이너가 추가된다. 데이터 처리량 자체에는 그다지 신경 쓰지 않아도 되지만, 컨테이너 이미지의 최소화가 비용 개선과 관련된다는 점은 유의해두는 것이 좋다.

정리

이 장에서는 Well-Architected 프레임워크를 주제로 ECS/Fargate 컨테이너 아키텍처에 대해 소개했다.

'운영의 우수성' 관점에서는 모니터링 설계와 CI/CD 설계, 그리고 Bastion 이용에 관한 설계에 대해 AWS의 각종 서비스를 이용하는 설계 예를 살펴봤다.

'보안' 관점에서는 공동 책임 모델과 NIST SP800-190을 기반으로 '네트워크 설정', 'ECS 태스크', '컨테이너', '애플리케이션', '이용자 관리 IAM'의 설계에 대해 살펴봤다.

'신뢰성'에서는 다중 AZ를 이용한 가용성 향상 구성을 시작으로 ECS 태스크 장애 시 복구 및 애플리케이션 개발을 위해 고려할 점까지 알아봤다.

그리고 '성능 효율' 관점에서 Auto Scaling의 구조와 확장 전략을 예로 살펴봤다.

마지막으로 '비용 최적화'에서는 자원 최적화와 불필요한 자원의 삭제, 그리고 컨테이너 이미지 최소화의 중요성에 대해 살펴봤다.

이렇게 알아본 내용을 모두 조합해보면 이 장의 초반에 소개한 서비스 구성 예는 다음과 같이 진화한다.

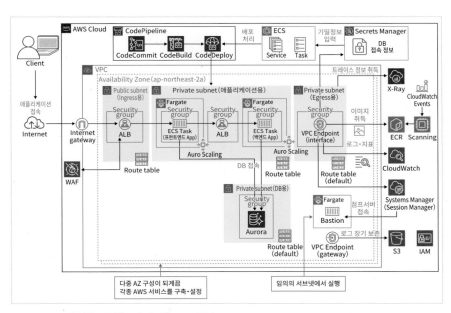

Well-Architected 프레임워크를 참고해 검토한 AWS 구성도

다음 장부터는 실습을 통해 직접 설계해보며 여기서 정리한 요점을 익혀본다. 모든 내용을 다루기에는 너무 방대하기 때문에 다음 표에서 ○ 표기한 부분만을 다룬다.

5장에서 실습으로 다룰 항목

설계 원칙	설계 항목	4~5장 실습 대응		
		실습 유무	내용	
운영 우수성	로깅 설계	○	FireLens를 이용한 로그 운영 ※Fluent Bit 사용자 정의 생성을 통해 S3, CloudWatch에 로그 출력	
		×	CloudWatch 알람 통지 구현	
	지표 설계	○	CloudWatch Container Insights 활성화	
		×	CloudWatch 알람 통지 구현	
	트레이스 설계	×	X-Ray 이용 및 서비스 맵 시각화	
		×	APM 취득	
	CI/CD 설계	○	Code 관련 서비스 이용을 통해 단일 계정의 CI/CD 구축	
		×	다중 계정 구성에서의 CI/CD 구축	
		×	승인 프로세스 구현	
		×	S3 아티팩트 버킷 접근 제어	
	이미지 유지 보수 운영	○	ECR 이미지 수명 주기 운영 ※ commit hash로 태그를 붙여 운영, 이미지 태그 Immutable 설정	
		×	다중 계정 구성에서 이미지 관리 운영	
		×	ECR 리포지토리 정책 설정	
	Bastion 설계	○	ECS 태스크로 Bastion 호스트 구축	
보안	이미지		○	CI/CD 파이프라인에서 Trivy 스캐너 구축
		이미지 취약점	○	ECR 푸시 시 이미지 스캔 활성화
			×	ECR 이미지 정기 스캔
		이미지 설정 문제	○	Dockle로 이미지 체크
		악성코드 포함	○	신뢰된 기본 이미지 이용 ※ 암묵적으로 Official Image 선택
			×	GuardDuty 활성화

| 설계 원칙 | 설계 항목 | | 4~5장 실습 대응 | |
			실습 유무	내용
보안	이미지	평문 기밀 정보 포함	○	Secrets Manager로 기밀 정보 관리
		신뢰할 수 없는 이미지 사용	×	컨테이너 이미지 서명 검증
	레지스트리	레지스트리 내의 오래된 이미지	○	ECR 이미지 수명 주기 운영
			○	이미지 태그의 Immutable 설정
		불충분한 인증, 인가 제한	○	IAM 정책 설정
			○	프라이빗 리포지토리 선택
			×	ECR 퍼블릭 리포지토리 조작 금지
			×	ECR 리포지토리 정책 설정
	오케스트레이터	제한 없는 관리 접속	×	IAM을 이용한 ECS 클러스터 접속 제한
		컨테이너 간 네트워크 트래픽 분리 미흡	○	ECS 태스크 간 통신 ※ 보안 그룹을 이용한 제한
	컨테이너	컨테이너로부터의 네트워크 접근 제한	○	퍼블릭 네트워크→VPC 통신 제어 ※ 보안 그룹과 WAF를 이용한 접근 제어
			○	VPC→퍼블릭 네트워크 통신 제어
			○	VPC 엔드포인트를 이용한 프라이빗 통신
			×	NAT 게이트웨이를 이용한 퍼블릭 통신
		애플리케이션 취약점	○	ECS태스크 정의에서 루트 파일 시스템을 읽기 전용으로 설정
		승인되지 않은 컨테이너	×	ECR 리포지토리 정책 설정
			×	IAM을 이용한 ECS 태스크 정의 변경 제한

설계 원칙	설계 항목	4~5장 실습 대응	
		실습 유무	내용
신뢰성	다중 AZ 구성을 통한 가용성 향상	○	ECS 태스크의 다중 AZ 배치
	장애 시 전환 및 복구	×	ECS 태스크 장애, 복구 확인
	안전한 컨테이너 정지	○	SIGTERM 신호 핸들링 ※ 예제 프로그램에 구현
	시스템 유지 보수를 위한 서비스 정지	×	ALB 리스너 규칙 전환을 이용한 유지 보수
성능 효율	Auto Scaling	○	Auto Scaling 대상 추적 조정 정책 설정 및 테스트
비용 최적화	불필요한 자원 삭제	×	이용 시간 외 ECS 태스크 정지
	컨테이너 크기 줄이기	○	alpine을 이용해 컨테이너 이미지 크기 줄이기

chapter

04

▼
▼

컨테이너 구축하기
(기초편)

4장에서는 컨테이너와 오케스트레이터를 중심으로 AWS에서 웹 시스템을 구축해 나간다. 3장에서 다룬 설계 관련 내용을 바탕으로 ECS/Fargate를 이용한 표준 시스템 구성을 만들어 나간다. ECS에서 동작하는 프런트엔드 애플리케이션, 백엔드 애플리케이션과 데이터베이스에 접속하는 웹 애플리케이션을 직접 구축해본다[1].

---

1 (옮긴이) 4장과 5장의 실습은 실제로 비용이 발생하므로 진행 시 주의해야 한다. 실습을 완료했다면 잊지 말고 생성한 모든 자원을 삭제해야 한다. 실습을 중간에 멈췄더라도 AWS에 구축한 ECS 서비스나 ECR에서 비용이 계속 발생하므로 중간에 멈추는 경우에도 반드시 관련 서비스를 정지하고 ECR에 푸시된 이미지를 삭제해야 한다. 실습은 가급적 한 번에 진행해 요금 부담을 줄이도록 하자.

이 책에서 진행하는 실습은 AWS가 제공하는 AWS 관리 콘솔에서 이루어진다.

이 장에서 만들 AWS 구성은 그림 4-1-1과 같다. ECS와 Fargate가 동작할 네트워크와 예제 애플리케이션을 구축한다. 각 구축 단계는 그림 4-1-2와 같다[2].

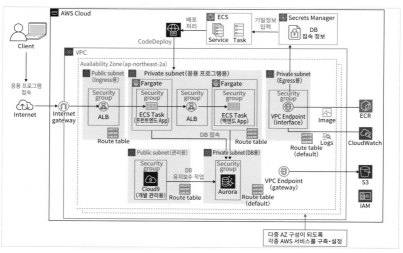

그림 4-1-1 4장에서 구축할 간이 아키텍처 구성도

그림 4-1-2 4장 실습 흐름

---

2 이 장에서 구축할 각종 AWS 자원은 'sbcntr'이라는 접두어를 사용한다.

4장의 실습에서는 일부 자원은 'AWS CloudFormation'(이후 CloudFormation)으로 생성한다.

CloudFormation은 AWS의 자원을 코드로 생성하는 서비스다. CloudFormation 실행 시에는 다양한 AWS 서비스 권한이 필요하므로 AWS 관리 콘솔에서의 조작은 AdministratorAccess 에 가까운 강력한 권한을 가진 사용자로 진행해야 한다.

▶ CloudFormation 템플릿을 이용한 구축

이 책의 실습에서는 기본적으로 AWS 관리 콘솔에서 자원을 생성한다. 하지만 최근에는 CloudFormation처럼 코드를 이용해 AWS 자원을 구축하는 사례도 늘고 있다.

개발 환경 및 스테이징 환경을 프로덕션 환경과 동일하게 만들고자 하는 요구가 많아지고 있지만, AWS 관리 콘솔에서 동일한 환경을 여러 개 만드는 작업은 매우 힘들다. 이때 CloudFormation을 이용하면 한 번 만들어 둔 코드를 재활용하는 것으로 동일한 환경을 바로 구축할 수 있기 때문에 작업 효율을 높일 수 있다. 그 밖에도 필요할 때 바로 자원을 생성하고 불필요한 자원을 바로 파기하는 작업 등에도 사용할 수 있다.

이렇게 코드를 이용해 아키텍처를 구성하고 관리하는 것을 'Infrastructure as Code'(이후 IaC) 라고 한다.

AWS에서 IaC를 이용하는 방법은 여러 가지가 있지만, 'CloudFormation'[3]이 AWS에서 공식적으로 제공하는 서비스다. 'Cloud Development Kit(CDK)'[4]도 AWS 공식 아키텍처 구축 도구다. CDK는 CloudFormation과는 달리 자신에게 익숙한 프로그래밍 언어를 이용할 수 있다.

지원하는 프로그래밍 언어는 2022년 2월 기준, 다음과 같다[5].

- TypeScript
- JavaScript
- Python
- Java
- C#
- go[6]

---

3 https://aws.amazon.com/ko/cloudformation/
4 https://aws.amazon.com/ko/cdk/
5 https://docs.aws.amazon.com/ko_kr/cdk/v2/guide/getting_started.html
6 https://aws.amazon.com/ko/blogs/developer/getting-started-with-the-aws-cloud-development-kit-and-go/

특정 용도로만 사용되지만, Lambda를 이용해 서버리스 환경을 구축하기 위한 'SAM(AWS Serverless Application Model)'[7]이라는 AWS 공식 도구도 있다.

이 외에도 서드파티에서 제공하는 'Terraform'[8], 'Pulumi'[9], 'ecspresso'[10] 등이 있다.

실무에서 IaC를 쓰고자 한다면 프로젝트와 엔지니어의 특성에 맞춰 도구를 선택하기 바란다.

---

7   https://aws.amazon.com/ko/serverless/sam/

8   https://www.terraform.io/

9   https://www.pulumi.com/

10 https://github.com/kayac/ecspresso

첫 번째 단계로 '컨테이너를 실행하기 위한 네트워크'를 구축한다.

이 책은 어디까지나 컨테이너를 중심으로 다루고 있으므로 네트워크 자원인 VPC나 서브넷 생성은 간략하게만 다룬다. 따라서 네트워크 구축에는 'CloudFormation'을 이용한다.

그리고 프로덕션 레디 구축을 올바르게 이해하기 위해 구축할 네트워크에 대해 설명한다.

▷ VPC와 서브넷

AWS에는 기본으로 VPC와 서브넷[11]이 준비돼 있지만, 여기서는 적절한 보안 대책을 실시하기 위해 기본으로 준비된 것을 사용하지 않고 새로운 VPC를 구축한다.

우선 AWS 서울 리전에 새로운 VPC를 만들고 다중 AZ 구성을 전제로 구축을 진행한다.

AZ별로 '퍼블릭 서브넷'과 '프라이빗 서브넷'을 만든다. 퍼블릭 서브넷은 인터넷과 통신을 하므로 '인터넷 게이트웨이'도 함께 만든다.

다음 서브넷을 각 AZ에 생성한다.

- 인터넷에서 요청을 받는 Ingress(ALB)용 퍼블릭 서브넷
- 프런트엔드 애플리케이션, 내부 ALB와 백엔드 애플리케이션 실행용 프라이빗 서브넷
- 데이터베이스용 프라이빗 서브넷
- 관리 서버나 Bastion과 같은 운영 관리용 퍼블릭 서브넷

그림으로 표현하면 그림 4-2-1과 같은 형태가 된다.

---

11 https://docs.aws.amazon.com/ko_kr/vpc/latest/userguide/default-vpc.html

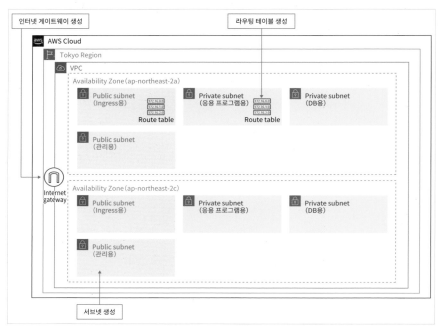

그림 4-2-1 스텝 1: 네트워크 구축 개요

서브넷과 라우팅 테이블을 설정할 때 미리 각 서브넷에 할당할 IPv4 CIDR 블록을 검토해 두는 것이 좋다.

너무 크게 잡으면 추후 새 서브넷 할당에 필요한 IP 주소가 고갈되기도 하고, 너무 작게 잡으면 확장 시 IP 할당을 못하는 등 관리에 문제가 생길 수 있다. 따라서 앞으로의 확장성을 염두에 두고 CIDR 할당 방침을 정해야 한다.

하지만 처음부터 서브넷별로 어느 정도 주소가 필요한지 예측하기는 어렵다. 특히 Fargate에서 실행되는 컨테이너는 컨테이너별로 ENI를 가지고 있고 이 ENI별로 IP 주소가 부여되므로 스케일아웃을 할 때 이용되는 IP 주소도 고려해야 한다. 컨테이너에 할당 가능한 전체 수를 예측해 IPv4 CIDR 블록별로 여유 있게 생성하는 것이 좋다.

이 단계에서는 다음과 같이 VPC의 CIDR과 서브넷별 IPv4 CIDR 블록을 설정한다.

VPC 이름	IPv4 CIDR
sbcntrVpc	10.0.0.0/16

표 4-2-1 각 서브넷별 IPv4 CIDR 블록 설정

용도	NW 구분	AZ	CIDR	서브넷 이름(이름 태그)
Ingress	Public	1a	10.0.0.0/24	sbcntr-subnet-public-ingress-1a
	Public	1c	10.0.1.0/24	sbcntr-subnet-public-ingress-1c
애플리케이션	Private	1a	10.0.8.0/24	sbcntr-subnet-private-container-1a
	Private	1c	10.0.9.0/24	sbcntr-subnet-private-container-1c
DB	Private	1a	10.0.16.0/24	sbcntr-subnet-private-db-1a
	Private	1c	10.0.17.0/24	sbcntr-subnet-private-db-1c
관리	Public	1a	10.0.240.0/24	sbcntr-subnet-public-management-1a
관리(예비)	Public	1c	10.0.241.0/24	sbcntr-subnet-public-management-1c

여기서는 각 서브넷에 같은 IP 수를 할당할 수 있도록 '/24'로 범위를 통일했다. 실제 서비스에서는 규모에 따라 적절하게 범위를 조절하기 바란다.

Column

기본 VPC 삭제

AWS는 각 리전에 기본 VPC와 서브넷이 준비돼 있다. 예전에는 기본 VPC를 삭제하면 AWS 지원 요청을 해야지만 기본 VPC를 생성할 수 있었다.

그래서 당시에는 기본 VPC는 삭제하지 않는 것이 일반적이었다. 하지만 2017년에 AWS 관리 콘솔을 이용해 기본 VPC를 생성할 수 있게 변경됐다[12].

그리고 기본 VPC는 기본 라우팅 대상이 Any(0.0.0.0/24)로 설정돼 있기 때문에 프로덕션 환경 네트워크로 사용하기에는 부적합하다. 설정 실수를 막기 위해서 계정 생성 후에 기본 VPC는 삭제하는 것이 좋다.

이 책의 실습에서도 자원 생성을 할 때 실수를 막기 위해 기본 VPC는 삭제한다.

---

12 https://aws.amazon.com/ko/about-aws/whats-new/2017/07/create-a-new-default-vpc-using-aws-console-or-cli/

Column

관리용 예비 서브넷을 할당하는 이유

sbcntr-subnet-public-management-1c에 생성하는 관리용 서브넷은 Cloud9 예비용으로 예약한 것으로 실제로 그 서브넷을 이용하는 AWS 자원은 만들지 않는다(비용 절감의 목적으로 sbcntr-subnet-public-management-1a에서만 Cloud9 인스턴스를 실행한다). 그렇다면 왜 이용하지 않을 서브넷을 만드는 것일까? 그 이유는 AZ 장애에 대비하기 위해서다.

2019년 8월 23일 도쿄 리전의 단일 AZ에 대규모 장애가 발생[13]해 많은 서비스가 불안정한 상태가 된 적이 있다. 만약 예비용 서브넷을 할당하지 않았는데 지금 구축하는 서비스에 장애가 발생하면 Cloud9 인스턴스를 기동하기 위해 서브넷 할당부터 다시 해야 하므로 시간이 많이 소요된다.

AZ 장애는 빈번하게 발생하지는 않지만, 기본적으로 AZ 간 대칭 구조가 되도록 각 서비스를 설계하는 것을 권고한다. 대칭 구조로 설계하면 단일 AZ 장애가 발생해도 영향을 받지 않으므로 가용성이 높은 설계가 된다.

▶ 인터넷 게이트웨이

인터넷 게이트웨이는 VPC 내의 자원이 인터넷과 통신할 때 필요한 네트워크 자원이다. VPC별로 1개만 설정할 수 있다.

인터넷 게이트웨이는 설계할 때 특별히 고려할 부분은 없다. 여기서는 인터넷과 통신이 가능하게 설정하면 된다[14].

▶ 라우팅 테이블

라우팅 테이블이란 네트워크 경로를 설정하기 위한 자원이다. 라우팅 테이블을 서브넷에 연결해 서브넷별로 경로를 제어할 수 있으나 상위 라우팅 테이블을 만들었을 때는 VPC 내의 자원 간 통신만 설정돼 있다. 그렇기 때문에 퍼블릭 서브넷이 인터넷과 통신할 수 있게 라우팅 테이블을 설정해야 한다.

라우팅 값에 대상의 기본 라우팅 게이트웨이(0.0.0.0/0)가 지정된 경우 인터넷 게이트웨이 규칙을 추가한다.

---

13 https://aws.amazon.com/ko/message/56489/
14 VPC에 인터넷 게이트웨이를 연결해도 바로 인터넷 통신이 되는 것은 아니다. 뒤에서 설명할 라우팅 테이블 및 보안 그룹을 적절하게 설정해야 한다.

공통 라우팅 테이블을 1개 만들고 각 퍼블릭 서브넷과 연결한다. 라우팅에는 서브넷보다는 통신의 특성을 나타내는 이름을 붙이는 것이 좋다.

▷ 보안 그룹

다음은 보안 그룹 생성이다.

아웃바운드 규칙은 '0.0.0.0/0'을 허가하고 인바운드 Ingress는 최소한의 규칙을 허가한다.

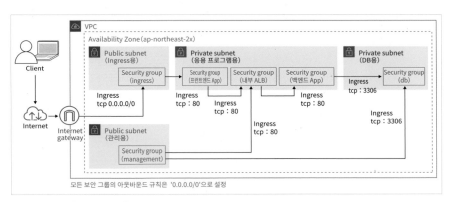

그림 4-2-2 스텝 1에서 구축할 보안 그룹

▷ CloudFormation을 이용한 자원 생성

CloudFormation을 이용해 자원을 생성해본다. CloudFormation의 기본 템플릿 파일 (network_step.yml)은 이 책의 홈페이지(https://wikibook.co.kr/awsc/)에서 제공하는 파일 안에 포함돼 있다. 파일 압축을 풀어 /cloudformations/network_step1.yml을 이용한다.

AWS 관리 콘솔 상단의 **'서비스'** 검색을 이용해 'CloudFormation'을 검색해 서비스로 들어간다. CloudFormation 대시보드에서 왼쪽의 **'스택'**을 선택한 뒤 스택 생성을 시작한다[15].

---

15 CloudFormation에 이미 스택을 만든 독자는 화면 오른쪽 상단의 '스택 생성'으로 시작한다.

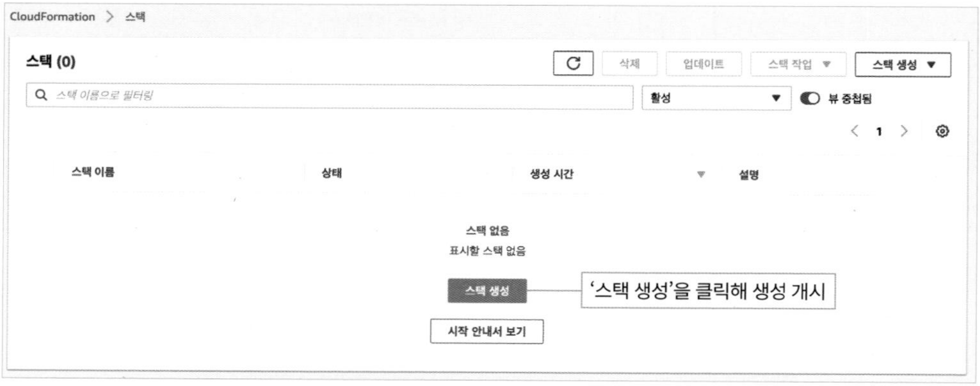

그림 4-2-3 CloudFormation 스택 생성 시작

그림 4-2-4 템플릿 파일 지정

스택 이름은 그 스택을 이 책의 실습에서 이용한다는 것을 알 수 있게 지정한다.

설정 항목	설정 값
스택 이름	sbcntr-base

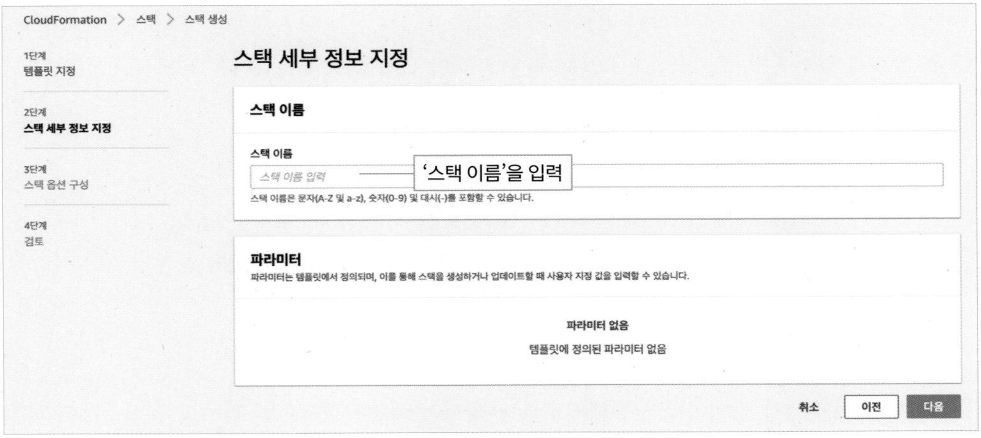

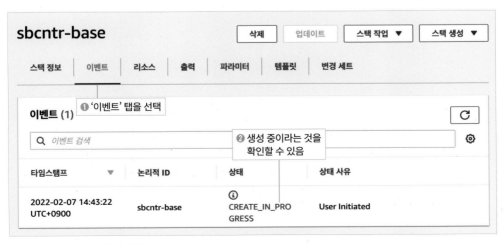

그림 4-2-5 스택 세부 정보 지정

'스택 옵션 지정'에서 접근 권한 IAM 역할을 지정할 수 있다. 여기서는 현재 이용하는 IAM 이용자의 권한으로 실행하므로 지정하지 않는다. 그리고 스택 정책이나 알림 같은 설정도 할 수 있지만, 여기서는 지정하지 않는다. 그대로 **'다음'**을 클릭해 다음 단계로 진행한다.

검토 화면에서 설정 값을 확인하고 **'스택 생성'**을 클릭해 설정을 완료한다.

문제가 없다면 CloudFormation이 실행되고 그림 4-2-6과 같이 대시보드에 'CREATE_IN_PROGRESS'라고 표시된다. 생성이 완료되기까지는 1분 정도 소요된다.

그림 4-2-6 생성 시작 후의 화면

'**이벤트**' 탭을 보면 여러 개의 자원이 만들어진 것을 알 수 있다. 성공적으로 생성이 완료되면 그림 4-2-7과 같이 왼쪽 스택 영역에 있는 대상 스택이 'CREATE_COMPLETE'로 표시된다.

그림 4-2-7 생성 완료

이것으로 VPC와 서브넷, 라우팅 테이블 등의 각종 자원 생성이 완료됐다.

프라이빗 서브넷에서 컨테이너가 실행되도록 컨테이너 리포지토리로의 라우팅을 설정해야 하지만, 이후의 구축 절차에서 설정하므로 지금은 이 상태로 둔다.

이 단계에서는 '컨테이너에서 동작시킬 프런트엔드 애플리케이션과 백엔드 애플리케이션'을 구축한다.

여기서 구축할 각 애플리케이션을 간단히 설명하고 각 애플리케이션을 깃허브에서 취득하는 것까지 다룬다.

▷ 예제 애플리케이션 개요

프런트엔드 애플리케이션은 Blitz.js[16]를 이용한 React[17] 웹 프로그램이다.

백엔드 애플리케이션은 Golang으로 구축한 API 서버다.

애플리케이션의 전체 구성도는 그림 4-3-1과 같다.

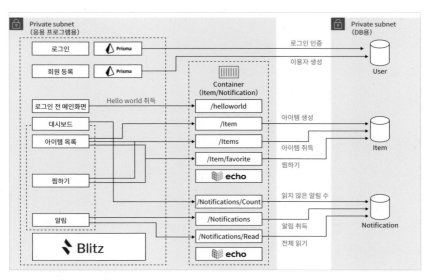

그림 4-3-1 예제 애플리케이션 전체 구성도

---

16 https://blitzjs.com/
17 https://ko.reactjs.org/

Blitz.js는 Brandon Bayer[18]가 개발한 JavaScript 판 Ruby on Rails[19]를 목표로 개발한 풀스택 React 프레임워크다. 내부 구성요소로는 기본적으로 Next.js[20]가 이용된다.

Next.js는 Server Side Rendering(SSR)과 Static Site Generation(SSG)으로 구성된 애플리케이션을 실행할 수 있는 React 프레임워크다. 여기서는 SSR을 이용한 프런트엔드 애플리케이션을 만든다.

API 서버는 LabStack 사에서 개발한 echo[21]라는 프레임워크를 활용해 REST API 서버를 구축한다.

백엔드 서버는 마이크로서비스 형태로 Item과 Notification을 나눠서 구축한다.

일반적으로는 서비스 단위로 ECS 서비스를 분리해야 하지만, 실습이므로 1개의 ECS 서비스에 Item과 Notification을 함께 둔다. 프로덕션에서 활용한다면 서비스 수명 주기와 확장을 고려해 각 서비스를 다른 ECS 서비스와 ECS 태스크로 분리해 별도의 컨테이너로 기동하는 것이 좋다.

Blitz.js로 구축한 프런트엔드에서 API 호출과 데이터베이스 접속이 가능한지, 백엔드는 정상적으로 데이터베이스에 접속이 가능한지 확인한다.

이번에 제공하는 예제 애플리케이션에 대한 개념과 구성을 좀 더 알고 싶은 독자는 '이번에 이용할 애플리케이션에 대해서' 부분을 참조하기 바란다.

▷ 예제 애플리케이션 구축

이 책에서는 개발 환경에 영향을 받지 않고 실습을 진행하기 위해 로컬 환경이 아닌 AWS에서 실행 가능한 WebIDE인 AWS Cloud9(이후 Cloud9)을 이용한다. AWS 개발에 익숙하다면 자신의 로컬 환경을 이용해도 문제없다.

먼저 각 애플리케이션을 다운로드한다.

---

18 https://twitter.com/flybayer
19 https://rubyonrails.org/
20 https://nextjs.org/
21 https://echo.labstack.com/

프런트엔드 애플리케이션

웹 애플리케이션으로 이용할 '프런트엔드 애플리케이션'을 구축한다. 프런트엔드 애플리케이션은 이 과정에서 Cloud9에 다운로드한다.

AWS 관리 콘솔의 '**서비스**' 메뉴에서 '개발자 도구' → 'Cloud9'를 선택한다. Cloud9 대시보드의 오른쪽 상단에 있는 '**Create environment**' 버튼을 클릭한다.

그림 4-3-2 Cloud9 시작

Cloud9의 이름은 이 책의 실습에서 이용한다는 것을 알 수 있게 지정한다.

설정 항목	설정 값
Name	sbcntr-dev
Description	Cloud9 for application development

AWS Cloud9 > Environments > Create environment

Step 1
Name environment

Step 2
Configure settings

Step 3
Review

Name environment

Environment name and description

Name
The name needs to be unique per user. You can update it at any time in your environment settings.

sbcntr-dev ——— ❶ 'Name'을 입력

Limit: 60 characters

Description - *Optional*
This will appear on your environment's card in your dashboard. You can update it at any time in your environment settings.

Cloud9 for application development ——— ❷ 'Description'을 입력

Limit: 200 characters

Cancel   **Next step**

그림 4-3-3 Cloud9 이름 설정

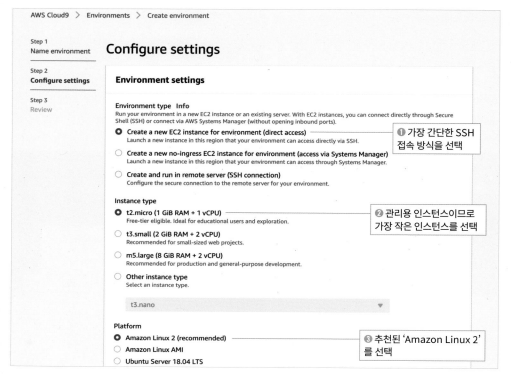

그림 4-3-4 Cloud9 인스턴스 종류 설정

네트워크는 앞에서 생성한 것을 이용한다. 'Network Settings(advanced)'를 펼쳐 나오는 메뉴에서 Network(VPC)에는 'sbcntrVpc'를 선택하고 Subnet에는 'sbcntr-subnet-public-management-1a'를 선택한다.

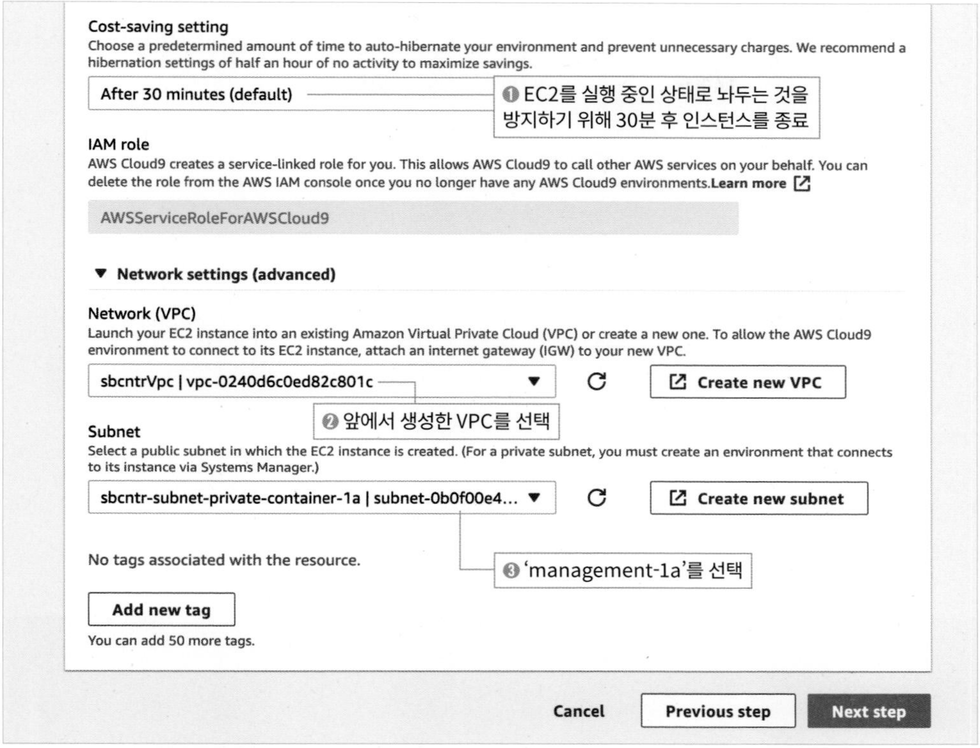

Cost-saving setting
Choose a predetermined amount of time to auto-hibernate your environment and prevent unnecessary charges. We recommend a hibernation settings of half an hour of no activity to maximize savings.

```
After 30 minutes (default)
```
❶ EC2를 실행 중인 상태로 놔두는 것을
방지하기 위해 30분 후 인스턴스를 종료

IAM role
AWS Cloud9 creates a service-linked role for you. This allows AWS Cloud9 to call other AWS services on your behalf. You can delete the role from the AWS IAM console once you no longer have any AWS Cloud9 environments. **Learn more** [↗]

```
AWSServiceRoleForAWSCloud9
```

▼ **Network settings (advanced)**

Network (VPC)
Launch your EC2 instance into an existing Amazon Virtual Private Cloud (VPC) or create a new one. To allow the AWS Cloud9 environment to connect to its EC2 instance, attach an internet gateway (IGW) to your new VPC.

```
sbcntrVpc | vpc-0240d6c0ed82c801c          ▼
```
⟳   [↗] **Create new VPC**

❷ 앞에서 생성한 VPC를 선택

Subnet
Select a public subnet in which the EC2 instance is created. (For a private subnet, you must create an environment that connects to its instance via Systems Manager.)

```
sbcntr-subnet-private-container-1a | subnet-0b0f00e4...   ▼
```
⟳   [↗] **Create new subnet**

No tags associated with the resource.

❸ 'management-1a'를 선택

```
Add new tag
```
You can add 50 more tags.

Cancel   **Previous step**   **Next step**

그림 4-3-5 Cloud9 실행/역할/네트워크 설정

선택을 완료하면 'Next' 버튼을 눌러 설정 값을 확인한다.

참고로 Cloud9는 EC2 인스턴스다. 설정 값 확인 화면에는 Cloud9에서 편집한 소스 코드의 백업이나 인스턴스 업데이트는 사용자가 직접 해야 한다는 알림을 볼 수 있다.

설정에 문제가 없다면 'Create environment' 버튼을 눌러 환경 생성을 시작한다.

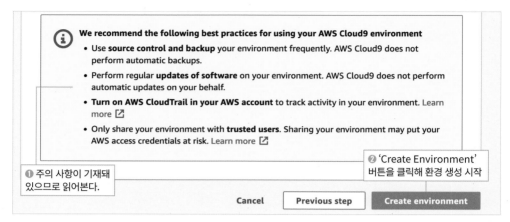

그림 4-3-6 Cloud9 환경 생성

환경 생성 중 화면이 표시되며, 환경 생성이 완료되면 몇 분 후 그림 4-3-7과 같이 하단에 터미널이 표시된다.

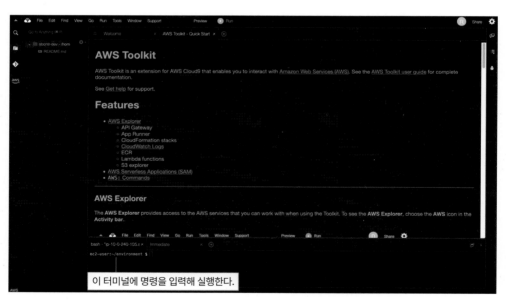

그림 4-3-7 Cloud9 실행 완료 화면

Cloud9 환경 생성과 동시에 EC2 인스턴스에 관련 보안 그룹이 자동으로 생성된다. 여기서는 CloudFormation에서 생성한 보안 그룹을 같이 이용하고 있으므로 보안 그룹을 추가한다.

그림 4-3-8과 같이 Cloud9 대시보드 → AWS 관리 콘솔로 돌아가 AWS 관리 콘솔의 **'서비스'**
메뉴에서 '컴퓨팅' → 'EC2'를 선택한다.

그림 4-3-8 Cloud9 IDE에서 돌아가기

EC2 대시보드의 오른쪽 메뉴에서 **'인스턴스'**를 선택하고 이름이 'aws-cloud9-sbcntr'로 시작
되는 인스턴스를 선택해 설정을 수행한다.

그림 4-3-9 Cloud9에서 생성된 인스턴스의 보안 그룹을 변경

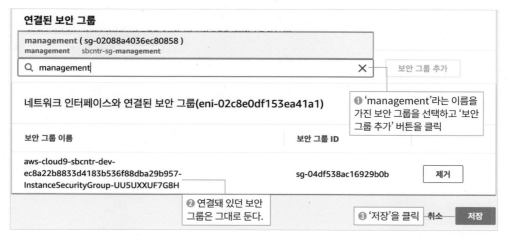

그림 4-3-10 보안 그룹 추가

다시 Cloud9 화면으로 돌아간다. 생성한 Cloud9 환경에 깃허브의 소스 코드를 다운로드받도록
다음 명령을 실행한다.

프런트엔드 애플리케이션 소스 코드 취득

```
$ git clone https://github.com/wikibook/awsc.git
```

이 프런트엔드 애플리케이션은 최종적으로 데이터베이스에 접속해 사용자 생성, 로그인, 데이터
취득을 수행한다.

기본 브랜치에서는 데이터베이스가 필요하지만, 현재 데이터베이스는 생성하지 않았으므로 데
이터베이스 연결 없이도 동작 가능한 코드(helloworld)가 들어 있는 브랜치로 변경한다.

브랜치 변경

```
~/environment $ cd awsc
~/environment/awsc (main) $ git branch -a
* main
  remotes/origin/HEAD -> origin/main
  remotes/origin/feature/#helloworld
  remotes/origin/main
~/environment/awsc (main) $ git checkout feature/#helloworld
Branch 'feature/#helloworld' set up to track remote branch 'feature/#helloworld' from
'origin'.
Switched to a new branch 'feature/#helloworld'
~/environment/awsc (feature/#helloworld) $

# 터미널 프롬프트에 (feature/#helloworld)라고 표시되는지 확인
```

이제 구성 파일을 확인해본다. Dockerfile과 package.json이 포함돼 있는지 확인한다.

프런트엔드 애플리케이션 파일 내용 확인

```
~/environment/awsc (feature/#helloworld) $ ls
app             blitz.config.js docker-compose.yml integrations    LICENSE
public    test            types.ts yarn.lock
babel.config.js db              Dockerfile         jest.config.js  package.json
README.md tsconfig.json utils
```

마지막으로 동작 환경 준비를 위해 Node.js와 Yarn을 설치하고 프런트엔드 애플리케이션에서
이용할 패키지를 받아둔다.

이 절차는 이 장의 후반에서 다룰 '테이블 및 데이터 생성'에서 필요하다.

node 버전 14와 Yarn 설치

```
~/environment/awsc (feature/#helloworld) $ node -v
v16.13.2


~/environment/awsc (feature/#helloworld) $ npm i -g nvm
npm WARN deprecated nvm@0.0.4: This is NOT the correct nvm. Visit https://nvm.sh and use
the curl command to install it.


added 1 package, and audited 2 packages in 1s


found 0 vulnerabilities


# 버전 14의 LTS가 존재하는지 확인
~/environment/awsc (feature/#helloworld) $ nvm ls-remote | grep v14.16.1
        v14.16.1    (LTS: Fermium)


# v14.16.1을 설치
~/environment/awsc (feature/#helloworld) $ nvm install v14.16.1
Downloading and installing node v14.16.1...
Downloading https://nodejs.org/dist/v14.16.1/node-v14.16.1-linux-x64.tar.xz...
Computing checksum with sha256sum
Checksums matched!
Now using node v14.16.1 (npm v6.14.12)


# 기본 버전을 v14.16.1로 변경
~/environment/awsc (feature/#helloworld) $ nvm alias default v14.16.1
default -> v14.16.1


# 설치한 버전으로 변경됐는지 확인
~/environment/awsc (feature/#helloworld) $ node -v
v14.16.1


# yarn 설치
```

```
~/environment/awsc (feature/#helloworld) $ npm i -g yarn

> yarn@1.22.17 preinstall /home/ec2-user/.nvm/versions/node/v14.16.1/lib/node_modules/
yarn
> :; (node ./preinstall.js > /dev/null 2>&1 || true)

/home/ec2-user/.nvm/versions/node/v14.16.1/bin/yarn ->
/home/ec2-user/.nvm/versions/node/v14.16.1/lib/node_modules/yarn/bin/yarn.js
/home/ec2-user/.nvm/versions/node/v14.16.1/bin/yarnpkg ->
/home/ec2-user/.nvm/versions/node/v14.16.1/lib/node_modules/yarn/bin/yarn.js
+ yarn@1.22.17
added 1 package in 0.739s

# yarn 설치 확인
~/environment/awsc (feature/#helloworld) $ yarn -v
1.22.17

# 프런트엔드 애플리케이션에서 이용할 각종 모듈 설치
~/environment/awsc (feature/#helloworld) $ yarn install --pure-lockfile --production
yarn install v1.22.17
...
Done in 99.67s.

# Blitz 설치 확인
~/environment/awsc (feature/#helloworld) $ npx blitz -v
You are using beta software - if you have any problems, please open an issue here:
      https://github.com/blitz-js/blitz/issues/new/choose

Linux 4.14 | linux-x64 | Node: v14.16.1

blitz: 0.33.1 (local)
```

필요 모듈이 설치된 것을 확인했으면 다음 단계를 진행한다.

백엔드 애플리케이션

다음은 백엔드 애플리케이션을 다운로드받는다. 프런트엔드 때와 동일한 절차로 수행한다.

백엔드 애플리케이션 소스 코드 취득

```
~/environment/awsc (feature/#helloworld) $ cd ~/environment/
~/environment $ git clone https://github.com/wikibook/awsb.git
```

백엔드 애플리케이션은 기본 브랜치를 이용해도 문제없다.

깃허브에서 다운로드한 소스 코드를 확인한다. Dockerfile과 Makefile 등이 포함돼 있는지 확인한다.

백엔드 애플리케이션 소스 코드 확인

```
~/environment $ cd awsb; ls
Dockerfile  domain  go.mod  go.sum  handler  infrastructure  interface  LICENSE  main.go
Makefile  README_EN.md  README.md  usecase  utils
```

소스 코드 확인이 끝났다면 다음 단계를 진행한다.

Column

이번에 이용할 애플리케이션에 대해서

예제로 이용할 예제 애플리케이션 개요를 소개한다. 흥미 있는 독자는 한 번 읽어보기 바란다.

sbcntr-frontend(awsc)

TypeScript로 구현한 SSR 프런트엔드 애플리케이션이다.

일반적으로 SSR 애플리케이션을 만들 때는 렌더링용 서버(JavaScript에서는 Express 등)를 준비해야 한다. 여기서는 Blitz.js를 이용해 프런트엔드 애플리케이션 컨테이너를 구축했다.

SSR 웹 애플리케이션은 Single Page Application(SPA)과는 달리 API 호출을 서버에서 실행해 클라이언트에 그 결과를 반환할 수 있다.

여기서는 프런트엔드 애플리케이션에서 이용자 등록과 로그인을 처리한다.

이용자 정보는 데이터베이스에 저장돼 있으며 TypeScript의 타입 안전(Type safe) 구조를 충분히 발휘하기 위해 ORM[22]을 이용한다. 여기서는 Prisma[23]라는 ORM을 이용한다. Prisma는 서버 사이드 TypeScript 개발에 있어 매우 우수한 성능을 보여준다. 데이터베이스 마이그레이션 기능도 제공해 예제 애플리케이션 테이블 생성 및 예제 데이터 입력에도 Prisma 기능을 이용하고 있다.

22 (옮긴이) Object-Relational Mapping. 객체 관계 매핑의 줄임말로, OOP의 객체와 RDB의 관계를 가져와 테이블을 자동으로 매핑하는 기술. 객체를 이용해 데이터베이스 조작이 가능하다.

23 https://www.prisma.io/

프런트엔드 애플리케이션은 대시보드 형태의 UI로 구성돼 있다. 오피스에 도입한 아이템을 목록으로 표시해 공유하고 열람할 수 있는 UI다. 백엔드 애플리케이션과의 통신을 확인하기 위해 아이템 추가도 가능하게 구성했다.

원래라면 이용자 등록을 위해 도메인 제어를 하거나 메일 인증 기능을 넣어야 하지만, 예제이므로 이 같은 기능 요건은 생략한다.

준비된 페이지는 다음과 같다.

- 로그인 전 메인 페이지(index.tsx)

  DB 접속 없이 화면 표시를 하기 위해 준비된 페이지. 환영 페이지의 역할로, 'Hello world'를 표시하기 위해 이용한다.

- 로그인 페이지(auth/login.tsx), 등록 페이지(auth/signup.tsx)

  이용자 로그인 용도. 로그인 후 사용자별 페이지를 표시하지는 않으며 인증된 이용자가 아니면 메인 콘텐츠 페이지가 표시되지 않게 하기 위한 의도로 구현했다.

- 아이템 목록 페이지(top.tsx)

  인증된 이용자가 데이터베이스에 추가한 아이템 목록을 표시하기 위한 페이지다. 찜할 아이템은 찜 마크를 붙일 수 있다. 원래 이용자별로 찜한 아이템을 나눠야 하지만, 여기서는 그런 부분까지 고려해 구현하지는 않았다. 이 페이지에서 새로운 아이템 등록도 가능하다.

- 찜 목록 페이지(favorite.tsx)

  찜 마크가 붙은 아이템을 표시하는 페이지다.

- 알림 페이지(notification.tsx)

  인증된 이용자에게 알림을 전달하기 위한 페이지다. 읽지 않은 알림 읽기 처리가 가능하다.

sbcntr-backend(awsb)

REST API 서버를 구현하기 위해 단순하면서도 충분한 기능이 있고, 문서도 충실한 Go 언어의 echo 프레임워크를 이용했다.

API 서버와 DB(MySQL) 접속은 ORM 라이브러리인 GORM[24]을 이용했다.

백엔드 애플리케이션은 다음 2개 서비스를 제공한다. 그리고 각 API 엔드포인트 접두사로 '/v1'이 붙어있다.

- Item 서비스

  – DB 접속 없이 화면 표시를 하기 위한 'Hello World'를 반환한다(/helloworld).

  – Item 테이블에 등록된 데이터를 반환한다(/Items).

  – 프런트엔드에서 입력한 정보를 바탕으로 Item을 생성한다(/Item).

  – Item을 찜하거나 취소한다(/Item/favorite).

- Notification 서비스

  – Notification 테이블에 등록된 데이터를 반환한다(/Notifications). 매개변수 id를 이용해 특정 데이터만 반환할 수 있다.

  – 읽지 않은 알림 수를 반환한다(/Notifications/Count).

  – 읽지 않은 알림을 일괄 읽음으로 변경한다(/Notifications/Read).

전체 구성

프런트엔드 애플리케이션과 백엔드 애플리케이션은 다른 서브넷에 두는 경우가 많지만, 본문에서 언급한 것처럼 실습이므로 1개의 ECS, 즉 같은 서브넷 내에서 동작하도록 구성했다.

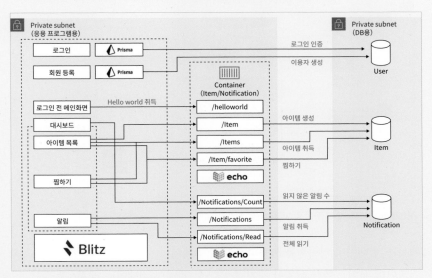

그림 4-3-11 예제 애플리케이션 전체 구성도(그림 4-3-1과 동일)

이제 컨테이너를 다룬다. 컨테이너를 이용하기 위해 다음과 같은 단계를 진행한다.

① 컨테이너 레지스트리 생성

② 컨테이너 레지스트리용 네트워크 생성

③ 애플리케이션 빌드

④ 컨테이너 빌드(컨테이너 이미지 생성)

⑤ 컨테이너 이미지를 컨테이너 레지스트리에 등록(푸시)

⑥ 컨테이너 레지스트리에서 이미지 취득(풀) 후 배포

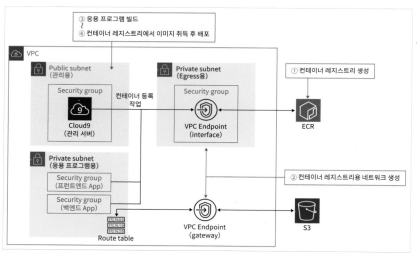

그림 4-4-1 컨테이너 레지스트리 구성 및 애플리케이션 추가

이 단계에서는 '컨테이너 이미지를 등록하기 위한 컨테이너 레지스트리'를 구축한다. 'AWS가 제공하는 컨테이너 서비스'에서 설명한 것처럼 AWS는 관리형 컨테이너 레지스트리인 'ECR'을 제공한다. 이 책에서도 ECR(Elastic Container Registry)를 이용한다.

그러면 Cloud9에서 EC2 인스턴스를 실행해 준비한 예제 애플리케이션을 구축한다. 여기서 Cloud9의 EC2 인스턴스는 관리 서버로 간주한다. 추가로 네트워크도 약간 변경한다.

인터페이스형 VPC 엔드포인트가 속한 서브넷은 다른 서브넷(백엔드 애플리케이션이나 DB가 있는 서브넷)과 분리하기 위해 다음과 같은 새로운 서브넷을 생성한다.

표 4-4-1 새로운 서브넷 생성

용도	NW구분	AZ	CIDR	서브넷 이름(이름 태그)
Egress	Private	1a	10.0.248.0/24	sbcntr-subnet-private-egress-1a
	Private	1c	10.0.249.0/24	sbcntr-subnet-private-egress-1c

뒤에서 생성할 ECS가 인터넷을 경유하지 않고 ECR에서 이미지를 취득하기 위해 ECR용 VPC 엔드포인트, S3용 엔드포인트를 생성한다.

그리고 Go로 개발된 API 애플리케이션을 빌드한 뒤 컨테이너 빌드를 수행하고 ECR에 등록한다.

마지막으로 관리 서버에서는 ECR에서 컨테이너 이미지를 취득해 컨테이너를 배포하고 동작 확인을 수행한다.

이 절의 절차에서는 프런트엔드 애플리케이션의 동작 확인은 하지 않는다. 그러면 순서대로 구축을 진행해본다.

▷ 컨테이너 레지스트리 생성

ECR 컨테이너 레지스트리 생성부터 시작한다.

이번에 생성할 리포지토리는 암호화 설정 활성화 외에는 기본 설정인 채로 생성한다. 암호화 설정은 리포지토리를 생성한 뒤에는 변경할 수 없다.

AWS 관리 콘솔에서 '**서비스**' → '컨테이너' → 'Elastic Container Registry'를 선택한다. 그다음 오른쪽의 '시작하기'를 클릭해 리포지토리를 생성한다. 이미 다른 리포지토리가 생성돼 있다면 바로 '**리포지토리 생성**' 버튼을 클릭해 예제용 리포지토리를 생성한다.

그림 4-4-2 ECR 생성 시작

리포지토리 이름은 이 책의 실습에서 이용하고 있다는 것을 알 수 있게 짓는다.

설정 항목	설정 값
리포지토리 이름	sbcntr-backend

Amazon ECR > 리포지토리 > 리포지토리 생성

리포지토리 생성

일반 설정

표시 여부 설정 정보
리포지토리에 대한 가시성 설정을 선택합니다.

○ **프라이빗** ──────────── ❶ '프라이빗' 선택
액세스는 IAM 및 리포지토리 정책 권한에 의해 관리됩니다.

○ **퍼블릭**
이미지 풀에 대해 공개적으로 표시되고 액세스할 수 있습니다.

리포지토리 이름
간결한 이름을 제공합니다. 개발자는 이름으로 리포지토리 콘텐츠를 식별할 수 있어야 합니다.

❷ '리포지토리 이름' 입력

▮▮▮▮▮▮▮.dkr.ecr.ap-northeast-
2.amazonaws.com/

최대 256자 중 0자(최소 2자 이상) The name must start with a letter and can only contain lowercase letters, numbers, hyphens, underscores, and forward slashes.

태그 변경 불가능 정보
동일한 태그를 사용하는 후속 이미지 푸시가 이미지 태그를 덮어쓰지 않도록 방지하려면 [태그 변경 불가능]을 활성화합니다. 이미지 태그를 덮어쓰려면 [태그 변경 불가능]을 비활성화합니다.

◯ 비활성화됨 ──────────── ❸ '태그 변경 불가능' 비활성화

ⓘ 리포지토리가 생성되면 해당 리포지토리의 가시성 설정을 변경할 수 없습니다.

그림 4-4-3 ECR 설정

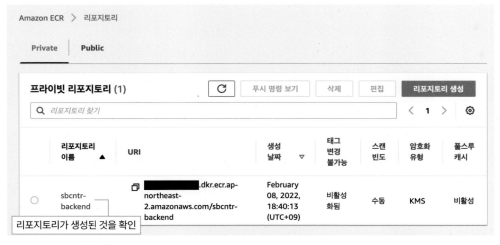

그림 4-4-4 ECR 생성 완료

동일한 방법으로 프런트엔드용 리포지토리도 생성한다. 리포지토리 이름은 'sbcntr-frontend'
로 하고 그 외에는 백엔드용 리포지토리와 동일하게 설정한다.

설정 항목	설정 값
리포지토리 이름	sbcntr-frontend

그림 4-4-5 2개의 ECR 리포지토리 생성

백엔드와 프런트엔드 ECR 리포지토리 생성이 완료되면 다음 단계를 진행한다.

▶ 컨테이너 레지스트리용 네트워크 생성

ECR에 접속하기 위한 네트워크 경로가 되는 VPC 엔드포인트를 추가한다.

VPC 엔드포인트 생성 전 준비

인터페이스형 VPC 엔드포인트를 생성할 때 필요한 서브넷과 보안 그룹을 생성한다.

여기서는 '네트워크 구축'에서 이용한 network_step1.yml을 조금 수정한 network_step2.yml
파일을 이용한다. 앞에서와 마찬가지로 CloudFormation을 이용해 생성한다.

AWS 관리 콘솔에서 CloudFormation으로 이동하면 스택 목록이 표시된다. 여기서 스택 이름
이 'sbcntr-base'인 것을 선택하고 '업데이트' 버튼을 클릭한다. Cloud9용 스택을 선택하지 않
도록 주의해야 한다.

그림 4-4-6 CloudFormation 스택 업데이트

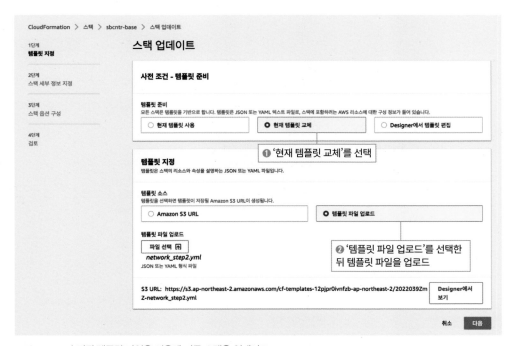

그림 4-4-7 수정된 템플릿 파일을 이용해 기존 스택을 업데이트

'2단계 스택 세부 정보 지정'과 '3단계 스택 옵션 구성'은 변경하지 않고 **'다음'**을 클릭해 진행한다. '4단계 검토'에서 변경될 내용을 확인할 수 있다. **'스택 업데이트'**를 클릭해 변경을 진행한다.

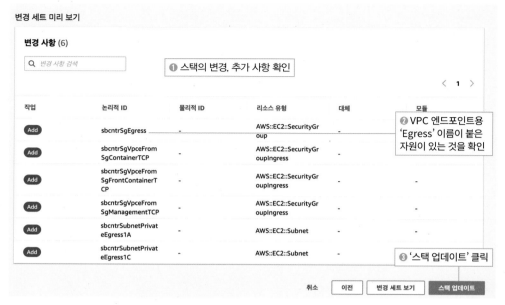

그림 4-4-8 CloudFormation 스택 업데이트 내용 확인

업데이트가 실행되면 대시보드에 'UPDATE_IN_PROGRESS'라고 표시된다. 업데이트가 완료되면 'UPDATE_COMPLETE'라고 변경된다.

그림 4-4-9 CloudFormation 스택 변경

VPC 엔드포인트 생성

업데이트가 완료되면 VPC 엔드포인트를 생성한다.

ECR은 VPC 내부가 아니라 리전마다 존재하는 리전 서비스다. VPC 내의 관리 서버에서 ECR에 접속하기 위해서는 인터넷과 통신이 가능하거나 VPC 엔드포인트를 이용한 내부 접속이 가능해야 한다.

여기서는 관리 서버인 Cloud9 인스턴스가 퍼블릭 네트워크에 위치하고 있으므로 ECR 접속을 위한 VPC 엔드포인트는 없어도 된다. 하지만 후반부 실습에서 생성하는 ECS 서비스에서 ECR에 접속하기 위해 VPC 엔드포인트를 이용하는 경우 Cloud9에서 ECR에 접속할 때도 VPC 엔드포인트를 경유하게 된다. 보안 그룹 설정을 올바르게 하지 않으면 Cloud9에서 ECR 접속이 되지 않는다. 따라서 VPC 엔드포인트 생성 및 Cloud9 관련 보안 그룹을 설정해 이 문제에 대처하게끔 설정한다.

VPC 엔드포인트에는 몇 가지 종류가 있다. ECR에 컨테이너 이미지를 등록하거나 취득하기 위해서는 다음 3개의 엔드포인트가 필요하다.

인터페이스형

com.amazonaws.[region].ecr.api

※ 'aws ecr get-login-password' 명령과 같은 ECR API를 이용하기 위한 엔드포인트

com.amazonaws.[region].ecr.dkr

※ 'docker image push' 명령과 같은 Docker 클라이언트 명령을 실행하기 위한 엔드포인트

게이트웨이형

com.amazonaws.[region].s3

※ Docker 이미지 취득을 위한 엔드포인트

자세한 내용은 공식 문서[25]를 참고하기 바란다.

그러면 인터페이스형 VPC 엔드포인트부터 생성한다.

---

25 https://docs.aws.amazon.com/ko_kr/AmazonECR/latest/userguide/vpc-endpoints.html

인터페이스형 VPC 엔드포인트 생성

VPC 엔드포인트는 VPC 대시보드에서 만든다.

AWS 관리 콘솔에서 '**서비스**' → '네트워킹 및 콘텐츠 전송' → 'VPC'로 이동한다. 또는 검색창에 서 'VPC'를 검색한 뒤 이동한다. VPC 대시보드 왼쪽의 내비게이션 메뉴에서 '**엔드포인트**'를 선택하고 '**엔드포인트 생성**'을 클릭한다.

그림 4-4-10 VPC 엔드포인트 생성 개시

이름 태그는 선택 사항이지만, 이름을 넣지 않으면 나중에 찾기 힘들므로 이름을 붙인다. 여기서도 마찬가지로 실습에서 이용한다는 것을 알 수 있게 명명한다.

설정 항목	설정 값
이름 태그	sbcntr-vpce-ecr-api

VPC 〉 엔드포인트 〉 엔드포인트 생성

엔드포인트 생성 정보

VPC 엔드포인트에는 인터페이스 엔드포인트, 게이트웨이 로드 밸런서 엔드포인트 및 게이트웨이 엔드포인트의 세 가지 유형이 있습니다. 인터페이스 엔드포인트와 게이트웨어 로드 밸런서 엔드포인트는 AWS PrivateLink에 의해 구동하며 ENI(탄력적 네트워크 인터페이스)를 서비스로 가는 트래픽의 진입점으로 사용합니다. 인터페이스 엔드포인트는 일반적으로 이러한 서비스에 연결된 퍼블릭 및 프라이빗 DNS 이름을 사용하여 액세스하며 게이트웨이 엔드포인트와 게이트웨이 로드 밸런서 엔드포인트는 서비스로 향하는 트래픽에 대한 라우팅 테이블의 경로에 대한 대상으로 사용됩니다.

그림 4-4-11 서비스 범주 선택

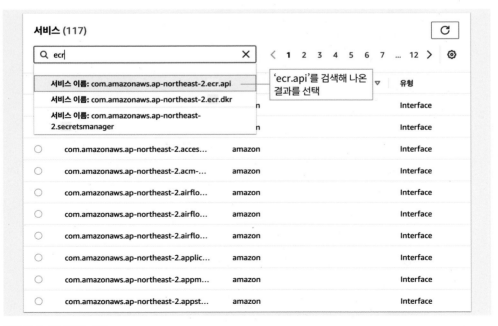

그림 4-4-12 서비스 선택

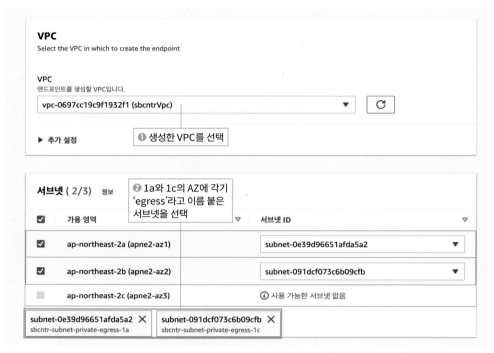

그림 4-4-13 VPC 및 서브넷 선택

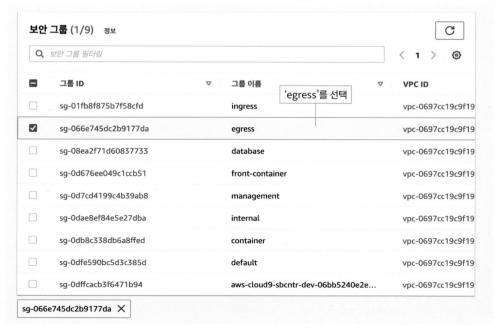

그림 4-4-14 보안 그룹 선택

그림 4-4-15 정책 선택 및 태그 입력

'엔드포인트 생성'을 클릭해 VPC를 생성한다. 바로 대시보드로 이동하고 엔드포인트가 생성되는 것을 확인할 수 있다.

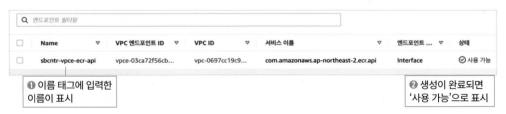

그림 4-4-16 VPC 엔드포인트 생성 완료 화면

'com.amazon.ap-northeast-2.ecr.dkr' 서비스도 같은 방법으로 생성한다. 서비스는 'com. amazonaws.ap-northeast-2.ecr.dkr'을 선택하고 이름 태그에는 'sbcntr-vpce-ecr-dkr' 을 입력한다. 그 외에는 이전과 동일하게 설정한다.

설정 항목	설정 값
이름 태그	sbcntr-vpce-ecr-dkr

그림 4-4-17 com.amazonaws.ap-northeast-2.ecr.dkr 엔드포인트 생성

게이트웨이형 VPC 엔드포인트 생성

게이트웨이형 엔드포인트를 생성할 때는 라우팅 추가를 위한 라우팅 테이블 ID를 파악하고 있어야 한다. 미리 대상 라우팅 테이블 ID를 확인해둔다.

VPC 대시보드 왼쪽의 내비게이션 메뉴에서 '라우팅 테이블'을 선택한다. 여기서 이름이 'sbcntr-route-app'인 라우팅 테이블의 ID를 메모해둔다. 'rtb-' 접두사 이후 5글자 정도만 메모해둬도 된다.

그후 내비게이션 메뉴에서 **'엔드포인트'**를 선택해 **'엔드포인트 생성'**을 클릭한다.

2021년 2월 AWS PrivateLink for Amazon S3가 일반 공개돼[26] 유형에서 'Gateway'와 '인터페이스'도 선택할 수 있게 됐다. 여기서는 Gateway 유형을 선택한다.

설정 항목	설정 값
이름 태그	sbcntr-vpce-s3

---

26 https://aws.amazon.com/ko/blogs/aws/aws-privatelink-for-amazon-s3-now-available/

엔드포인트 설정

이름 태그 - 선택 사항
'Name' 키와 귀하가 지정하는 값을 포함하는 태그를 생성합니다.

sbcntr-vpce-s3

서비스 범주
Select the service category

❶ AWS 서비스에 연결할 엔드포인트
이므로 'AWS 서비스'를 선택

- ● **AWS 서비스**
  Amazon에서 소유 및 관리하는 서비스

- ○ **PrivateLink Ready 파트너 서비스**
  AWS에서 기술적으로 검증한 타사 서비스

- ○ **AWS Marketplace 서비스**
  AWS Marketplace에서 구독한 서비스

- ○ **다른 엔드포인트 서비스**
  서비스 이름별로 허용된 서비스 찾기

서비스 (1/2)   ⟳

| 🔍 서비스 필터링 ──── ❷ s3을 검색 | ‹ 1 › ⚙ |

| 서비스 이름: com.amazonaws.ap-northeast-2.s3 ✕ | 필터 지우기 |

❸ 유형은 'Gateway'를 선택

	서비스 이름 ▽	소유자 ▽	유형
●	com.amazonaws.ap-northeast-2.s3	amazon	Gateway
○	com.amazonaws.ap-northeast-2.s3	amazon	Interface

그림 4-4-18 서비스 범주, 서비스 유형을 선택

VPC

Select the VPC in which to create the endpoint

VPC

엔드포인트를 생성할 VPC입니다.

vpc-0697cc19c9f1932f1 (sbcntrVpc) ——————→ ❶ VPC 선택   ▼   ⟳

라우팅 테이블 (1/4)   정보   ⟳

🔍 라우팅 테이블 필터링   ❷ 메모해둔 라우팅 테이블 선택   ⟨ 1 ⟩ ⚙

☐	이름 ▽	라우팅 테이블 ID	▽	기본
☑	sbcntr-route-app	rtb-0c8f39dac4ce85cbc (sbcntr-route-app)		아니요
☐	sbcntr-route-ingress	rtb-0b5c15a0e9a0bdcbc (sbcntr-route-ingress)		아니요
☐	–	rtb-0b78e7136c0d6fd2e		예
☐	sbcntr-route-db	rtb-0926d12b2b8fb838d (sbcntr-route-db)		아니요

ⓘ 엔드포인트를 사용할 때 영향을 받은 서브넷에 있는 인스턴스의 소스 IP 주소는 동일한 리전의 AWS 서비스를 액세스하기 위해 퍼블릭 IP 주소가 아닌 프라이빗 IP 주소가 됩니다. 영향을 받는 서브넷에서 퍼블릭 IP 주소를 사용하는 AWS 서비스까지의 기존 연결이 끊어질 수 있습니다. 엔드포인트를 생성하거나 수정할 때 중요한 작업이 실행되고 있지 않은지 확인하세요.

rtb-0c8f39dac4ce85cbc ✕

그림 4-4-19 VPC와 라우팅 테이블 선택

정책은 '전체 액세스'인 상태로 두고 '엔드포인트 생성' 버튼을 눌러 생성을 시작한다.

생성이 끝나면 그림 4-4-20과 같이 3개의 엔드포인트를 확인할 수 있다.

☐	Name ▽	VPC 엔드포인트 ID ▽	VPC ID ▽	서비스 이름 ▽	엔드포인트 유형 ▽	상태
☐	sbcntr-vpce-ecr-api	vpce-03ca72f56cb...	vpc-0697cc19c9f1...	com.amazonaws.ap-northeast-2.ecr.api	Interface	⊘ 사용 가능
☐	sbcntr-vpce-ecr-dkr	vpce-06337a5369...	vpc-0697cc19c9f1...	com.amazonaws.ap-northeast-2.ecr....	Interface	⊘ 사용 가능
☐	sbcntr-vpce-s3	vpce-091d65b696...	vpc-0697cc19c9f1...	com.amazonaws.ap-northeast-2.s3	Gateway	⊘ 사용 가능

Gateway형 엔드포인트가
생성된 것을 확인

그림 4-4-20 3개의 VPC 엔드포인트 확인

▷ 애플리케이션 등록

컨테이너 이미지를 컨테이너 레지스트리에 등록한다. 컨테이너 레지스트리에서 이미지를 취득하고 배포할 수 있다면 ECR에 컨테이너 이미지가 올바르게 등록된 것이다.

Cloud9 디스크 영역 확보

Cloud9 인스턴스는 ECS이므로 디스크는 EBS를 사용한다.

Cloud9 인스턴스의 기본 디스크 용량은 10GB다. 컨테이너 이미지를 만들 때 디스크 용량이 모자라므로 EBS 볼륨을 추가해 디스크 용량을 늘린다.

이 작업을 수행하기 위해서는 IAM에 EBS 볼륨 크기 변경 권한을 가지고 있거나 Cloud9의 EC2에 추가한 IAM 역할에 이 권한이 있어야 한다. Administrator 권한을 가진 이용자는 역할에 상관없이 수행 가능하다.

다음 작업 내용은 공식 문서[27]에서 이용한 방법이다.

AWS 관리 콘솔에서 'Cloud9'으로 이동한다. 앞에서 구축한 'sbcntr-dev'를 선택한 뒤 'Open IDE' 버튼을 눌러 IDE를 실행한다.

그림 4-4-21 Cloud9 IDE를 실행

---

27 https://docs.aws.amazon.com/ko_kr/cloud9/latest/user-guide/move-environment.html

IDE가 실행되면 화면 하단의 터미널에서 다음 명령을 실행해 빈 공간을 확인한다. 다음 예에서 는 99%가 사용돼 남은 용량이 거의 없다는 것을 알 수 있다.

용량 확인

```
~/environment $ df -h
Filesystem      Size  Used Avail Use% Mounted on
devtmpfs        475M     0  475M   0% /dev
tmpfs           492M     0  492M   0% /dev/shm
tmpfs           492M  460K  491M   1% /run
tmpfs           492M     0  492M   0% /sys/fs/cgroup
/dev/xvda1       10G  9.9G  162M  99% /
tmpfs            99M     0   99M   0% /run/user/1000
```

용량 확장을 위해 다음 셸 스크립트를 생성한다. 스크립트 이름은 'resize.sh'로 한다.

resize.sh (부록 /cloud9/resize.sh)

```
#!/bin/bash

# Specify the desired volume size in GiB as a command line argument. If not specified,
default to 20 GiB.
SIZE=${1:-20}

# Get the ID of the environment host Amazon EC2 instance.
INSTANCEID=$(curl http://169.254.169.254/latest/meta-data/instance-id)
REGION=$(curl -s http://169.254.169.254/latest/meta-data/placement/availability-zone |
sed 's/\(.*\)[a-z]/\1/')

# Get the ID of the Amazon EBS volume associated with the instance.
VOLUMEID=$(aws ec2 describe-instances \
  --instance-id $INSTANCEID \
  --query "Reservations[0].Instances[0].BlockDeviceMappings[0].Ebs.VolumeId" \
  --output text \
  --region $REGION)

# Resize the EBS volume.
aws ec2 modify-volume --volume-id $VOLUMEID --size $SIZE
```

```
# Wait for the resize to finish.
while [ \
  "$(aws ec2 describe-volumes-modifications \
    --volume-id $VOLUMEID \
    --filters Name=modification-state,Values="optimizing","completed" \
    --query "length(VolumesModifications)"\
    --output text)" != "1" ]; do
sleep 1
done


#Check if we're on an NVMe filesystem
if [[ -e "/dev/xvda" && $(readlink -f /dev/xvda) = "/dev/xvda" ]]
then
  # Rewrite the partition table so that the partition takes up all the space that it can.
  sudo growpart /dev/xvda 1

  # Expand the size of the file system.
  # Check if we're on AL2
  STR=$(cat /etc/os-release)
  SUB="VERSION_ID=\"2\""
  if [[ "$STR" == *"$SUB"* ]]
  then
    sudo xfs_growfs -d /
  else
    sudo resize2fs /dev/xvda1
  fi

else
  # Rewrite the partition table so that the partition takes up all the space that it can.
  sudo growpart /dev/nvme0n1 1

  # Expand the size of the file system.
  # Check if we're on AL2
  STR=$(cat /etc/os-release)
  SUB="VERSION_ID=\"2\""
  if [[ "$STR" == *"$SUB"* ]]
  then
```

```
    sudo xfs_growfs -d /
  else
    sudo resize2fs /dev/nvme0n1p1
  fi
fi
```

셸 스크립트 파일 생성은 이 절의 칼럼인 'Cloud9 IDE에서 파일 만들기'를 참고하기 바란다.

생성한 셸 스크립트를 실행해 디스크 용량을 확보한다. 'data blocks changed'라고 표시되면 완료된 것이다. 다시 한 번 df 명령을 실행해 디스크 용량을 확인해본다[28].

resize 셸 실행

```
~/environment $ sh resize.sh 30
...
data blocks changed from 2620923 to 7863803
~/environment $ df -h
Filesystem      Size  Used Avail Use% Mounted on
devtmpfs        475M     0  475M   0% /dev
tmpfs           492M     0  492M   0% /dev/shm
tmpfs           492M  516K  491M   1% /run
tmpfs           492M     0  492M   0% /sys/fs/cgroup
/dev/xvda1       30G   10G   21G  34% /
tmpfs            99M     0   99M   0% /run/user/1000
tmpfs            99M     0   99M   0% /run/user/0
```

이상으로 Cloud9 디스크 용량 확보가 완료됐다.

---

28 만약 용량이 제대로 반영되지 않았다면 sudo shutdown -r now로 Cloud9 인스턴스를 재시작한다.

Column

Cloud9 IDE에서 파일 만들기

IDE 화면 왼쪽의 파일 트리에서 파일을 추가할 디렉터리를 마우스 오른쪽 클릭한 뒤 'New File'을 선택한다.
파일 이름을 지정하고 생성한 파일을 더블 클릭하면 오른쪽 에디터 창에 해당 파일이 열린다. 에디터 창에
파일 내용을 입력하고 저장한다.

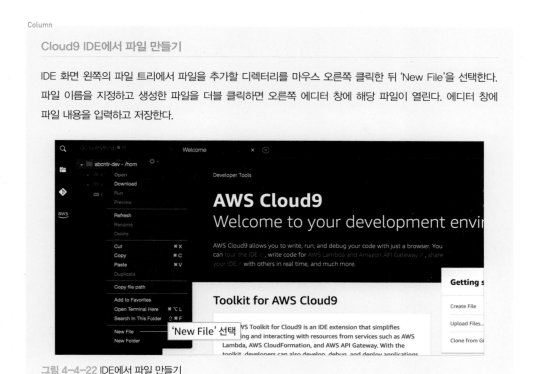

그림 4-4-22 IDE에서 파일 만들기

ECR 로그인 준비

Cloud9에서 VPC 엔드포인트를 통해 ECR을 이용하기 위해서는 IAM 역할 연결을 해야 한다.

EC2 인증 설정은 인스턴스 프로필을 통해 IAM 역할을 부여하거나 OS에 AWS 인증 정보를 저
장하는 등의 방법이 있다. 하지만 AWS 인증 정보를 OS에 저장하는 것은 추천하지 않는 방법
이다.

Cloud9은 기본적으로 로그인한 AWS 이용자의 권한에 자동으로 인증 권한이 부여되는 구조
다. 이를 'AWS Managed Temporary Credential'(AWS 관리형 임시 자격 증명)이라고 한다.
AWS 관리형 임시 자격 증명은 EC2 자격 증명을 자동으로 갱신하므로 인증 설정이 필요 없다는
특징이 있다.

하지만 실습과 같이 Cloud9 인스턴스에서 VPC 엔드포인트를 통해 ECR을 이용하는 경우 AWS
관리형 임시 자격 증명은 이용할 수 없다. 여기서는 IAM 역할을 생성해 Cloud9 인스턴스에 연
결한다.

AWS 관리 콘솔에서 'IAM'으로 이동한다.

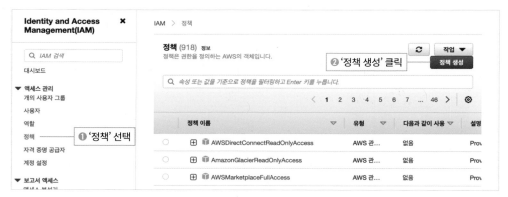

그림 4-4-23 Cloud9용 IAM 정책 생성

정책 생성 화면에서 'JSON' 탭으로 전환한 뒤 공식 문서[29]에 기재된 대로 JSON을 입력하고 '**정책 확인**'을 클릭한다. 굵게 처리된 부분은 자신의 AWS ID(숫자)로 변경해야 한다. 예제 파일의 설정은 엄격하게 제어하지 않았다. 더 엄격한 제어가 필요하다면 리포지토리 범위를 줄여야 한다.

시각적 편집기 | JSON ──── ❶ 'JSON' 탭 선택 ── 관리형 정책 가져오기

```
1  {
2      "Version": "2012-10-17",
3      "Statement": [
4          {
5              "Sid": "ListImagesInRepository",          ── ❷ 정책 입력
6              "Effect": "Allow",
7              "Action": [
8                  "ecr:ListImages"
9              ],
10             "Resource": [
11                 "arn:aws:ecr:ap-northeast-1:[aws_account_id]:repository/sbcntr-backend",
12                 "arn:aws:ecr:ap-northeast-1:[aws_account_id]:repository/sbcntr-frontend"
13             ]
14         },                                    ❸ 자신의 AWS 계정 ID로 변경
15         {
16             "Sid": "GetAuthorizationToken",
17             "Effect": "Allow",
18             "Action": [
19                 "ecr:GetAuthorizationToken"
```

① 보안: 0 ❌ 오류: 4 ⚠ 경고: 0 ▲ 추천: 0

문자 수: 6,144자 중 861자.

취소 | 다음: 태그

그림 4-4-24 Cloud9용 IAM 정책을 JSON으로 설정

---

29 https://docs.aws.amazon.com/ko_kr/AmazonECR/latest/userguide/security_iam_id-based-policy-examples.html

Cloud9용 IAM 역할에 연결할 정책(부록 /iam/cloud9_ecr_policy.json)

```json
{
    "Version": "2012-10-17",
    "Statement": [
        {
            "Sid": "ListImagesInRepository",
            "Effect": "Allow",
            "Action": [
                "ecr:ListImages"
            ],
            "Resource": [
              "arn:aws:ecr:ap-northeast-2:[aws_account_id]:repository/sbcntr-backend",
              "arn:aws:ecr:ap-northeast-2:[aws_account_id]:repository/sbcntr-frontend"
            ]
        },
        {
            "Sid": "GetAuthorizationToken",
            "Effect": "Allow",
            "Action": [
                "ecr:GetAuthorizationToken"
            ],
            "Resource": "*"
        },
        {
            "Sid": "ManageRepositoryContents",
            "Effect": "Allow",
            "Action": [
                "ecr:BatchCheckLayerAvailability",
                "ecr:GetDownloadUrlForLayer",
                "ecr:GetRepositoryPolicy",
                "ecr:DescribeRepositories",
                "ecr:ListImages",
                "ecr:DescribeImages",
                "ecr:BatchGetImage",
                "ecr:InitiateLayerUpload",
                "ecr:UploadLayerPart",
                "ecr:CompleteLayerUpload",
                "ecr:PutImage"
```

```
            ],
            "Resource": [
                "arn:aws:ecr:ap-northeast-2:[aws_account_id]:repository/sbcntr-backend",
                "arn:aws:ecr:ap-northeast-2:[aws_account_id]:repository/sbcntr-frontend"
            ]
        }
    ]
}
```

'다음:태그' 버튼을 눌러 다음으로 진행한다. 태그 추가는 하지 않으므로 '다음:검토'를 눌러 다음으로 진행한다.

정책 검토 화면에서 이름을 부여한다. 이름은 ECR에 권한을 가지고 있는 정책이라는 것을 알 수 있게 지정한다.

설정 항목	설정 값
이름	sbcntr–AccessingECRRepositoryPolicy
설명	Policy to access ECR repo from Cloud9 instance

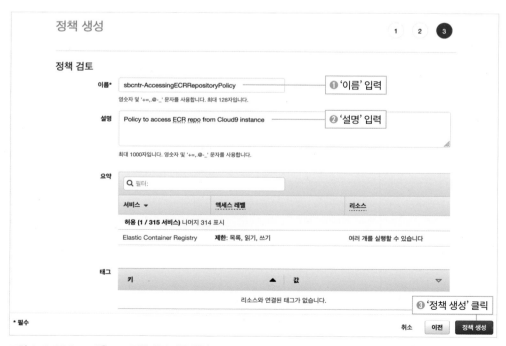

그림 4-4-25 Cloud9용 IAM 정책 설정 내용 확인

정책 생성이 완료된 것을 확인한 후 계속해서 생성한 정책과 역할을 연결한다.

그림 4-4-26 Cloud9용 IAM 역할 생성

그림 4-4-27 Cloud9용 IAM 역할 생성 – 신뢰할 수 있는 엔티티 설정

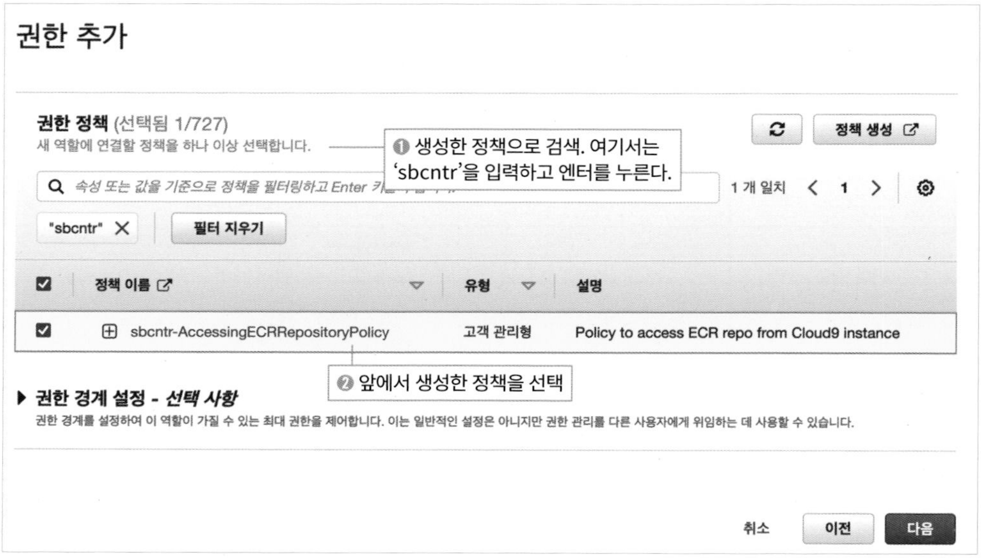

그림 4-4-28 Cloud9용 IAM 역할에 IAM 정책을 연결

'다음'을 클릭해 마지막 단계인 이름 지정, 검토 및 생성으로 이동한다.

설정 항목	설정 값
역할 이름	sbcntr-cloud9-role

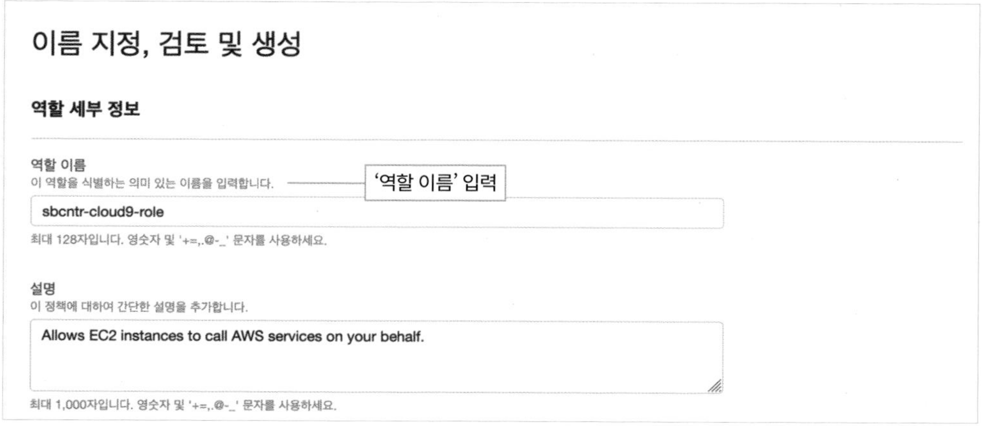

그림 4-4-29 역할 이름 입력

마지막 단계에서는 역할 이름 외에는 변경하지 않으므로 화면 가장 하단의 '역할 생성' 버튼을 클릭한다. 역할은 바로 생성된다. 계속해서 Cloud9 인스턴스에 IAM 역할을 연결한다. AWS 관리 콘솔에서 'EC2' 서비스로 이동한다.

그림 4-4-30 Cloud9 인스턴스의 IAM 역할 수정 1

그림 4-4-31 Cloud9 인스턴스의 IAM 역할 수정 2

그림 4-4-32 Cloud9 인스턴스의 IAM 역할 수정 확인

마지막으로 AWS 관리 콘솔에서 'Cloud9' 서비스로 이동한 뒤 IDE를 실행해 AWS 관리형 임시 자격 증명을 비활성화한다.

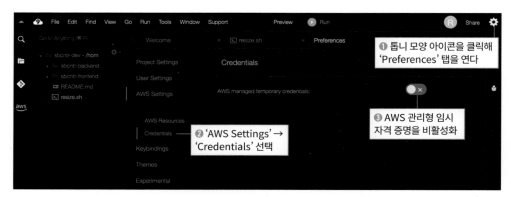

그림 4-4-33 Cloud9의 AWS 관리형 임시 자격 증명 비활성화

이상으로 Cloud9 EC2 환경에서 VPC 엔드포인트를 통해 ECR을 이용하기 위한 준비가 끝났다.

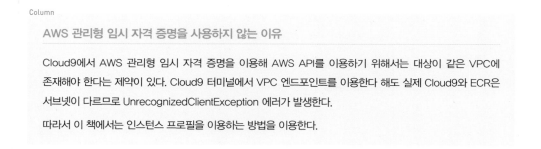

Column

AWS 관리형 임시 자격 증명을 사용하지 않는 이유

Cloud9에서 AWS 관리형 임시 자격 증명을 이용해 AWS API를 이용하기 위해서는 대상이 같은 VPC에 존재해야 한다는 제약이 있다. Cloud9 터미널에서 VPC 엔드포인트를 이용한다 해도 실제 Cloud9와 ECR은 서브넷이 다르므로 UnrecognizedClientException 에러가 발생한다.

따라서 이 책에서는 인스턴스 프로필을 이용하는 방법을 이용한다.

▷ 컨테이너 애플리케이션 등록

ECR 컨테이너 이미지를 등록하기 위한 준비가 완료됐으니 Cloud9 인스턴스에서 Docker를 빌드하고 ECR에 백엔드 애플리케이션을 등록한다. ECR에 등록된 컨테이너 이미지를 취득해 실행 및 동작 확인까지 실시한다.

여기까지 실습을 그대로 따라왔다면 이후 오케스트레이션을 구축할 때 누락되는 부분을 줄일 수 있다.

우선 Cloud9 터미널에서 다음 명령을 실행해 Cloud9에 있는 불필요한 컨테이너 이미지를 삭제한다.

Cloud9 인스턴스에서 컨테이너 이미지 삭제

```
~/environment $ docker image ls
REPOSITORY        TAG           IMAGE ID        CREATED        SIZE
lambci/lambda     python3.8     094248252696    12 months ago  524MB
lambci/lambda     nodejs12.x    22a4ada8399c    12 months ago  390MB
lambci/lambda     nodejs10.x    db93be728e7b    12 months ago  385MB
lambci/lambda     python3.7     22b4b6fd9260    12 months ago  946MB
lambci/lambda     python3.6     177c85a10179    12 months ago  894MB
lambci/lambda     python2.7     d96a01fe4c80    12 months ago  763MB
lambci/lambda     nodejs8.10    5754fee26e6e    12 months ago  813MB
~/environment $ docker image rm -f $(docker image ls -q)
Untagged: lambci/lambda:python3.8
Untagged: lambci/lambda@sha256:be943e04cfeda15e0ea141d84a914b12f500194a694e809bb3cd0d0dd
187aa56
Deleted: sha256:09424825269654fc83b2455c5408bd8142c2ae38f8beb16a23d0dbcc73f307d3
…
~/environment $ docker image ls
REPOSITORY     TAG       IMAGE ID    CREATED    SIZE
```

다음 명령을 이용해 컨테이너 이미지를 생성한다. Dockerfile 안에 이미지 생성에 필요한 내용이 모두 기술돼 있다. 만들어지는 흐름을 간략하게 설명하면 먼저 Docker는 golang이라는 기본 이미지에 업 디렉터리를 만든 뒤 go 빌드에 필요한 라이브러리를 다운로드한다. 그후 go 애플리케이션을 빌드한다. 성공적으로 빌드가 완료되면 '/app' 디렉터리에 'main'이라는 파일이 생기는데, 이것을 debian 기반의 다른 컨테이너에 복사한다. debian 기반의 이미지가 실제 생성할 컨테이너 이미지다. 생성할 컨테이너 이미지는 컨테이너가 시작되면 바로 'main' 파일을 실행하게 지정돼 있다.

컨테이너 생성이 올바르게 끝나면 'Successfully tagged sbcntr-backend:v1'이라고 표시된다.

컨테이너 이미지 생성(백엔드)

```
c2-user:~/environment $ cd awsb/
~/environment/awsb (main) $ docker image build -t sbcntr-backend:v1 .
Sending build context to Docker daemon  199.2kB
Step 1/14 : FROM golang:1.16.8-alpine3.13 AS build-env
 …
 ---> 9c74c2a15a76
```

```
Successfully built 9c74c2a15a76
Successfully tagged sbcntr-backend:v1
```

생성된 컨테이너 이미지를 확인한다. 이미지를 생성할 때 표시된 '9c74c2a15a76'이 이번에 생성한 이미지다. REPOSITORY와 TAG가 나뉘어 표시되지만, 리포지토리에서는 REPOSITORY와 TAG가 붙은 형태로 인식하므로 'sbcntr-backend:v1'로 인식한다.

컨테이너 이미지 확인

```
~/environment/awsb (main) $ docker image ls --format "table {{.ID}}\t{{.Repository}}\
t{{.Tag}}"
IMAGE ID          REPOSITORY                        TAG
9c74c2a15a76      sbcntr-backend                    v1
ee32690fd806      <none>                            <none>
d1353f0c948a      golang                            1.16.8-alpine3.13
3f147b3ac70c      gcr.io/distroless/base-debian10   latest
```

AWS는 ECR에 있는 컨테이너 이미지를 AWS 계정별로 식별하기 때문에 정해진 형식으로 등록[30] 해야 한다. 그렇기 때문에 리포지토리와 태그를 다음과 같이 변경해야 한다.

리포지토리 변경

```
aws_account_id.dkr.ecr.region.amazonaws.com/[my-repository]:[tag]
```

컨테이너 리포지토리 변경

```
~/environment/awsb (main) $ AWS_ACCOUNT_ID=$(aws sts get-caller-identity --query
'Account' --output text)
~/environment/awsb (main) $ docker image tag sbcntr-backend:v1 ${AWS_ACCOUNT_ID}.dkr.ecr
.ap-northeast-2.amazonaws.com/sbcntr-backend:v1
~/environment/awsb (main) $ docker image ls --format "table {{.ID}}\t{{.Repository}}\t
{{.Tag}}"
IMAGE ID          REPOSITORY                                                            TAG
9c74c2a15a76      123456789012.dkr.ecr.ap-northeast-2.amazonaws.com/sbcntr-backend      v1
2224d3fc1d5c      sbcntr-backend                                                        v1
```

---

30 https://docs.aws.amazon.com/ko_kr/AmazonECR/latest/userguide/docker-push-ecr-image.html

ECR에 등록할 때는 AWS CLI가 아니라 Docker 명령을 이용한다. 등록하기 전에는 미리 AWS 인증 처리를 해야 하므로 다음 명령으로 인증한다. 'Login Succeeded'라고 표시되면 인증이 완료된 것이다.

Docker 인증

```
~/environment/awsb (main) $ aws ecr --region ap-northeast-2 get-login-password ¦ docker
login --username AWS --password-stdin https://${AWS_ACCOUNT_ID}.dkr.ecr.ap-northeast-
2.amazonaws.com/sbcntr-backend
WARNING! Your password will be stored unencrypted in /home/ec2-user/.docker/config.json.
Configure a credential helper to remove this warning. See
https://docs.docker.com/engine/reference/commandline/login/#credentials-store

Login Succeeded
```

docker image push 명령을 이용해 ECR에 컨테이너 이미지를 등록한다[31].

ECR에 컨테이너 이미지 등록

```
~/environment/awsb (main) $ docker image push ${AWS_ACCOUNT_ID}.dkr.ecr.ap-northeast-
2.amazonaws.com/sbcntr-backend:v1
The push refers to repository [123456789012.dkr.ecr.ap-northeast-2.amazonaws.com/sbcntr-
backend]
dd71ec30a131: Pushed
43656e43813a: Pushed
f562a1750889: Pushed
v1: digest: sha256:b0b45b7494d9cbfb35d1e8790eabf386081beaa8231d008676116a7b12ebe2ac
size: 949
```

AWS 관리 콘솔에서 'Elastic Container Registry'로 이동해 푸시된 이미지를 확인해본다.

---

31 'docker image push'를 실행했을 때 'denied: User: arn:aws:sts::[ACCOUNT_ID]:assumed-role/sbcntr-cloud9-role/*** is not authorized to perform' 이라고 표시된다면 IAM 정책에 정의한 권한이 부족하기 때문이다. 생성된 IAM 정책 'sbcntr-AccessingECRRepositoryPolicy'의 JSON 내용을 수정해야 한다.

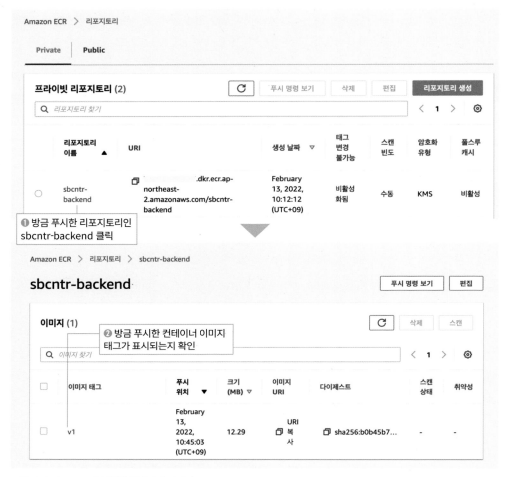

그림 4-4-34 ECR에 등록된 컨테이너 이미지

마지막으로 ECR에 등록한 컨테이너 이미지를 취득해 Cloud9 인스턴스에서 실행해본다.

ECR에서 취득한 이미지라는 것을 확실히 하기 위해 빌드한 컨테이너 이미지는 삭제한다.

빌드한 컨테이너 이미지 삭제 및 확인

```
~/environment/awsc (feature/#helloworld) $ docker image rm -f $(docker image ls -q)
Untagged: 123456789012.dkr.ecr.ap-northeast-2.amazonaws.com/sbcntr-backend:v1
Untagged: 123456789012.dkr.ecr.ap-northeast-2.amazonaws.com/sbcntr-backend@sha256:b0b45b
7494d9cbfb35d1e8790eabf386081beaa8231d008676116a7b12ebe2ac
Untagged: sbcntr-backend:v1
```

```
...
~/environment/awsc (feature/#helloworld) $ docker image ls
REPOSITORY    TAG         IMAGE ID    CREATED    SIZE
```

모든 도커 이미지가 삭제된 것을 확인했으면 ECR에서 컨테이너 이미지를 취득해본다.

ECR에서 컨테이너 이미지 취득

```
~/environment/awsc (feature/#helloworld) $ docker image pull ${AWS_ACCOUNT_ID}.dkr.ecr
.ap-northeast-2.amazonaws.com/sbcntr-backend:v1
v1: Pulling from sbcntr-backend
ab2f6dae3b54: Pull complete
9411f38bb959: Pull complete
0681ed65535e: Pull complete
Digest: sha256:b0b45b7494d9cbfb35d1e8790eabf386081beaa8231d008676116a7b12ebe2ac
Status: Downloaded newer image for 123456789012.dkr.ecr.ap-northeast-2.amazonaws.com/
sbcntr-backend:v1
123456789012.dkr.ecr.ap-northeast-2.amazonaws.com/sbcntr-backend:v1
```

다음 명령을 통해 취득한 컨테이너 이미지를 실행해 애플리케이션 동작을 확인해본다. curl 요청에 'Hello world'가 반환되면 성공이다.

취득한 컨테이너 이미지 실행

```
~/environment $ docker container run -d -p 8080:80 ${AWS_ACCOUNT_ID}.dkr.ecr.ap-
northeast-2.amazonaws.com/sbcntr-backend:v1
b05e87635f9f07dc43d7be537ff173dbba018ac0cd2dec311b18d913b5d648ec
~/environment $ docker container ls --format "table {{.ID}}\t{{.Image}}\t{{.Status}}
\t{{.Ports}}"
CONTAINER ID    IMAGE
STATUS               PORTS
b05e87635f9f    720723013877.dkr.ecr.ap-northeast-2.amazonaws.com/sbcntr-backend:v1    Up
About a minute    0.0.0.0:8080->80/tcp, :::8080->80/tcp

# 실행한 API 서버에 요청 전송
~/environment $ date; curl http://localhost:8080/v1/helloworld
Sun Feb 13 02:42:17 UTC 2022
{"data":"Hello world"}
```

같은 방법으로 프런트엔드 애플리케이션 컨테이너도 이미지를 생성해 ECR에 등록한다. 프런트엔드 쪽은 실행 확인은 하지 않는다.

빌드 도중 붉은 색 Warning 메시지가 표시될 것이다. 라이브러리 의존성 관련 경고이며 이 실습에 영향은 없으므로 무시한다.

프런트엔드 애플리케이션 컨테이너 이미지 생성 및 등록

```
~/environment $ cd ~/environment/awsc/
~/environment/awsc (feature/#helloworld) $ docker image build -t sbcntr-frontend .
Sending build context to Docker daemon  3.493MB
Step 1/21 : FROM node:14.16.0-alpine3.13 AS builder
14.16.0-alpine3.13: Pulling from library/node
...
Successfully built 6cc61240b75d
Successfully tagged sbcntr-frontend:latest
~/environment/awsc (feature/#helloworld) $ docker image tag sbcntr-frontend:latest
${AWS_ACCOUNT_ID}.dkr.ecr.ap-northeast-2.amazonaws.com/sbcntr-frontend:v1
~/environment/awsc (feature/#helloworld) $ docker image push ${AWS_ACCOUNT_ID}.dkr.ecr
.ap-northeast-2.amazonaws.com/sbcntr-frontend:v1
```

컨테이너 이미지 생성부터 레지스트리 등록 및 이미지 취득까지를 실행했다.

다음 단계는 여기서 생성한 컨테이너 이미지를 ECR/Fargate에서 실행시키는 것이다.

이제 이 장의 메인 주제인 ECR/Fargate에서 컨테이너를 실행하는 부분을 다룬다. 2장에서 설명한 ECS와 Fargate 서비스를 복습한다는 생각으로 진행하기 바란다.

ECS는 실행 컨테이너를 쉽게 실행, 중지 및 관리할 수 있게 하는 컨테이너 관리 서비스인 '제어 플레인'이다. 그리고 Fargate는 '서버리스 컴퓨팅 엔진'이다. 또한 Fargate는 컨테이너가 실제 가동하는 자원 환경을 제공하므로 '데이터 플레인'이라고도 한다. 참고로 앞절에서 구축한 ECR은 컨테이너 이미지를 보관하는 장소 역할을 한다.

이들의 관계성을 다시 확인하고 각 애플리케이션을 실행해본다.

▷ ECS on Fargate 동작 이미지 확인

개발자가 ECR에 컨테이너 이미지를 등록(푸시)한 뒤 등록된 컨테이너 이미지를 배포할 수 있게 ECS에 컨테이너 '정의'를 업데이트한다.

ECS는 컨테이너 정의에 지정된 컨테이너 이미지 정보를 참조하고 Fargate에 컨테이너 배포를 지시한다.

Fargate는 컨테이너별로 Firecracker[32]라고 하는 마이크로 VM을 실행하고 컨테이너는 마이크로 VM 위에서 실행된다. 정확히는 '태스크'라고 하는 복수의 컨테이너를 그룹으로 만들어 단위별 마이크로 VM이 실행된다.

이 흐름은 그림 4-5-1과 같다.

---

32 https://github.com/firecracker-microvm/firecracker

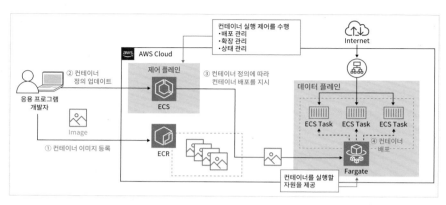

그림 4-5-1 ECS 동작 이미지 확인

ECS/Fargate 구성 요소를 다시 확인했으니 백엔드 애플리케이션을 ECS/Fargate에서 동작시키기 위한 AWS 작업 내용을 확인한다.

▷ 오케스트레이터 구축 내용 확인

예제에서 구축할 백엔드 애플리케이션 구성은 그림 4-5-2와 같다. 실제로는 다중 AZ 구성이지만, 그림으로 나타나면 복잡해지므로 한 개의 AZ만 기재했다.

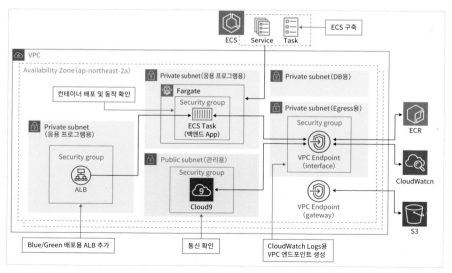

그림 4-5-2 컨테이너 오케스트레이터 구축 내용

구축 작업은 그림 4-5-3과 같이 단계별로 진행한다.

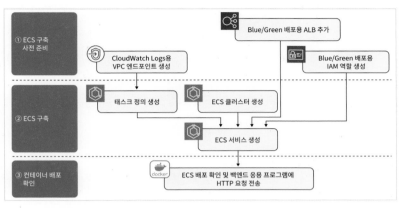

그림 4-5-3 컨테이너 오케스트레이터 구축 흐름

① 컨테이너에서 로그를 전송하기 위해 CloudWatch용으로 인터페이스형 VPC 엔드포인트를 생성

② 프런트엔드 애플리케이션에서 요청을 받기 위해 로드 밸런서인 ALB를 생성

③ ECS에는 태스크 정의, ECS 클러스터, ECS 서비스순으로 설정을 추가

④ 마지막으로 ECS가 ECR에서 컨테이너 이미지를 취득해 Fargate에 배포했는지 확인

이 예제에서는 컨테이너 로그 저장소로 'CloudWatch Logs'를 이용한다. 그리고 컨테이너 배포는 'Blue/Green 배포'를 이용한다.

Blue/Green 배포를 이용해 컨테이너를 배포하는 경우 배포 후 컨테이너 변경을 위한 다운타임 없이 작업이 가능하다. ECS에서는 ALB의 여러 리스너와 규칙, 대상 그룹 등을 연계해 이를 구현할 수 있다.

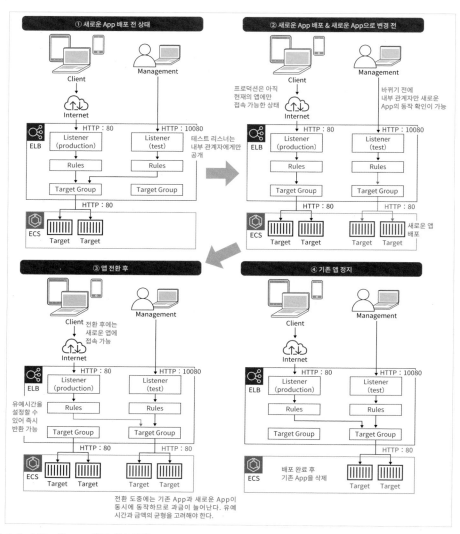

그림 4-5-4 Blue/Green 배포 내부 동작

그러면 AWS 서비스 구축 작업을 진행해본다.

▶ CloudWatch Logs용 VPC 엔드포인트 생성

ECR과 마찬가지로 CloudWatch Logs도 인터페이스형 VPC 엔드포인트를 제공한다. VPC 엔드포인트를 경유해 Fargate 로그를 전송하게끔 설정한다.

먼저 AWS 관리 콘솔에서 VPC로 이동한 뒤 엔드포인트를 생성한다.

그림 4-5-5 엔드포인트 생성

설정 항목	설정 값
이름 태그	sbcntr–vpce–logs

그림 4-5-6 CloudWatch Logs용 VPC 엔드포인트, 서비스 선택

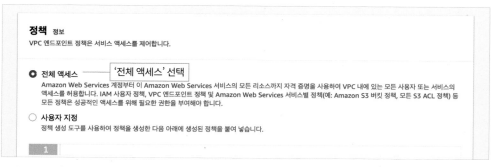

VPC

Select the VPC in which to create the endpoint

VPC
엔드포인트를 생성할 VPC입니다.

vpc-085db997e5f1e2810 (sbcntrVpc) ──── ❶ 생성한 VPC 선택   ▼   ⟳

▶ 추가 설정

서브넷 (2/4)   ❷ 각 영역에 egress 이름이
                    붙은 서브넷을 선택

	가용 영역	▽	서브넷 ID	▽
☑	ap-northeast-2a (apne2-az1)		subnet-0f31219d905ba1e3b ▼	
☑	ap-northeast-2b (apne2-az2)		subnet-0df8f098566510498 ▼	
▢	ap-northeast-2c (apne2-az3)		ⓘ 사용 가능한 서브넷 없음	
▢	ap-northeast-2d (apne2-az4)		ⓘ 사용 가능한 서브넷 없음	

subnet-0f31219d905ba1e3b ✕   subnet-0df8f098566510498 ✕
sbcntr-subnet-private-egress-1a   sbcntr-subnet-private-egress-1c

보안 그룹 (1/9) 정보   ⟳

🔍 보안 그룹 필터링   < 1 > ⚙

▬	그룹 ID	▽	그룹 이름	▽	VPC ID
☐	sg-0035e664cc6d6dd37		front-container		vpc-085db997e5f1e
☑	sg-00c21320bc438adb4		egress		vpc-085db997e5f1e

❸ 'egress'를 선택

그림 4-5-7 CloudWatch Logs용 VPC, 서브넷, 보안 그룹 선택

정책 정보
VPC 엔드포인트 정책은 서비스 액세스를 제어합니다.

🔘 전체 액세스 ──── '전체 액세스' 선택
Amazon Web Services 계정부터 이 Amazon Web Services 서비스의 모든 리소스까지 자격 증명을 사용하여 VPC 내에 있는 모든 사용자 또는 서비스의
액세스를 허용합니다. IAM 사용자 정책, VPC 엔드포인트 정책 및 Amazon Web Services 서비스별 정책(예: Amazon S3 버킷 정책, 모든 S3 ACL 정책) 등
모든 정책은 성공적인 액세스를 위해 필요한 권한을 부여해야 합니다.

⚪ 사용자 지정
정책 생성 도구를 사용하여 정책을 생성한 다음 아래에 생성된 정책을 붙여 넣습니다.

1

그림 4-5-8 정책 선택

태그는 이름 태그를 입력했으면 자동으로 생성되므로 하단의 '엔드포인트 생성' 버튼을 클릭한다. 생성이 완료되면 그림 4-5-9와 같이 생성된 내용을 확인할 수 있다.

	Name ▽	VPC 엔드포... ▽	VPC ID ▽	서비스 이름 ▽	엔드포인트 유형 ▽	상태
☐	sbcntr-vpce-ecr-api	vpce-0dedc3f...	vpc-085db99...	com.amazonaws.ap-northeast-2.ecr.api	Interface	⊘ 사용 가능
☐	sbcntr-vpce-ecr-dkr	vpce-092ac4...	vpc-085db99...	com.amazonaws.ap-northeast-2.ecr.dkr	Interface	⊘ 사용 가능
☐	sbcntr-vpce-s3	vpce-000862...	vpc-085db99...	com.amazonaws.ap-northeast-2.s3	Gateway	⊘ 사용 가능
☐	sbcntr-vpce-logs	vpce-035c3b...	vpc-085db99...	com.amazonaws.ap-northeast-2.logs	Interface	⊘ 사용 가능

엔드포인트 (4) 정보

그림 4-5-9 지금까지 생성한 4개의 VPC 엔드포인트 확인

▷ Blue/Green 배포용 ALB 추가

이제 ECS에서 Blue/Green 배포를 하기 위해 그림 4-5-10과 같은 형태로 ALB를 추가한다.

ECS에서 Blue/Green 배포를 구현할 때 프로덕션 리스너 외 테스트 리스너를 ALB에 설정할 수 있다. 테스트 리스너 생성은 필수는 아니지만, 애플리케이션 배포 전에 내부 테스트를 위해 생성하는 것을 추천한다.

여기서는 처음에 생성한 리스너를 프로덕션 리스너로 하고 여기에 연결된 대상 그룹을 Blue로, 테스트 리스너에 연결된 대상 그룹을 Green으로 취급한다.

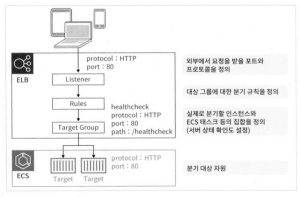

그림 4-5-10 ALB 구성요소 간 관계도

ALB 생성

로드 밸런서는 EC2 대시보드에서 확인할 수 있다.

AWS 관리 콘솔에서 'EC2'를 열어 ALB 생성을 진행한다.

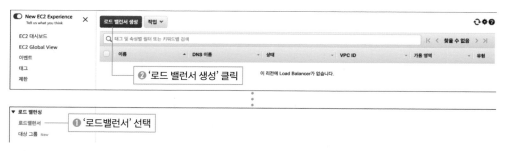

그림 4-5-11 로드 밸런서 생성

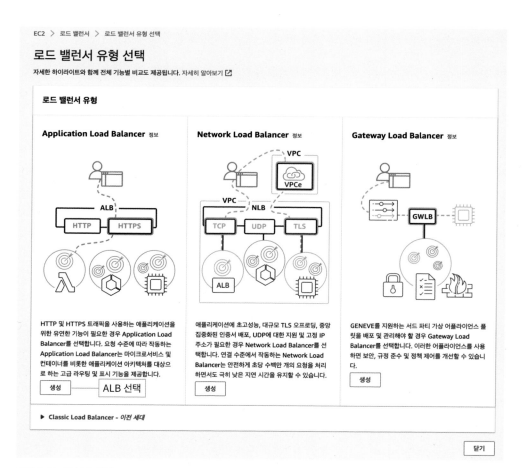

그림 4-5-12 ALB 선택

설정 항목	설정 값
로드 밸런서 이름	sbcntr-alb-internal

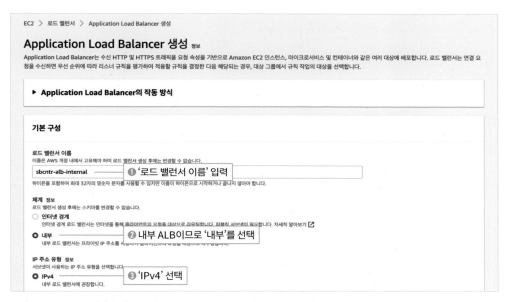

그림 4-5-13 로드 밸런서 기본 구성

그림 4-5-14 네트워크 매핑

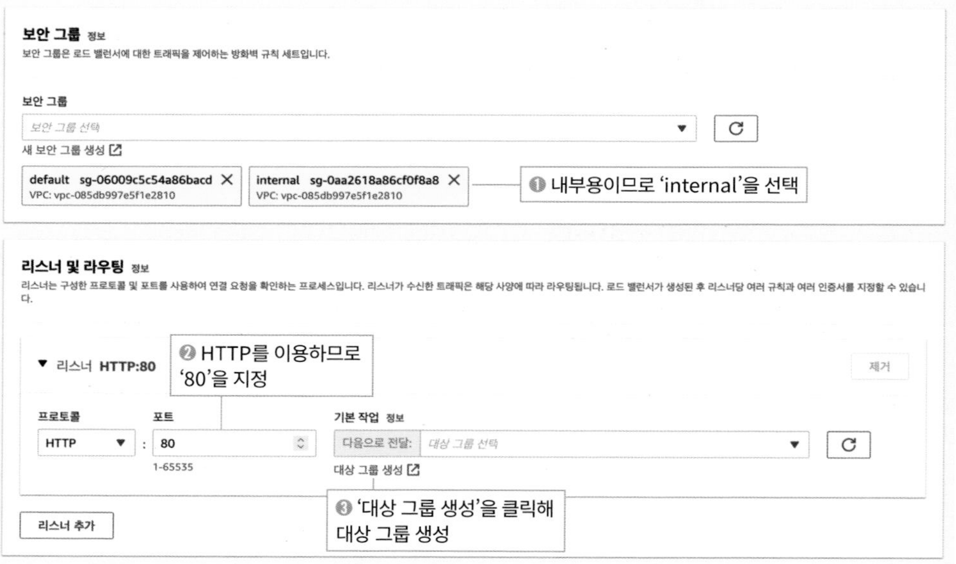

그림 4-5-15 보안 그룹 및 리스너 설정

리스너 프로토콜을 HTTPS로 하는 경우 적용할 인증서 정보 등을 지정한다. 여기서는 HTTP만 이용하므로 인증서 생성 및 적용은 하지 않는다. 대상 그룹이 없으므로 '대상 그룹 생성' 링크를 클릭해 대상을 생성한다.

대상 그룹 이름은 Blue라는 것을 알 수 있게 한다. '성공 코드'는 일반적으로 사용하는 코드인 '200'으로 설정한다.

기본 구성

설정 항목	설정 값
대상 그룹 이름	sbcntr-tg-sbcntrdemo-blue
상태 검사 경로	/healthcheck

고급 상태 검사 설정

설정 항목	설정 값
정상 임계 값	3
비정상 임계 값	2

설정 항목	설정 값
제한 시간	5
간격	15
성공 코드	200

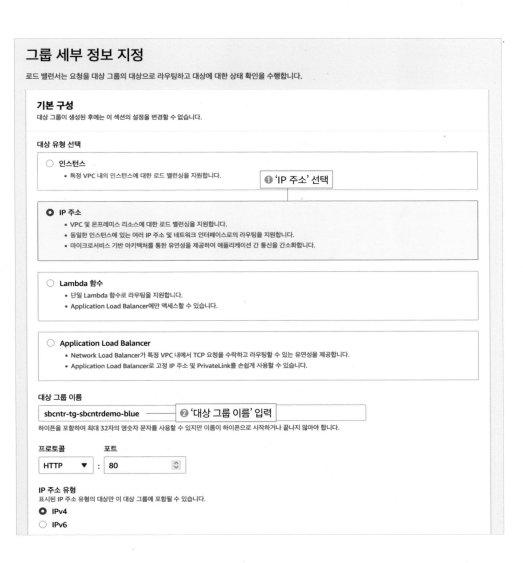

그룹 세부 정보 지정

로드 밸런서는 요청을 대상 그룹의 대상으로 라우팅하고 대상에 대한 상태 확인을 수행합니다.

기본 구성

대상 그룹이 생성된 후에는 이 섹션의 설정을 변경할 수 없습니다.

대상 유형 선택

○ 인스턴스
 • 특정 VPC 내의 인스턴스에 대한 로드 밸런싱을 지원합니다.   ❶ 'IP 주소' 선택

◉ IP 주소
 • VPC 및 온프레미스 리소스에 대한 로드 밸런싱을 지원합니다.
 • 동일한 인스턴스에 있는 여러 IP 주소 및 네트워크 인터페이스로의 라우팅을 지원합니다.
 • 마이크로서비스 기반 아키텍처를 통한 유연성을 제공하여 애플리케이션 간 통신을 간소화합니다.

○ Lambda 함수
 • 단일 Lambda 함수로 라우팅을 지원합니다.
 • Application Load Balancer에만 액세스할 수 있습니다.

○ Application Load Balancer
 • Network Load Balancer가 특정 VPC 내에서 TCP 요청을 수락하고 라우팅할 수 있는 유연성을 제공합니다.
 • Application Load Balancer로 고정 IP 주소 및 PrivateLink를 손쉽게 사용할 수 있습니다.

대상 그룹 이름

sbcntr-tg-sbcntrdemo-blue ──── ❷ '대상 그룹 이름' 입력

하이픈을 포함하여 최대 32자의 영숫자 문자를 사용할 수 있지만 이름이 하이픈으로 시작하거나 끝나지 않아야 합니다.

프로토콜   포트

HTTP ▼ : 80 ⇕

IP 주소 유형

표시된 IP 주소 유형의 대상만 이 대상 그룹에 포함될 수 있습니다.

◉ IPv4
○ IPv6

VPC
로드 밸런서를 호스팅하는 VPC를 선택합니다. 위에서 선택한 IP 주소 유형을 지원하는 VPC만 이 목록에서 사용할 수 있습니다. **대상 등록** 페이지에서 이 VPC의 IP 주소 또는 이 로드 밸런서의 VPC 외부에 위치한 프라이빗 IP 주소(Direct Connect 또는 VPN을 통해 액세스할 수 있는 피어링된 VPC, EC2-Classic 또는 온프레미스 대상)를 등록할 수 있습니다.

> sbcntrVpc
> vpc-085db997e5f1e2810
> IPv4: 10.0.0.0/16

프로토콜 버전 ❸ 생성한 VPC 선택

◉ HTTP1
HTTP/1.1을 사용하여 대상으로 요청을 전송합니다. 요청 프로토콜이 HTTP/1.1 또는 HTTP/2일 때 지원됩니다.

○ HTTP2
HTTP/2를 사용하여 대상으로 요청을 전송합니다. 요청 프로토콜이 HTTP/2 또는 gRPC일 때 지원되지만 gRPC 전용 기능은 사용할 수 없습니다.

그림 4-5-16 대상 그룹 생성 – 기본 구성

상태 검사
연결된 Load Balancer가 상태 테스트를 위해 등록된 대상에 아래 설정에 따라 요청을 주기적으로 전송합니다.

상태 검사 프로토콜

| HTTP ▼ |

상태 검사 경로
기본 경로 "/" 를 사용하여 루트를 ping하거나 원하는 경우 사용자 지정 경로를 지정합니다.

| /healthcheck | ❶ '상태 검사 경로' 입력
최대 1024자까지 허용됩니다.

▼ **고급 상태 검사 설정**   기본값 복원

포트
대상에 대한 상태 검사를 수행할 때 Load Balancer가 사용하는 포트입니다. 기본값은 각 대상이 Load Balancer로부터 트래픽을 수신하는 포트이지만, 다른 포트를 지정할 수 있습니다.

◉ 트래픽 포트
○ 재정의

정상 임계 값
비정상 상태의 대상을 정상으로 간주하기까지 필요한 연속적 상태 검사 성공 횟수입니다.

| 3 ⬍ |
2-10

비정상 임계값
대상을 비정상 상태로 간주하기까지 필요한 연속적인 상태 검사 실패 횟수입니다.

| 2 ⬍ |
2-10

제한 시간
상태 검사 실패를 의미하는 응답이 없는 기간입니다.

| 5 ⬍ | 초
2-120   ❷ 표의 값을 참조해 입력

간격
개별 대상의 상태 검사 사이의 대략적인 시간입니다.

| 15 ⬍ | 초
5-300

성공 코드
대상으로부터 응답 성공을 확인할 때 사용하는 HTTP 코드입니다. 값 범위(예: "200-299")에서 여러 값(예: "200,202")을 지정할 수 있습니다.

| 200 |

그림 4-5-17 대상 그룹 생성 – 상태 검사 설정

값을 입력했으면 '다음' 버튼을 클릭해 '대상 등록' 화면으로 이동한다. 이 단계에서는 특별히 설정할 것이 없다. 화면 하단의 '대상 그룹 생성'을 클릭해 대상 그룹 생성을 완료한다.

대상 그룹 생성이 완료되면 다시 로드 밸런서 생성 화면으로 돌아가 방금 생성한 대상 그룹을 선택한다.

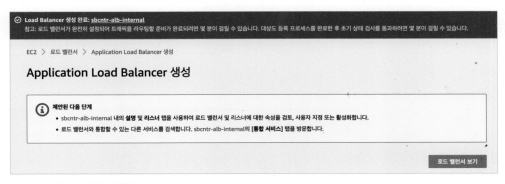

그림 4-5-18 대상 그룹 선택

모두 선택했으면 화면 하단의 '로드 밸런서 생성' 버튼을 눌러 로드 밸런서 생성을 시작한다.

그림 4-5-19 로드 밸런서 생성

생성한 ALB 상태가 '프로비저닝 중'에서 '활성화' 상태로 바뀌면 사용 가능한 상태가 된 것이다. 초기 생성 시에는 역할 설정을 할 수 없다. 역할 설정은 ALB가 생성된 후 필요에 따라 실시한다.

이것으로 ALB 설정이 완료됐다. 여기서는 보안 그룹에서 80번 포트만 허가했지만, ICMP를 허가해 생성한 ALB에 ping을 보내 상태 확인을 할 수도 있다.

Green 대상 그룹과 리스너 생성

ALB를 만들 때 Blue 대상 그룹만을 만들었으므로 Green 대상 그룹도 추가한다.

그림 4-5-20 대상 그룹 생성

설정 방법은 동일하다. Blue 대상 그룹을 생성했을 때와 마찬가지로 다음 표의 값을 이용해 대상 그룹을 생성한다.

기본 구성

설정 항목	설정 값
대상 그룹 이름	sbcntr-tg-sbcntrdemo-green
상태 검사 경로	/healthcheck

고급 상태 검사 설정

설정 항목	설정 값
정상 임계 값	3
비정상 임계 값	2
제한 시간	5
간격	15
성공 코드	200

Green 대상 그룹을 생성했지만 아직 리스너 추가가 되지 않았으므로 리스너를 추가해야 한다.

로드 밸런서로 이동해 리스너를 추가한다.

그림 4-5-21 리스너 추가

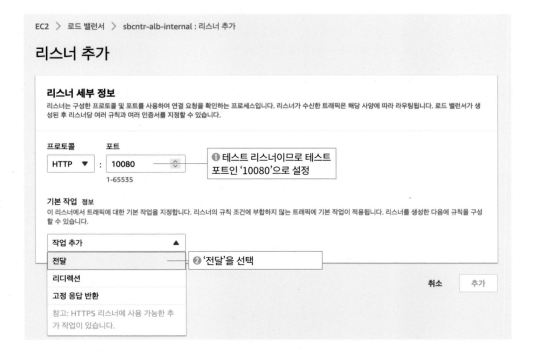

그림 4-5-22 리스너 프로토콜 및 기본 작업 선택

생성이 완료되면 그림 4-5-21의 리스너 목록에 새로 생성한 리스너가 표시된다.

▷ Internal용 보안 그룹 변경

생성한 테스트 리스너는 프로덕션으로 전환하기 전의 확인용 포트다. 이 포트는 인터넷이나 외부 애플리케이션으로부터 접속하는 것이 아니라 관리 용도로 제한해야 한다.

따라서 테스트 리스너 포트는 관리 서버에서만 접속 가능하도록 Internal용 보안 그룹 설정을 변경한다.

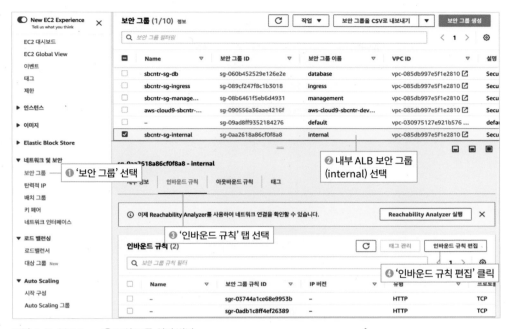

그림 4-5-23 Internal용 보안 그룹 설정 변경

그림 4-5-24 10080 포트를 인바운드 규칙에 추가

이상으로 보안 그룹 설정이 완료됐다.

▷ Blue/Green 배포용 IAM 역할 생성

ECS를 구축하기 전 마지막 준비는 ECS가 ALB와 연동해 Blue/Green 배포를 실행할 수 있게 하기 위한 IAM 역할 생성이다.

AWS 공식 문서[33]를 보면서 추가해 나간다.

AWS 관리 콘솔에서 'IAM' 서비스로 이동한다.

그림 4-5-25 IAM 역할 생성

---

33 https://docs.aws.amazon.com/ko_kr/AmazonECS/latest/developerguide/codedeploy_IAM_role.html

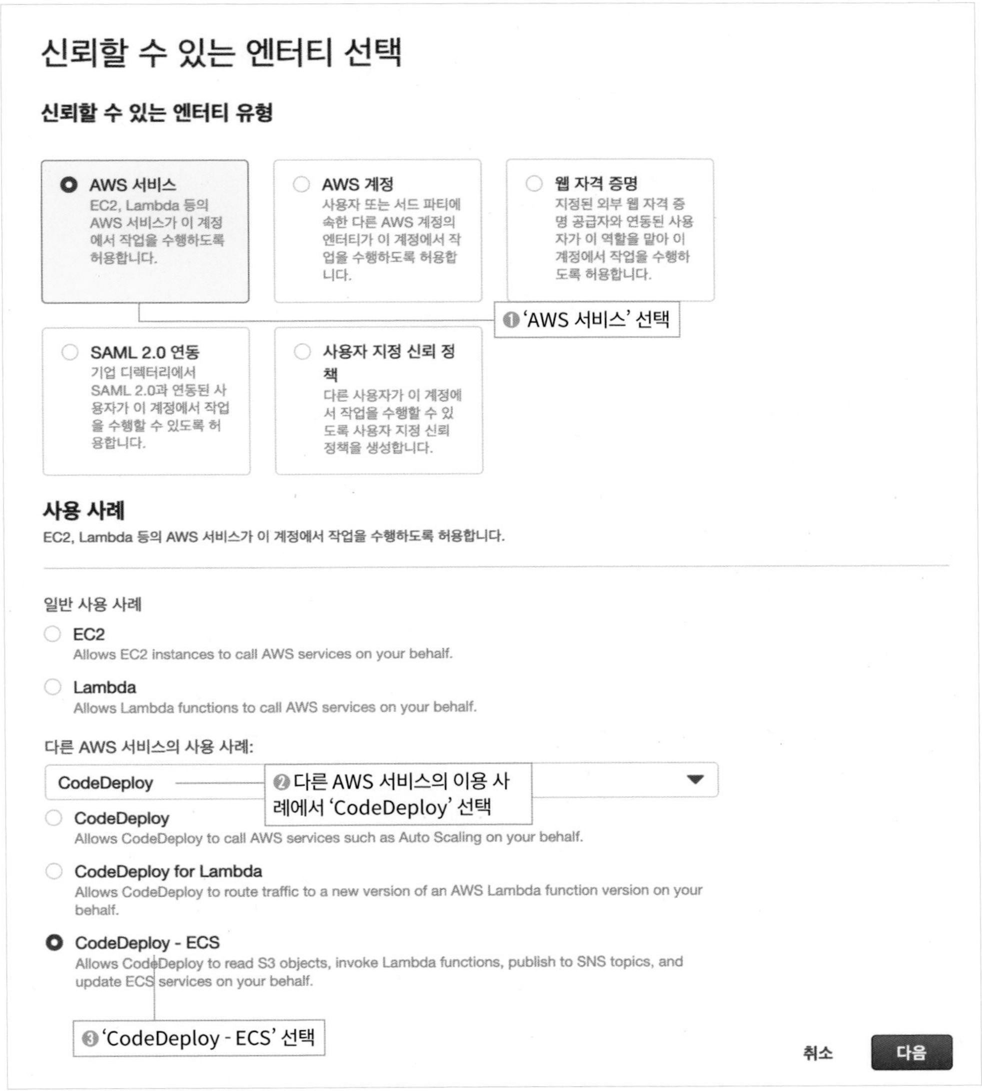

신뢰할 수 있는 엔터티 선택

신뢰할 수 있는 엔터티 유형

○ **AWS 서비스**
EC2, Lambda 등의 AWS 서비스가 이 계정에서 작업을 수행하도록 허용합니다.

○ **AWS 계정**
사용자 또는 서드 파티에 속한 다른 AWS 계정의 엔터티가 이 계정에서 작업을 수행하도록 허용합니다.

○ **웹 자격 증명**
지정된 외부 웹 자격 증명 공급자와 연동된 사용자가 이 역할을 맡아 이 계정에서 작업을 수행하도록 허용합니다.

❶ 'AWS 서비스' 선택

○ **SAML 2.0 연동**
기업 디렉터리에서 SAML 2.0과 연동된 사용자가 이 계정에서 작업을 수행할 수 있도록 허용합니다.

○ **사용자 지정 신뢰 정책**
다른 사용자가 이 계정에서 작업을 수행할 수 있도록 사용자 지정 신뢰 정책을 생성합니다.

사용 사례
EC2, Lambda 등의 AWS 서비스가 이 계정에서 작업을 수행하도록 허용합니다.

일반 사용 사례

○ **EC2**
Allows EC2 instances to call AWS services on your behalf.

○ **Lambda**
Allows Lambda functions to call AWS services on your behalf.

다른 AWS 서비스의 사용 사례:

| CodeDeploy | ▼ |

❷ 다른 AWS 서비스의 이용 사례에서 'CodeDeploy' 선택

○ **CodeDeploy**
Allows CodeDeploy to call AWS services such as Auto Scaling on your behalf.

○ **CodeDeploy for Lambda**
Allows CodeDeploy to route traffic to a new version of an AWS Lambda function version on your behalf.

● **CodeDeploy - ECS**
Allows CodeDeploy to read S3 objects, invoke Lambda functions, publish to SNS topics, and update ECS services on your behalf.

❸ 'CodeDeploy - ECS' 선택

취소   다음

그림 4-5-26 IAM 역할을 이용할 서비스 선택

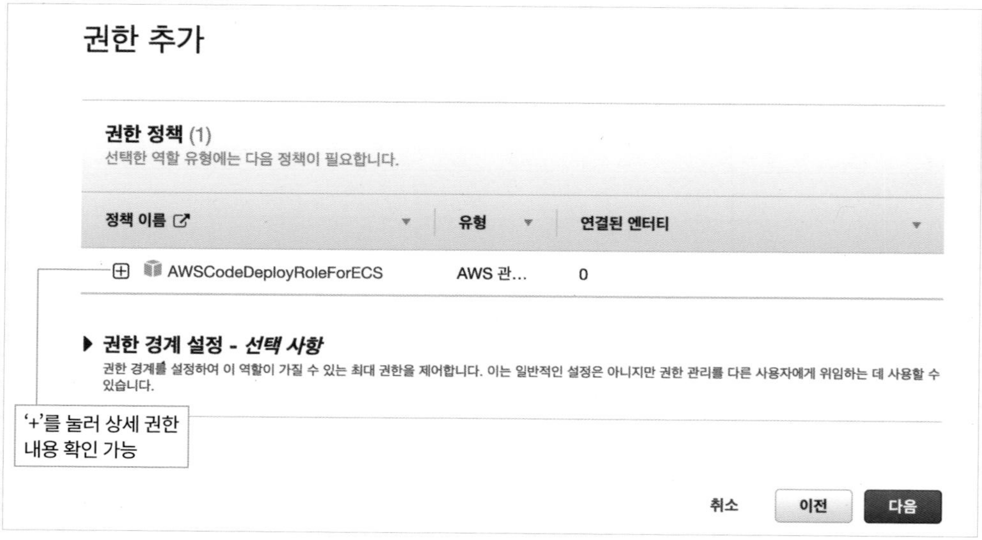

그림 4-5-27 정책 권한 추가

2단계 권한 추가에서는 특별히 손댈 것은 없으니 다음으로 진행한다.

이름 지정 및 검토 화면에서 이름을 지정한다. ECS에서 배포하는 역할은 다른 곳에서도 사용할수 있으므로 범용적인 이름으로 짓는다.

설정 항목	설정 값
역할 이름	ecsCodeDeployRole

그림 4-5-28 역할 이름 설정

마지막으로 화면 하단의 '역할 생성'을 클릭하면 역할이 만들어진다. 이것으로 ECS를 구축하기전에 해야 하는 준비 작업을 완료했다.

▷ ECS 구축

'태스크 정의 생성', 'ECS 클러스터 생성', 'ECS 서비스 생성' 순으로 진행한다. ECS 서비스를 생성하기 위해서는 ECS 서비스 안에서 이용할 태스크 정의를 지정해야 하므로 가장 마지막에 수행해야 한다. 설정 항목이 매우 많지만 설명대로 차근차근 진행하면 문제없이 구축을 완료할 수 있을 것이다.

ECS 콘솔은 2020년 12월부터 새로운 UI가 적용[34]됐으나, 새로운 UI에서는 배포 타입으로 롤링 업데이트만을 지원하므로 Blue/Green 배포를 지원하는 이전 UI에서 구축[35] 작업을 진행한다. 추가적으로 이전 UI에서는 '태스크 정의'가 아니라 '작업 정의'로 표현돼 있다. 여기서는 혼란을 피하고자 '작업 정의'라고 기재한다.

그림 4-5-29 이전 UI를 이용하도록 변경

태스크 정의 생성

'태스크 정의'는 여러 컨테이너 정의를 포함한 태스크 템플릿을 다룬다. 컨테이너 정의에는 '컨테이너 애플리케이션 등록'에서 등록한 백엔드인 'sbcntr-backend' 이미지를 지정한다.

34 https://aws.amazon.com/ko/about-aws/whats-new/2020/12/amazon-elastic-container-service-launches-new-management-console/
35 https://docs.aws.amazon.com/ko_kr/AmazonECS/latest/userguide/create-service-console-v2.html

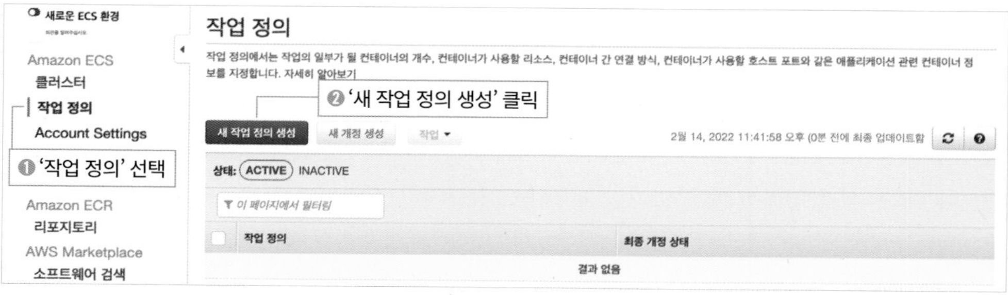

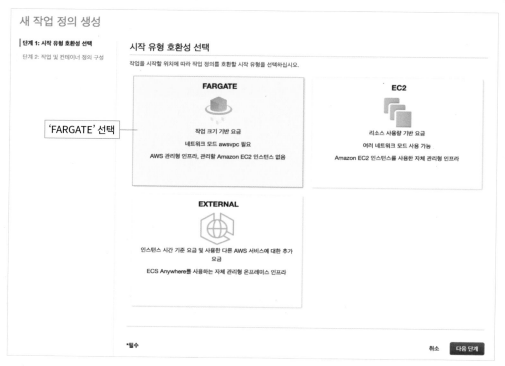

그림 4-5-30 태스크 정의 생성

그림 4-5-31 시작 유형 호환성 선택

'단계 2: 작업 및 컨테이너 정의 구성'에서 먼저 화면 중간에 있는 '컨테이너 추가'를 클릭하면 컨테이너 추가 화면이 표시된다.

작업 크기

작업 크기를 통해 작업의 고정된 크기를 지정할 수 있습니다. 작업 크기는 Fargate 시작 유형을 사용하는 작업에 대해 필요하며, EC2 또는 External 시작 유형에 대해서는 선택 사항입니다. 작업 크기가 설정되면 컨테이너 수준 메모리 설정은 선택 사항입니다. 작업 크기는 Windows 컨테이너에서 지원되지 않습니다.

작업 메모리(GB)

작업에 사용되는 메모리 용량(MiB). MiB를 단위로 사용하여 정수(예: 1024)로 나타내거나, GB를 사용하여 문자열(예: '1GB' 또는 '1gb')로 나타낼 수 있습니다.

작업 CPU(vCPU)

작업에 사용되는 CPU 단위 개수. CPU 단위를 사용하여 정수(예: 1024)로 나타내거나, vCPU를 사용하여 문자열(예: '1vCPU' 또는 '1vcpu')로 나타낼 수 있습니다.

컨테이너 정의

컨테이너 추가 ── '컨테이너 추가' 클릭

컨테이너 이름	이미지	하드/소프트 ...	CPU 단위	GPU	Inference ...	필수
			결과 없음			

서비스 통합

AWS App Mesh는 마이크로서비스에 대한 모니터링 및 제어를 용이하게 하는 Envoy 프록시에 기반을 둔 서비스 메시입니다. App Mesh는 마이크로서비스의 통신 방식을 표준화하여 애플리케이션을 전체적으로 파악하고 고가용성을 유지할 수 있도록 합니다. App Mesh 통합을 활성화하려면 다음 필드를 작성한 다음 적용을 선택하여 프록시 구성을 자동 구성합니다. 자세히 알아보기

App Mesh 통합 활성화 ☐

프록시 구성

App Mesh 프록시에 대한 구성 세부 정보입니다. 이 필드는 위의 App Mesh 통합 옵션을 적용한 후에 자동으로 구성되며 그렇지 않으면 수동으로 구성해야 합니다. 자세히 알아보기

그림 4-5-32 컨테이너 추가 화면 표시

설정할 내용이 꽤 많다. 설정 항목 중 몇 가지를 살펴보자.

프라이빗 레지스트리 인증

인증이 필요한 프라이빗 레지스트리에서 이미지를 취득할 경우 지정한다. ECR 프라이빗 리포지토리를 이용하는 경우는 설정하지 않는다.

상태 확인

ECS가 지정한 명령을 실행해 컨테이너의 상태를 확인한다. 구축할 애플리케이션에서는 ALB의 상태 확인 기능으로 충분하기 때문에 설정하지 않는다.

필수

해당 컨테이너에 장애가 있어도 무시하고 나머지 태스크를 실행할지 결정한다. 특별한 이유가 없는 이상 설정하는 것이 좋다.

컨테이너 시간 초과

태스크 내 여러 컨테이너가 있고 컨테이너가 시작될 때 의존성 때문에 시간이 걸릴 경우 대기할 시간을 지정한다. 여기서는 컨테이너가 1개뿐이므로 설정하지 않는다.

네트워크 설정

컨테이너 내의 네트워크를 지정한다. Fargate는 awsvpc 모드로 동작해 이 네트워크 설정은 지원하지 않으므로 설정하지 않는다.

스토리지 및 로깅

스토리지 관련 설정을 할 수 있지만, 여기서는 이용하지 않는다.

이처럼 컨테이너 실행과 관련된 상세한 설정을 할 수 있다. 그럼 다음 표를 참고해 필요한 설정 값을 입력한다. [aws_account_id]에는 자신의 AWS 계정 ID를 입력한다.

설정 항목	설정 값
컨테이너 이름	app
이미지	[aws_account_id].dkr.ecr.ap-northeast-2.amazonaws.com/sbcntr-backend:v1
메모리 제한	소프트제한, 512
포트 매핑	80

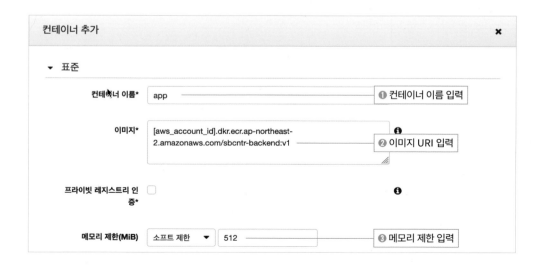

그림 4-5-33 컨테이너 정의 기본 설정

다음으로 환경에서 'CPU 단위'를 입력하고 '필수'에 체크, 스토리지 및 로깅에서 '읽기 전용 루트 파일 시스템'을 체크한다. 그 외 설정은 모두 기본인 상태로 둔다.

설정 항목	설정 값
CPU 단위	256
기본	체크
읽기 전용 루트 파일 시스템	체크

그림 4-5-34 환경 설정

그림 4-5-35 스토리지 및 로깅 설정

추가가 완료되면 태스크 정의 내에 컨테이너 정의가 표시된다.

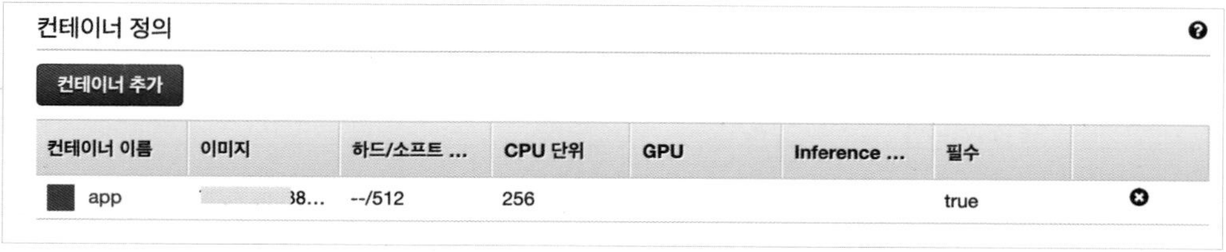

그림 4-5-36 컨테이너 정의 생성 후

태스크 정의 이름은 백엔드 애플리케이션이라는 것을 알기 쉽게 짓는다.

설정 항목	설정 값
태스크 정의 이름	sbcntr-backend-def

그림 4-5-37 작업 및 컨테이너 정의 구성

설정 항목	설정 값
작업 메모리	1GB
작업 CPU	0.5 vCPU

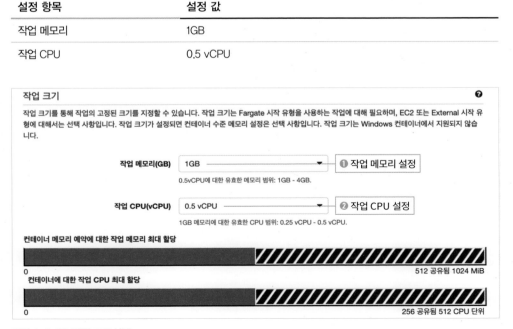

그림 4-5-38 작업 크기 설정

서비스 통합

AWS App Mesh는 마이크로서비스에 대한 모니터링 및 제어를 용이하게 하는 Envoy 프록시에 기반을 둔 서비스 메시입니다. App Mesh는 마이크로서비스의 통신 방식을 표준화하여 애플리케이션을 전체적으로 파악하고 고가용성을 유지할 수 있도록 합니다. App Mesh 통합을 활성화하려면 다음 필드를 작성한 다음 **적용**을 선택하여 프록시 구성을 자동 구성합니다. 자세히 알아보기

App Mesh 통합 활성화 ☐

프록시 구성

App Mesh 프록시에 대한 구성 세부 정보입니다. 이 필드는 위의 App Mesh 통합 옵션을 적용한 후에 자동으로 구성되며 그렇지 않으면 수동으로 구성해야 합니다. 자세히 알아보기

프록시 구성 활성화 ☐

로그 라우터 통합

Amazon ECS용 FireLens를 사용하면 로그 저장 및 분석을 위해 로그를 AWS 서비스 또는 AWS Partner Network(APN) 대상으로 라우팅할 수 있습니다. FireLens는 Fluentd 및 Fluent Bit에서 작동합니다. 로그 라우터 컨테이너를 자동 구성하려면 다음 필드를 작성한 다음, [적용]을 선택합니다. 자세히 알아보기

FireLens 통합 활성화 ☐

볼륨

볼륨 구성을 사용하여 작업 내 컨테이너에서 사용할 볼륨을 추가합니다. 볼륨을 추가하려면 [**볼륨 추가**]를 선택하고 필드를 작성한 다음 [**추가**]를 선택합니다. 자세히 알아보기

⊕ 볼륨 추가

JSON을 통한 구성

Tags

키	값
키 추가	값 추가

'생성' 클릭

*필수   취소   이전   생성

그림 4-5-39 기타 설정

AWS 관리 콘솔을 통해 작업 정의를 생성하면 작업 정의를 생성하는 태스크 에이전트가 태스크 실행 역할과 CloudWatch Logs의 로그 그룹도 생성한다.

ECS의 내비게이션 메뉴에서 작업 정의를 클릭하면 생성된 내용을 확인할 수 있다. '상태'가 'Active'가 되면 태스크 정의가 활성화된 것이다.

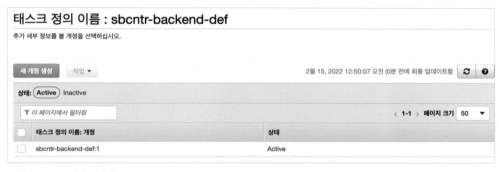

그림 4-5-40 작업 정의 확인

ECS 클러스터 생성

ECS 대시보드 왼쪽 내비게이션 메뉴에서 '클러스터'를 선택해 '클러스터 생성' 버튼을 눌러 클러스터를 생성한다.

그림 4-5-41 클러스터 생성

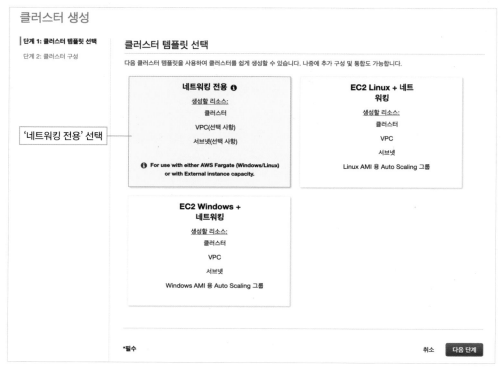

그림 4-5-42 ECS 클러스터 템플릿 선택

클러스터 이름은 백엔드 애플리케이션용이라는 것을 알기 쉽게 짓는다.

ECS는 CloudWatch Container Insights라는 기능을 이용해 태스크에 대한 상세한 지표를 취득할 수 있다. 기본적인 CPU와 메모리 사용률 외에도 네트워크 사용률과 컨테이너 실행 실패 내용과 같은 정보도 획득할 수 있으므로 운영에 많은 도움이 된다. 이 실습에서도 이 기능은 활성화한다[36].

설정 항목	설정 값
작업 메모리	1GB

---

[36] 이미 생성된 ECS 클러스터는 AWS CLI로 활성화할 수 있다.
  aws ecs update-cluster-settings —cluster myClCluster —settings name=containerInsights, value=enabled

그림 4-5-43 클러스터 설정

생성 버튼을 클릭하면 '시작 상태' 화면으로 이동한다. 여기서 **'클러스터 보기'** 버튼을 클릭하면 생성된 클러스터가 표시된다.

그림 4-5-44 ECS 클러스터 생성 완료

ECS 서비스 생성

마지막으로 ECS 서비스를 생성한다. ECS 서비스 생성은 가장 시간이 많이 걸리고 설정할 내용도 많다.

ECS 서비스 자체의 정의, 네트워크와 ALB 정의, Auto Scaling 정의와 설정을 해야 한다. ALB와 연계해 태스크 동작을 제어한다고 생각하면서 설정을 진행하면 된다.

ECS 클러스터 생성 완료 화면에서 작업을 진행한다.

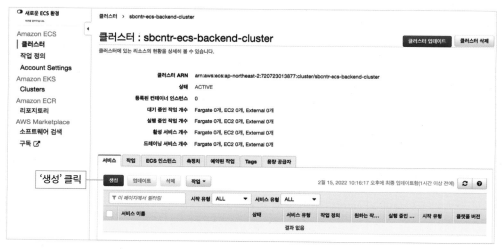

그림 4-5-45 ECS 서비스 생성

첫 생성 단계에서 설정할 값은 다음과 같다. 다른 설정 값은 그림을 참고해 설정한다.

설정 항목	설정 값
작업 정의	sbcntr-backend-def
클러스터	sbcntr-ecs-backend-cluster
서비스 이름	sbcntr-ecs-backend-service

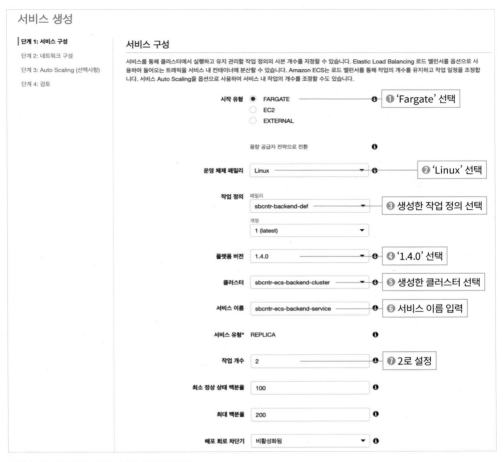

그림 4-5-46 ECS 서비스 설정: 서비스 구성

설정 항목	설정 값
배포 구성	CodeDeployDefault.ECSAllAtOnce
CodeDeploy를 위한 서비스 역할	ecsCodeDeployRole

'배포 구성'에서는 Canary 배포를 수행하는 등의 옵션 선택을 할 수 있다. 여기서는 단순히 Blue/Green 배포를 하므로 'ECSAllAtOnce'를 선택한다.

AWS가 제공하는 태그를 붙이도록 'ECS 관리형 태그 활성화'에 체크한다.

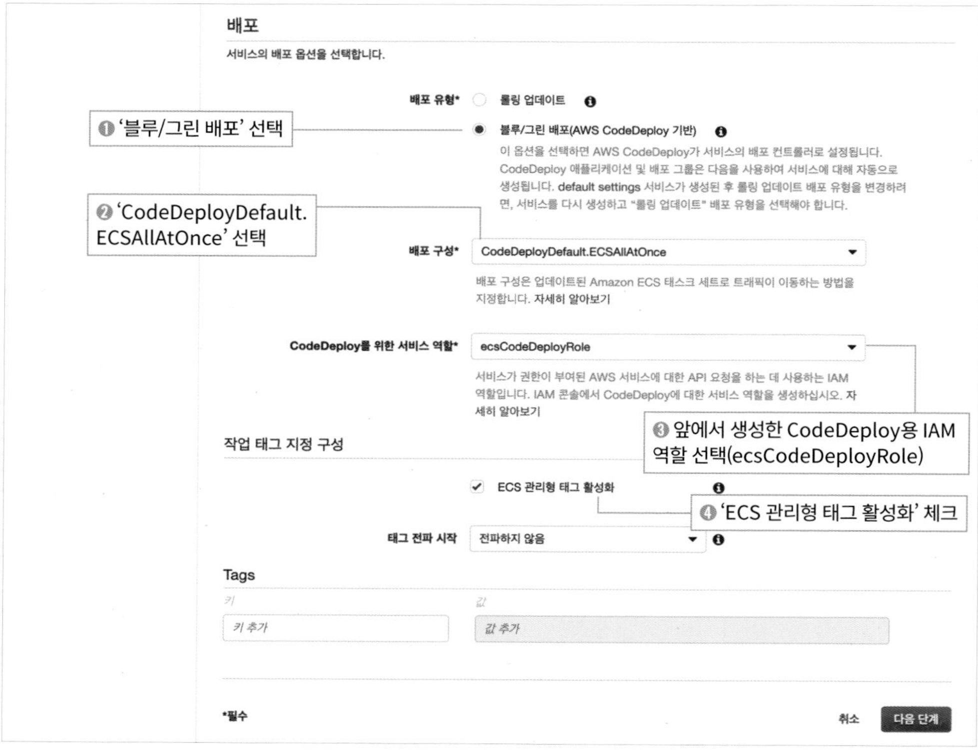

그림 4-5-47 ECS 서비스 설정: 배포

클러스터를 선택하고 서브넷을 지정한다. 애플리케이션용으로 준비한 'container'라는 이름을 붙인 서브넷 2개(1a, 1c)를 선택한다.

컨테이너는 프라이빗 서브넷에서만 동작하고 직접 인터넷에 접속하지 않으므로 **자동 할당 퍼블릭 IP**'는 'DISABLED'로 한다.

보안 그룹의 '**편집**' 버튼을 클릭하면 별도로 보안 그룹 선택 화면이 나타난다. 설정 내용은 그림 4-5-48과 같다.

'상태 검사 유예 기간' 입력은 로드 밸런서를 선택한 다음에 할 수 있다.

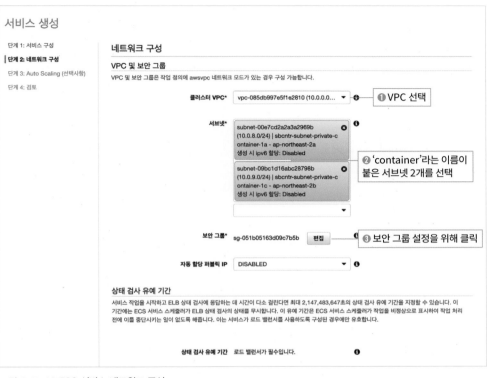

그림 4-5-48 ECS 서비스 네트워크 구성

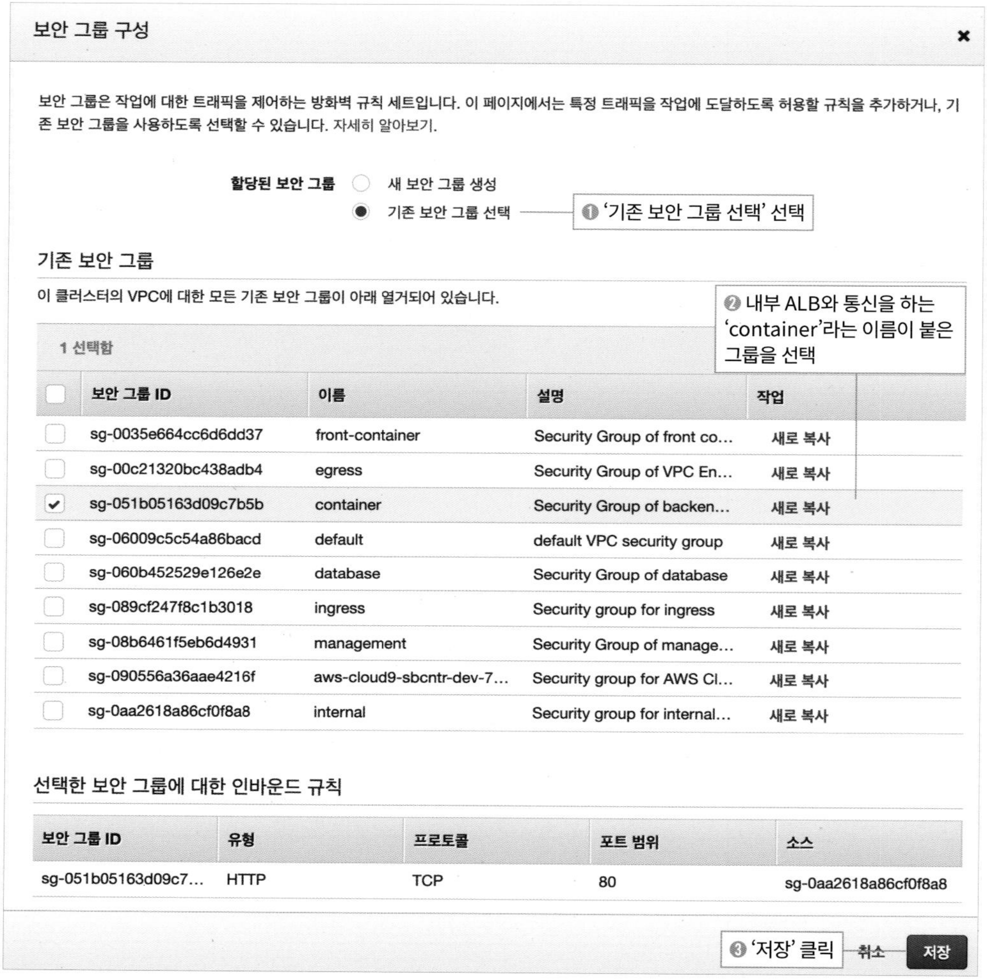

보안 그룹 구성   ✕

보안 그룹은 작업에 대한 트래픽을 제어하는 방화벽 규칙 세트입니다. 이 페이지에서는 특정 트래픽을 작업에 도달하도록 허용할 규칙을 추가하거나, 기존 보안 그룹을 사용하도록 선택할 수 있습니다. 자세히 알아보기.

할당된 보안 그룹   ◯ 새 보안 그룹 생성
                   ◉ 기존 보안 그룹 선택 ────── ❶ '기존 보안 그룹 선택' 선택

기존 보안 그룹

이 클러스터의 VPC에 대한 모든 기존 보안 그룹이 아래 열거되어 있습니다.

❷ 내부 ALB와 통신을 하는 'container'라는 이름이 붙은 그룹을 선택

1 선택함

	보안 그룹 ID	이름	설명	작업
☐	sg-0035e664cc6d6dd37	front-container	Security Group of front co…	새로 복사
☐	sg-00c21320bc438adb4	egress	Security Group of VPC En…	새로 복사
☑	sg-051b05163d09c7b5b	container	Security Group of backen…	새로 복사
☐	sg-06009c5c54a86bacd	default	default VPC security group	새로 복사
☐	sg-060b452529e126e2e	database	Security Group of database	새로 복사
☐	sg-089cf247f8c1b3018	ingress	Security group for ingress	새로 복사
☐	sg-08b6461f5eb6d4931	management	Security Group of manage…	새로 복사
☐	sg-090556a36aae4216f	aws-cloud9-sbcntr-dev-7…	Security group for AWS Cl…	새로 복사
☐	sg-0aa2618a86cf0f8a8	internal	Security group for internal…	새로 복사

선택한 보안 그룹에 대한 인바운드 규칙

보안 그룹 ID	유형	프로토콜	포트 범위	소스
sg-051b05163d09c7…	HTTP	TCP	80	sg-0aa2618a86cf0f8a8

❸ '저장' 클릭   취소   저장

그림 4-5-49 보안 그룹 선택

설정 항목	설정 값
로드 밸런서 이름	sbcntr-alb-internal
컨테이너 이름 : 포트	app:80:80

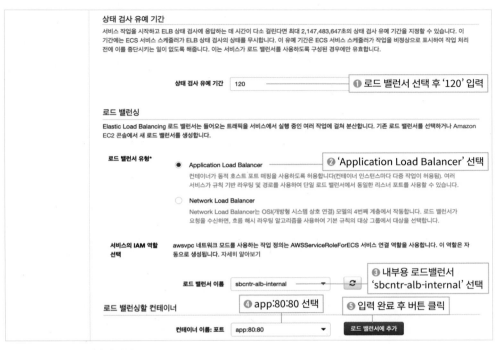

그림 4-5-50 로드 밸런서 설정

설정 항목	설정 값
프로덕션 리스너 포트	80:HTTP
테스트 리스너 포트	10080:HTTP

프로덕션 리스너 포트는 HTTP의 기본 포트인 '80'을 선택한다. 테스트 리스너 포트는 확인용으로 설정해둔 '10080' 포트를 선택한다.

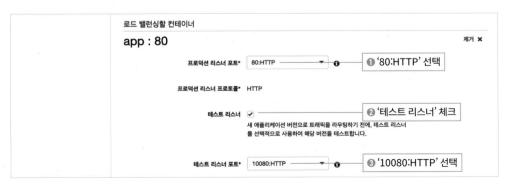

그림 4-5-51 리스너 설정

추가 설정(Additional configuration)에서는 대상 그룹 2개를 지정한다. 대상 그룹 이름이 길기 때문에 선택창에 제대로 표시가 안 되는데, 마우스 커서를 올려두고 있으면 전체 이름을 확인할 수 있다.

설정 항목	설정 값
대상 그룹 1 이름	sbcntr-tg-sbcntrdemo-blue
대상 그룹 2 이름	sbcntr-tg-sbcntrdemo-green

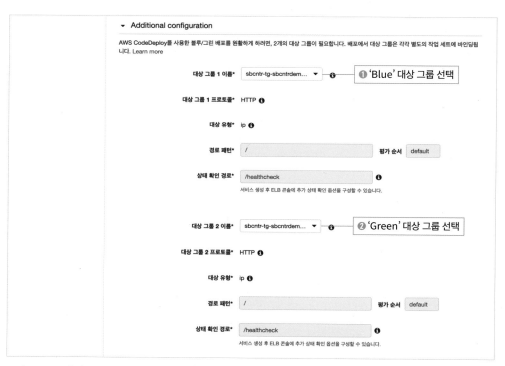

그림 4-5-52 추가 설정

ECS 서비스를 다른 서비스에서 검색할 수 있게 설정한다. 예제에서는 필수는 아니지만, 이 단계에서만 설정할 수 있으므로 설정해둔다.

새로운 서비스를 생성하는 것이고 내부 통신이므로 '**네임스페이스**'는 '새로운 프라이빗 네임스페이스 생성'을 선택한다. '**네임스페이스 이름**'은 'local'로 한다.

내부적으로는 'AWS Cloud Map'이라는 서비스가 생성된다. **'서비스 검색 이름'**은 다른 서비스가 해당 서비스를 참조할 때 사용하는 이름이다. 각 항목의 설정 값은 다음을 참조한다.

설정 항목	설정 값
네임스페이스	새로운 프라이빗 네임스페이스 생성
네임스페이스 이름	local
서비스 검색 이름	sbcntr-ecs-backend-service

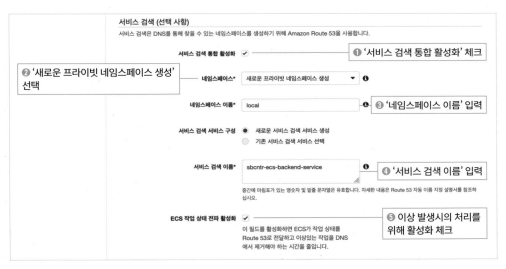

그림 4-5-53 서비스 검색 설정

그림 4-5-54 DNS 레코드 설정

4장에서는 단순한 설정을 하므로 Auto Scaling 설정은 하지 않는다. **'원하는 서비스 개수를 조정하지 마십시오.'**를 선택한다.

그림 4-5-55 Auto Scaling

마지막으로 지금까지 설정한 내용을 확인하고 **'서비스 생성'** 버튼을 클릭한다.

그림 4-5-56 서비스 설정 내용 확인

바로 '시작 상태' 화면으로 이동하며 ECS 서비스 상태가 표시된다. 서비스 생성이 완료되면 하단의 **'서비스 보기'** 버튼을 클릭해 대시보드에서 ECS 서비스를 확인할 수 있다. '작업' 탭으로 전환하면 2개의 작업이 실행되고 있는 것을 확인할 수 있다. **'마지막 상태'**가 'RUNNING'이 되면 완료된 것이다.

그림 4-5-57 ECS 서비스 생성 완료 상태

완료된 후 **'이벤트'** 탭으로 이동해 마지막 메시지를 확인한다.

컨테이너 기동이 성공하면 'service sbcntr-ecs-backend-service has reached a steady state.'라고 표시된다. 메시지가 표시될 때까지는 약간 시간이 걸린다.

그림 4-5-58 서비스 준비 완료 상태를 나타내는 로그

서비스 시작에 문제가 발생하면 이 메시지가 표시되지 않는다. 마지막 상태가 FAILED 또는 RUNNING에서 ACTIVATING으로 반복적으로 변하면 서비스에 문제가 있거나 설정에 문제가 있어 실행이 제대로 되지 않는 것이다. 이 경우 원인을 찾아 고쳐야 한다.

ECS 서비스 작업 후 Blue/Green 배포용 CodeDeploy 정의가 자동으로 생성된다. 자동 생성된 배포 설정의 트래픽 재 라우팅 시간은 기본 0분이다. 여기서는 10분 정도로 설정해본다. 기존 애플리케이션이 종료하는 시간을 설정하는 '원래 개정 종료'는 기본 값인 1시간을 그대로 이용해도 문제없다.

AWS 관리 콘솔에서 'CodeDeploy'로 이동해 CodeDeploy 대시보드에서 설정을 진행한다.

그림 4-5-59 CodeDeploy에 있는 ECS 애플리케이션

그림 4-5-60 ECS에서 생성된 배포 그룹

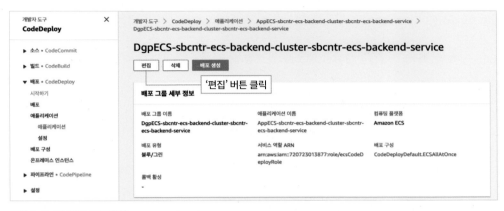

그림 4-5-61 배포 그룹 편집

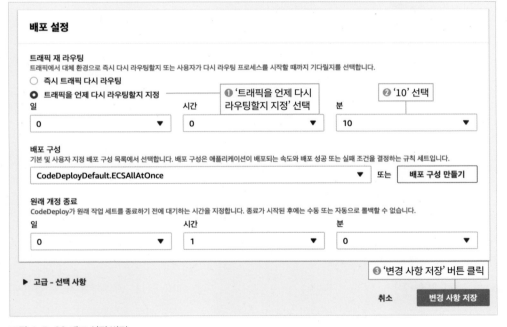

그림 4-5-62 배포 설정 변경

이상으로 ECS 설정을 마친다.

▷ 컨테이너 배포 확인

ECS 구축과 백엔드 애플리케이션 배포를 완료했다. 실제로 올바르게 배포됐는지 다음 절차를 통해 확인해본다.

① 백엔드 애플리케이션에 직접 HTTP 요청을 보내 응답을 확인해본다.

'Cloud9 인스턴스 → 내부 ALB → 백엔드 애플리케이션 경로'로 확인한다.

② 프런트엔드 애플리케이션에서 HTTP 요청을 보내 응답을 확인해본다. 확인 전에 프런트엔드와의 통신을 위해 자원 추가를 한다.

'인터넷용 ALB → 프런트엔드 애플리케이션 → 내부 ALB → 백엔드 애플리케이션 경로'로 확인한다.

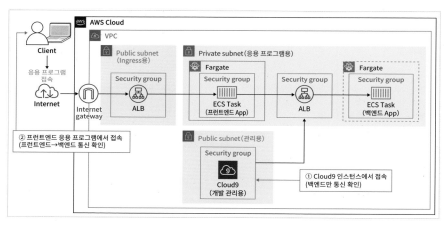

그림 4-5-63 애플리케이션 통신 확인

백엔드 애플리케이션 통신 확인

AWS 관리 콘솔에서 'EC2'로 이동한다. EC2 대시보드 왼쪽 내비게이션 메뉴에서 **'로드 밸런서'** 를 선택한다. 목록에서 앞에서 생성한 'sbcntr-alb-internal'을 선택해 **'설명'** 탭을 클릭하면 DNS 이름 확인을 할 수 있다.

그림 4-5-64 로드 밸런서의 DNS 이름 확인

DNS 이름을 복사한 뒤 Cloud9 서비스로 이동해 Cloud9 IDE를 실행한다.

Cloud9 IDE 화면 아래의 터미널에서 **curl** 명령으로 API 요청을 보낸다. [ALB의 DNS 이름]은 복사한 DNS 이름이다.

ALB를 경유해 백엔드 애플리케이션과 통신이 되는지 확인

```
$ curl http://[ALB의 DNS 이름]:80/v1/helloworld
{"data":"Hello world"}
```

애플리케이션까지 요청이 도착했는지 CloudWatch에서 확인해본다. 애플리케이션의 접속 로그는 표준 출력이 되게 설정돼 있어 CloudWatch 로그에 저장된다.

AWS 관리 콘솔에서 'CloudWatch'로 이동한다.

그림 4-5-65 로그 확인

로그 그룹을 선택하면 그림 4-5-66과 같이 해당 로그의 로그 스트림이 표시된다. 이 중 가장 마지막 시간의 스트림을 클릭한다.

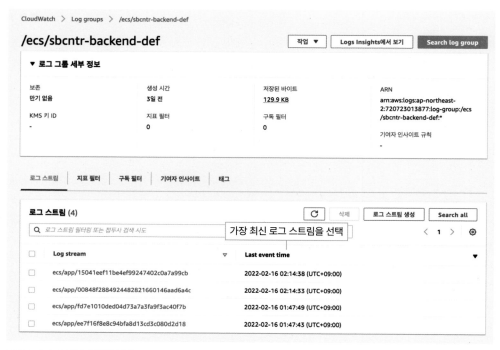

그림 4-5-66 로그 스트림 선택

로그 이벤트가 표시되면 '이벤트 필터링' 입력란에 'alb' 또는 'helloworld'를 입력하고 엔터 키를 누른다. Cloud9 터미널에서 curl로 요청을 보냈을 때의 로그를 확인할 수 있다.

로그가 CloudWatch에 표시될 때까지는 약간 시간이 걸린다.

그림 4-5-67 요청 확인

이와 같이 ECS/Fargate에 배포한 백엔드 애플리케이션 통신을 확인할 수 있다.

프런트엔드 애플리케이션 통신 확인

프런트엔드 애플리케이션이 백엔드 애플리케이션과 통신할 수 있는지 확인한다.

'컨테이너 애플리케이션 등록'에서 이미 프런트엔드 애플리케이션도 ECR에 푸시했다. 하지만 프런트엔드 애플리케이션을 아직 배포하지 않았다. 이제부터 프런트엔드 애플리케이션 배포를 시작한다.

먼저 그림 4-5-68과 같이 프런트엔드 애플리케이션용 ALB, ECS 클러스터를 따로 생성해야 한다.

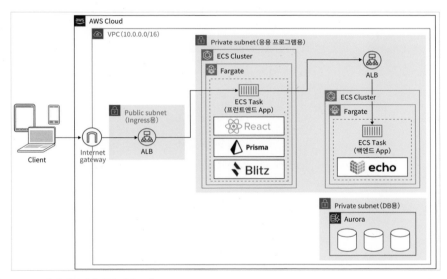

그림 4-5-68 예제 애플리케이션 전체 모습

ALB와 ECS 클러스터 생성은 이미 실습으로 해봤으므로 같은 방법으로 구축한다. 여기서는 프런트엔드용으로 준비한 CloudFormation 템플릿을 실행해 프런트엔드 애플리케이션용 환경을 구축한다.

보통 프런트엔드에서도 확장은 중요하므로 ECS 서비스의 태스크로 애플리케이션을 배포해야 한다. 하지만 실습에서는 ECS 서비스를 생성하지 않고 ECS 클러스터에 태스크를 하나만 만들어 프런트엔드 애플리케이션을 호스팅한다[37].

---

37 프런트엔드에서 ECS 서비스를 사용하지 않은 이유는 설계보다 실습량이 많아지기 때문이다. 그리고 ECS 작업은 ECS 서비스만이 아니라 클러스터에서도 단독으로 시작할 수 있다는 것을 보여주기 위해 이런 구성으로 설정했다.

먼저 네트워크를 구축했을 때와 마찬가지로 CloudFormation 템플릿을 이용한다(부록 / cloudformations/frontend.cf.yml).

AWS 관리 콘솔에서 'CloudFormation' 서비스로 이동해 새로운 스택을 구축한다. 스택 이름은 'sbcntr-frontend-stack'으로 한다. 여기서 설정할 각종 값은 표 4-5-1을 참고하기 바란다.

설정 항목	설정 값
스택 이름	sbcntr-frontend-stack

표 4-5-1

파라미터	설정 값
ALBSecurityGroupId	'ingress'라는 이름이 붙은 보안 그룹 선택
ALBSubnetId1	sbcntr-subnet-public-ingress-1a
ALBSubnetId2	sbcntr-subnet-public-ingress-1c
BackendHost	앞에서 생성한 ALB의 DNS 이름을 입력
Prefix	(입력된 상태에서 변경하지 않음)
VpcId	'sbcntr'이라는 이름이 붙은 VPC 선택

파라미터 입력 후 다음으로 진행해 스택을 생성한다.

스택 생성이 완료되면 AWS 관리 콘솔에서 'Elastic Container Service'로 이동해 CloudFormation으로 생성한 'sbcntr-frontend-cluster'로 ECS 태스크를 시작한다.

그림 4-5-69 프런트엔드 애플리케이션 ECS 태스크 생성

그림 4-5-70 새 작업 실행

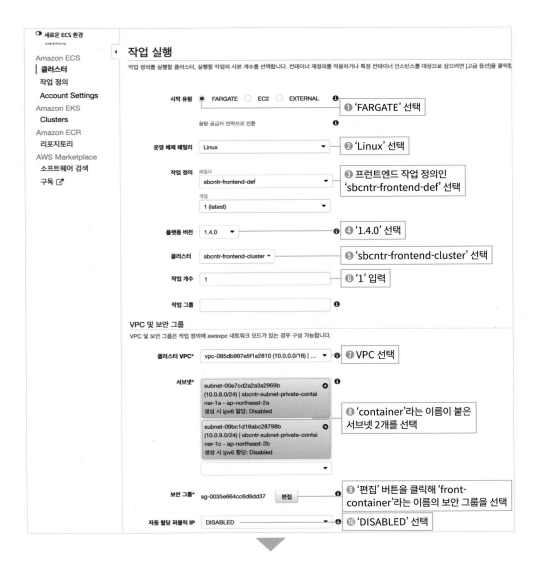

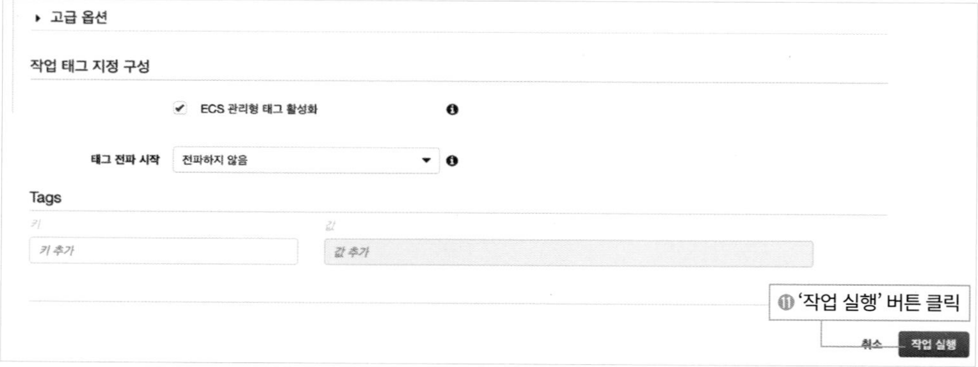

▶ 고급 옵션

작업 태그 지정 구성

☑ ECS 관리형 태그 활성화 ❶

태그 전파 시작 전파하지 않음 ▾ ❶

Tags

키 값

키 추가 값 추가

⑪ '작업 실행' 버튼 클릭

취소 작업 실행

그림 4-5-71 작업 실행을 위한 설정

작업 생성 직후의 마지막 상태는 'PROVISIONING'이다. 잠시 기다리면 'RUNNING'으로 바뀐다.

마지막 상태가 'RUNNING'으로 바뀐 후 작업 ID를 클릭해 세부 정보를 보면 네트워크 항목에서 프라이빗 IP 정보를 확인할 수 있다.

그림 4-5-72 프런트엔드 애플리케이션의 ECS 작업 시작 확인

ALB 설정에 필요한 정보이므로 작업의 프라이빗 IP 정보를 메모해둔다.

네트워크

네트워크 모드	awsvpc
ENI ID	eni-002090bc6640a5266
서브넷 ID	subnet-09bc1d16abc28798b
프라이빗 IP	10.0.9.204 ─── 프라이빗 IP
퍼블릭 IP	--
Mac 주소	06:c3:0b:5f:59:18

그림 4-5-73 작업 세부 정보에서 네트워크 정보 확인

AWS 관리 콘솔에서 'EC2' 서비스로 이동해 ALB 설정을 수행한다. 여기서는 생성한 프런트엔드 애플리케이션 ECS 작업을 ALB 대상 그룹에 추가해 ALB를 통해 트래픽을 전송하게 설정한다.

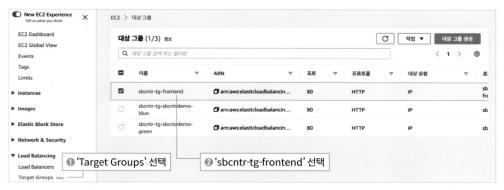

그림 4-5-74 프런트엔드 애플리케이션용 대상 그룹 선택

그림 4-5-75 대상 등록

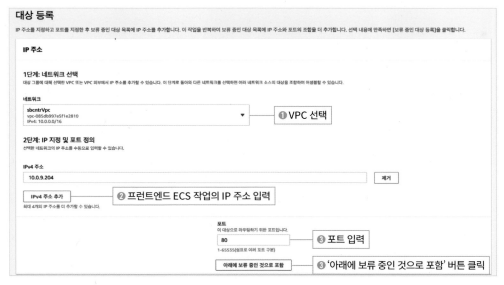

그림 4-5-76 대상 정보 입력

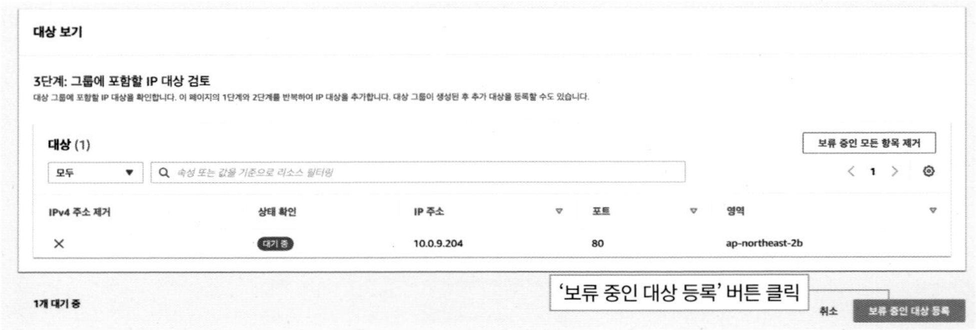

그림 4-5-77 대상 등록 완료

추가된 대상의 상태가 'initial'에서 'healthy'로 바뀌면 생성이 완료된 것이다.

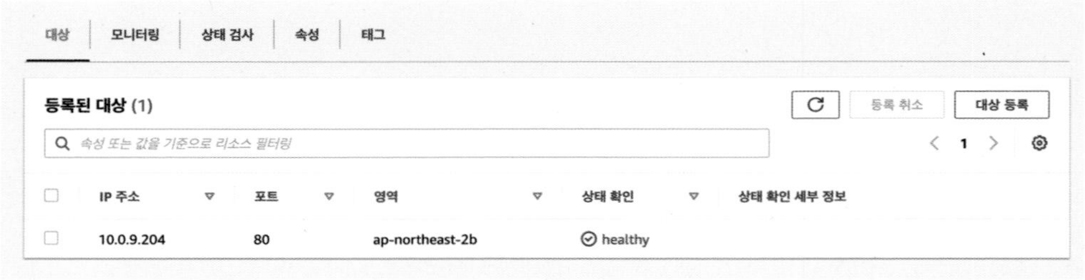

그림 4-5-78 추가된 대상 확인

작업을 ALB와 연동한 뒤 프런트엔드 애플리케이션이 ALB를 통해 HTTP 요청을 받을 수 있는지 확인한다. 브라우저에서 프런트엔드 애플리케이션용 ALB의 DNS 주소로 접속해본다.

백엔드 애플리케이션의 API 응답을 받지 못하면 'Hello world 취득 실패'라고 표시된다. 백엔드 통신을 확인했을 때의 응답인 'data'에 설정된 값(Hello world)이 표시되면 성공이다 (`"data":"Hello world"`).

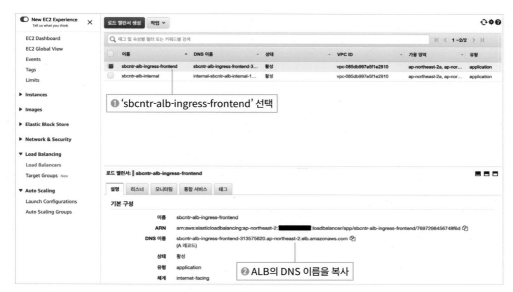

그림 4-5-79 프런트엔드 애플리케이션용 ALB의 DNS 이름 확인

그림 4-5-80 프런트엔드에서 백엔드의 응답을 확인

Column

AWS에서 실행시킨 컨테이너 애플리케이션 디버그

로컬 기기에서 컨테이너 애플리케이션을 개발할 때는 'docker container exec -it [컨테이너 이름] /bin/sh' 같은 명령을 이용해 root 계정으로 컨테이너에 로그인할 수 있다. 컨테이너가 제대로 동작하지 않을 때 디버그 용도로 사용할 수 있는 유효한 수단이다.

하지만 Fargate는 관리형 데이터 플레인이므로 '간단하게' 로그인할 수 없다. 2021년 2월까지는 Fargate에 로그인하는 방법으로 AWS Systems Manager의 Session Manager를 이용하는 방법이 있었다. Session Manager를 이용하기 위해서는 Systems Manager Agent(SSM Agent)를 Fargate에서 실행해야 한다.

추가 구성 요소를 설치하지 않고 디버그할 때는 일단 ECS/EC2로 구성을 변경해 컨테이너를 배포하는 것도 효과적인 방법이다. EC2 자체는 SSH 로그인이 가능하므로 여기서 docker 명령을 이용해 디버그를 할 수 있다.

하지만 이것은 데이터 플레인을 Fargate에서 EC2로 변경했기 때문에 Fargate 환경에서 디버그를 하는 것이 아니다. 참고로 이 방법은 애플리케이션을 분리하는 방법 중 하나로 기억해두면 좋다.

2021년 3월 AWS는 Fargate의 컨테이너에 접속할 수 있는 서비스인 Amazon ECS Exec를 발표했다[38]. 여기에서도 앞에서 언급한 Session Manager가 이용된다. Fargate 1.4 이후 버전에서 이용할 수 있다.

---

38 https://aws.amazon.com/ko/blogs/containers/new-using-amazon-ecs-exec-access-your-containers-fargate-ec2/

앞 절까지 클라우드 네이티브 애플리케이션의 첫 번째 단계인 ECS/Fargate에서 컨테이너 애플리케이션 시작까지 마쳤다. 기초 편인 4장의 마지막 주제는 데이터베이스 구축이다. 서비스 제공을 위해 데이터 저장은 빠질 수 없다.

여기서는 컨테이너 애플리케이션에서 'Amazon Aurora'에 접속하는 구성을 만들어본다.

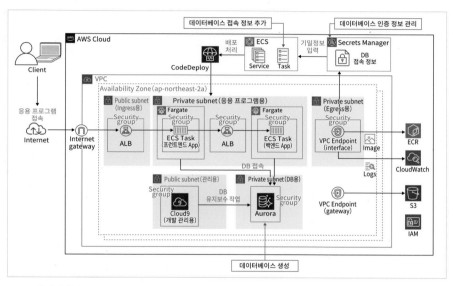

그림 4-6-1 데이터베이스 구성

애플리케이션에서 데이터베이스에 접속하기 위해서는 인증 정보가 필요하다. 하지만 소스 코드에 인증 정보를 넣는 것은 보안상 좋지 않다. 이를 해결하기 위해 컨테이너에 환경 변수로 접속 정보를 정의하고 소스 코드에서 환경 변수를 읽어 접속하는 방법을 많이 사용한다.

이 환경 변수를 이용하더라도 패스워드와 같이 은닉해야 하는 정보는 저장소에 안전하게 보관되지 않으면 의미가 없다. 여기서는 'Secrets Manager' 서비스를 이용해 DB 인증 정보를 저장해 안전한 상태로 정보를 전달하게끔 설정한다.

먼저 Cloud9 인스턴스에서 Aurora 인스턴스에 접속해 애플리케이션에 필요한 테이블과 데이터를 생성한다. 그리고 프런트엔드 애플리케이션과 백엔드 애플리케이션에서 데이터베이스 접속을 포함한 동작 확인을 한다.

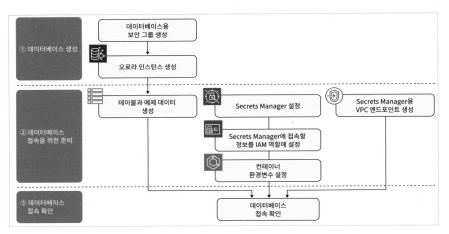

그림 4-6-2 데이터베이스 구축 순서 세부 내용

이 책에서는 서울 리전에 쓰기용 마스터 인스턴스와 읽기용 복제 인스턴스로 구성한 다중 AZ로 Aurora 클러스터를 구축한다.

▷ 보안 그룹 생성

데이터베이스용 보안 그룹은 '네트워크 구축'에서 생성한 'sbcntr-sg-db'를 이용한다.

▷ Aurora 인스턴스의 네트워크 구성

Aurora DB 클러스터를 VPC 안에 구축하기 위해서는 VPC의 서브넷을 DB 클러스터에서 식별할 수 있게 연동해야 한다. 이것을 '서브넷 그룹'이라고 하며 RDS와 관련된 자원으로 생성해야 한다.

서브넷 그룹을 생성하기 위해서는 서브넷 그룹 ID를 지정해야 한다. VPC 대시보드 왼쪽 내비게이션 메뉴에서 **'서브넷'**을 선택하고 '네트워크 구축'에서 생성한 다음 서브넷 ID를 확인해둔다.

- sbcntr-subnet-private-db-1a
- sbcntr-subnet-private-db-1c

AWS 관리 콘솔에서 'RDS' 서비스로 이동한다.

그림 4-6-3 Aurora용 서브넷 그룹 생성

설정 항목	설정 값
이름	sbcntr-db-subnet-group
클러스터	DB subnet group for Aurora

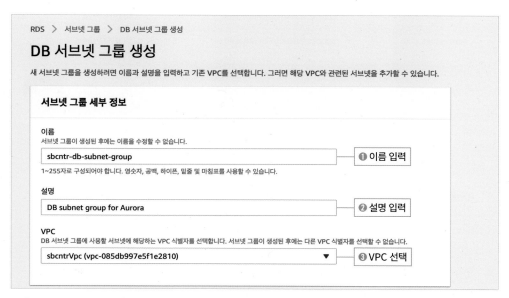

그림 4-6-4 서브넷 그룹 세부 내용

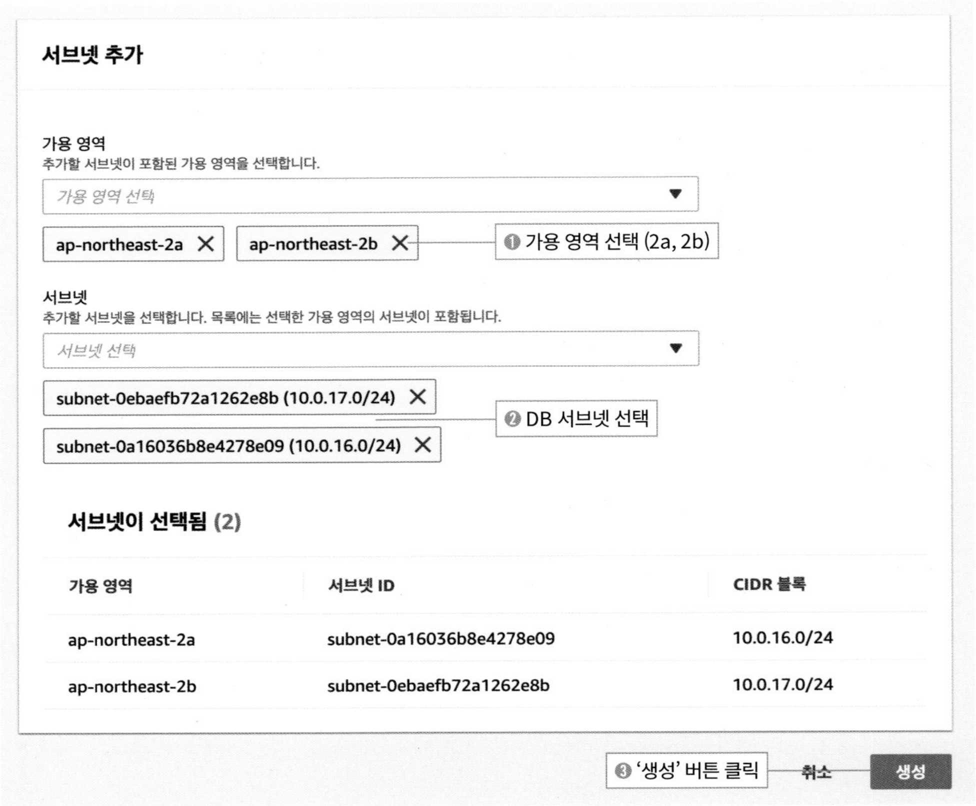

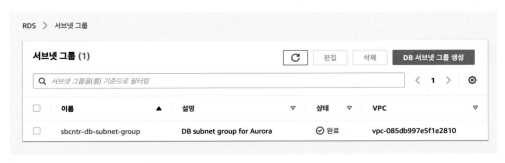

서브넷 추가

가용 영역
추가할 서브넷이 포함된 가용 영역을 선택합니다.

가용 영역 선택 ▼

ap-northeast-2a ✕   ap-northeast-2b ✕ ← ❶ 가용 영역 선택 (2a, 2b)

서브넷
추가할 서브넷을 선택합니다. 목록에는 선택한 가용 영역의 서브넷이 포함됩니다.

서브넷 선택 ▼

subnet-0ebaefb72a1262e8b (10.0.17.0/24) ✕
                                              ← ❷ DB 서브넷 선택
subnet-0a16036b8e4278e09 (10.0.16.0/24) ✕

서브넷이 선택됨 (2)

가용 영역	서브넷 ID	CIDR 블록
ap-northeast-2a	subnet-0a16036b8e4278e09	10.0.16.0/24
ap-northeast-2b	subnet-0ebaefb72a1262e8b	10.0.17.0/24

❸ '생성' 버튼 클릭   취소   생성

그림 4-6-5 서브넷 추가

RDS > 서브넷 그룹

서브넷 그룹 (1)   ↻ 편집 삭제 **DB 서브넷 그룹 생성**

Q 서브넷 그룹을(를) 기준으로 필터링   < 1 > ⚙

	이름 ▲	설명 ▽	상태 ▽	VPC ▽
☐	sbcntr-db-subnet-group	DB subnet group for Aurora	⊘ 완료	vpc-085db997e5f1e2810

그림 4-6-6 Aurora용 서브넷 그룹 생성 완료

▷ Aurora 인스턴스 생성

Aurora는 크게 다음과 같은 설정을 수행한다.

- 데이터베이스 엔진 선택

- 기본 설정(클러스터 이름, 인증 정보)

- DB 인스턴스 지정

- 가용성 및 내구성

- 접속 설정(네트워크 및 보안 그룹 지정)

- 옵션 설정(백업, 암호화, 모니터링, 로그, 유지 관리 설정)

순서대로 설정을 진행한다.

그림 4-6-7 Aurora 인스턴스 생성

그림 4-6-8 데이터베이스 설정

그림 4-6-9 Aurora 인스턴스 템플릿 설정

DB 클러스터 식별자는 이 책의 실습이라는 것을 알 수 있게 설정한다. 마스터 사용자 이름은 초기 설정 시 이용한다. 실제 프런트엔드 애플리케이션에서 이용하는 사용자는 별도로 생성한다. 자동 생성된 암호는 데이터베이스가 생성된 후 확인할 수 있다.

설정 항목	설정 값
DB 클러스터 식별자	sbcntr-db
마스터 사용자	admin

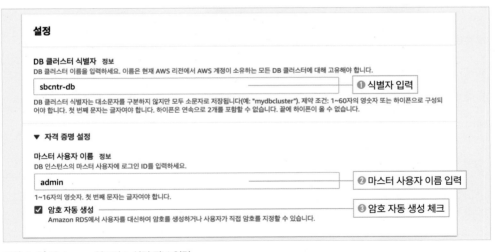

그림 4-6-10 Aurora 인스턴스 설정 정보 입력

그림 4-6-11 DB 인스턴스 클래스 선택

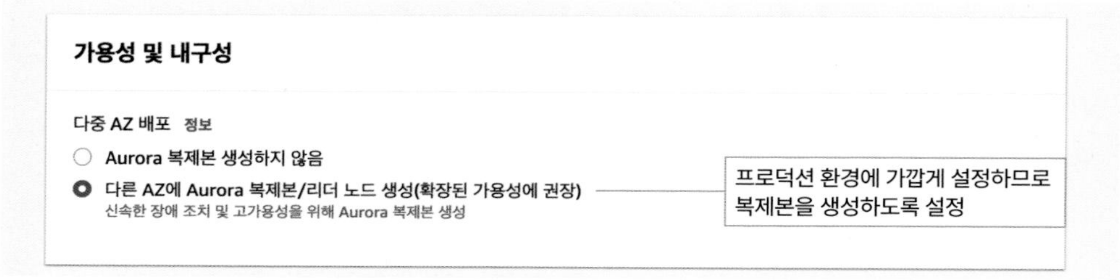

그림 4-6-12 Aurora 인스턴스 가용성 설정

'**퍼블릭 액세스**'는 인터넷으로부터의 접속은 허용하지 않으므로 '아니오'를 선택한다.

'**VPC 보안 그룹**'은 '기존 항목 선택'을 선택한 뒤 '**기존 VPC 보안 그룹**'에서 CloudFormation으로 생성한 'database'라는 이름을 가진 보안 그룹을 선택한다. 'default'는 삭제한다.

'**데이터베이스 포트**'는 MySQL 기본 포트인 '3306'을 그대로 사용한다.

설정 항목	설정 값
서브넷 그룹	sbcntr-rds-subnet-group
기존 VPC 보안 그룹	database

그림 4-6-13 Aurora 인스턴스 네트워크 설정

그림 4-6-14 Aurora 인스턴스 인증 설정

초기 데이터베이스 이름은 다음과 같이 설정한다. 인스턴스 생성과 동시에 이 이름으로 데이터
베이스가 생성된다.

설정 항목	설정 값
초기 데이터베이스 이름	sbcntrapp

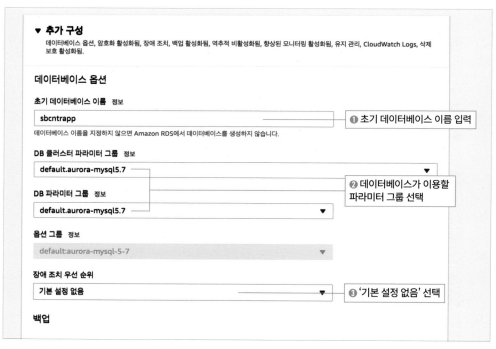

그림 4-6-15 추가 구성: 데이터베이스 옵션

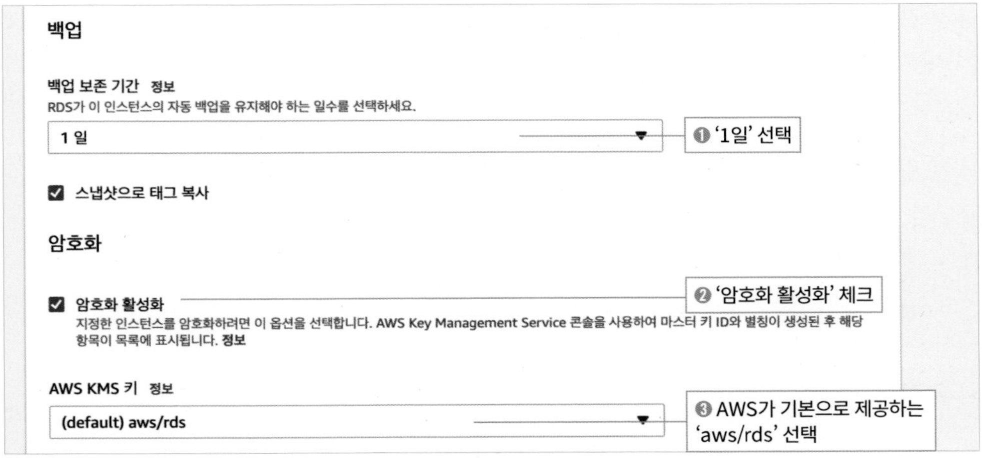

백업

백업 보존 기간 정보
RDS가 이 인스턴스의 자동 백업을 유지해야 하는 일수를 선택하세요.

| 1 일 ▼ |

❶ '1일' 선택

☑ 스냅샷으로 태그 복사

암호화

☑ 암호화 활성화
지정한 인스턴스를 암호화하려면 이 옵션을 선택합니다. AWS Key Management Service 콘솔을 사용하여 마스터 키 ID와 별칭이 생성된 후 해당 항목이 목록에 표시됩니다. **정보**

❷ '암호화 활성화' 체크

AWS KMS 키 정보

| (default) aws/rds ▼ |

❸ AWS가 기본으로 제공하는 'aws/rds' 선택

그림 4-6-16 추가 구성: 백업 및 암호화

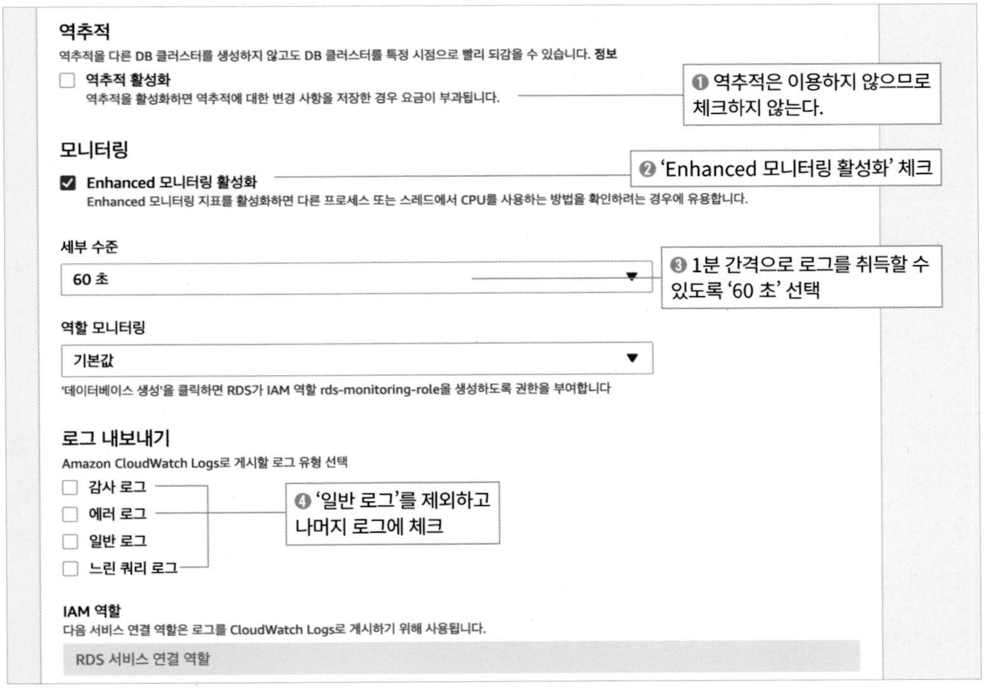

역추적

역추적을 다른 DB 클러스터를 생성하지 않고도 DB 클러스터를 특정 시점으로 빨리 되감을 수 있습니다. **정보**

☐ 역추적 활성화
역추적을 활성화하면 역추적에 대한 변경 사항을 저장한 경우 요금이 부과됩니다.

❶ 역추적은 이용하지 않으므로 체크하지 않는다.

모니터링

☑ Enhanced 모니터링 활성화
Enhanced 모니터링 지표를 활성화하면 다른 프로세스 또는 스레드에서 CPU를 사용하는 방법을 확인하려는 경우에 유용합니다.

❷ 'Enhanced 모니터링 활성화' 체크

세부 수준

| 60 초 ▼ |

❸ 1분 간격으로 로그를 취득할 수 있도록 '60 초' 선택

역할 모니터링

| 기본값 ▼ |

'데이터베이스 생성'을 클릭하면 RDS가 IAM 역할 rds-monitoring-role을 생성하도록 권한을 부여합니다

로그 내보내기

Amazon CloudWatch Logs로 게시할 로그 유형 선택

☐ 감사 로그
☐ 에러 로그
☐ 일반 로그
☐ 느린 쿼리 로그

❹ '일반 로그'를 제외하고 나머지 로그에 체크

IAM 역할
다음 서비스 연결 역할은 로그를 CloudWatch Logs로 게시하기 위해 사용됩니다.

RDS 서비스 연결 역할

그림 4-6-17 추가설정 : 모니터링 및 로그

유지 관리 기간의 '시작 요일'은 평일에 실행하는 시스템이라고 가정해 휴일 새벽(일요일 오전 2 시)에 시작하게 설정한다. 여기서의 시간은 UTC(세계 표준 시간)로 한국과 9시간 차이가 나기 때문에 토요일 17시로 설정한다.

'삭제 방지 활성화'를 체크해 조작 실수로 삭제되는 것을 방지한다.

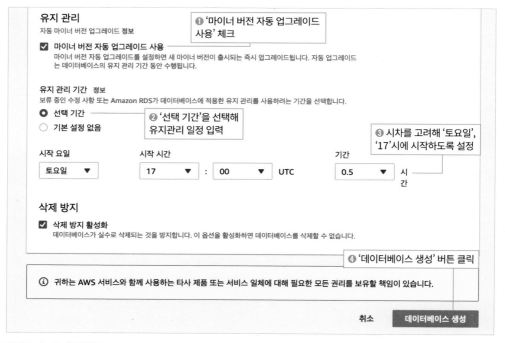

그림 4-6-18 유지 관리

데이터베이스 생성 버튼을 클릭하면 데이터베이스가 생성됐다는 메시지가 표시된다. 여기서 '연결 세부 정보 보기' 버튼을 눌러 표시되는 창에서 데이터베이스의 패스워드를 확인할 수 있다. 이 정보는 처음 데이터베이스를 생성할 때 한 번만 확인 가능하므로 잊어버리지 않도록 주의해야 한다. 앞으로 진행할 데이터베이스 설정에 이 패스워드를 이용한다.

데이터베이스 상태가 '사용 가능'이 되면 데이터베이스를 이용할 수 있다.

그림 4-6-19 Aurora 인스턴스 인증 정보 확인

▷ 데이터베이스 접속을 위한 준비

백엔드 애플리케이션에서 이용하는 데이터베이스 테이블과 데이터를 생성한다. Cloud9 인스턴스에서 생성한 Aurora에 접속해 작업을 진행한다.

우선 DB 엔드포인트부터 확인한다. DB의 클러스터에서 '라이터 인스턴스'의 엔드포인트 이름을 이용해서 접속한다. 다음 예에서는 'sbcntr-db.cluster-ceurhg8mnbve.ap-northeast-2. rds.amazonaws.com'가 접속 대상이 된다.

그림 4-6-20 생성한 Aurora 클러스터의 엔드포인트 목록

작업은 'DB 사용자 생성 → 테이블 생성 → 데이터 입력' 순으로 진행한다. 이때 명령어 입력은 모두 Cloud9 IDE에서 진행하므로 Cloud9 IDE를 먼저 실행한다.

DB 사용자 생성

Cloud9 인스턴스 터미널에서 다음과 같이 사용자를 생성한다. [Aurora 라이터 인스턴스 엔드 포인트]에는 앞에서 확인한 엔드포인트 이름을 기입한다. [password]에는 자동 생성된 마스터 암호를 기입한다.

MySQL 사용자 생성

```
~/environment $ mysql -h [Aurora 라이터 인스턴스 엔드포인트] -u admin -p
Enter password: [password]
Welcome to the MariaDB monitor.  Commands end with ; or \g.
Your MySQL connection id is 21
Server version: 5.7.12 MySQL Community Server (GPL)


Copyright (c) 2000, 2018, Oracle, MariaDB Corporation Ab and others.


Type 'help;' or '\h' for help. Type '\c' to clear the current input statement.
```

```
MySQL [(none)]> select host, user from mysql.user;
+-----------+-----------+
| host      | user      |
+-----------+-----------+
| %         | admin     |
| localhost | mysql.sys |
| localhost | rdsadmin  |
+-----------+-----------+
3 rows in set (0.01 sec)

MySQL [(none)]> CREATE USER sbcntruser@'%' IDENTIFIED BY 'sbcntrEncP';
Query OK, 0 rows affected (0.01 sec)

MySQL [(none)]> GRANT ALL ON sbcntrapp.* TO sbcntruser@'%' WITH GRANT OPTION;
Query OK, 0 rows affected (0.01 sec)

MySQL [(none)]>  CREATE USER migrate@'%' IDENTIFIED BY 'sbcntrMigrate';
Query OK, 0 rows affected (0.01 sec)

MySQL [(none)]> GRANT ALL ON sbcntrapp.* TO migrate@'%' WITH GRANT OPTION;
Query OK, 0 rows affected (0.01 sec)

MySQL [(none)]> GRANT ALL ON 'prisma_migrate_shadow_db%`.* TO migrate@'%' WITH GRANT OPTION;
Query OK, 0 rows affected (0.01 sec)

MySQL [(none)]> select host, user from mysql.user;
+-----------+------------+
| host      | user       |
+-----------+------------+
| %         | admin      |
| %         | migrate    |
| %         | sbcntruser |
| localhost | mysql.sys  |
| localhost | rdsadmin   |
+-----------+------------+
5 rows in set (0.00 sec)

MySQL [(none)]> exit
Bye
```

애플리케이션에서 이용할 사용자인 'sbcntruser'와 데이터 마이그레이션용 사용자인 'migrate'를 생성했다.

테이블 및 데이터 생성

생성한 사용자로 로그인할 수 있는지 확인한다. migration 계정은 데이터베이스와 테이블 접근이 가능한지도 확인한다.

생성된 사용자로 접속 및 테이블 접근을 확인

```
~/environment $ mysql -h [Aurora 라이터 인스턴스 엔드포인트] -u sbcntruser -p
Enter password:
 …


MySQL [(none)]> exit
Bye
~/environment $ mysql -h [Aurora 라이터 인스턴스 엔드포인트] -u migrate -p
Enter password:
 …


MySQL [(none)]> use sbcntrapp;
Database changed
MySQL [sbcntrapp]> show tables;
Empty set (0.02 sec)


MySQL [sbcntrapp]> exit
Bye
```

확인 후 테이블 생성 및 예제 데이터를 입력한다.

여기서는 MySQL에서 직접 쿼리를 이용하지 않고 Blitz.js(Prisma)의 migrate 명령을 이용해 본다.

sbcntr-frontend 소스 코드를 기본 브랜치인 main으로 변경해 migration을 수행한다.

테이블 생성과 데이터 삽입

```
~/environment $ cd sbcntr-frontend/
~/environment/awsc (feature/#helloworld) $ git checkout main
```

```
Switched to branch 'main'
Your branch is up to date with 'origin/main'.
~/environment/awsc (main) $ export DB_USERNAME=migrate
~/environment/awsc (main) $ export DB_PASSWORD=sbcntrMigrate
~/environment/awsc (main) $ export DB_HOST=[Aurora 라이터 인스턴스 엔드포인트]
~/environment/awsc (main) $ export DB_NAME=sbcntrapp
~/environment/awsc (main) $ npm run migrate:dev

> sbcntr-frontend@1.0.0 migrate:dev /home/ec2-user/environment/awsc
> npx blitz prisma migrate dev --preview-feature

You are using beta software - if you have any problems, please open an issue here:
        https://github.com/blitz-js/blitz/issues/new/choose

Environment variables loaded from .env
Prisma schema loaded from db/schema.prisma
Datasource "db": MySQL database "sbcntrapp" at
"sbcntr-db.cluster-ceurhg8mnbve.ap-northeast-2.rds.amazonaws.com:3306"

∨ Name of migration … init # init을 입력하고 엔터
The following migration(s) have been created and applied from new schema changes:

migrations/
    └─ 20220218060123_init/
      └─ migration.sql

Your database is now in sync with your schema.

∨ Generated Prisma Client (2.19.0) to ./node_modules/@prisma/client in 109ms

# 테이블 생성은 여기서 완료
# 아래 명령으로 테이블에 데이터 삽입
~/environment/awsc (main) $ npm run seed

> sbcntr-frontend@1.0.0 seed /home/ec2-user/environment/awsc
> npx blitz db seed

You are using beta software - if you have any problems, please open an issue here:
```

```
         https://github.com/blitz-js/blitz/issues/new/choose

Seeding database
v Loading seeds



> Seeding...
v Done seeding
```

다시 MySQL에 로그인해서 테이블을 확인해본다. 로그인 사용자는 'sbcntruser'로 한다.

테이블 및 데이터 확인

```
~/environment/awsc (main) $ mysql -h [Aurora 라이터 인스턴스 엔드포인트] -u sbcntruser
-p
Enter password:
...


MySQL [(none)]> use sbcntrapp;
Reading table information for completion of table and column names
You can turn off this feature to get a quicker startup with -A

Database changed
MySQL [sbcntrapp]> show tables;
+--------------------+
| Tables_in_sbcntrapp |
+--------------------+
| Item               |
| Notification       |
| Session            |
| User               |
| _prisma_migrations |
+--------------------+
5 rows in set (0.04 sec)

MySQL [sbcntrapp]> select * from Notification;
+----+-----------------------+-----------------------+---------+--------------------
------------------------------------+-------------+--------+
```

```
| id | createdAt             | updatedAt             | title   | description
| category     | unread |
+----+-----------------------+------------------------------------------------+---------+---------------------
--------------------------------------------------+--------------+--------+
|  1 | 2022-02-18 06:04:27.356 | 2022-02-18 06:04:27.356 | 알림1   | 컨테이너
애플리케이션 생성 시간이다.                      | information  |    1   |
|  2 | 2022-02-18 06:04:27.408 | 2022-02-18 06:04:27.408 | 알림2   | 컨테이너
애플리케이션 생성 시간이다.                      | information  |    1   |
+----+-----------------------+------------------------------------------------+---------+---------------------
--------------------------------------------------+--------------+--------+
2 rows in set (0.00 sec)
```

이상으로 테이블 생성 및 데이터 삽입이 완료됐다.

▷ Secrets Manager 설정

이제 컨테이너 애플리케이션(프런트엔드 애플리케이션, 백엔드 애플리케이션)에서 데이터베이스에 접속하기 위한 인증 정보를 'Secrets Manager'에 설정한다. AWS 관리 콘솔에서 'Secrets Manager'로 이동한다.

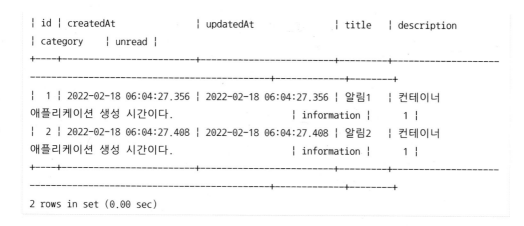

그림 4-6-21 Secrets Manager에서 새 보안 암호 생성

Aurora에 접속하기 위한 보안 암호이므로 보안 암호 유형은 'Amazon RDS 데이터베이스에 대한 자격 증명'을 선택한다. 사용자 이름과 암호는 다음과 같이 설정한다.

암호화 키는 Secrets Manager가 생성하는 KMS 키를 이용한다[39].

---

39 암호화 키를 선택할 때 'aws/secretsmanager'라고 표시되는 경우 해당 값을 선택한다.

설정 항목	설정 값
사용자 이름	sbcntruser
암호	sbcntrEncP
암호화 키	DefaultEncryptionKey (또는 aws/secretsmanager)

그림 4-6-22 보안 암호 유형

그림 4-6-23 RDS용 보안 암호를 사용할 데이터베이스 인스턴스 선택

2단계에서는 보안 암호 이름 및 설명을 입력한다. 다음과 같이 설정하고 '다음' 버튼을 눌러 다음으로 진행한다.

설정 항목	설정 값
보안 암호 이름	sbcntr/mysql
설명	컨테이너용 sbcntr-db 접속 정보

그림 4-6-24 보안 암호 이름 및 설명 설정

Secrets Manager의 보안 암호는 Lambda를 이용해 자동 교체 구성이 가능하지만, 이번에는 이용하지 않는다. 자동 교체를 비활성화한 상태로 다음으로 넘어간다.

그림4-6-25 보안 암호 교체 설정

설정 내용 검토 후 보안 암호를 생성한다. 생성된 보안 암호의 세부 정보에서 보안 암호의 ARN 을 확인할 수 있다. 이 값은 ECS 작업 정의 업데이트를 할 때 사용하므로 복사해둔다.

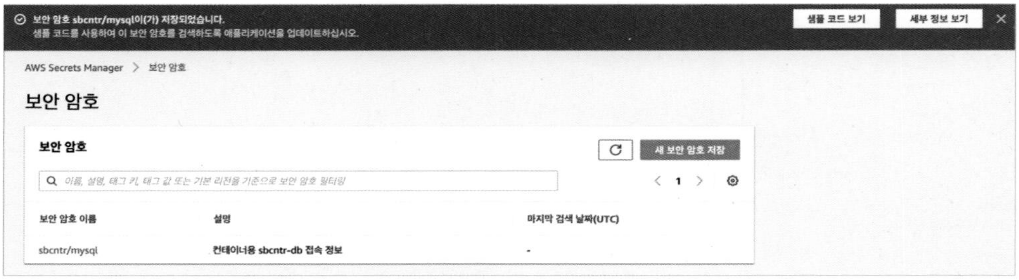

그림 4-6-26 Secrets Manager에 보안 암호 생성 완료

Secrets Manager용 IAM 역할 생성

AWS 공식 문서[40]의 민감한 데이터 지정 내용을 보면 Amazon ECS 암호에 대한 필수 IAM 권한을 다음과 같이 설명하고 있다.

- secretsmanager:GetSecretValue – Secrets Manager 암호를 참조하는 경우에 필요합니다.
- kms:Decrypt – 암호가 사용자 지정 KMS 키를 사용하고 기본 키를 사용하지 않는 경우에 필요합니다. 사용자 지정 키의 ARN을 리소스로 추가해야 합니다.

여기서 kms:Decrypt는 사용자 지정 KMS 키를 사용할 때 이용하는 것이므로 실습에서는 추가하지 않는다.

secretsmanager:GetSecretValue를 포함하는 정책을 생성하고 기존 태스크 실행 역할인 'ecsTaskExecutionRole'에 정책을 추가한다.

AWS 관리 콘솔에서 'IAM' 서비스로 이동해 '정책' → '정책 생성'으로 새 정책을 생성한다.

정책은 다음 JSON을 이용한다.

IAM 역할에 연결할 Secrets Manager 정책 (부록 iam/secrets_policy.json)

```
{
    "Version": "2012-10-17",
```

---

40 https://docs.aws.amazon.com/ko_kr/AmazonECS/latest/developerguide/specifying-sensitive-data-secrets.html

```
    "Statement": [
        {
            "Sid": "GetSecretForECS",
            "Effect": "Allow",
            "Action": [
                "secretsmanager:GetSecretValue"
            ],
            "Resource": ["*"]
        }
    ]
}
```

설정 항목	설정 값
정책 이름	sbcntr-GettingSecretsPolicy

그림 4-6-27 Secrets Manager용 정책 생성 완료

정책을 생성했으면 '역할'을 선택해 'ecsTaskExecutionRole'에 정책을 연결한다.

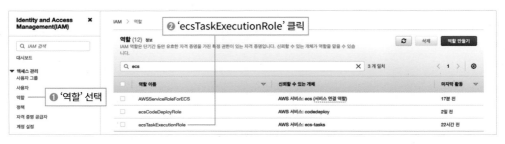

그림 4-6-28 작업 실행 역할 선택

그림 4-6-29 작업 실행 역할에 정책 연결

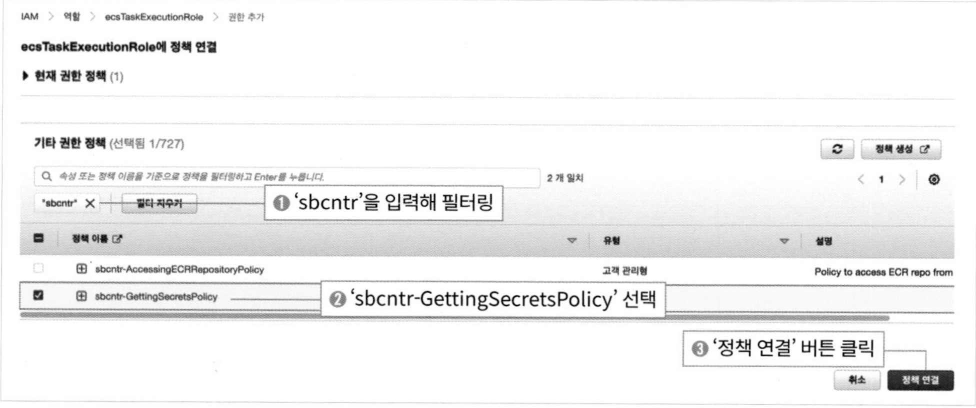

그림 4-6-30 작업 실행 역할에 Secrets Manager 권한 부여

Secrets Manager에 VPC 엔드포인트 추가

Fargate 버전 '1.4.0'부터 작업에 설정된 ENI를 처리하는 트래픽이 일부 변경됐다[41].

'1.3.0'에서는 Secrets Manager 및 Systems Manager에서 보안 암호를 가져오기 위해 Fargate ENI를 사용했지만 '1.4.0'에서는 작업 ENI가 사용된다[42]. 따라서 ECS 작업 에이전트가 Secrets Manager에 연결하기 위해서는 인터페이스형 VPC 엔드포인트가 필요하다.

AWS 관리 콘솔에서 'VPC'로 이동해 엔드포인트를 생성한다. 기본적으로 지금까지 생성한 인터페이스형 엔드포인트와 동일한 절차로 생성한다.

---

41 https://aws.amazon.com/ko/blogs/containers/aws-fargate-launches-platform-version-1-4/

42 Fargate ENI는 AWS가 소유한 ENI고 작업 ENI는 AWS 이용자가 VPC에서 소유하는 ENI다. 작업 ENI를 이용하게 되면 트래픽은 소유하고 있는 VPC 내부를 지나게 된다. 이로 인해 사용자는 VPC의 Flow Log 등을 이용해 트래픽 분석을 할 수 있게 된다.

하지만 VPC 안에서 통신 요청이 발생하므로 VPC 밖의 서비스인 Secrets Manager와 System Manager에 접근하기 위해서는 VPC 엔드포인트를 생성하는 등 적절한 네트워크 경로를 설정해야 한다.

설정 항목	설정 값
이름 태그	sbcntr-vpce-secrets
서비스 범주	AWS 서비스
서비스 이름	com.amazonaws.ap-northeast-2.secretsmanager
서브넷	egress
보안 그룹	egress
정책	전체 액세스

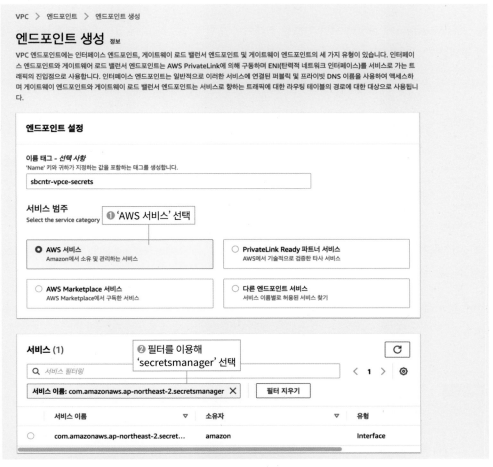

그림 4-6-31 VPC 엔드포인트 서비스 및 네트워크 선택

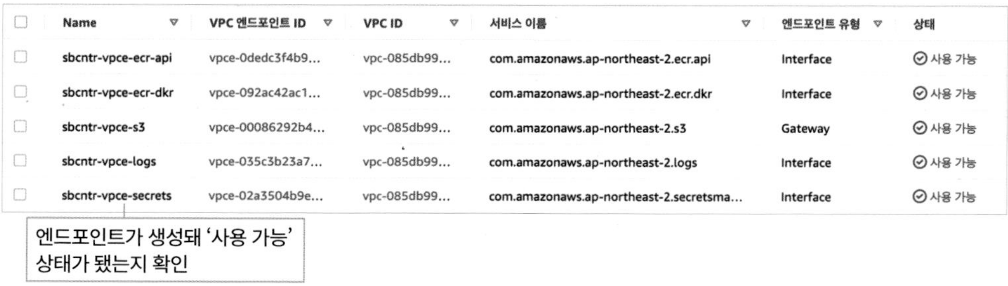
Name
VPC 엔드포인트 ID
VPC ID
서비스 이름
엔드포인트 유형
상태
sbcntr-vpce-ecr-api
vpce-0dedc3f4b9...
vpc-085db99...
com.amazonaws.ap-northeast-2.ecr.api
Interface
사용 가능
sbcntr-vpce-ecr-dkr
vpce-092ac42ac1...
vpc-085db99...
com.amazonaws.ap-northeast-2.ecr.dkr
Interface
사용 가능
sbcntr-vpce-s3
vpce-00086292b4...
vpc-085db99...
com.amazonaws.ap-northeast-2.s3
Gateway
사용 가능
sbcntr-vpce-logs
vpce-035c3b23a7...
vpc-085db99...
com.amazonaws.ap-northeast-2.logs
Interface
사용 가능
sbcntr-vpce-secrets
vpce-02a3504b9e...
vpc-085db99...
com.amazonaws.ap-northeast-2.secretsma...
Interface
사용 가능
엔드포인트가 생성돼 '사용 가능' 상태가 됐는지 확인

그림 4-6-32 VPC 엔드포인트 생성 완료

백엔드 애플리케이션에 인증 정보 설정

Secrets Manager에 설정한 보안 암호를 컨테이너의 환경 변수로 읽어 들이기 위해서는 ECS 작업 정의를 갱신해야 한다.

AWS 관리 콘솔에서 'Elastic Container Service'로 이동한다.

새로운 ECS 환경
Amazon ECS
클러스터
작업 정의
Account Settings
Amazon EKS
Clusters
Amazon ECR
리포지토리
AWS Marketplace
소프트웨어 검색
구독
작업 정의
새 작업 정의 생성
새 개정 생성
작업
상태: ACTIVE INACTIVE
작업 정의
최종 개정 상태
sbcntr-backend-def
ACTIVE
sbcntr-frontend-def
ACTIVE
❶ '작업 정의' 선택
❷ 백엔드 응용 프로그램 작업 정의 선택
❸ '새 개정 생성' 버튼 클릭

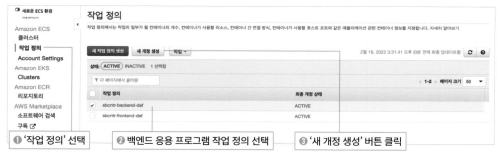

그림 4-6-33 작업 정의 업데이트

작업 정의 내의 컨테이너 정의(app)를 업데이트한다. 컨테이너 정의 화면에서 환경 변수를 설정한다.

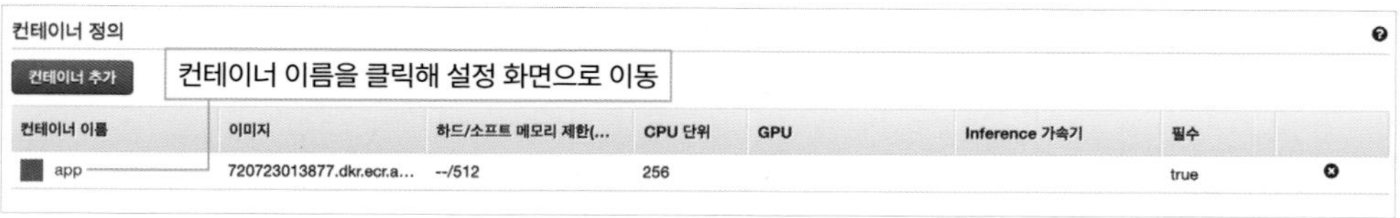
컨테이너 정의
컨테이너 추가
컨테이너 이름을 클릭해 설정 화면으로 이동
컨테이너 이름
이미지
하드/소프트 메모리 제한(...
CPU 단위
GPU
Inference 가속기
필수
app
720723013877.dkr.ecr.a...
--/512
256
true

그림 4-6-34 컨테이너 정의 화면 열기

'환경 변수'에 표 4-6-1의 내용을 추가해 Secrets Manager에 추가한 보안 암호의 값을 읽어오게 설정한다. [생성한 보안 암호의 ARN]에는 앞에서 생성한 자신의 보안 암호 ARN을 입력한다. 값의 가장 마지막에 '::'를 반드시 붙여야 한다.

표 4-6-1 백엔드 애플리케이션에서 DB 접속을 위한 인증 정보 설정

키	Value/ValueFrom	값
DB_HOST	ValueFrom	[생성한 보안 암호의 ARN]:host::
DB_NAME	ValueFrom	[생성한 보안 암호의 ARN]:dbname::
DB_USERNAME	ValueFrom	[생성한 보안 암호의 ARN]:username::
DB_PASSWORD	ValueFrom	[생성한 보안 암호의 ARN]:password::

그림 4-6-35 작업 정의 내 컨테이너 정의 업데이트

작업 정의 화면으로 돌아와 다른 항목은 변경하지 않고 '**생성**' 버튼을 클릭하면 작업 정의의 새 버전 생성이 완료됐다고 표시된다. 이를 배포하기 위해서는 서비스를 업데이트해 지금 생성한 개정 버전으로 바꿔야 한다. 같은 화면에서 '**작업**' → '**서비스 업데이트**'를 선택한다.

그림 4-6-36 업데이트한 작업 정의로 ECS 서비스를 업데이트

그림 4-6-37 서비스 업데이트 배포 적용

단계 2~4는 특별히 변경할 것이 없으므로 다음 단계로 진행해 서비스 업데이트를 실행한다.

시작 상태 화면에서 '서비스 표시' 버튼을 눌러 ECS 대시보드에서도 Blue/Green 배포를 이용한 작업 상태 확인을 할 수 있지만, 여기서는 CodeDeploy 배포 상태 링크를 클릭해 직접 CodeDeploy 화면에서 상세한 배포 상태를 확인한다.

그림 4-6-38 ECS 서비스 업데이트 실행 직후 상태

그림 4-6-39 ECS 서비스 업데이트 실행 후 CodeDeploy 화면

'4-5 오케스트레이터 구축'에서 배포 그룹을 설정할 때 트래픽 변경 유예 시간을 10분으로 설정했다. 따라서 아직 80번 포트로의 요청은 이전 작업으로 라우팅된다. 여기서는 '트래픽 다시 라우팅' 버튼을 클릭해 바로 트래픽을 다시 라우팅하게 한다.

만약 3단계까지 진행하지 않고 1단계 또는 2단계에서 10분간 멈춰 있다면 설정이 잘못됐을 수 있다. 이때는 '배포 중지하고 롤백'을 클릭해 설정을 다시 확인해야 한다.

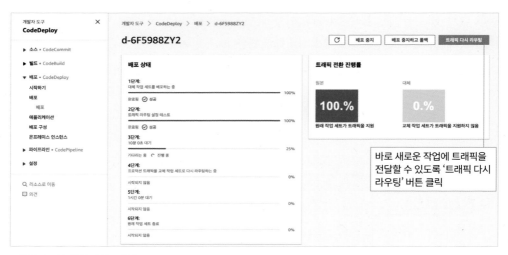

그림 4-6-40 즉시 다시 라우팅

그림 4-6-41과 같이 대체 작업의 트래픽이 100%가 되면 배포 완료다. 실습에서는 되돌리기 처리는 하지 않으므로 기존 작업 세트는 바로 종료해도 된다.

그림 4-6-41 CodeDeploy를 이용한 Blue/Green 배포 완료

데이터베이스 접속 확인

데이터베이스 구축이 끝났으면 백엔드 애플리케이션이 데이터베이스에서 데이터를 취득할 수 있는지 확인한다. 여기서는 백엔드가 올바르게 동작하는지 확인한다. 'Cloud9 인스턴스 → 내부 ALB → 백엔드 애플리케이션 → Aurora' 경로를 확인한다.

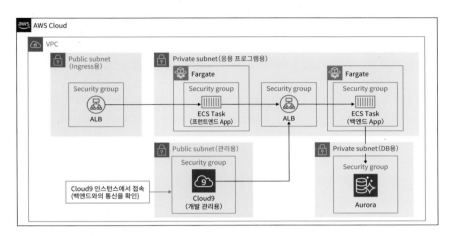

그림 4-6-42 Aurora 데이터베이스까지의 접속 경로

먼저 'EC2' 서비스에서 '로드 밸런서'를 선택한다. 목록에서 'sbcntr-alb-internal'을 선택해 DNS 이름을 확인한다.

그다음 Cloud9 IDE를 실행해 터미널에서 다음 명령어를 실행한다.

Cloud9 인스턴스에서 백엔드와의 통신 확인

```
~/environment $ curl http://[sbcntr-alb-internal의 DNS 이름]:80/v1/Notifications?id=1
{"data":[{"id":1,"title":"알림1","description":" 컨테이너 애플리케이션 생성 시간이다.",
"category":"information","unread":false,"createdAt":"2021-05-09T14:29:53.989+09:00",
"updatedAt":"2021-05-09T23:30:03.782+09:00"}]}
```

데이터베이스에는 마이그레이션으로 데이터를 입력했으므로 정상적인 요청이 들어오면 해당 값을 반환할 수 있다. 따라서 요청 파라미터의 id에 해당하는 JSON이 반환되면 통신에 문제가 없는 것이다.

지금까지 구축한 각 구성 요소가 서로 통신할 수 있는지 확인한다.

프런트엔드 애플리케이션에서 백엔드 애플리케이션에 접속하고, 백엔드 애플리케이션에서 데이터베이스 항목을 취득해본다.

▶ DB에 접속하는 프런트엔드 애플리케이션 등록 및 실행

현재 ECR에 등록된 프런트엔드용 컨테이너 이미지는 데이터베이스에 접속하지 않는 버전이다. Cloud9 IDE를 열어 프런트엔드 애플리케이션의 소스 코드를 데이터베이스를 이용하는 버전으로 변경해 컨테이너 이미지를 다시 빌드하고 ECR에 등록한다.

프런트엔드 애플리케이션 컨테이너 빌드 및 등록

```
~/environment $ cd sbcntr-frontend
# 마이그레이션을 할 때 'main' 브랜치로 변경했으므로 여기서 바로 빌드한다.
# feature/#helloworld 상태라면 git checkout main으로 브랜치를 변경한다.
~/environment/awsc (main) $ AWS_ACCOUNT_ID=$(aws sts get-caller-identity --query
'Account' --output text)


# 컨테이너 빌드 시 붉은 색 글자로 Warning이 표시된다.
# 의존 라이브러리 버전 문제나, 실습에서는 문제가 없으므로 무시한다.
~/environment/awsc (main) $ docker image build -t sbcntr-frontend .
Sending build context to Docker daemon  3.578MB
Step 1/22 : FROM node:14.16.0-alpine3.13 AS builder
 ---> 50bfd284aa0d
  ...
Successfully built 8611e5fc159d
Successfully tagged sbcntr-frontend:latest
# 태그 입력. 데이터베이스에 접속한다는 것을 알 수 있도록 dbv1 이라는 태그로 설정
~/environment/awsc (main) $ docker image tag sbcntr-frontend:latest
${AWS_ACCOUNT_ID}.dkr.ecr.ap-northeast-2.amazonaws.com/sbcntr-frontend:dbv1
~/environment/awsc (main) $ aws ecr --region ap-northeast-2 get-login-password |
docker login --username AWS --password-stdin https://${AWS_ACCOUNT_ID}.dkr.ecr.
ap-northeast-2.amazonaws.com/sbcntr-frontend
```

```
WARNING! Your password will be stored unencrypted in /home/ec2-user/.docker/config.json.
Configure a credential helper to remove this warning. See
https://docs.docker.com/engine/reference/commandline/login/#credentials-store

Login Succeeded

# ECR에 컨테이너 이미지를 등록
~/environment/awsc (main) $ docker image push ${AWS_ACCOUNT_ID}.dkr.ecr.ap-northeast-
2.amazonaws.com/sbcntr-frontend:dbv1
```

데이터베이스를 이용하는 프런트엔드 애플리케이션 이미지를 ECR에 등록했으면 이 이미지를
이용하기 위해 작업 정의 내에서 이미지 변경 및 환경 변수를 추가해야 한다.

'Elastic Container Service'에서 **'작업 정의'**로 이동해 'sbcntr-frontend-def'를 선택한 뒤 '새
개정 생성' 버튼을 클릭한다.

이미지는 태그를 'v1'에서 새롭게 설정한 'dbv1'로 변경한다. 환경 변수는 표를 참고해 추가한다.
[생성한 보안 암호의 ARN]은 백엔드 때 입력한 것과 동일한 ARN을 입력한다.

그림 4-7-1 프런트엔드 애플리케이션 태스크 정의에서 컨테이너 정의를 수정 ①

표 4-7-1 프런트엔드 애플리케이션에서 DB 접속을 위한 인증 정보 설정

키	Value/ValueFrom	값
DB_HOST	ValueFrom	[생성한 보안 암호의 ARN]:host::
DB_NAME	ValueFrom	[생성한 보안 암호의 ARN]:dbname::
DB_USERNAME	ValueFrom	[생성한 보안 암호의 ARN]:username::
DB_PASSWORD	ValueFrom	[생성한 보안 암호의 ARN]:password::

환경 변수

'valueFrom' 필드를 사용하여 AWS Systems Manager 파라미터 저장소 키 또는 ARN을 지정할 수도 있습니다. ECS는 이 값을 실시간으로 컨테이너에 주입합니다.

표를 참조해 값 입력

Key		
APP_SERVICE_HOST	Value ▼	http://internal-sbcntr-alb-internal-19372⦶ ❌
NOTIF_SERVICE_HOST	Value ▼	http://internal-sbcntr-alb-internal-19372⦶ ❌
SESSION_SECRET_KEY	Value ▼	41b678c65b37bf99c37bcab522802760 ❌
DB_HOST	ValueFrom ▼	3877:secret:sbcntr/mysql-uChi0w:host:: ❌
DB_NAME	ValueFrom ▼	arn:aws:secretsmanager:ap-northeast-2 ❌
DB_USERNAME	ValueFrom ▼	arn:aws:secretsmanager:ap-northeast-2 ❌
DB_PASSWORD	ValueFrom ▼	arn:aws:secretsmanager:ap-northeast-2 ❌
키 추가	Value ▼	값 추가

그림 4-7-2 프런트엔드 애플리케이션 태스크 정의에서 컨테이너 정의를 수정 ②

컨테이너 정의 수정 후 '**생성**' 버튼을 클릭해 새로운 정의를 생성한다.

다음은 프런트엔드 애플리케이션용 ECS 클러스터(sbcntr-frontend-cluster)에서 이전 버전 ECS 작업을 중지하고 'EC2' 서비스로 이동해 대상 그룹에서 기존 작업을 취소한다.

그림 4-7-3 실행 중인 작업 중지

그림 4-7-4 작업 등록 해제

새로운 ECS 작업을 시작한다. 'Elastic Container Service'에서 클러스터로 이동한 뒤 프런트엔드용 클러스터에서 작업을 생성한다. 자세한 절차는 '4-5 오케스트레이터 구축'의 컨테이너 배포 확인 부분을 참고하기 바란다. 작업 실행 시 작업 정의의 '개정'은 '2 (latest)'를 선택해야 변경된 내용이 반영된다.

그림 4-7-5 개정 버전을 이용하는 작업 실행

새로운 작업이 시작되면 작업 상태가 'PROVISIONING'에서 'RUNNING'으로 바뀐다. 만약 'RUNNING'으로 바뀌지 않는다면 환경 변수 설정에 문제가 있을 가능성이 있으므로 환경 변수 부분의 스펠링이나 ARN 등을 다시 한 번 확인해본다.

'RUNNING' 상태로 바뀌면 대상 작업을 클릭해 세부 내용 중 프라이빗 IP를 확인한다. 이 IP를 프런트엔드용 ALB의 대상 그룹에 등록해야 최종 변경이 완료된다.

'EC2' 서비스에서 '대상 그룹'을 선택한다. 대상 그룹 목록에서 프런트엔드용 ALB(sbcntr-tg-frontend)를 선택해 앞서 확인한 프라이빗 IP를 새로 등록한다. 등록된 대상의 상태가 'healthy'가 되면 준비가 완료된다.

자세한 절차는 '4-5 오케스트레이터 구축'의 컨테이너 배포 확인 부분의 '프런트엔드 애플리케이션 통신 확인'을 참고하기 바란다.

▷ 통신 확인

마지막으로 프런트엔드 애플리케이션에서 백엔드 애플리케이션에 접속해본다. 브라우저에서 프런트엔드용 ALB(sbcntr-alb-ingress-frontend) DNS 주소에 접속해본다.

처음 접속했을 때는 등록된 계정이 없으므로 회원 등록부터 시작한다. 오른쪽 '회원 등록'이 회원 등록하는 기능을 한다. 사용자 계정은 메일 주소 형식으로 입력한다. 여기서는 형식만을 체크하므로 존재하지 않는 메일 주소를 입력해도 회원 등록을 할 수 있다.

등록한 계정으로 로그인한 뒤 이동하는 메인 화면에서는 하단의 '+' 버튼을 눌러 새로운 아이템을 추가할 수 있다. 예제 애플리케이션에서는 이미지 업로드는 구현하지 않았으므로 제목과 설명만 입력이 가능하다. 추가한 아이템이 아이템 목록에 표시되는지 확인해본다. 화면을 새로 고쳐보거나 로그아웃 후 다시 로그인을 해서 데이터베이스에 정보가 잘 저장되는지 확인한다.

그림 4-7-6 로그인 화면

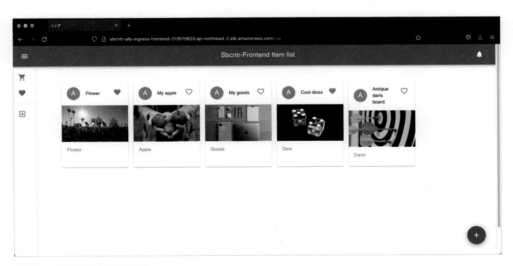

그림 4-7-7 로그인 후 메인 화면

이상으로 ECS의 Fargate에서 프런트엔드 애플리케이션과 백엔드 애플리케이션 구축을 완료했다.

/// 정리 ///

4장에서는 오케스트레이션 서비스인 ECS에서 컨테이너 애플리케이션을 실행하기 위한 최소한의 설정만을 이용해 서비스를 구축했다. 하지만 지금까지의 설정 내용만으로는 프로덕션 레디라고 할 수 없다.

다음 장에서는 3장에서 설명한 각 설계 포인트를 추가해 프로덕션 레디 구성을 완성해 나간다.

chapter

05

컨테이너 구축하기
(실천편)

4장에서 구축한 컨테이너 구성은 애플리케이션을 실행하기 위한 기본 구성이었다. 이를 보다 프로덕션 레디 형태로 만들려면 3장에서 설명한 각 설계 포인트를 추가해야 한다. 5장에서는 4장에서 구축한 컨테이너 구성에 3장에서 설명한 내용 중 일부를 추가한다.

여기서 설명하는 내용 중 자신이 구축한 프로덕션 환경에 적용 가능한 것이 있다면 도전해 보기 바란다.

이 장에서 만들 AWS 구성은 그림 5-1-1과 같다. 그리고 실습에서 이용하는 파일은 책과 함께 제공되는 파일에 포함돼 있다. 그림 순서대로 실습을 진행해 나간다.

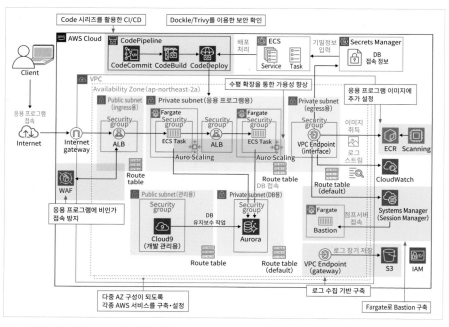

그림 5-1-1 5장에서 구축할 AWS 아키텍처 구성도

4장에서는 대부분의 절차를 화면 캡처를 통해 설명했으나 5장에서는 화면 캡처를 생략하는 부분이 많다. 또한 4장에서 이미 설명한 내용이나 생성한 자원에 대해서는 다시 설명하지 않으므로 4장을 참고하기 바란다.

3장의 '운영 설계' 항목에서 다룬 CI/CD 설계를 통해 애플리케이션 빌드 및 배포를 자동화하는 파이프라인 설정을 수행해본다.

4장에서는 애플리케이션 소스 코드 관리를 하지 않았으며, 관리용 Cloud9에서 컨테이너 빌드 및 푸시를 실시했다. 그리고 ECS 대시보드에서 새로운 컨테이너 이미지를 배포했다.

여기서는 애플리케이션 소스 코드를 Git으로 관리하고 수정된 코드를 커밋해서 컨테이너 빌드와 푸시, 배포를 자동으로 수행하도록 설정한다. 4장에서 생성한 애플리케이션은 프런트엔드와 백엔드 2개가 있었으나, 여기서는 백엔드 애플리케이션을 대상으로 한다.

구성도는 다음과 같다.

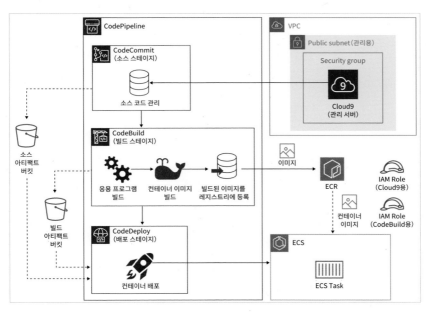

그림 5-2-1 Code 시리즈를 이용한 CI/CD 구성도

3장에서는 승인 스테이지에 대해서도 설명했으나 이번에는 지면 관계상 승인 스테이지 추가는 다루지 않는다. 각자 자신의 환경에 적용할 때 비즈니스 요건과 체제에 맞춰 승인 스테이지도 추가해보자.

▷ CodeCommit 생성

4장에서 사용한 백엔드 애플리케이션 소스 코드를 'CodeCommit'에서 관리하도록 설정한다. CodeCommit 리포지토리 생성에서 소스 코드 푸시까지 실시해본다. CodeCommit을 리포지토리로 사용하는 이유는 단순히 다음과 같다.

- AWS가 제공하는 리포지토리 서비스이므로 AWS의 다른 서비스와 쉽게 연계가 가능하다.
- 프라이빗 리포지토리이므로 액세스 토큰 유출[1]과 같은 보안 사고가 거의 발생하지 않는다.

CodeCommit 리포지토리 생성

가장 첫 단계로 '백엔드 애플리케이션을 저장할 리포지토리'를 구축한다.

CodeCommit 서비스 대시보드에서 **'리포지토리 생성'** 버튼을 클릭해 새로운 리포지토리를 생성한다.

설정 항목	설정 값
리포지토리 이름	sbcntr-backend
설명	Repository for sbcntr backend application

CodeCommit과 접속하기 위해 접속 후 화면 오른쪽 상단에 있는 **'URL 복제'** 드롭다운 버튼을 눌러 **'HTTPS 복제'**를 선택해 URL을 복사해둔다.

Cloud9용 IAM 역할에 정책 추가

실습 환경의 Cloud9 인스턴스는 4장에서 'AWS 관리형 임시 자격 증명'은 비활성화했기 때문에 IAM 역할로 권한 제어를 하고 있다. 현재 Cloud9에서 이용 중인 IAM 역할에는 ECR 접근 권한만 부여했으므로 CodeCommit 접근 권한도 추가로 부여한다.

'IAM' 서비스로 이동해 다음 정책을 추가한다. JSON(/iam/cloud9_codecommit_policy.json) 내의 [aws_account_id]는 자신의 AWS 계정 ID로 치환해야 한다.

---

1 깃허브의 퍼블릭 리포지토리에 실수로 AWS 인증 정보 또는 중요 정보를 업로드해 피해가 발생하는 사례가 빈번하게 발생한다.

▪ IAM 서비스 → 정책 → 정책 생성

Cloud9용 IAM 역할에 연결할 CodeCommit용 정책

```json
{
  "Version": "2012-10-17",
  "Statement": [
    {
      "Effect": "Allow",
      "Action": [
        "codecommit:BatchGet*",
        "codecommit:BatchDescribe*",
        "codecommit:Describe*",
        "codecommit:Get*",
        "codecommit:List*",
        "codecommit:Merge*",
        "codecommit:Put*",
        "codecommit:Post*",
        "codecommit:Update*",
        "codecommit:GitPull",
        "codecommit:GitPush"
      ],
      "Resource": "arn:aws:codecommit:ap-northeast-2:[aws_account_id]:sbcntr-backend"
    }
  ]
}
```

정책 이름은 다음과 같이 지정한다.

설정 항목	설정 값
정책 이름	sbcntr-AccessingCodeCommitPolicy

정책 내용을 확인한 뒤 생성을 완료한다. 생성한 정책은 Cloud9용 IAM 역할인 'sbcntr-cloud9-role'과 연결한다.

- IAM 서비스 → 역할 → 'sbcntr-cloud9-role' 선택 → '권한 추가' → '정책 연결' → 생성한 정책 선택 → '정책 연결'

이상으로 권한 설정을 마친다.

Cloud9에서 코드 푸시

Cloud9 IDE를 실행한다. 4장에서 이용한 백엔드 애플리케이션의 원격 저장소를 깃허브에서 CodeCommit으로 변경해 이용한다.

IDE의 터미널에서 다음 명령을 실행한다. [CodeCommit 리포지토리 URL]은 앞에서 복사한 자신의 리포지토리 URL로 치환한다.

CodeCommit 리포지토리로 연결

```
~/environment $ cd awsb

# 현재 원격 리포지토리 확인
~/environment/awsb (main) $ git remote -v
origin  https://github.com/wikibook/awsb.git (fetch)
origin  https://github.com/wikibook/awsb.git (push)

# CodeCommit 리포지토리로 전환
~/environment/awsb (main) $ git remote set-url origin [CodeCommit 리포지토리 URL]
~/environment/awsb (main) $ git remote -v
origin  [CodeCommit 리포지토리 URL] (fetch)
origin  [CodeCommit 리포지토리 URL] (push)

# CodeCommit에 소스 코드 푸시
~/environment/awsb (main) $ git push
Enumerating objects: 317, done.
Counting objects: 100% (317/317), done.
Compressing objects: 100% (124/124), done.
Writing objects: 100% (317/317), 62.88 KiB | 20.96 MiB/s, done.
Total 317 (delta 177), reused 317 (delta 177), pack-reused 0
To [CodeCommit 리포지토리 URL]
 * [new branch]      main -> main
```

▷ CodeBuild 생성

다음으로, 리포지토리에 푸시된 애플리케이션을 빌드하기 위한 'CodeBuild'를 생성한다. CodeBuild를 이용해 컨테이너 이미지를 생성하고, 생성한 컨테이너 이미지를 컨테이너 레지스트리에 등록하도록 구축한다.

빌드 사양 정의 파일 생성

CodeCommit에 등록된 애플리케이션에 대한 '빌드 사양 정의 파일'을 생성한다. 파일 내용은 Dockerfile과 같아 보이지만, Docker 이미지를 빌드하는 것이 아니라 Docker 이미지 빌드를 포함한 애플리케이션 빌드 처리 전체를 정의한 것이다.

빌드 사양 정의에는 'buildspec.yml'이라는 YAML 형식의 정의 파일이 이용된다. 정의 파일 이름은 변경할 수 있지만, 이때는 명시적으로 파일 이름을 CodeBuild에 지정해야 한다. 여기서는 기본 파일 이름인 'buildspec.yml'을 그대로 이용한다.

buildspec.yml은 소스 코드의 루트 디렉터리에 위치해야 한다. 즉, 예제 프로그램에서는 'sbcntr-backend' 디렉터리에 생성해야 한다.

Cloud9에서 다음 내용으로 buildspec.yml 파일을 생성한다. 제공되는 파일을 이용하는 경우, 이후 빌드 사양 정의를 변경하므로 cicd 디렉터리의 buildspec_before.yml을 이용한다.

buildspec.yml

```yaml
version: 0.2

env:
    variables:
        AWS_REGION_NAME: ap-northeast-2
        ECR_REPOSITORY_NAME: sbcntr-backend
        DOCKER_BUILDKIT: "1"

phases:
    install:
        runtime-versions:
            docker: 19

    pre_build:
```

```
        commands:
            - AWS_ACCOUNT_ID=$(aws sts get-caller-identity --query 'Account' --output
text)
            - aws ecr --region ap-northeast-2 get-login-password | docker
login --username AWS --password-stdin https://${AWS_ACCOUNT_ID}.dkr.ecr.
ap-northeast-2.amazonaws.com/sbcntr-backend
            - REPOSITORY_URI=${AWS_ACCOUNT_ID}.dkr.ecr.${AWS_REGION_NAME}.amazonaws.com/
${ECR_REPOSITORY_NAME}
            # 태그 이름에 Git 커밋 해시를 이용
            - IMAGE_TAG=$(echo ${CODEBUILD_RESOLVED_SOURCE_VERSION} | cut -c 1-7)
    build:
        commands:
            - docker image build -t ${REPOSITORY_URI}:${IMAGE_TAG} .
    post_build:
        commands:
            - docker image push ${REPOSITORY_URI}:${IMAGE_TAG}
```

빌드 사양 정의 파일은 처리 단계별로 나눠서 기술한다. 예제에서는 'install', 'pre_build', 'build', 'post_build'로 나누었다.

install 단계

빌드 환경에서의 패키지 설치에만 사용된다. 예제에서는 'runtime-versions' 섹션을 지정하고 있다. 이것은 CodeBuild의 특정 호스트 환경에서 빌드할 때 필요하다.

pre_build 단계

빌드 전 처리를 수행한다. 'install' 단계에서는 라이브러리와 런타임 설치를 했지만, 'pre_build' 에서는 ECR 로그인 및 의존성 해결, 변수 설정 등을 수행한다. 예제에서는 ECR 로그인 및 변수 설정을 수행한다.

build 단계

실제 빌드 처리를 정의한다. CodeBuild에서 테스트 처리를 하고 싶을 때는 테스트 명령을 정의한다. 예제에서는 'docker build' 명령을 통해 컨테이너 이미지 생성만 수행한다.

post_build 단계

빌드 후의 처리를 수행한다. 여기서 수행하는 내용은 출력 아티팩트(출력 파일) 생성 및 ECR에 이미지 푸시, 빌드 알림 전송 등이다. 예제에서는 ECR에 이미지 푸시만을 수행한다.

빌드 사양 정의 파일 생성을 완료했으면 CodeCommit에 푸시한다. 푸시는 Cloud9 터미널에서 수행한다.

buildspec.yml 파일 푸시

```
~/environment/awsb (main) $ git add buildspec.yml
~/environment/awsb (main) $ git commit -m 'ci: add buildspec'
[main db3b7c4] ci: add buildspec
...
 1 file changed, 31 insertions(+)
 create mode 100644 buildspec.yml
~/environment/awsb (main) $ git push
...
   36ee5fa..db3b7c4  main -> main
```

푸시까지 완료되면 다음 단계로 진행한다.

전체 빌드 프로젝트 생성

CodeBuild 서비스로 이동해 빌드 프로젝트를 생성한다. 지정하지 않은 항목은 기본 값인 채로 진행한다.

- CodeBuild 서비스 → '빌드 프로젝트 생성'

설정 항목	설정 값
프로젝트 이름	sbcntr-codebuild

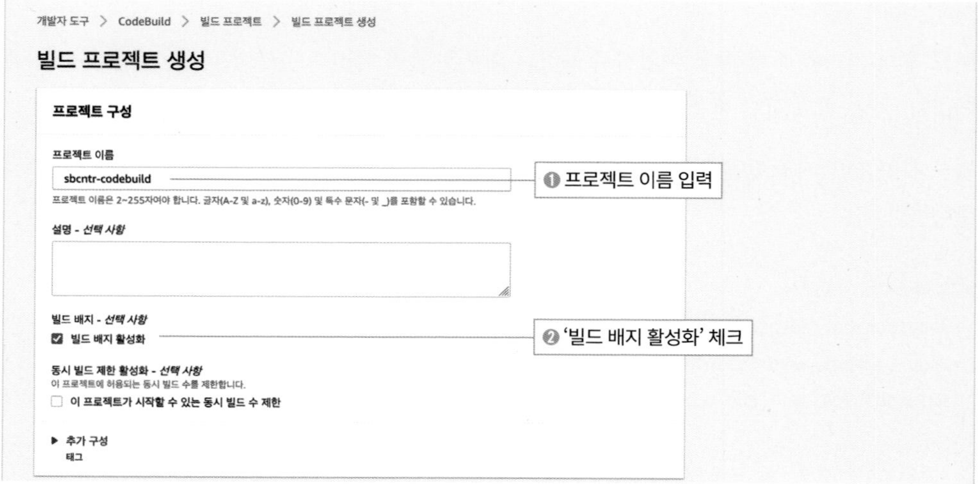

개발자 도구 > CodeBuild > 빌드 프로젝트 > 빌드 프로젝트 생성

빌드 프로젝트 생성

프로젝트 구성

프로젝트 이름

    sbcntr-codebuild ─────────────────── ❶ 프로젝트 이름 입력

프로젝트 이름은 2~255자여야 합니다. 글자(A-Z 및 a-z), 숫자(0-9) 및 특수 문자(- 및 _)를 포함할 수 있습니다.

설명 - 선택 사항

빌드 배지 - 선택 사항
☑ 빌드 배지 활성화 ─────────────────── ❷ '빌드 배지 활성화' 체크

동시 빌드 제한 활성화 - 선택 사항
이 프로젝트에 허용되는 동시 빌드 수를 제한합니다.
☐ 이 프로젝트가 시작할 수 있는 동시 빌드 수 제한

▶ 추가 구성
  태그

그림 5-2-2 CodeBuild 프로젝트 설정

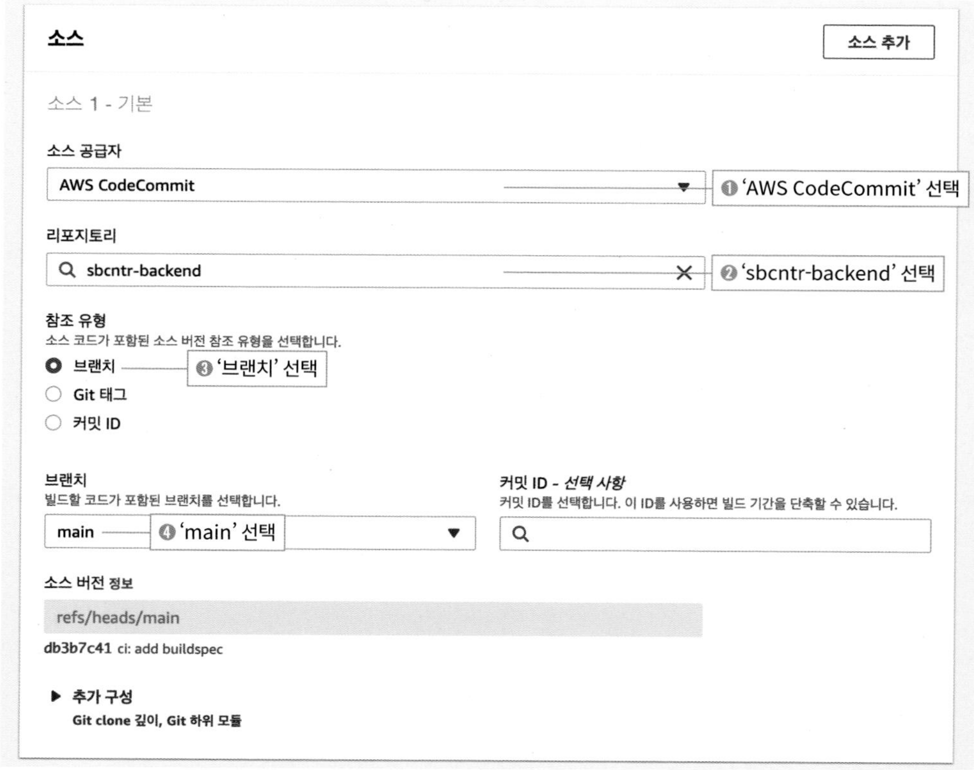

소스   [소스 추가]

소스 1 - 기본

소스 공급자

    AWS CodeCommit   ▼ ─── ❶ 'AWS CodeCommit' 선택

리포지토리

    🔍 sbcntr-backend   ✕ ─── ❷ 'sbcntr-backend' 선택

참조 유형
소스 코드가 포함된 소스 버전 참조 유형을 선택합니다.
◉ 브랜치 ─── ❸ '브랜치' 선택
○ Git 태그
○ 커밋 ID

브랜치   커밋 ID - 선택 사항
빌드할 코드가 포함된 브랜치를 선택합니다.   커밋 ID를 선택합니다. 이 ID를 사용하면 빌드 기간을 단축할 수 있습니다.

    main ─── ❹ 'main' 선택   ▼   🔍

소스 버전 정보

    refs/heads/main

db3b7c41 ci: add buildspec

▶ 추가 구성
  Git clone 깊이, Git 하위 모듈

그림 5-2-3 CodeBuild 소스 설정

CodeBuild에서 이용하는 IAM 역할도 이때 생성한다. IAM 역할 이름은 다음과 같이 설정한다.

설정 항목	설정 값
역할 이름	sbcntr-codebuild-role

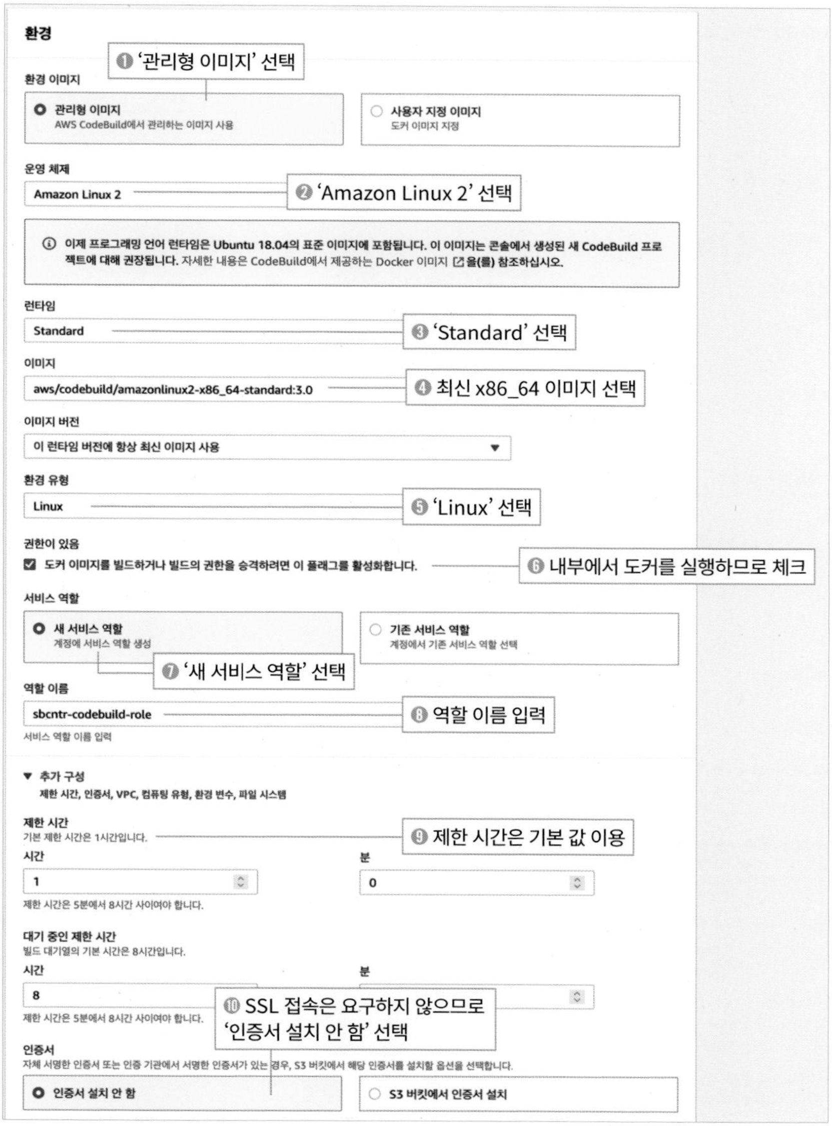

그림 5-2-4 CodeBuild 환경 설정 ①

VPC
AWS CodeBuild 프로젝트가 액세스할 VPC를 선택합니다.

❶ 예제에서는 빌드할 때 VPC
내의 자원에 접근하지 않으므로
설정하지 않음

컴퓨팅
◉ 3GB 메모리, vCPU 2개 ─────── ❷ 최소 자원을 할당
○ 7GB 메모리, vCPU 4개
○ 15GB 메모리, vCPU 8개
○ 145GB 메모리, vCPU 72개

환경 변수

이름	값	유형	
		일반 텍스트 ▼	제거

[환경 변수 추가]

[파라미터 생성]

파일 시스템

식별자	ID	디렉터리 경로 - *선택 사항*	
	🔍		제거

마운트 지점	마운트 옵션 - *선택 사항*

[파일 시스템 추가]

그림 5-2-5 CodeBuild 환경 설정 ②

Buildspec
❶ 앞서 생성한 빌드 사양 정의 파일을
이용하므로 'buildspec 파일 사용' 선택

빌드 사양

◉ **buildspec 파일 사용**
YAML 형식의 buildspec 파일에 빌드 명령 저장

○ **빌드 명령 삽입**
빌드 명령을 빌드 프로젝트 구성으로 저장

Buildspec 이름 - *선택 사항*
기본적으로 CodeBuild는 소스 코드 루트 디렉터리에서 buildspec.yml 파일을 찾습니다. buildspc 파일이 다른 이름 또는 위치를 사용하는 경우 여기에 소스 루트
의 경로를 입력하십시오(예: buildspec-two.yml 또는 configuration/buildspec.yml).

❷ 빌드 사양 정의 파일 이름을
'buildspec.yml'로 생성했으므로
입력 불필요

배치 구성
빌드 그룹을 단일 실행으로 실행할 수 있습니다. 배치 구성은 빌드를 시작할 때 고급 옵션에서도 사용할 수 있습니다.

☐ **배치 구성 정의 - *선택 사항***
빌드 배치를 시작할 때 배치 구성을 정의하거나 재정의할 수도 있습니다.

그림 5-2-6 CodeBuild의 빌드 사양 설정

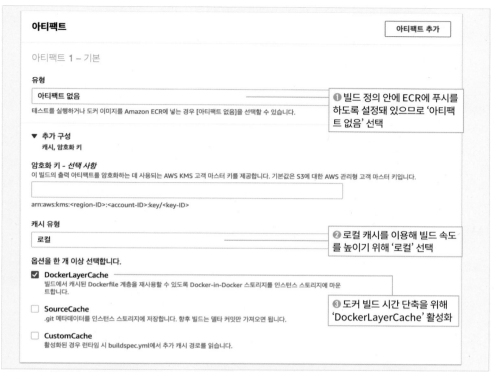

그림 5-2-7 CodeBuild 아티팩트 설정

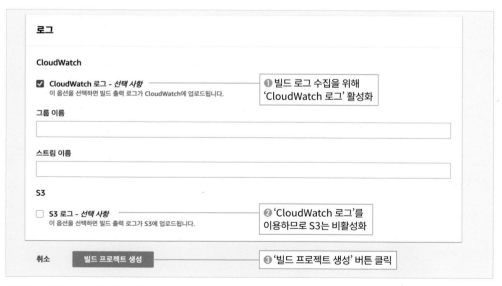

그림 5-2-8 CodeBuild 로그 설정

빌드 프로젝트를 생성할 때 생성한 IAM 역할에 아직 다른 서비스를 이용할 권한이 부여되지 않았으므로 IAM 역할에 권한을 추가한다.

CodeBuild용 IAM 역할에 권한 추가

CodeBuild는 IAM 역할을 통해 다른 서비스에 접근할 수 있다. 이 예제에서 CodeBuild는 이미지를 빌드한 뒤 ECR에 푸시하므로 CodeBuild용 IAM 역할에 ECR에 접근할 수 있는 권한이 필요하다. 빌드 프로젝트를 생성할 때 같이 생성한 IAM 역할에 ECR 접근 권한을 추가한다.

 ECR에 접속을 허용하는 정책은 4장의 실습에서 Cloud9 인스턴스가 ECR에 접속할 수 있게 하기 위해 생성한 것(sbcntr-AccessingECRRepositoryPolicy)이 있으므로 그 정책을 이용한다. IAM 서비스로 이동해 4장에서 생성한 정책을 'sbcntr-codebuild-role' 역할에 연결한다.

설정 항목	설정 값
정책 이름	sbcntr_AccessingECRRepositoryPolicy

그림 5-2-9 CodeBuild용 IAM 역할에 IAM 정책 연결

이것으로 CodeBuild의 권한 설정이 완료됐다.

CodeBuild 실행

설정을 모두 완료했으면 CodeBuild를 실행해 ECR에 새로운 이미지 푸시가 되는지 확인한다.
CodeBuild 서비스로 이동해 빌드를 실행해본다.

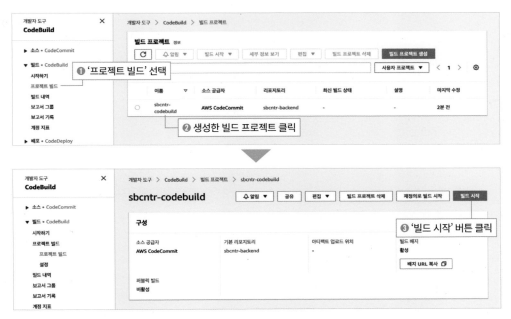

그림 5-2-10 빌드 실행

빌드 시작 버튼을 누르면 바로 빌드가 시작되며 화면이 전환된다. 화면 아래에는 빌드 로그
가 표시되며, 에러가 발생했을 때 이 로그를 통해 문제를 해결한다. 에러 로그에 'Too Many
Request'라고 표시되는 경우가 있는데, 이 문제 해결 방법은 이후 설명한다. 만약 지금 단계에
서 이 에러가 발생하면 다음 절에서 설명하는 해결 방법을 통해 해결한다. 그리고 빌드 사양 정
의 파일에 잘못된 문자가 들어가거나 파일을 제대로 읽지 못한 경우 다음과 같은 에러가 발생한
다. 이 에러가 발생하면 빌드 사양 정의 파일을 수정해 다시 푸시한 뒤 빌드를 시작한다.

파일에 잘못된 문자가 들어가 있는 경우 발생하는 에러

```
Phase context status code: YAML_FILE_ERROR Message: wrong number of container tags,
expected 1
```

빌드가 성공적으로 완료된 것을 확인했다면 ECR에 새로운 이미지가 푸시됐는지 확인한다. ECR의 대상 리포지토리에 새로운 태그가 붙은 이미지가 있으면 정상적으로 푸시된 것이다. 빌드 사양 정의에 커밋 해시를 태그로 이용하도록 정의했으므로 buildspec.yml을 푸시했을 때의 커밋 해시가 이미지 태그가 된다. 예를 들어 커밋했을 때 `36ee5fa..db3b7c4  main -> main`과 같이 표시됐다면 `db3b7c4`가 이미지 태그로 이용된다.

이상으로 CodeBuild 설정 및 확인을 완료했다.

CodeBuild에서 발생하는 'Too Many Requests.' 에러 해결 방법

CodeBuild 실행 시 'Too Many Requests.' 에러가 발생하는 이유는 도커 허브의 이미지 취득 제한 때문이다. 2020년 11월 기준, 도커 허브에서 이미지를 받을 때 다음과 같은 제한[2]이 걸려 있다.

- 익명 이용자로부터의 요청은 6시간에 100회까지
- Docker 계정을 가진 무과금 이용자(Personal user)로부터의 요청은 6시간에 200회까지
- 유료 이용자(Pro 이상)는 하루 5,000회 이상

익명 이용자란 'docker login' 명령을 사용하지 않고 도커를 이용하는 경우에 해당한다. 그리고 익명 이용자는 IP 주소로 집계한다.

문제가 되는 부분은 이곳이다. 가령 하나의 네트워크에 있는 여러 대의 단말은 도커 허브에서는 같은 공인 IP를 가지고 접속하므로 한 명의 사용자로 계산한다.

CodeBuild는 VPC 환경과 비 VPC 환경으로 실행할 수 있다. VPC 환경에서는 NAT 게이트웨이가 공인 IP가 된다. 비 VPC 환경일 때는 각 리전에서 준비한 몇 개의 공인 IP 중 하나를 다른 AWS 이용자와 공유해서 이용한다.

즉, 어떤 공인 IP 주소를 이용하는 CodeBuild 환경에서 6시간 이내에 100회의 'docker image pull'이 실행됐다면 이 에러가 발생한다.

이 에러를 피할 수 있는 방법은 3가지가 있다.

---

2 https://www.docker.com/increase-rate-limits

1. 도커 계정을 생성해 CodeBuild 내에서 'docker login'을 수행해 6시간 이내의 요청 수를 늘림

2. ECR에 'docker image pull' 대상 이미지를 등록해 ECR에서 이미지를 취득(도커 허브에서 이미지를 취득하지 않음)

3. VPC 안에서 CodeBuild를 실행해 다른 AWS 이용자의 영향을 받지 않도록 함

각 방법에는 장점과 장점이 있으므로 프로젝트나 조직 규모에 따라 선택하는 것이 좋다. 작은 조직이라면 1번 방법을 이용하는 것이 관리 비용도 낮으며 편하다. 조직이 크다면 2번 방법으로 공통 기본 이미지를 ECR에 저장해서 이용하는 방법으로 거버넌스까지 고려한 운영도 고려해 볼만하다. 조금 관리 비용이 높아지지만, 여기서는 2번 방법을 이용해 해결해본다.

먼저 ECR에 공통 기본 이미지를 저장하기 위한 리포지토리를 생성한다. 이름은 'sbcntr-base'로 한다(ECR 생성 방법은 4-4 '컨테이너 레지스트리 구축' 참조).

다음으로 Cloud9용 IAM 역할 'sbcntr-cloud9-role'에 연결한 ECR 접근용 정책인 'sbcntr-AccessingECRRepositoryPolicy'에 'sbcntr-base' 접근 권한을 추가한다. 정책 편집에서 JSON을 다음과 같이 수정한다.

sbcntr-base에 접근 권한 추가

```
{
    "Version": "2012-10-17",
    "Statement": [
        {
            "Sid": "ListImagesInRepository",
            "Effect": "Allow",
            "Action": [
                "ecr:ListImages"
            ],
            "Resource": [
                "arn:aws:ecr:ap-northeast-2:[aws_account_id]:repository/sbcntr-backend",
"arn:aws:ecr:ap-northeast-2:[aws_account_id]:repository/sbcntr-frontend",
"arn:aws:ecr:ap-northeast-2:[aws_account_id]:repository/sbcntr-base"
            ]
        },
        {
            "Sid": "GetAuthorizationToken",
```

```
            "Effect": "Allow",
            "Action": [
                "ecr:GetAuthorizationToken"
            ],
            "Resource": "*"
        },
        {

            "Sid": "ManageRepositoryContents",
            "Effect": "Allow",
            "Action": [
                "ecr:BatchCheckLayerAvailability",
                "ecr:GetDownloadUrlForLayer",
                "ecr:GetRepositoryPolicy",
                "ecr:DescribeRepositories",
                "ecr:ListImages",
                "ecr:DescribeImages",
                "ecr:BatchGetImage",
                "ecr:InitiateLayerUpload",
                "ecr:UploadLayerPart",
                "ecr:CompleteLayerUpload",
                "ecr:PutImage"
            ],
            "Resource": [
                "arn:aws:ecr:ap-northeast-2:[aws_account_id]:repository/sbcntr-backend",
    "arn:aws:ecr:ap-northeast-2:[aws_account_id]:repository/sbcntr-frontend",
    "arn:aws:ecr:ap-northeast-2:[aws_account_id]:repository/sbcntr-base"
            ]
        }
    ]
}
```

ECR 생성 및 정책 수정 후 관리용 인스턴스인 Cloud9의 터미널에서 다음과 같이 이미지를 취득한다.

공통 기본 이미지로 이용할 대상 이미지를 취득

```
~/environment/awsb (main) $ docker image pull golang:1.16.8-alpine3.13
...
```

```
docker.io/library/golang:1.16.8-alpine3.13
~/environment/awsb (main) $ docker image ls --format "table {{.ID}}\t{{.Repository}}
\t{{.Tag}}"
IMAGE ID        REPOSITORY          TAG
...
d1353f0c948a    golang              1.16.8-alpine3.13
```

여기서는 Docker Hub의 이미지 취득 제한을 피하기 위한 목적으로만 이용하므로 취득한 이미지 자체에는 어떤 변경도 하지 않고 ECR에 저장한다.

취득한 alpine 이미지를 ECR에 저장

```
~/environment/awsb (main) $ AWS_ACCOUNT_ID=$(aws sts get-caller-identity --query
'Account' --output text)
~/environment/awsb (main) $ aws ecr --region ap-northeast-2 get-login-password |
docker login --username AWS --password-stdin https://${AWS_ACCOUNT_ID}.dkr.ecr.
ap-northeast-2.amazonaws.com/sbcntr-base
...
Login Succeeded
~/environment/awsb (main) $ docker image tag golang:1.16.8-alpine3.13
${AWS_ACCOUNT_ID}.dkr.ecr.ap-northeast-2.amazonaws.com/sbcntr-base:golang1.16.8-
alpine3.13
~/environment/awsb (main) $ docker image push ${AWS_ACCOUNT_ID}.dkr.ecr.ap-northeast-
2.amazonaws.com/sbcntr-base:golang1.16.8-alpine3.13
...
golang1.16.8-alpine3.13: digest: sha256:8ccbf4f9a58a73bec7a0ae4c7512500a5243f3c45cf918ba
1a27baa1f86d5c49 size: 1365
```

'sbcntr-backend'의 Dockerfile에서 도커 허브에서 이미지를 취득하는 'FROM' 문을 ECR에서 취득하도록 변경한다. 변경할 부분은 다음과 같다.

```
FROM golang:1.16.8-alpine3.13 AS build-env

 ↓

FROM [aws_account_id].dkr.ecr.ap-northeast-2.amazonaws.com/sbcntrbase:golang1.16.8-
alpine3.13 AS build-env
```

이상으로 CodeBuild에서 Too Many Requests 에러가 발생할 때의 대응을 완료했다. CodeBuild를 실행해 빌드 처리가 잘 진행되는지 확인한다.

▷ CodeDeploy에 대해

원래대로라면 CodeDeploy는 다양한 구성 요소를 이용해 설정을 수행한다. 여기서는 4장의 ECS 생성 시 자동으로 생성된 CodeDeploy를 이용하므로 따로 생성하지는 않는다. 생성된 CodeDeploy의 자세한 설정 내용은 CodeDeploy 서비스에서 추가된 애플리케이션과 배포 그룹 설정에서 확인할 수 있다.

▷ CodePipeline 생성

마지막으로 지금까지 생성한 Code 관련 서비스를 일련의 CI/CD로 실행하기 위한 'CodePipeline'을 생성한다. CodePipeline에도 많은 구성요소가 등록된다.

애플리케이션 사양 파일(appspec.yaml) 생성

애플리케이션 사양 파일이란 각 배포를 관리하기 위해 이용하는 파일[3]로 CodePipeline에서 CodeDeploy를 설정할 때 사용된다. 어느 서비스를 배포할지, 어떤 정의를 기반으로 어느 기반에 배포할지 등을 정의하고 있다. 이 정보는 소스 코드로 관리되며 배포할 때마다 파이프라인에 정보를 전달하게끔 만들어져 있다.

Cloud9 IDE를 실행해 애플리케이션 사양 파일을 생성한다. 생성 위치는 'sbcntr-backend' 디렉터리며 파일 이름은 appspec.yaml로 한다.

다음과 같이 터미널을 이용해도 되며, 4장에서 설명한 것처럼 Cloud9 IDE의 메뉴를 이용해도 된다.

```
~/environment $ cd sbcntr-backend
~/environment/awsb $ touch appspec.yaml
```

---

3 https://docs.aws.amazon.com/ko_kr/codedeploy/latest/userguide/reference-appspec-file.html

appspec.yaml 파일 내용 (부록 /cicd/appsepc.yaml)

```
version: 1
Resources:
- TargetService:
    Type: AWS::ECS::Service
    Properties:
        TaskDefinition: <TASK_DEFINITION>
        LoadBalancerInfo:
            ContainerName: "app"
            ContainerPort: 80
```

여기서 중요한 부분은 'TaskDefinition'의 값이다.

TaskDefinition은 배포 대상이 되는 작업 정의를 지정하지만, 파이프라인이 실행될 때 자동으로 대체된다. 그렇기 때문에 구체적인 ARN(대상 작업 정의의 개정 버전)을 지정하는 것이 아니라 '<TASK_DEFINITION>'이라는 문자열을 지정한다. 자세한 내용은 공식 문서[4]를 참고하기 바란다.

추가한 애플리케이션 정의 파일은 다음 작업 정의 파일과 함께 CodeCommit에 푸시한다.

작업 정의 파일(taskdef.json) 생성

작업 정의는 4장에서 구축한 ECS 정의를 이용해 새로 생성한다.

작업 정의 취득

ECS 서비스로 이동해 'sbcntr-backend-def'의 최신 작업 정의를 선택한다.

- ECS 서비스 → 작업 정의 → 'sbcntr-backend-def' 선택

JSON 복사

'JSON' 탭에 표시된 JSON 내용을 복사한다.

ECS 서비스 화면에서 확인할 수 있는 작업 정의 JSON은 매우 길지만, 대부분 항목이 'null'로 돼 있다. null 항목은 설정하지 않아도 된다. 'null'이 아닌 항목에도 태스크 정의 파일에 불필요한 항목이 많이 있다. 다음 taskdef.json 파일 내용을 참고해 작업 정의 파일을 만든다.

---

4 https://docs.aws.amazon.com/ko_kr/codepipeline/latest/userguide/tutorials-ecs-ecr-codedeploy.html

'taskdef.json' 파일 생성

파일 생성은 appspec.yaml 파일을 생성했을 때와 마찬가지로 진행한다.

```
~/environment $ cd awsb
  ~/environment/awsb $ touch taskdef.json
```

파일 내용은 앞에서 복사한 JSON 내용을 바탕으로 다음과 같이 수정한다. [Secrets Manager 보안 암호 ARN]는 Secrets Manager의 보안 암호 ARN으로 치환한다.

taskdef.json (부록 /cicd/taskdef.json)

```json
{
  "executionRoleArn": "arn:aws:iam::[aws_account_id]:role/ecsTaskExecutionRole",
  "containerDefinitions": [
    {
      "logConfiguration": {
        "logDriver": "awslogs",
        "secretOptions": null,
        "options": {
          "awslogs-group": "/ecs/sbcntr-backend-def",
          "awslogs-region": "ap-northeast-2",
          "awslogs-stream-prefix": "ecs"
        }
      },
      "portMappings": [
        {
          "hostPort": 80,
          "protocol": "tcp",
          "containerPort": 80
        }
      ],
      "cpu": 256,
      "readonlyRootFilesystem": true,
      "environment": [],
      "secrets": [
        {
          "valueFrom": "[Secrets Manager 보안 암호 ARN]:host::",
          "name": "DB_HOST"
```

```
      },
      {
        "valueFrom": "[Secrets Manager 보안 암호 ARN]:dbname::",
        "name": "DB_NAME"
      },
      {
        "valueFrom": "[Secrets Manager 보안 암호 ARN]:password::",
        "name": "DB_PASSWORD"
      },
      {
        "valueFrom": "[Secrets Manager 보안 암호 ARN]:username::",
        "name": "DB_USERNAME"
      }
    ],
    "memory": null,
    "memoryReservation": 512,
    "image": "<IMAGE1_NAME>",
    "essential": true,
    "name": "app"
    }
  ],
  "memory": "1024",
  "taskRoleArn": null,
  "family": "sbcntr-backend-def",
  "requiresCompatibilities": ["FARGATE"],
  "networkMode": "awsvpc",
  "cpu": "512"
}
```

여기서 '<IMAGE1_NAME>'은 앞에서의 TASK_DEFINITION과 마찬가지로 CodePipeline이
자동으로 값을 교체한다. CodeDeploy가 새로운 이미지를 배포할 때 작업 정의의 어느 부분을
어떻게 바꿔야 할지 가리키는 플레이스 홀더의 역할을 한다. 그렇기 때문에 구체적으로 자원 이
름 등을 기재하지 않고 '<IMAGE1_NAME>'이라고 기재한다[5].

---

5   https://docs.aws.amazon.com/ko_kr/codepipeline/latest/userguide/tutorials-ecs-ecr-codedeploy.html#tutorials-ecs-ecr-codedeploy-taskdef-inition

3장 '애플리케이션 취약점' 대책에서 다룬 것처럼 루트 파일 시스템에 파일 쓰기를 금지하기 위해 **"readonlyRootFilesystem"**의 값은 true로 설정한다.

파일 내용을 입력했으면 앞에서 수정한 appspec.yaml 과 함께 CodeCommit에 푸시한다.

appspec.yaml과 taskdef.json 푸시

```
~/environment/awsb (main) $ git add appspec.yaml taskdef.json
~/environment/awsb (main) $ git commit -m 'ci: add appspec and task definition'
~/environment/awsb (main) $ git push
```

이상으로 파이프라인 설정에 필요한 정의 파일 생성 및 푸시를 완료했다.

파이프라인 정의 생성

마지막으로 CodePipeline 서비스에서 파이프라인 정의를 생성한다.

- CodePipeline 서비스 → 파이프라인 생성

설정 항목	설정 값
파이프라인 이름	sbcntr-pipeline
역할 이름	sbcntr-pipeline-role

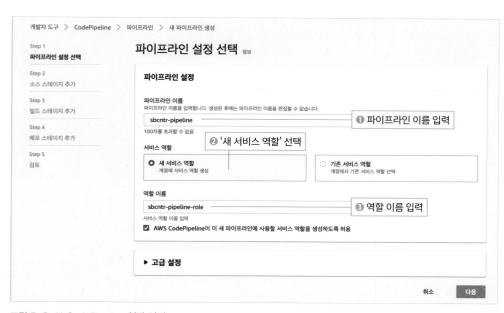

그림 5-2-11 CodePipeline 일반 설정

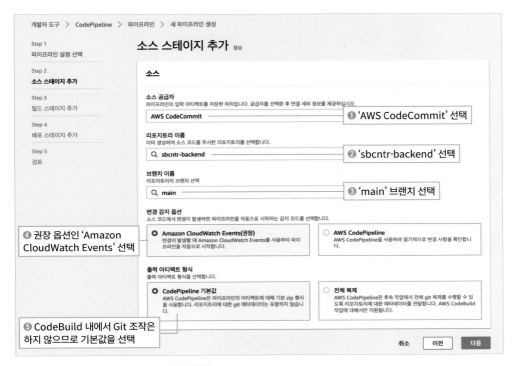

그림 5-2-12 CodePipeline 소스 스테이지 설정

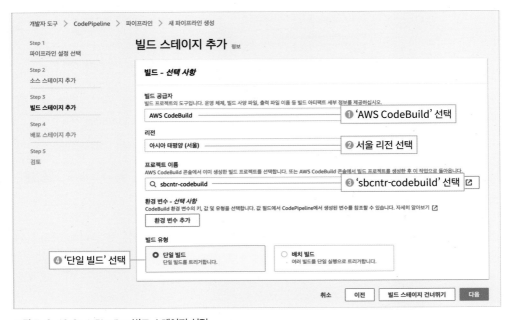

그림 5-2-13 CodePipeline 빌드 스테이지 설정

그림 내용과 같이 각종 항목을 선택한다. '작업 정의의 자리 표시자 텍스트'는 다음과 같이 입력한다.

설정 항목	설정 값
작업 정의의 자리 표시자 텍스트	IMAGE1_NAME

그림 5-2-14 CodePipeline 배포 스테이지 설정

검토 화면에서 각종 설정 내용을 확인한다. 확인 후 '파이프라인 생성' 버튼을 클릭해 생성을 완료한다. 생성이 완료되면 파이프라인 처리가 자동으로 실행된다.

이 상태에서는 처리가 진행되다가 배포 스테이지에서 에러가 발생한다. '세부 정보'를 클릭해 에러 내용을 확인해본다. 만약 빌드 스테이지에서 'Too Many Requests.'가 발생하면 앞에서 설명한 'Too Many Requests.' 에러 해결 방법을 참고하고 다시 파이프라인을 실행한다.

그림 5-2-15 CodePipeline 배포 스테이지 에러

다음과 같은 에러가 출력된 것을 볼 수 있다.

Exception while trying to read the task definition artifact file from: BuildArtifact

이 에러의 원인을 이해하기 위해 생성한 CodePipeline 구성을 확인해보자[6].

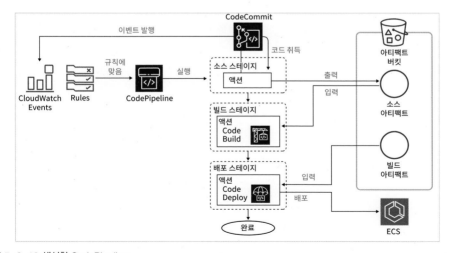

그림 5-2-16 생성한 CodePipeline

---

6 실행 시 'You are missing permissions to access input artifact: BuildArtifact'라는 에러 메시지가 표시되는 경우도 있다. 이때도 이후 설명할 내용과 동일한 절차대로 해결한다.

문제는 2군데에 있다. 첫 번째는 배포 스테이지에서 빌드 아티팩트를 입력받는데, 빌드 아티팩트 안에 ECS 작업 정의가 존재하지 않는다는 점이다.

두 번째는 ECS 작업 정의가 저장된 장소다. ECS 작업 정의는 소스 아티팩트에 저장돼 있으며 빌드 아티팩트에는 포함되지 않는다. 그렇기 때문에 배포 액션에서 소스 아티팩트를 참조하게 수정해야 한다.

그러면 파이프라인 정의를 수정한다. 대상 파이프라인의 편집 메뉴에서 작업을 편집한다. 지정한 곳 외에는 변경하지 않는다.

- CodePipeline 서비스 → 'sbcntr-pipeline' 선택 → '편집' 버튼 클릭 → '스테이지 편집' 버튼 클릭

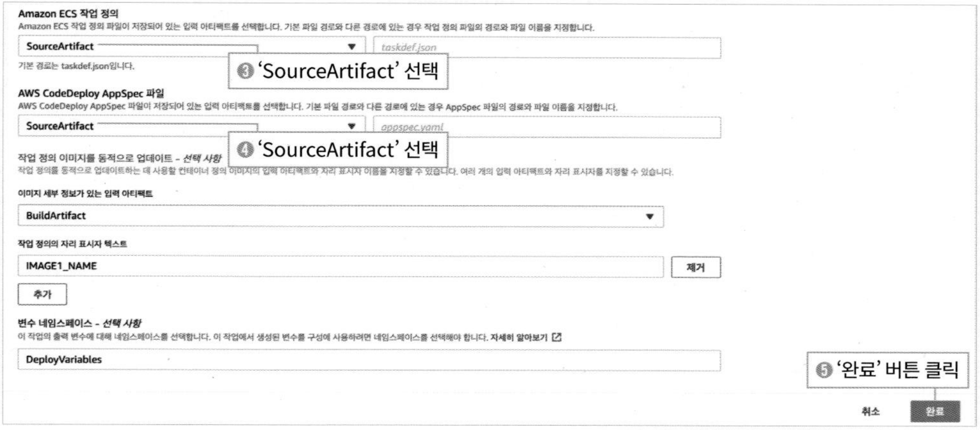

그림 5-2-17 CodePipeline 정의 편집

편집을 완료한 후 반드시 '완료'해야 반영된다.

이것으로 첫 번째 문제는 해결했다. 두 번째 문제는 에러 메시지로는 확인할 수 없지만, 빌드 아티팩트에 포함돼야 할 정보가 부족하다는 것은 알고 있다.

부족한 정보를 확인하기 위해 빌드 스테이지에 무엇을 해야 하는지 생각해보자.

빌드 스테이지에서는 ECR에 이미지를 푸시한다. 그리고 이미지를 푸시할 때 이미지 태그를 붙인다. 새롭게 빌드된 이미지를 사용해 새로운 ECS 태스크를 배포하는 것이 이 예제의 목적이다. 즉, 빌드 스테이지에 출력할 성과물은 푸시한 이미지를 가리키는 정보, 즉 ECR 리포지토리의 이미지 URL이다.

그러면 이 정보를 빌드 아티팩트로 출력해본다. 앞에서 사용한 buildspec.yml 파일의 마지막 줄에 다음 내용을 새롭게 추가한다.

buildspec.yml에 추가할 내용 (부록 cicd/buildspec.yml)

```
- printf '{"name":"%s","ImageURI":"%s"}' $ECR_REPOSITORY_NAME $REPOSITORY_URI:$IMAGE_TAG
> imageDetail.json

artifacts:
    files:
        - imageDetail.json
```

'post_build' 단계에서 빌드 아티팩트 JSON을 생성하고 'artifacts'의 'files' 스테이지에서 출력 아티팩트로서 이 파일을 지정한다. JSON 파일 이름은 반드시 'imageDetail.json'으로 지정해야 한다.

파일 수정을 완료했으면 CodeCommit에 수정한 파일을 푸시한다. CodeCommit에 푸시가 발생하면 자동으로 파이프라인이 동작한다.

CodePipeline 다시 배포

앞에서 CodeCommit에 수정한 내용을 푸시했으면 CodePipeline이 실행돼 배포 스테이지 상태가 표시되고 있을 것이다.

현재 트래픽 라우팅 대기 시간이 설정돼 있기 때문에 직접 CodeDeploy에서 즉시 프로덕션 환경으로 트래픽을 라우팅해야 한다.

'세부 정보' 링크를 클릭해 CodeDeploy 상태를 확인한다.

1단계에서는 2-3분 정도 시간이 소요된다. 10분이 경과해도 다음 단계로 넘어가지 않는다면 설정에 문제가 있을 가능성이 높다. 실수하기 쉬운 곳은 작업 정의의 'executionRoleArn', 'image'와 애플리케이션 사양의 'TaskDefinition'과 같이 CodeDeploy와 ECS를 연계하는 부분과 ECS 설정이다. 에러 로그를 찾지 못하면 ECS 클러스터에 수동으로 작업만 실행시켜보는 것도 좋은 방법이다. 잠시 기다리며 다음 단계로 진행되는 것을 확인한다.

3단계로 넘어가면 대기 시간 10분이 설정돼 있는데, 여기서는 '트래픽 다시 라우팅' 버튼을 클릭해 대기 시간을 무시하고 다음으로 진행한다.

참고로 5단계에서도 '원래 작업 세트 종료' 버튼을 누르면 대기 없이 바로 기존 작업이 종료된다.

그림 5-2-18 CodeDeploy 처리 확인

CodeDeploy 처리가 완료되면 CodePipeline으로 다시 돌아가 파이프라인이 정상 종료됐는지 확인한다.

그림 5-2-19 정상 종료 확인

▷ 응용 프로그램 수정 및 파이프라인 실행 확인

마지막으로 지금까지 구축한 CI/CD 파이프라인이 올바르게 동작하는지 처음부터 끝까지 확인한다.

백엔드 애플리케이션의 응답 메시지를 약간 수정해 확인한다. 그리고 테스트 리스너에 관한 내용도 함께 확인한다.

여기서는 'Hello world' API를 수정해본다. 수정할 파일은 'helloworld_handler.go'다. 이 파일은 백엔드 애플리케이션 소스 코드 디렉터리의 handler 디렉터리 안에 위치해 있다.

이 파일에서 'Data: "Hello world"' 부분을 'Data: "Hello world for ci/cd pipeline"'으로 변경한다.

수정 후 CodeCommit에 파일을 푸시한다.

코드가 푸시된 후 파이프라인을 확인한다. 배포 스테이지의 CodeDeploy 화면으로 이동한다 (그림 5-2-18 참조). 여기서 3단계가 되면 테스트 리스너가 요청을 받을 수 있는 상태가 된다. Cloud9 IDE를 실행해 테스트 리스너에 API 요청을 보내본다. 테스트 리스너에서 응답 내용을 확인해 예상한 API 응답이 돌아왔는지 확인해본다. [백엔드 애플리케이션용 ALB DNS]는 자신의 내부 ALB의 DNS로 치환한다.

테스트 리스너에 요청 전송

```
~/environment/awsb (main) $ curl [백엔드 애플리케이션용 ALB DNS]/v1/helloworld
{"data":"Hello world"}
~/environment/awsb (main) $ curl [백엔드 애플리케이션용 ALB DNS]:10080/v1/helloworld
{"data":"Hello world for ci/cd pipeline"}
```

이렇게 새로운 애플리케이션을 공개하기 전에 테스트 리스너를 통해 응답 확인을 할 수 있다.

변경 내용에 문제가 없다는 것을 확인하고 '트래픽 다시 라우팅' 버튼을 클릭한 뒤 교체 작업 세트가 트래픽을 지원하는 것을 확인한다.

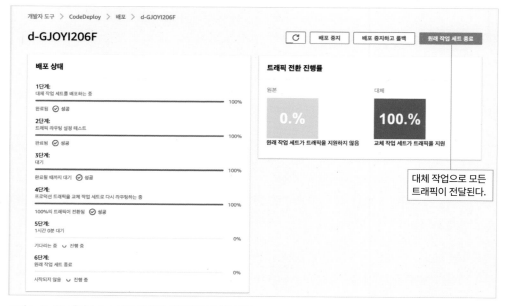

그림 5-2-20 백엔드 소스 코드 변경에 의한 파이프라인 실행

파이프라인 실행 종료 후 실제 프런트엔드 애플리케이션에서 변경 내용을 확인해본다. 참고로 'Hello world' 표시 페이지는 인증 전 페이지이므로 로그인된 상태라면 로그아웃해야 한다. 예제 애플리케이션은 로그인 상태에서는 바로 로그인 후의 메인 페이지로 이동하기 때문이다.

그림 5-2-21 백엔드 애플리케이션의 수정사항을 프런트엔드 애플리케이션에서 확인

이상으로 백엔드 애플리케이션에 대한 CI/CD 구축이 완료됐다.

3장 운영 설계에서 다룬 이미지 유지 보수 운영, 보안 설계에서 다룬 컨테이너 보안을 위해 ECR
에 등록한 애플리케이션 이미지에 추가 설정을 한다.

4장에서 ECR 설정은 기본적으로 기본 상태로 구축했다. 5장에서는 먼저 단순하게 ECR 표준 제
공 기능을 추가한다.

태그 변경 불가능 설정

컨테이너 이미지의 세대 관리를 위한 태그에 대해서는 중복 등록을 허가하지 않음

ECR에 이미지를 푸시할 때 스캔 설정

컨테이너 이미지가 푸시될 때 취약점 스캔을 하도록 설정 추가

수명 주기 정책 추가

ECR은 이용 크기에 따라 과금[7]되므로 수명 주기를 설정해 불필요한 컨테이너를 삭제하는 운영 설계를 추가

그림 5-3-1 이미지에 추가로 설정하는 내용

이 설정은 AWS 관리 콘솔에서 간단하게 변경할 수 있다. Elastic Container Service로 이동한
뒤 다음 절차대로 진행한다.

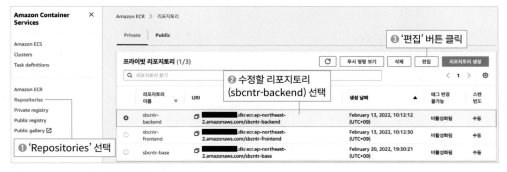

그림 5-3-2 ECR 리포지토리 편집

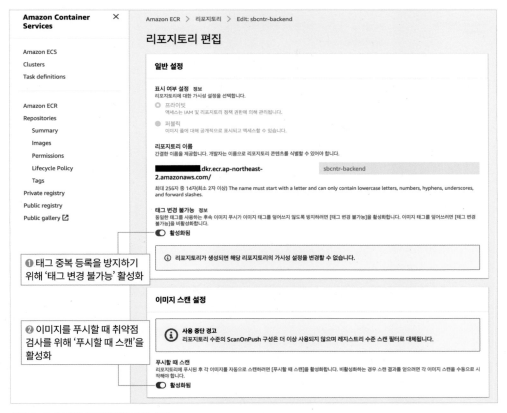

그림 5-3-3 ECR 리포지토리 추가 설정

설정을 마치면 하단의 **'저장'** 버튼을 클릭해 편집 내용을 저장한다.

계속해서 수명 주기 정책을 추가한다.

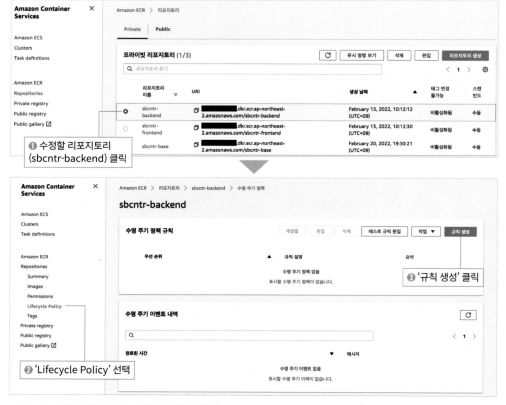

그림 5-3-4 ECR 리포지토리 수명 주기 정책 설정 ①

설정 항목	설정 값
규칙 우선 순위	1
규칙 설명	오래된 세대 이미지 삭제
매치 범위	개수 이상 이미지 – 30

그림 5-3-5 ECR 리포지토리 수명 주기 정책 설정

이상으로 추가 설정을 완료했다. 매우 간단하게 설정할 수 있으므로 적극적으로 이용하자.

3장의 성능 설계에서는 비즈니스에서 요구하는 시스템 수요를 만족시키기 위해 적절한 성능 설계를 하는 것이 중요하다는 설명을 했다. 또한 AWS는 이용자로부터의 수요에 따라 자동으로 자원을 확장할 수 있는 Auto Scaling을 이용할 수 있다는 것도 설명했다.

4장에서 진행한 실습에서는 ECS 작업 수가 고정이어서 부하가 늘어나도 확장(스케일아웃)은 되지 않는 설정이었다. 여기서는 ECS 서비스의 Auto Scaling을 활성화한 뒤 실제로 부하를 높여 ECS 작업이 확장되는 것을 확인한다.

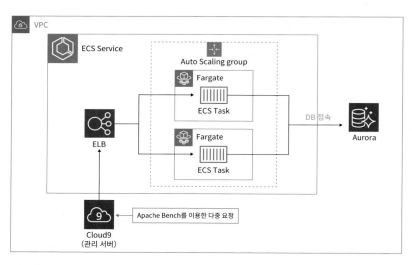

그림 5-4-1 수평 확장을 이용한 가용성 향상 구성

▷ ECS 서비스에 Auto Scaling 설정 추가

ECS 서비스에서 클러스터 설정을 변경한다.

- ECS 서비스 → 클러스터 → 'sbcntr-ecs-backend-cluster'를 선택

그림 5-4-2 Auto Scaling 설정을 위한 ECS 서비스 선택

서비스 업데이트

단계 1: 서비스 구성

단계 2: 배포 구성

단계 3: 네트워크 구성

단계 4: Auto Scaling (선택사항)

단계 5: 검토

서비스 구성

서비스를 통해 클러스터에서 실행하고 유지 관리할 작업 정의의 사본 개수를 지정할 수 있습니다. Elastic Load Balancing 로드 밸런서를 옵션으로 사용하여 들어오는 트래픽을 서비스 내 컨테이너에 분산할 수 있습니다. Amazon ECS는 로드 밸런서를 통해 작업의 개수를 유지하고 작업 일정을 조정합니다. 서비스 Auto Scaling을 옵션으로 사용하여 서비스 내 작업의 개수를 조정할 수도 있습니다.

작업 정의 패밀리
sbcntr-backend-def ▼   [값 입력]

개정
6 (latest) ▼

시작 유형 FARGATE ⓘ

운영 체제 패밀리 Linux ▼ ⓘ

플랫폼 버전 1.4.0 ▼ ⓘ

새 배포 적용 ☐ ——————— ❶ '새 배포 적용' 체크 해제

클러스터 sbcntr-ecs-backend-cluster ▼ ⓘ

서비스 이름 sbcntr-ecs-backend-service ▼ ⓘ

서비스 유형* REPLICA ⓘ

작업 개수 2 ——————— ❷ 작업 수는 '2'에서 변경하지 않음

*필수

취소   [Skip to review]   [다음 단계]

그림 5-4-3 Auto Scaling 설정을 위한 ECS 서비스 설정 내용 변경

'배포 구성'과 '네트워크 구성'은 변경하지 않고 4단계로 진행한다.

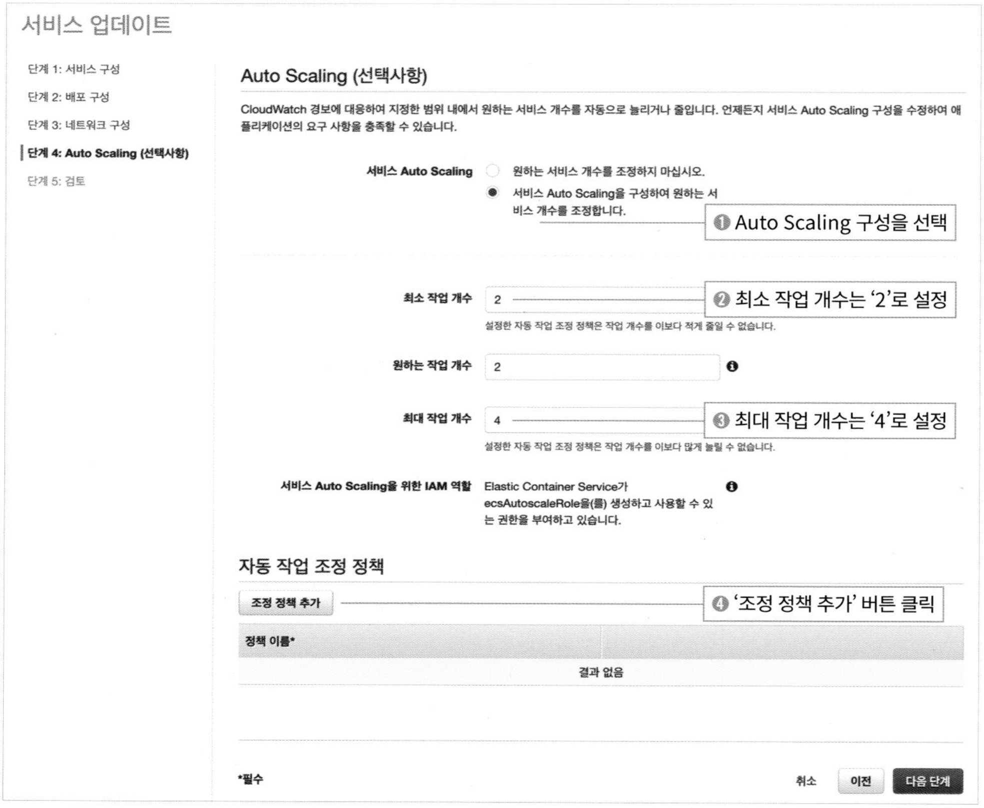

그림 5-4-4 Auto Scaling 설정 추가

설정 항목	설정 값
정책 이름	sbcntr-ecs-scalingPolicy
ECS 서비스 측정치	ECSServiceAverageCPUUtilization

'**조정 정책 유형**'은 대상 서비스의 지표를 바탕으로 작업을 늘리거나 줄이는 '대상 추적'을 선택한다.

'**ECS 서비스 측정치**'는 CPU의 평균 값을 대상 지표로 지정한다. 이 화면에서 기간을 설정해 해당 기간의 CPU 사용률을 확인할 수 있다.

'**대상 값**'에는 CPU 부하 임계치를 설정한다. 여기서는 80%를 지정한다.

그림 5-4-5 자동 작업 조정 정책 추가

그림 5-4-6 정책 확인

설정을 완료하면 확인 화면이 표시된다. 변경 내용을 확인한 뒤 서비스를 업데이트한다.

▷ Auto Scaling 동작 확인

서비스 엔드포인트에 부하를 걸어 Auto Scaling이 실제로 동작하는지 확인한다.

프런트엔드에서 백엔드에 스케일아웃이 발생할 정도로 부하를 거는 것은 어렵다. 여기서는 부하를 걸기 위한 도구로 Apache HTTP server benchmarking tool(ab)[8]을 이용한다.

'ab'는 Linux에 기본적으로 설치된 경우가 많고 Amazon Linux 2에도 설치돼 있다. 여기서는 Cloud9 인스턴스의 CLI를 이용한다. Cloud9 IDE를 실행해 하단의 터미널에서 다음 명령을 실행한다.

응용 프로그램에 과부하를 걸기 위해서는 DB 서버에 접속해야 하는 엔드포인트를 선택한다. [ALB의 DNS 이름]은 생성한 내부용 ALB의 DNS 이름으로 변경해야 한다. 명령 인수는 100만 건의 요청을 병렬(20개)로 대상에 전달한다는 설정이다.

ab 명령 실행

```
~/environment/awsb (main) $ ab -n 1000000 -c 20 [ALB의 DNS 이름]/v1/Items
This is ApacheBench, Version 2.3 <$Revision: 1879490 $>
Copyright 1996 Adam Twiss, Zeus Technology Ltd, http://www.zeustech.net/
Licensed to The Apache Software Foundation, http://www.apache.org/
```

---

8 https://httpd.apache.org/docs/2.4/programs/ab.html

```
Benchmarking internal-sbcntr-alb-internal-1234567890.ap-northeast-2.elb.amazonaws.com
(be patient)
...
```

100만 건의 요청이므로 시간이 꽤 걸린다. 실행 완료까지는 대략 7~9분 정도 소요된다.

명령을 실행한 뒤 CPU 부하를 확인한다. 컨테이너 지표는 CloudWatch의 '인사이트' – 'Container Insights'에서 확인할 수 있다. 해당 ECS 클러스터를 선택해 부하가 높아졌는지 확인한다.

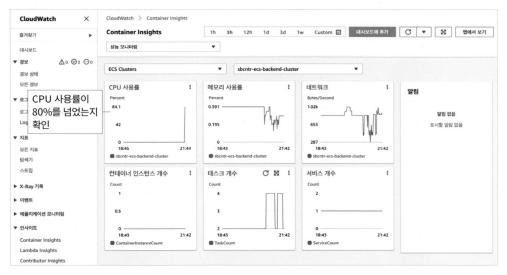

그림 5-4-7 CloudWatch에서 CPU 사용률을 확인

ECS 클러스터의 작업 수도 확인해본다.

그림 5-4-8 ECS 작업 수 확인

만약 CPU 사용률이 80%를 넘지 못했다면 정책에서 '대상 값'을 낮추거나 병렬 처리 수 및 요청 수를 변경해 다시 **ab** 명령을 실행해 동작을 확인한다.

늘어난 ECS 작업은 부하가 줄어들어 안정되면 자동으로 줄어든다. 원래대로 돌아오는 시간은 보통 20분 정도 소요된다. 스케일아웃 동작을 확인했다면 **ab** 명령을 정지하고 태스크 수가 줄어드는지 확인한다.

이상으로 ECS 수평 확장을 이용한 가용성 확장을 완료했다.

3장의 보안 설계에서 다룬 네트워크 보안 설정을 위해 Application Load Balancer(ALB)에 AWS WAF를 설정한다.

4장에서 구축한 예제 애플리케이션은 ALB의 DNS를 아는 사람이라면 누구라도 접속이 가능하다. 또한 가장 위협이 되는 공격인 SQL 인젝션이나 크로스 사이트 스크립트(XSS)에 대한 대응도 ALB 계층에서는 하지 않는다. 이때는 애플리케이션 계층에서 이런 공격에 대해 대응해야 한다. 5장에서는 ALB에 WAF를 추가해 다음 문제를 처리한다.

여기서는 CloudFront를 이용하지 않으므로 ALB에 WAF를 추가한다. 원래는 공격자에게 보다 더 가까운 곳에서 방어하는 편이 더 좋으므로 CloudFront에 추가하는 것이 좋지만, 예제이므로 CloudFront에 추가한다.

- OWASP TOP 10 취약점 중 위험도가 높은 취약점
- 안전하지 않은 IP로부터의 접속
- 안전하지 않은 파라미터를 포함하는 요청
- SQL 인젝션

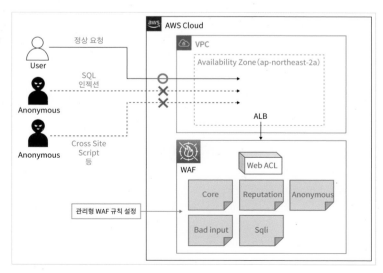

그림 5-5-1 API로의 무단 접근 방지 구현 내용

▷ AWS WAF

WAF는 Web Application Firewall의 약자로, 웹 애플리케이션에 대한 공격을 탐지하고 차단하는 역할을 한다. AWS WAF는 AWS에서 관리하는 WAF 서비스로, 모든 관리를 AWS에서 하는 완전 관리형 서비스다.

WAF에서는 여러 규칙을 조합해 트래픽이 응용 프로그램에 도달하는 방법을 제어할 수 있다. 규칙에는 SQL 인젝션이나 XSS와 같은 일반적인 공격 패턴을 막는 보안 규칙이 있다. 그리고 정의한 특정 트래픽 패턴을 제외하는 규칙도 자유롭게 만들 수 있다.

WAF와 결합할 수 있는 대표적인 AWS 서비스 중 하나가 ALB다. AWS의 콘텐츠 전송 서비스인 CloudFront나 API 서비스인 API Gateway 등도 직접 WAF와 결합할 수 있다. 이 책에서는 ALB에 직접 WAF를 결합한다.

WAF는 크게 '규칙', '규칙 그룹', '웹 ACL'이라는 3가지 요소로 구성돼 있다.

규칙

요청에 대한 검사 방법을 정의한다.

특정 IP 주소만 허가하는 규칙, 특정 헤더가 포함된 GET 요청만을 허가하는 규칙 등을 정의한다. 검사 방법을 AND 조건 또는 OR 조건 등으로 조합해 허가나 거부를 정의할 수 있다.

규칙 그룹

이름에서 알 수 있듯이 여러 규칙을 모은 것이다. 여기서는 규칙의 우선순위를 설정할 수 있다.

주의할 점은 규칙 그룹에는 WCU(WAF Capacity Unit)[9]라는 규칙의 상한치를 설정해야 한다.

규칙 그룹별로 WCU는 1500까지 설정할 수 있다. 규칙 내용에 따라 소모되는 WCU는 다르며, 그룹에 포함된 규칙의 WCU 값이 1500을 넘지 않게 설정해야 한다.

이 WCU는 규칙 그룹을 만들 때만 값을 지정할 수 있으며 이후에는 변경할 수 없다는 점도 주의해야 한다. 예를 들어 그룹을 정의한 뒤 규칙을 추가하거나 변경하는 경우 이 그룹 내의 합계

---

9 https://docs.aws.amazon.com/ko_kr/waf/latest/developerguide/how-aws-waf-works.html

WCU가 제한을 넘으면 생성되지 않고 별도의 규칙 그룹으로 생성해 수정해야 한다. 이름 역시 생성 후에는 변경할 수 없다.

웹 ACL

규칙 그룹과 적용할 AWS 자원을 연결하는 역할을 한다.

웹 ACL은 여러 규칙 그룹을 연결할 수 있지만, WCU 제한은 1500이다.

웹 ACL을 생성할 때 지역을 Global로 할지 개별 지역으로 할지 선택해야 한다. CloudFront와 연결하는 경우에는 Global을, ALB나 API Gateway와 연결할 때는 Seoul 등의 지역을 선택해야 한다.

이때 웹 ACL과 연결할 규칙 그룹도 동일하게 지역 설정을 해야 한다는 점에 주의한다. 예를 들어 지역을 Global로 설정한 규칙 그룹과 서울로 설정한 웹 ACL은 연결할 수 없다.

WAF 전체 형태

지금까지의 내용을 정리해보면 다음 그림과 같다.

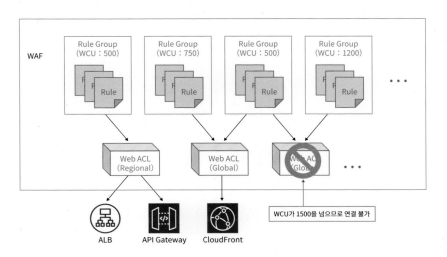

그림 5-5-2 WAF 전체 형태

▷ WAF 생성

WAF의 구조를 이해했다면 구축을 진행한다. 규칙, 규칙 그룹, 웹 ACL 추가 설정을 수행한다.

이용할 규칙 그룹/규칙 검토

여기서는 자체 규칙 그룹이나 자체 규칙은 생성하지 않고 AWS가 제공하는 관리형 규칙 그룹 및 규칙을 이용한다.

이용할 규칙은 그림 5-5-3과 같다.

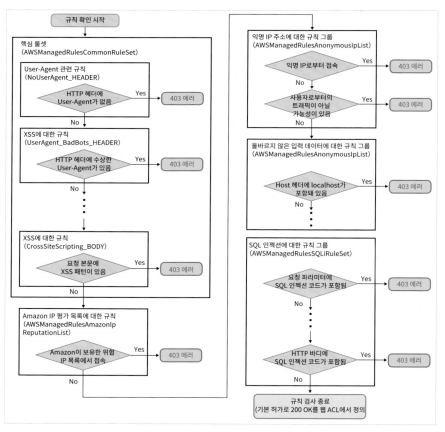

그림 5-5-3 이번에 생성할 WAF 그룹 구성

표 5-5-1 이번에 이용할 AWS 관리형 규칙

규칙	규칙 이름
Web 애플리케이션에 대한 핵심 규칙	AWS-AWSManagedRulesCommonRuleSet
Amazon IP 평가 목록에 대한 규칙	AWS-AWSManagedRulesAmazonIpReputationList
익명 IP 목록에 대한 규칙	AWS-AWSManagedRulesAnonymousIpList
올바르지 않은 입력 데이터에 대한 규칙	AWS-AWSManagedRulesKnownBadInputsRuleSet
SQL 인젝션에 대한 규칙	AWS-AWSManagedRulesSQLiRuleSet

AWS 관리형 규칙을 이용하므로 규칙 및 규칙 그룹은 생성하지 않는다.

계속해서 웹 ACL을 생성한다.

웹 ACL 생성

웹 ACL을 생성해 AWS 관리형 규칙을 설정한다. 그리고 웹 ACL과 WAF를 설정할 인터넷용 ALB를 연결한다. 백엔드용으로 사용하는 내부 ALB이 아니라는 점에 주의한다.

AWS 관리 콘솔에서 'WAF & Shield' 서비스로 이동해 설정한다.

그림 5-5-4 웹 ACL 생성 준비

설정 항목	설정 값
Name	sbcntr-waf-webacl
CloudWatch metric name	sbcntr-waf-webacl

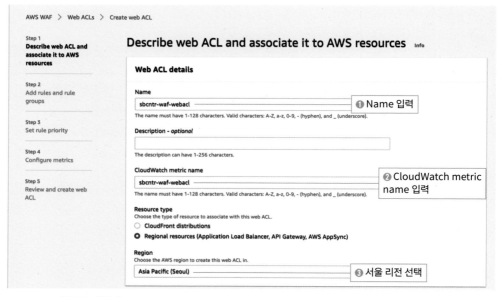

그림 5-5-5 웹 ACL 생성 ①

그림 5-5-6 웹 ACL 생성 ②

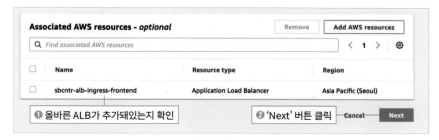

그림 5-5-7 웹 ACL 생성 ③

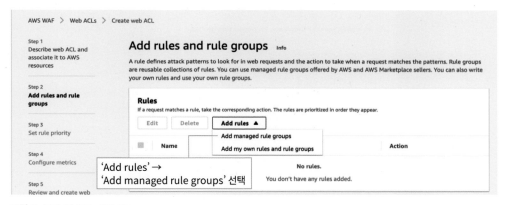

그림 5-5-8 웹 ACL 생성 ④

다음 표를 참고해 대상 규칙의 'Add to web ACL'을 활성화한다.

표 5-5-2 설정할 AWS 관리형 규칙

분류	대상 관리형 규칙
AWS managed rule groups	Amazon IP reputation list
AWS managed rule groups	Anonymous IP list
AWS managed rule groups	Core rule set
AWS managed rule groups	Known bad inputs
AWS managed rule groups	SQL database

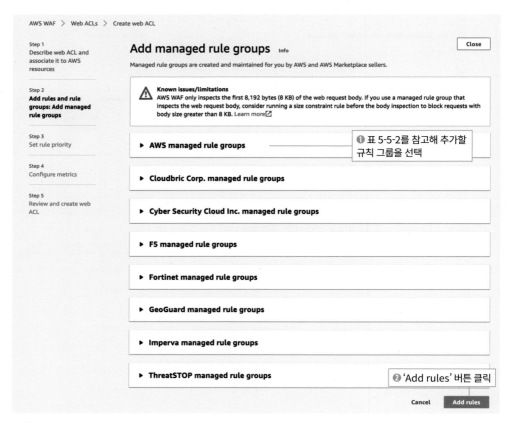

그림 5-5-9 웹 ACL 생성 ⑤

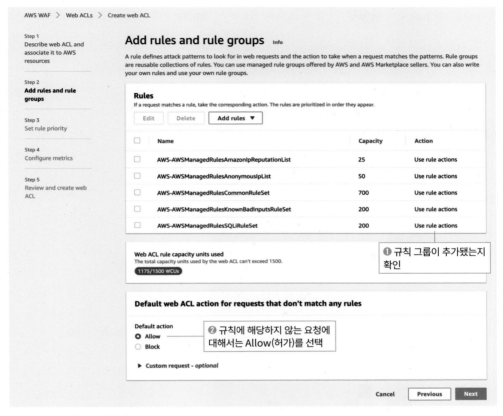

그림 5-5-10 웹 ACL 생성 ⑥

규칙 적용 순서는 그림 5-5-11과 같이 변경한다.

그림 5-5-11 웹 ACL 생성 ⑦

'Configure metrics'는 변경하지 않고 그대로 **'Next'** 버튼을 클릭해 확인 화면으로 이동한다.

확인 화면에서 표시되는 내용을 확인해 문제가 없다면 **'Create web ACL'** 버튼을 눌러 웹 ACL을 생성한다. 생성 완료까지는 2~3분가량 걸린다. 생성이 완료되면 화면에 웹 ACL이 생성됐다는 알림이 표시된다.

▷ WAF 추가 후 확인

프런트엔드 애플리케이션에 HTTP 요청을 보내 WAF가 올바르게 설정됐는지 확인한다.

확인 내용은 다음과 같다.

- 일반 요청에는 정상적으로 응답하는가?
- SQL 인젝션을 차단하는가?
- XSS를 차단하는가?

'ALB(WAF) → 프런트엔드 애플리케이션 → 내부 ALB → 백엔드'의 경로로 확인한다.

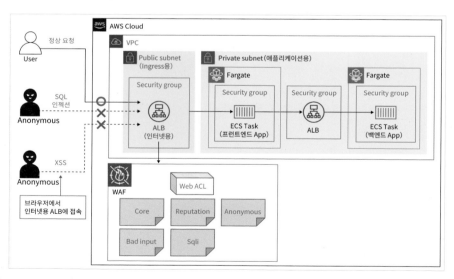

그림 5-5-12 WAF 설정 내용 검증

EC2의 로드 밸런서 메뉴에서 'sbcntr-alb-ingress-frontend'의 DNS 이름을 확인해 브라우저에서 접속한다.

일반 요청에는 정상적으로 응답하는가

이 부분은 특별한 요청을 보내지 않는다. 확인한 DNS에 접속해 페이지가 정상적으로 표시되는지 확인한다.

SQL 인젝션을 차단하는가

SQL 인젝션을 확인하기 위해 브라우저에서 SQL 공격에 관련된 문자열을 파라미터에 포함해 전달한다.

URI 경로나 쿼리 문자열, HTTP 바디 내용으로 전달되는 파라미터가 필터링되지 않고 SQL 구문으로 처리되는 애플리케이션은 SQL 공격에 취약하다.

예를 들어 어떤 애플리케이션에서 사용자 ID로 사용자 이름을 확인하는 페이지가 있다면 내부의 SQL 구문은 "SELECT username FROM user WHERE userid = '$name'"과 같이 작성한다. 그리고 $name 부분을 파라미터로 처리해 'http://testdomain/checkusername?userid=[검색할 사용자 ID]'와 같이 URL 파라미터로 userid를 받아 처리한다. 여기서 wikibook이라는 사용자 ID를 검색한다고 할 때 단순히 wikibook이 아니라 'wikibook' or 'A'='A'로 입력하면 $name 변수는 ['wikibook' or 'A'='A']가 되고, 서버측 코드에서 최종 완성되는 SQL 구문은 [SELECT username FROM user WHERE userid = 'wikibook' or 'A'='A']가 된다. 이 구문은 조건과 상관없이 True이므로 모든 레코드를 반환하게 된다.

이와 같이 실제 URI 경로의 일부에 SQL 인젝션 구문을 넣어 요청해본다.

```
http://[Frontend ALB의 DNS]/"'some' or 'A'='A'"
```

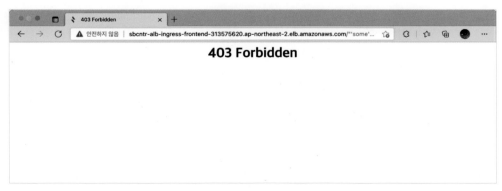

그림 5-5-13 URI 경로의 일부에 SQL인젝션 구문을 넣어 요청

403 Forbidden 페이지가 반환된다. WAF의 규칙이 잘 동작하고 있다. 쿼리 문자열에 동일하게 SQL 인젝션을 포함한 요청을 전송해 전송해도 동일한 결과를 얻을 수 있다.

```
http://[Frontend ALB의 DNS]/?id="'some' or 'A'='A'"
```

참고로 차단된 요청은 WAF 서비스의 대시보드에서 확인할 수 있다.

XSS를 차단하는가

마지막으로 XSS 규칙을 확인한다.

XSS는 파라미터에 JavaScript 구문을 넣어 해당 구문의 실행을 통해 정보를 탈취하거나 사용자 클라이언트에서 이상 동작을 유발하는 공격 방법이다. 가장 단순한 확인 방법은 요청 파라미터 에 '〈script〉alert(document.cookie)〈/script〉'를 넣어 확인하는 것이다.

```
http://[Frontend ALB의 DNS]/〈script〉alert(document.cookie)〈/script〉
```

WAF가 정상 동작하고 있으면 SQL 인젝션 때와 마찬가지로 403 Forbidden 에러가 표시된다. SQL 인젝션을 확인했을 때와 같이 쿼리 문자열에도 공격 구문을 넣어본다.

```
http://[Frontend ALB의 DNS]/name=〈script〉alert(document.cookie)〈/script〉
```

여기서는 대표적인 규칙만을 확인했지만, 실제 서비스에서는 다양한 변수와 더 다양한 공격이 있으므로 WAF를 설정한 후 의도한 대로 설정됐는지 철저히 검증해야 한다.

3장의 운영 설계에서 다룬 모니터링과 보안 설계에서 다룬 네트워크 보안을 위해 로그 수집 기반을 구축한다.

4장에서는 애플리케이션 로그를 CloudWatch Logs에 저장하도록 설정했다. 5장에서는 'CloudWatch Logs와 FireLens의 선택 기준 및 로그 운영 디자인'에서 다룬 내용을 바탕으로 진행한다. 애플리케이션 로그의 저장소는 CloudWatch Logs에 추가로 S3를 지정한다.

- S3와 CloudWatch Logs에 저장할 때 Fluent Bit를 이용해 로그 전송
- ECS 작업 정의를 업데이트해 FireLens용 컨테이너를 추가

구축할 구성은 그림 5-6-1과 같다. 관리 서버인 Cloud9에서 이미지를 등록하는 부분은 생략한다.

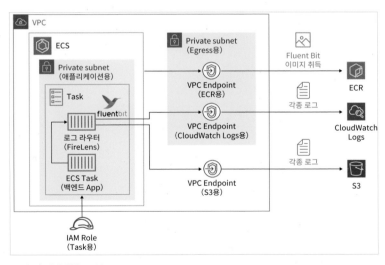

그림 5-6-1 로그 수집 기반 실습 구성도

5-2절에서 Code 시리즈를 이용해 CI/CD를 구축했기 때문에 작업 정의 소스 코드를 수정한 뒤 푸시해서 업데이트된 응용 프로그램을 배포할 수 있다. 하지만 AWS 관리 콘솔을 이용하면 무엇을 어디에 추가했는지 쉽게 알 수 있으므로 여기에서는 CI/CD를 이용하지 않고 GUI에서 설정을 진행한다.

▷ 로그 관리용 S3 버킷 생성

애플리케이션 로그를 저장할 S3 버킷을 생성한다.

S3 서비스를 열어 다음과 같은 이름으로 버킷을 생성한다. [aws_account_id]는 숫자로 이루어진 자신의 AWS 계정 ID로 치환한다.

설정 항목	설정 값
버킷 이름	sbcntr-[aws_account_id]

인터넷으로부터의 접근을 막기 위해 '모든 퍼블릭 액세스 차단'을 체크한다. 저장 로그를 암호화하기 위해 **기본 암호화** 섹션에서 '서버 측 암호화'를 활성화한다. '암호화 키 유형'은 AWS가 관리하는 'Amazon S3 관리형 키(SSE-S3)'를 선택한다.

- S3 서비스 → 버킷 생성

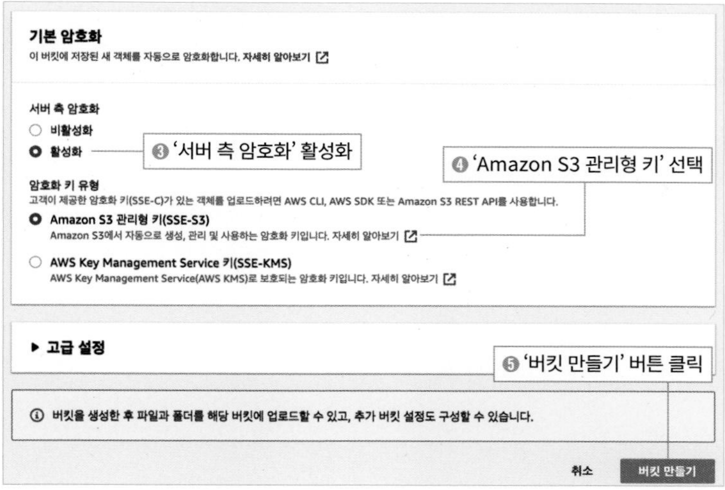

그림 5-6-2 S3 버킷 생성

▶ FireLens용 컨테이너 기본 이미지 생성

기본 Fluent Bit 정의 파일에는 CloudWatch Logs와 S3 양쪽에 로그를 라우팅할 수 없다. 따라서 AWS에서 제공하는 Fluent Bit 컨테이너를 수정해 로그 라우터로 이용해야 한다.

우선 Cloud9 IDE에서 로그 라우터 컨테이너 이미지 생성을 위한 정의 파일을 생성한다. 그리고 정의 파일을 이용해 새로운 컨테이너 이미지를 생성한다. 마지막으로 ECR 리포지토리에 생성한 컨테이너 이미지를 푸시한다.

Fluent Bit 사용자 정의 파일 생성

Cloud9 IDE를 실행해 터미널에서 다음과 같이 디렉터리 및 파일을 생성한다.

Fluent Bit 사용자 이미지 생성 준비

```
~/environment $ mkdir base-logrouter && cd $_
~/environment/base-logrouter $ touch fluent-bit-custom.conf myparsers.conf
stream_processor.conf Dockerfile
```

각종 파일 정의를 진행한다.

먼저 로그의 각종 레코드 파서를 정의하는 플러그인 파일(mayparser.conf)을 생성한다[10].

AWS가 제공하는 Fluent Bit 컨테이너에는 JSON용 파서가 들어있다. 하지만 key 항목인 time 형식이 예제 애플리케이션 로그의 형식과 일치하지 않으므로 기본 파서를 수정해야 한다. 이 파서 정의 파일에는 'json'이라는 이름의 JSON 형식 파서를 정의한다.

myparser.conf (부록 /firelens/parser.conf)

```
[PARSER]
    Name json
    Format json
```

다음으로 Fluent Bit에 보낼 스트림 데이터 정의 파일(stream_processor.conf)을 생성한다[11].

FireLens에서 수집하는 로그에는 '*-firelens-*'라는 태그가 붙는다. 이쪽에는 표준 출력되는 로그에 대해 태그를 부여해 로그 스트림을 생성한다. 예를 들어 상태 코드가 200 이상이고 경로가 '/healthcheck'가 아닌 요청을 포함하는 경우 'access-log'라는 태그를 붙여 처리를 정의한다.

stream_processor.conf (부록 /firelens/stream_processor.conf)

```
[STREAM_TASK]
    Name access
    Exec CREATE STREAM access WITH (tag='access-log') AS SELECT * FROM TAG:'*-firelens-*'
WHERE status >= 200 AND uri <> '/healthcheck';


[STREAM_TASK]
    Name error
    Exec CREATE STREAM error WITH (tag='error-log') AS SELECT * FROM TAG:'*-firelens-*'
WHERE status >= 400 and status < 600;
```

파서 정의와 스트림 정의를 이용해 Fluent Bit용 사용자 정의 파일(fluent-bit-custom.conf)을 생성한다.

---

10 https://docs.fluentbit.io/manual/pipeline/filters/parser
11 https://docs.fluentbit.io/manual/stream-processing/overview

계정 ID나 리전 이름과 같은 변수는 컨테이너가 실행될 때 지정한다. 이미지를 생성할 때는 이
대로 진행해도 문제가 없다. 스트림 정의에서 부여한 태그 문자열을 이용해 로그별로 다른 저장
소에 전송하도록 설정한다.

fluent-bit-custom.conf (부록 /firelens/fluent-bit-custom.conf)

```
[SERVICE]
    Parsers_File /fluent-bit/myparsers.conf
    Streams_File /fluent-bit/stream_processor.conf

[FILTER]
    Name parser
    Match *-firelens-*
    Key_Name log
    Parser json
    Reserve_Data true

[OUTPUT]
    Name    cloudwatch
    Match   access-log
    region ${AWS_REGION}
    log_group_name ${LOG_GROUP_NAME}
    log_stream_prefix from-fluentbit/
    auto_create_group true

[OUTPUT]
    Name    cloudwatch
    Match   error-log
    region ${AWS_REGION}
    log_group_name ${LOG_GROUP_NAME}
    log_stream_prefix from-fluentbit/
    auto_create_group true

[OUTPUT]
    Name s3
    Match   access-log
    region ${AWS_REGION}
    bucket ${LOG_BUCKET_NAME}
```

```
    total_file_size 1M
    upload_timeout 1m
```

마지막으로 이 정의를 포함한 새로운 Fluent Bit 컨테이너를 생성하기 위한 Dockerfile을 작성한다.

Dockerfile (부록 /firelens/Dockerfile)

```
FROM amazon/aws-for-fluent-bit:2.16.1

COPY ./fluent-bit-custom.conf /fluent-bit/custom.conf
COPY ./myparsers.conf /fluent-bit/myparsers.conf
COPY ./stream_processor.conf /fluent-bit/stream_processor.conf

RUN ln -sf /usr/share/zoneinfo/Asia/Seoul /etc/localtime
```

로그 라우터용 이미지 생성

ECR 리포지토리는 'CodeBuild에서 발생하는 'Too Many Requests' 에러 해결 방법'을 실습할 때 생성한 'sbcntr-base'를 이용한다. 앞의 실습을 진행하지 않아 해당 리포지토리가 없다면 새롭게 'sbcntr-base'라는 이름으로 리포지토리를 생성한다. 리포지토리를 새로 생성한 경우 Cloud9의 IAM이 'sbcntr-base' 리포지토리에 접근할 수 있게 권한을 추가해야 한다(해당 실습 내용 참조).

이미지 생성을 위해 CLI에서 다음과 같이 진행한다.

```
~/environment/base-logrouter $ AWS_ACCOUNT_ID=$(aws sts get-caller-identity --query
'Account' --output text)
~/environment/base-logrouter $ docker image build -t sbcntr-log-router .
...
Digest: sha256:0e01293bd1f0c3adde7ed1b34eb4c465a3155070a882bd626f5cce448b8da2c0
...
Successfully built 8d496d034074
Successfully tagged sbcntr-log-router:latest
~/environment/base-logrouter $ aws ecr --region ap-northeast-2 get-login-password
| docker login --username AWS --password-stdin https://${AWS_ACCOUNT_ID}.dkr.ecr.
ap-northeast-2.amazonaws.com/sbcntr-base
```

```
...
Login Succeeded
~/environment/base-logrouter $ docker image tag sbcntr-log-router:latest
${AWS_ACCOUNT_ID}.dkr.ecr.ap-northeast-2.amazonaws.com/sbcntr-base:log-router
~/environment/base-logrouter $ docker image push ${AWS_ACCOUNT_ID}.dkr.ecr.ap-northeast-2
.amazonaws.com/sbcntr-base:log-router
The push refers to repository [123456789012.dkr.ecr.ap-northeast-2.amazonaws.com/sbcntr-
base]
...
log-router: digest: sha256:42bce15c23caeaf621956d6bd0beb7d026177fcdeb2956126bb2c64c06b4e
1e5 size: 4901
```

ECR의 sbcntr-base 리포지토리에 'log-router' 태그가 붙은 이미지가 제대로 푸시됐는지 확인한다.

▷ ECS 작업에 로그 라우터 컨테이너 추가

다음으로 백엔드 애플리케이션의 작업 정의에 사이드카 컨테이너를 추가한다.

S3에 로그를 전송하는 작업 역할 생성

로그 라우터인 FireLens에서 직접 S3와 CloudWatch Logs에도 로그를 출력한다. 따라서 FireLens에서 두 서비스에 접근하기 위한 권한이 필요하다.

이를 위해 ECS 작업에 S3와 CloudWatch Logs에 접속할 수 있는 IAM 역할을 설정해야 한다.

IAM 서비스에서 새롭게 IAM 역할을 생성한다. 먼저 IAM 역할에 설정할 정책부터 생성한다. JSON 내의 [bucket_name]은 앞에서 생성한 S3 버킷 이름으로 치환한다.

- IAM 서비스 → 정책 → 정책 설정

정책 이름은 다음과 같다.

설정 항목	설정 값
정책 이름	sbcntr-AccessingLogDestination

작업 역할에 설정할 IAM 정책 (부록 /iam/ecs_logrouter_policy.json)

```json
{
  "Version": "2012-10-17",
  "Statement": [
    {
      "Effect": "Allow",
      "Action": [
        "s3:AbortMultipartUpload",
        "s3:GetBucketLocation",
        "s3:GetObject",
        "s3:ListBucket",
        "s3:ListBucketMultipartUploads",
        "s3:PutObject"
      ],
      "Resource": ["arn:aws:s3:::[bucket_name]", "arn:aws:s3:::[bucket_name]/*"]
    },
    {
      "Effect": "Allow",
      "Action": ["kms:Decrypt", "kms:GenerateDataKey"],
      "Resource": ["*"]
    },
    {
      "Effect": "Allow",
      "Action": [
        "logs:CreateLogGroup",
        "logs:CreateLogStream",
        "logs:DescribeLogGroups",
        "logs:DescribeLogStreams",
        "logs:PutLogEvents"
      ],
      "Resource": ["*"]
    }
  ]
}
```

작업에 이용할 IAM 역할을 생성해 생성한 정책(sbcntr-AccessingLogDestination)을 연결한다.

신뢰할 수 있는 엔터티는 'AWS 서비스'를 선택하고 사용 사례에서 '다른 AWS 이용 사례' 중 'Elastic Container Service Task'를 선택한다. 다음으로 진행해 앞서 생성한 정책을 연결해 역할 생성을 완료한다.

- IAM 서비스 → 역할 → 역할 생성

설정 항목	설정 값
역할 이름	sbcntr-ecsTaskRole

그림 5-6-3 IAM 역할 생성

이상으로 작업 역할 생성이 완료됐다.

FireLens용 컨테이너 로그 그룹 생성

애플리케이션 로그와 FireLens용 컨테이너 로그를 함께 저장하기 위해 CloudWatch Logs에 전용 로그 그룹을 생성한다.

CloudWatch 서비스로 이동해 작업을 진행한다.

- CloudWatch 서비스 → 로그 그룹 → 로그 그룹 생성

설정 항목	설정 값
로그 그룹 이름	/aws/ecs/sbcntr-firelens-container
보존 설정	2주(14일)

그림 5-6-4 FireLens용 로그 그룹 생성

생성이 완료되면 로그 그룹 목록에 표시된다.

FireLens용 컨테이너 추가

ECS 서비스의 작업 정의에서 컨테이너를 추가한다.

- ECS 서비스 → 작업 정의 → 'sbcntr-backend-def' 선택 → 새 개정 생성

설정 항목	설정 값
태스크 역할	/aws/ecs/sbcntr–firelens–container

그림 5-6-5 태스크 역할 설정

화면 아래의 FireLens를 설정한다.

'이미지' 입력란에는 앞에서 생성한 로그 컨테이너 이미지를 지정한다.

설정 항목	설정 값
이미지	[aws_account_id].dkr.ecr.ap–northeast–2.amazonaws.com/sbcntr–base:log–router

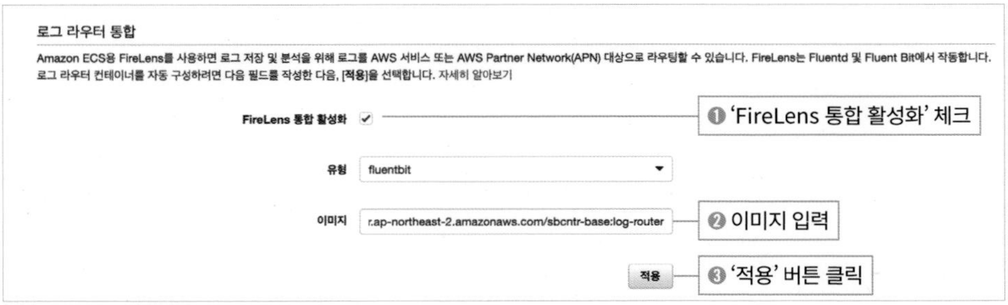

그림 5-6-6 FireLens 활성화

기존 컨테이너의 로그 설정을 변경한다. 컨테이너 정의에서 기존 컨테이너를 선택한다.

그림 5-6-7 애플리케이션 컨테이너 정의를 변경

'로그 설정'을 다음과 같이 변경한다. 로그 옵션의 'Name' 키는 삭제해야 한다. 로그 드라이버를 바꾼 직후에는 변경되지 않으므로 일단 한 번 화면을 갱신해야 한다. 'awsfirelens'를 선택한 뒤 컨테이너 정의 화면을 한 번 닫고 다시 컨테이너 정의 화면을 열면 'Name' 키를 삭제할 수 있다.

설정 항목	설정 값
Auto-configure CloudWatch Logs	체크 해제
로그 드라이버	awsfirelens (Key 'Name'은 삭제)

그림 5-6-8 애플리케이션 컨테이너 로그 정의

app 컨테이너 설정을 완료했으면 새로 추가한 log_router 컨테이너를 선택한다.

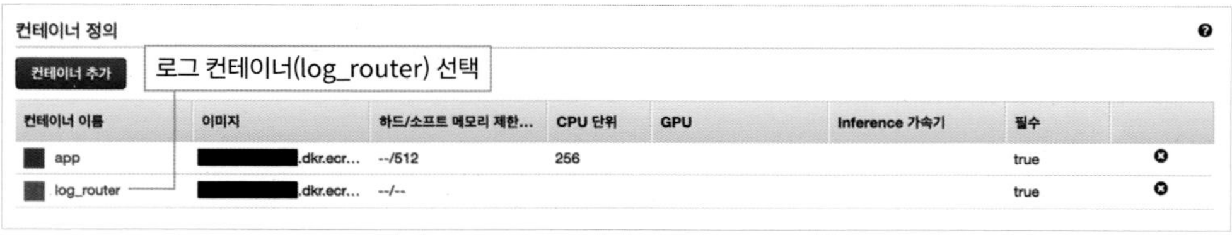

그림 5-6-9 로그 컨테이너 정의를 변경

'메모리 제한(MiB)'은 '128', 'CPU 단위'는 '64'로 설정한다.

Fluent Bit에 사용자 정의로 입력한 환경 변수를 설정한다. '환경 변수'를 표 5-6-1과 같이 설정한다.

표 5-6-1 설정 환경 변수

Key	Value/ValueFrom	값
APP_ID	Value	backend-def
AWS_ACCOUNT_ID	Value	자신의 AWS ID (10자리 숫자)
AWS_REGION	Value	ap-northeast-2
LOG_BUCKET_NAME	Value	로그 저장소로 생성한 S3 버킷 이름
LOG_GROUP_NAME	Value	/aws/ecs/sbcntr-backend-def

'**로그 구성**'을 다음과 같이 변경하고 '**업데이트**' 버튼을 클릭해 컨테이너 정의 화면을 닫는다.

그림 5-6-10 로그 컨테이너의 로그 설정

마지막으로 컨테이너 정의 화면에서 설정할 수 없는 항목을 JSON 정의로 직접 설정한다.

'**볼륨**' 항목 아래의 '**JSON을 통한 구성**' 버튼을 클릭해 JSON 설정 내용을 연다. 설정 내용 중 'containerDefinitions' 아래의 'name' 속성이 'log_router'인 블록에 다음 설정을 추가한다. 이를 통해, 생성한 컨테이너에 넣은 Fluent Bit의 사용자 정의 내용을 Fargate에서 읽어 들일 수 있다[12].

---

12 https://docs.aws.amazon.com/ko_kr/AmazonECS/latest/developerguide/firelens-taskdef.html

Fluent Bit의 사용자 정의를 읽어 들이는 설정 (부록 /firelens/taskdef_logrouter.json)

```
"firelensConfiguration": {
    "type": "fluentbit",
    "options": {
        "config-file-type": "file",
        "config-file-value": "/fluent-bit/custom.conf"
    }
},
```

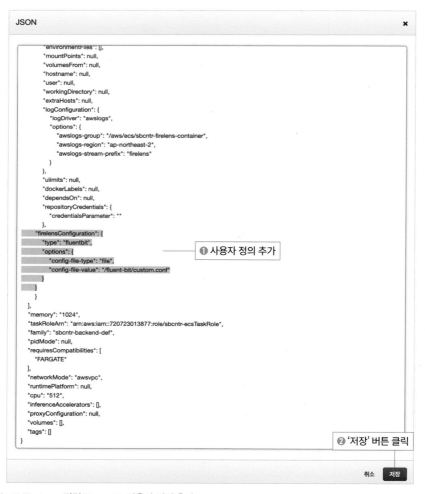

그림 5-6-11 FireLens 관련 Fluent Bit 사용자 정의 추가

컨테이너 정의 업데이트를 완료했으면 화면 아래의 '**생성**' 버튼을 클릭한다. 이것으로 작업 정의에 FireLens 컨테이너 추가 작업이 완료됐다.

계속해서 개정한 작업 정의를 선택해 ECS 서비스를 업데이트한다. '**새 배포 적용**'을 체크해야 서비스 업데이트가 이루어진다.

- 작업 정의 → 새 개정 작업 선택 → '작업' 버튼 클릭 → 서비스 업데이트

그림 5-6-12 새 작업 정의로 서비스 업데이트

CodeDeploy 화면으로 이동해 3단계에서 '트래픽 다시 라우팅'을 클릭해 서비스 배포를 완료한다.

▷ 로그 출력 확인

마지막으로 FireLens용 컨테이너 로그가 제대로 CloudWatch와 S3에 저장되는지 확인한다. Cloud9에서 백엔드 애플리케이션에 여러 번 요청을 보낸다.

프런트엔드 애플리케이션의 톱 페이지를 새로 고침하는 방법으로도 확인 가능하다. 다음은 터미널에서 **curl** 명령을 이용해 백엔드 애플리케이션에 직접 요청을 보내는 예다.

백엔드 애플리케이션에 요청 전송

```
~/environment/base-logrouter $ curl [sbcntr-alb-internal의 DNS 이름]/v1/helloworld
{"data":"Hello world for ci/cd pipeline"}

# 2~3회 반복
```

요청을 보낸 뒤 앞에서 생성한 CloudWatch Logs의 '/aws/ecs/sbcntr-firelens-container'를 확인한다. 정상적으로 실행되고 있다면 'stream processor started'라는 로그를 확인할 수 있다.

그림 5-6-13 FireLens가 로그 수집을 시작한 것을 확인

다음으로 CloudWatch에 애플리케이션 로그 데이터가 출력됐는지 확인한다.

애플리케이션 로그 데이터는 로그 라우터 컨테이너 정의의 환경 변수에 설정한 '/aws/ecs/sbcntr-backend-def' 로그 그룹에 출력된다. 'from-fluentbit/access-log' 로그 스트림을 열어 로그가 출력됐는지 확인한다.

CloudWatch에 출력된 접속 로그(일부 생략)

```
{
    "container_id": "28d5595fae724606bddfc94aec9b8974-527074092",
    "container_name": "app",
    "ecs_cluster": "sbcntr-ecs-backend-cluster",
    "ecs_task_arn": "arn:aws:ecs:ap-northeast-2:123456789012:task/sbcntr-ecs-backend-clu
ster/28d5595fae724606bddfc94aec9b8974",
    "ecs_task_definition": "sbcntr-backend-def:9",
    "error": "",
    "host": "internal-sbcntr-alb-internal-1937269602.ap-northeast-2.elb.amazonaws.com",
    "id": "",
    "method": "GET",
    "remote_ip": "10.0.240.190",
    "source": "stdout",
```

```
    "status": 200,
    "time": "2022-02-20T15:01:35Z",
    "uri": "/v1/helloworld",
    "user_agent": "curl/7.79.1"
}
```

다음으로 S3에 로그 데이터가 저장되는지 확인한다. 로그 라우터 컨테이너 정의의 환경 변수로 설정한 S3 버킷을 연다.

S3 버킷의 디렉터리 구성은 시간별로 나눠진 형식으로 구조화돼 있다. 2022년 2월 20일 11시 40분대의 로그라면 **[버킷 이름]/fluent-bit-logs/access-log/2022/02/20/11/40/{임의의 파일 이름}** 이 된다.

요청을 보낸 시간과 가까운 파일을 다운로드해 다음과 같이 컨테이너 애플리케이션에서 전송된 로그가 저장돼 있는지 확인한다.

S3에 저장된 로그 데이터(일부 생략)

```
{"date":"2022-02-20T15:01:35.662525Z","id":"","time":"2022-02-20T15:01:35Z","remote_ip":
"10.0.240.190","host":"internal-sbcntr-alb-internal-1937269602.ap-northeast-2.elb.amazon
aws.com","method":"GET","uri":"/v1/helloworld","user_agent":"curl/7.79.1","status":200,"
error":"","container_id":"28d5595fae724606bddfc94aec9b8974-527074092","container_name":"
app","source":"stdout","ecs_cluster":"sbcntr-ecs-backend-cluster","ecs_task_arn":"arn:aw
s:ecs:ap-northeast-2:720723013877:task/sbcntr-ecs-backend-cluster/28d5595fae724606bddfc9
4aec9b8974","ecs_task_definition":"sbcntr-backend-def:9"}
```

여기서는 작업 정의 UI를 이용해 직접 Fluent Bit 사이드카 컨테이너를 정의했다. 여유가 있다면 이 작업을 CodeCommit의 코드(taskdef.json)에도 추가해보기 바란다.

이상으로 FireLens를 추가한 로그 수집 기반 구축을 완료했다.

로그의 특성과 용도, 기존 시스템 요건 등에 맞춰 Fluent Bit를 설정해 실제 운영에 활용해보자.

3장의 보안 설계에서는 'Bastion 설계'라는 제목으로 ECS/Fargate를 이용한 Bastion 설계 내용을 소개했다. 4장에서는 Bastion은 아니지만 관리 서버로 Cloud9 인스턴스를 만들어 Bastion의 역할을 대신했다. Cloud9는 실제로 EC2 인스턴스이므로 Bastion이라고 할 수 있는 형태였다.

5장에서는 'ECS/Fargate + 세션 관리자를 이용한 Bastion'이라는, 기존과는 다른 새로운 Bastion을 구축한다. 이후 구분을 위해 'ECS/Fargate + 세션 관리자를 이용한 Bastion'은 'Faraget Bastion'으로 표기한다. 이 표기는 이 책 내에서 Bastion 종류 구분을 위한 것이며 정식 명칭은 아니다.

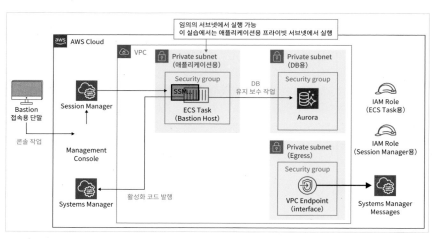

그림 5-7-1 Fargate Bastion 구축

▷ Fargate Bastion으로 이용할 컨테이너 이미지 등록

ECR은 앞의 실습에서 생성한 'sbcntr-base'를 이용한다. 해당 리포지토리를 아직 생성하지 않았다면 'CodeDeploy에서 발생하는 'Too Many Requests' 에러 해결 방법'을 참조해 리포지토리 생성 및 IAM 역할에 권한 추가를 수행한다.

리포지토리가 준비됐으면 Fargate Bastion으로 이용할 컨테이너를 푸시한다. Cloud9에
서 다음 내용과 같이 Dockerfile과 run.sh 파일을 생성한다. 파일을 생성할 디렉터리 이름은
fargate-bastion으로 한다.

Dockerfile (부록 /fargate-bastion/Dockerfile)

```
FROM amazonlinux:2
RUN yum install -y sudo jq awscli shadow-utils htop lsof telnet bind-utils yum-utils && \
    yum install -y https://s3.ap-northeast-2.amazonaws.com/amazon-ssm-ap-northeast-
2/latest/linux_amd64/amazon-ssm-agent.rpm && \
    yum install -y yum localinstall https://dev.mysql.com/get/mysql80-community-release-
el7-3.noarch.rpm && \
    yum-config-manager --disable mysql80-community && \
    yum-config-manager --enable mysql57-community && \
    yum install -y mysql-community-client && \
    adduser ssm-user && echo "ssm-user ALL=(ALL) NOPASSWD:ALL" > /etc/sudoers.d/ssm-
agent-users && \
    mv /etc/amazon/ssm/amazon-ssm-agent.json.template /etc/amazon/ssm/amazon-ssm-
agent.json && \
    mv /etc/amazon/ssm/seelog.xml.template /etc/amazon/ssm/seelog.xml
COPY run.sh /run.sh
CMD ["sh", "/run.sh"]
```

run.sh (부록 /fargate-bastion/run.sh)

```
#/bin/sh

# Preparation
SSM_SERVICE_ROLE_NAME="sbcntr-SSMServiceRole"
SSM_ACTIVATION_FILE="code.json"
AWS_REGION="ap-northeast-2"

# Create Activation Code on Systems Manager
aws ssm create-activation \
--description "Activation Code for Fargate Bastion" \
--default-instance-name bastion \
--iam-role ${SSM_SERVICE_ROLE_NAME} \
--registration-limit 1 \
--tags Key=Type,Value=Bastion \
```

```
--region ${AWS_REGION} | tee ${SSM_ACTIVATION_FILE}

SSM_ACTIVATION_ID=`cat ${SSM_ACTIVATION_FILE} | jq -r .ActivationId`
SSM_ACTIVATION_CODE=`cat ${SSM_ACTIVATION_FILE} | jq -r .ActivationCode`
rm -f ${SSM_ACTIVATION_FILE}

# Activate SSM Agent on Fargate Task
amazon-ssm-agent -register -code "${SSM_ACTIVATION_CODE}" -id "${SSM_ACTIVATION_ID}"
-region ${AWS_REGION}

# Delete Activation Code
aws ssm delete-activation --activation-id ${SSM_ACTIVATION_ID}

# Execute SSM Agent
amazon-ssm-agent
```

2개의 파일을 생성했으면 다음과 같이 컨테이너 이미지를 생성한 뒤 ECR에 생성한 이미지를 푸시한다.

Fargate Bastion 컨테이너 생성

```
~/environment/fargate-bastion $ docker image build -t fargate-bastion .
~/environment/fargate-bastion $ AWS_ACCOUNT_ID=$(aws sts get-caller-identity --query
'Account' --output text)
~/environment/fargate-bastion $ aws ecr --region ap-northeast-2 get-login-password
| docker login --username AWS --password-stdin https://${AWS_ACCOUNT_ID}.dkr.ecr.
ap-northeast-2.amazonaws.com/sbcntr-base
...

Login Succeeded
~/environment/fargate-bastion $ docker image tag fargate-bastion:latest ${AWS_ACCOUNT_ID}
.dkr.ecr.ap-northeast-2.amazonaws.com/sbcntr-base:bastion
~/environment/fargate-bastion $ docker image push ${AWS_ACCOUNT_ID}.dkr.ecr.a-northeast-2
.amazonaws.com/sbcntr-base:bastion
The push refers to repository
...

bastion: digest: sha256:87cca1cc733d08fc6b44ecf238131880bd0a1a4fddffafd7255db1074f119b24
size: 949
```

ECR의 sbcntr-base 리포지토리에 bastion이라는 태그가 붙은 이미지가 추가됐는지 확인한다.

▷ 각종 IAM 설정

이미지 생성 및 푸시가 끝났으면 IAM 역할 설정을 한다.

Fargate Bastion 설계 내용은 run.sh 파일 내용에서도 추측할 수 있겠지만, 세션 관리자에서 ECS 작업에 접속하기 위해 활성화 코드 및 ID를 생성해 내부 SSM 에이전트에 등록해야 한다. 이 실습에서는 ECS 작업 내에서 활성화 코드를 생성하므로 ECS 작업에서 Systems Manager를 조작하기 위한 권한이 필요하다.

활성화 코드는 `aws ssm create-activation` 명령으로 생성한다. 이 명령의 인수로 System Manager용 서비스 역할을 지정해야 한다[13].

따라서 다음 IAM 역할과 정책을 생성한다.

- ECS 작업이 이용할 IAM 역할과 정책
- ECS 작업이 활성화 코드를 생성할 때 Systems Manager에 전달할 IAM 역할

ECS 작업이 이용할 IAM 역할과 정책

먼저 다음과 같이 IAM 정책을 생성한다. ECS 작업이 Systems Manager에 권한을 전달하기 위한 'iam:PassRole'과 ECS 작업 내에서 활성화 코드를 생성하기 위한 권한을 설정한다.

- IAM 서비스 → 정책 → 정책 생성

설정 항목	설정 값
정책 이름	sbcntr-SsmPassrolePolicy

ECS 작업 역할에 연결할 IAM 정책 (부록 /iam/bastion_passrole_policy.json)

```
{
  "Version": "2012-10-17",
```

---

13 https://docs.aws.amazon.com/cli/latest/reference/ssm/create-activation.html

```
    "Statement": [
      {
        "Effect": "Allow",
        "Action": "iam:PassRole",
        "Resource": "*",
        "Condition": {
          "StringEquals": { "iam:PassedToService": "ssm.amazonaws.com" }
        }
      },
      {
        "Effect": "Allow",
        "Action": [
          "ssm:DeleteActivation",
          "ssm:RemoveTagsFromResource",
          "ssm:AddTagsToResource",
          "ssm:CreateActivation"
        ],
        "Resource": "*"
      }
    ]
}
```

정책 내용을 확인하고 이상이 없다면 생성을 완료한다.

생성한 정책을 작업 역할 'sbcntr-ecsTaskRole'과 연결한다. 연결 후 다음으로 진행한다.

- IAM 서비스 → 역할 → 'sbcntr-ecsTaskRole' 선택 → '정책 연결' → 'sbcntr-SsmPassrolePolicy' 선택 → '정책 연결'

그림 5-7-2 정책을 작업 역할에 연결

ECS 작업이 Systems Manager에 전달할 IAM 역할

이 역할의 사용 사례는 'System Manager'다. 이용하는 정책은 AWS 관리 정책인 'AmazonSSMManagedInstanceCore'다.

Fargate Bastion 컨테이너의 run.sh 파일에 전달할 IAM 역할 이름을 'sbcntr-SSMServiceRole'로 설정했으므로 역할 이름을 설정할 때는 반드시 'sbcntr-SSMServiceRole'로 설정해야 한다.

만약 다른 이름으로 바꾸고 싶다면 run.sh 파일을 변경할 역할 이름으로 수정한 뒤 컨테이너 생성 및 푸시를 다시 해야 한다.

- IAM 서비스 → 역할 → 역할 생성

설정 항목	설정 값
역할 이름	sbcntr-SSMServiceRole

그림 5-7-3 Systems Manager가 이용할 IAM 역할 생성

▷ Systems Manager의 VPC 엔드포인트 생성

Systems Manager에는 2개의 VPC 엔드포인트가 있다.

첫 번째는 활성화 코드 생성 API와 같은 Systems Manager와 관련된 서비스에 접속하기 위한 엔드포인트다.

두 번째는 세션 관리자 접속을 위한 엔드포인트다. 지금 만드는 Fargate Bastion에서 이용할 서비스는 세션 관리자다. Systems Manager 세션 관리자의 기능으로 AWS의 서비스에서 세션 채널을 생성해 접속한다. 세션 채널은 보통 Systems Manager의 엔드포인트와는 별도의 'ssmmessages' 엔드포인트로 제공된다.

이 실습에서 Systems Manager와 통신하기 위해서는 두 VPC가 다 필요하다. 지금까지 생성한 인터페이스형 엔드포인트와 같은 방법으로 생성한다.

- VPC 서비스 → 엔드포인트 → 엔드포인트 생성

설정 항목	설정 값
서비스 이름	com.amazonaws.ap-northeast-2.ssmmessages
서브넷	egress
보안 그룹	egress
Name	sbcntr-vpce-ssm-messages

이어서 'com.amazonaws.ap-northeast-2.ssm' VPC 엔드포인트도 생성한다.

설정 항목	설정 값
서비스 이름	com.amazonaws.ap-northeast-2.ssm
서브넷	egress
보안 그룹	egress
Name	sbcntr-vpce-ssm

생성한 엔드포인트가 '사용 가능'이 되면 다음 절차로 진행한다.

▷ Systems Manager 인스턴스 티어 변경

Session Manager로 자체 인스턴스에 접속하기 위해서는 고급(Advanced) 인스턴스 티어를 이용해야 한다[14]. AWS 계정은 기본 표준(Standard) 인스턴스 티어이므로 티어 설정을 바꿔야 한다. System Manager 서비스로 이동해 설정을 변경한다.

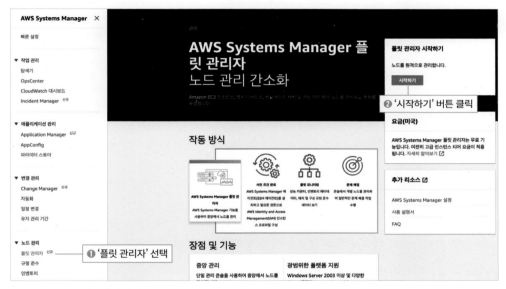

그림 5-7-4 인스턴스 티어 변경 ①

그림 5-7-5 인스턴스 티어 변경 ②

14 https://docs.aws.amazon.com/ko_kr/systems-manager/latest/userguide/systems-manager-managedinstances-advanced.html

Standard 티어에서 Advanced 티어로 변경 확인 ✕

이 작업은 현재 AWS 계정 및 리전에 고급 인스턴스 티어를 활성화합니다. 고급 인스턴스를 사용하면 표준 인스턴스에서 적용한 인스턴스 제한 1,000개 이상으로 규모를 확장할 수 있습니다. 또한 고급 인스턴스는 Systems Manager Session Manager를 사용하여 온프레미스 인스턴스에 연결할 수 있도록 해 줍니다. Session Manager는 인스턴스에 대화형 셸 액세스를 제공합니다.

Advanced 인스턴스는 종량제 방식으로 사용할 수 있습니다. 자세한 내용은 AWS Systems Manager 요금 [↗]을(를) 참조하십시오

이 설정을 변경하면 현재 계정 및 리전의 모든 Standard 인스턴스를 Advanced 인스턴스로 변환합니다. 이 설정을 변경하려면 적절한 권한이 있어야 합니다. 자세히 알아보기 [↗]

☑ 내 계정 및 리전 내의 모든 온프레미스 인스턴스(또는 Systems Manager 온프레미스 정품 인증을 사용하는 Amazon EC2 인스턴스)를 Advanced 인스턴스로 변경할 것을 수락합니다.

❶ Advanced 인스턴스로 변경 동의   ❷ '설정 변경' 버튼 클릭 — 취소   설정 변경

그림 5-7-6 인스턴스 티어 변경 ③

Advanced 티어를 이용할 수 있게 설정이 변경됐다는 메시지 확인 후 다음으로 진행한다.

▷ Fargate Bastion용 작업 정의 생성

4장과 5장에서 생성한 작업 정의는 모두 애플리케이션용 작업 정의다. Fargate Bastion 컨테이너를 ECS 작업으로 실행하기 위해 새로운 작업 정의가 필요하다.

ECS에서 새로운 작업 정의를 생성한다.

- ECS → 작업 정의 → 새 작업 정의 생성 → Fargate

설정 항목	설정 값
태스크 정의 이름	bastion
태스크 역할	sbcntr-ecsTaskRole

그림 5-7-7 Fargate Bastion 작업 정의 생성 ①

설정 항목	설정 값
작업 실행 IAM 역할	ecsTaskExecutionRole
작업 메모리	0.5GB
작업 CPU	0.25 vCPU

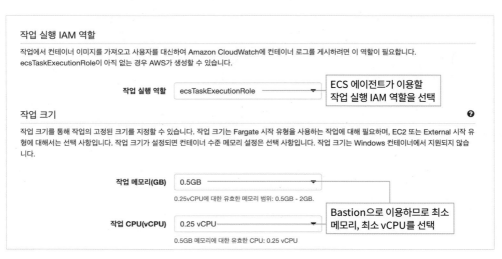

그림 5-7-8 Fargate Bastion 작업 정의 생성 ②

ECS 작업에서 실행할 컨테이너 정의도 추가한다.

설정 항목	설정 값
컨테이너 이름	bastion
이미지	sbcntr-base 리포지토리의 bastion 태그를 가진 URI. ([aws_account_id].dkr.ecr.ap-northeast-2.amazonaws.com/sbcntr-base:bastion)
메모리 제한	128
CPU 단위	256

그림 5-7-9 Fargate Bastion 작업 정의 생성 ③

작업 정의에 컨테이너가 추가된 것을 확인한 뒤 작업 정의 생성을 완료한다.

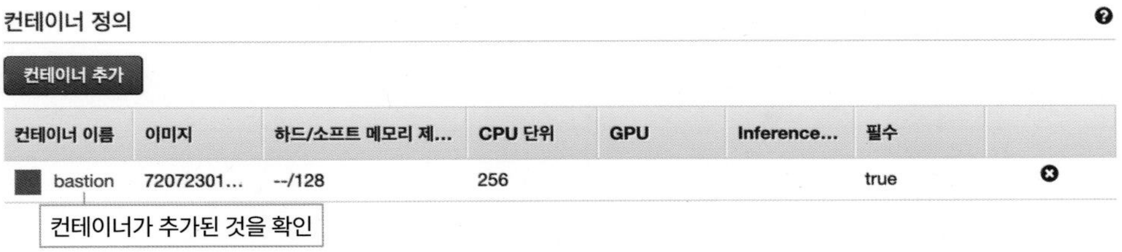

컨테이너 정의

컨테이너 추가

컨테이너 이름	이미지	하드/소프트 메모리 제...	CPU 단위	GPU	Inference...	필수	
bastion	72072301...	--/128	256			true	❌

컨테이너가 추가된 것을 확인

그림 5-7-10 컨테이너 추가 확인

이상으로 Fargate Bastion용 작업 정의 생성을 완료했다.

▷ Fargate Bastion 실행

ECS 작업으로 Fargate Bastion 컨테이너를 실행해 세션 관리자를 이용해 VPC 내부의 RDS에 로그인해본다. 미리 RDS 서비스에서 Aurora 클러스터의 리더 인스턴스의 엔드포인트 주소를 확인해둔다.

Bastion이므로 노드 확장은 하지 않는다. ECS 서비스를 생성하지 않고 ECS 클러스터에서 바로 작업을 시작한다. 4장의 프런트엔드 클러스터에서 ECS 작업을 시작했을 때와 동일한 방법으로 시작한다.

네트워크 설정도 동일한 방법으로 설정한다(표 5-7-1 참조).

- ECS → 작업 정의 → 'bastion' 선택 → 'bastion:1' 선택 → '작업' → '작업 실행'

표 5-7-1 Fargate Bastion용 ECS 클러스터 네트워크 설정

대상	설정 값
시작 유형	Fargate
플랫폼 버전	1.4.0
클러스터	sbcntr-frontend-cluster
작업 개수	1
VPC	실습용 VPC (sbcntrVpc)

대상	설정 값
서브넷	container 선택
보안 그룹	container 선택
자동 할당 퍼블릭 IP	DISABLED 선택

ECS 작업을 시작해 'RUNNING' 상태가 되면 Systems Manager 서비스로 이동해 Fargate Bastion 작업에 접속해본다.

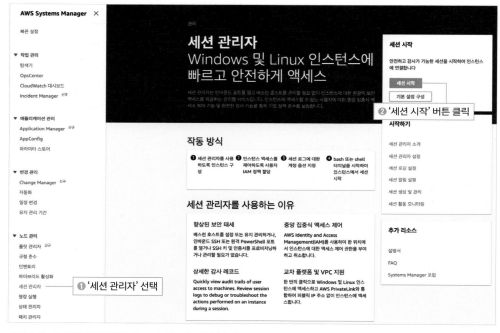

그림 5-7-11 세션 관리자에서 Fargate Bastion에 접속 ①

그림 5-7-12 세션 관리자에서 Fargate Bastion에 접속 ②

그림 5-7-13 세션 관리자에서 Fargate Bastion에 접속 ③

Fargate Bastion에서 데이터베이스에 접속해본다. 앞에서 확인한 데이터베이스 주소를 이용해 접속한다. 접속 후 데이터를 정상적으로 확인할 수 있는지를 알아본다. 여기서는 migrate 계정으로 접속해서 작업을 진행한다.

테이블 데이터 확인

```
sh-4.2$ mysql -h [Aurora RDB의 리더 인스턴스 엔드포인트] -u migrate -p
Enter password:
Welcome to the MySQL monitor.  Commands end with ; or \g.
Your MySQL connection id is 214295
Server version: 5.7.12 MySQL Community Server (GPL)

Copyright (c) 2000, 2022, Oracle and/or its affiliates.

Oracle is a registered trademark of Oracle Corporation and/or its
affiliates. Other names may be trademarks of their respective
```

```
owners.

Type 'help;' or '\h' for help. Type '\c' to clear the current input statement.

mysql> use sbcntrapp;
Reading table information for completion of table and column names
You can turn off this feature to get a quicker startup with -A

Database changed
mysql> select id, title from Notification where id='1';
+----+---------+
| id | title   |
+----+---------+
|  1 |    1    |
+----+---------+
1 row in set (0.00 sec)

mysql>
```

이상으로 Fargate Bastion을 이용해 데이터베이스에 접속 및 데이터 확인을 완료했다.

Bastion은 사용하지 않을 때는 실행할 필요가 없다. 작업이 완료되면 세션 관리자의 세션은 종료하고 ECS 작업도 종료한다.

4장의 실습에서는 컨테이너 보안 체크를 하지 않았지만, 5장에서 ECR에 푸시할 때 이미지를 스캔하도록 설정했다. 이 절에서는 보다 높은 보안을 달성하기 위해 도구를 추가한다. 추가할 도구는 컨테이너 이미지 스캔 도구인 'Trivy'와 모범사례 확인 도구인 'Dockle'이며 빌드 스크립트에 추가한다.

여기서는 단순히 디자인과 도입을 위한 목적이므로 빌드 단계에서 각 처리를 정의해 스캔하는 방침으로 한다. 즉, CodeBuild의 동작 사양을 정의하는 빌드 정의(buildspec.yml)를 준비해 그 안에서 스캔을 수행한다. 여기서는 5-2절의 CI/CD 구축에서 이용한 'buildspec.yml'을 이용한다.

일반적으로 보안 취약점이 검출되면 이력 관리를 한다. 언제 취약점이 발견됐고, 언제 취약점이 수정됐는지를 기록으로 남겨 취약점 관련 대응을 빠르게 하기 위함이다. AWS 서비스 중 SecurityHub를 이용하면 Trivy와 Dockle의 결과를 활용[15]해 이런 관리를 구현할 수도 있다.

여기서는 보안 관리를 주제로 하지 않으므로 SecurityHub는 다루지 않는다. 대신 빌드 스테이지에서 생성된 빌드 아티팩트를 이용해 취약점 탐지 결과를 S3에 저장하는 형태로 구성한다.

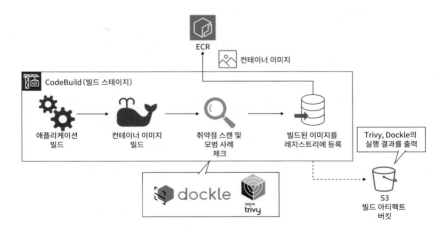

그림 5-8-1 푸시할 때 Trivy, Dockle을 실행하는 구성

---

15 Trivy와 Dockle은 JSON으로 결과를 출력할 수 있는데, 이것을 ASFF라는 출력 형식으로 변경해 SecurityHub에서 활용할 수 있다. 자세한 내용은 공식 문서 (https://docs.aws.amazon.com/ko_kr/securityhub/latest/userguide/securityhub-findings-format.html)를 참고하기 바란다.

정의 내용인 'buildspec.yml'은 부록 파일의 '/scan/buildspec.yml'을 이용한다[16].

Trivy와 Dockle을 넣은 'buildspec.yml'

```
version: 0.2

env:
    variables:
        AWS_REGION_NAME: ap-northeast-2
        ECR_REPOSITORY_NAME: sbcntr-backend
        DOCKER_BUILDKIT: "1"

phases:
    install:
        runtime-versions:
            docker: 19

    pre_build:
        commands:
            - AWS_ACCOUNT_ID=$(aws sts get-caller-identity --query 'Account' --output
text)
            - aws ecr --region ap-northeast-2 get-login-password | docker
login --username AWS --password-stdin https://${AWS_ACCOUNT_ID}.dkr.ecr.
ap-northeast-2.amazonaws.com/sbcntr-backend
            - REPOSITORY_URI=${AWS_ACCOUNT_ID}.dkr.ecr.${AWS_REGION_NAME}.amazonaws.com/
${ECR_REPOSITORY_NAME}
            # 태그 이름으로 Git 커밋 해시를 이용
            - IMAGE_TAG=$(echo ${CODEBUILD_RESOLVED_SOURCE_VERSION} | cut -c 1-7)
            # 사전 준비: trivy를 설치
            # 주석 처리된 curl 명령을 이용해 최신 버전을 취득하도록 구성할 수 있음
            #- TRIVY_VERSION=$(curl -sS https://api.github.com/repos/aquasecurity/trivy/
releases/latest | grep '"tag_name":' | sed -E 's/.*"v([^"]+)".*/\1/')
            - TRIVY_VERSION=0.19.2
            - rpm -ivh https://github.com/aquasecurity/trivy/releases/download/
v${TRIVY_VERSION}/trivy_${TRIVY_VERSION}_Linux-64bit.rpm
            # 사전 준비: dockle 설치
```

---

[16] 일반적으로 Trivy와 Dockle은 최신 버전을 이용하는 것을 추천한다. 하지만 이 실습에서는 올바르게 동작하는 것을 보장하기 위해 버전을 고정했다. 이렇게 고정 버전을 이용하면 최신 취약점 정보를 이용하지 못할 수 있으므로 자신의 환경에 구축할 때는 검증된 최신 버전을 이용하는 것이 좋다.

```
        # 주석 처리된 curl 명령을 이용해 최신 버전을 취득하도록 구성할 수 있음
        #- DOCKLE_VERSION=$(curl -sS https://api.github.com/repos/goodwithtech/
dockle/releases/latest | grep '"tag_name":' | sed -E 's/.*"v([^"]+)".*/\1/')
        - DOCKLE_VERSION=0.3.15
        - rpm -ivh https://github.com/goodwithtech/dockle/releases/download/
v${DOCKLE_VERSION}/dockle_${DOCKLE_VERSION}_Linux-64bit.rpm

    build:
      commands:
        - docker image build -t ${REPOSITORY_URI}:${IMAGE_TAG} .

    post_build:
      commands:
        # trivy를 이용한 이미지 스캔(결과 저장용)
        - trivy --no-progress -f json -o trivy_results.json --exit-code 0
${REPOSITORY_URI}:${IMAGE_TAG}
        # trivy를 이용한 이미지 스캔(취약점 수준이 CRITICAL인 경우는 빌드를 강제
종료)
        - trivy --no-progress --exit-code 1 --severity CRITICAL
${REPOSITORY_URI}:${IMAGE_TAG}
        - exit 'echo $?`
        # dockle를 이용한 이미지 확인(취약점 수준이 FATAL인 경우는 빌드를 강제 종료)
        - dockle --format json -o dockle_results.json --exit-code 1 --exit-level
"FATAL" ${REPOSITORY_URI}:${IMAGE_TAG}
        - exit 'echo $?`
        # Docker이미지를 ECR에 푸시
        - docker image push ${REPOSITORY_URI}:${IMAGE_TAG}
        # 이미지 URL을 기록한 JSON 생성
        - printf '{"name":"%s","ImageURI":"%s"}' $ECR_REPOSITORY_NAME
$REPOSITORY_URI:$IMAGE_TAG > imageDetail.json

artifacts:
    files:
        - imageDetail.json
        - trivy_results.json
        - dockle_results.json
```

이 정의 파일에서는 Trivy를 이용한 이미지 스캔을 2회 실시한다. 첫 번째는 SEVERITY(심각도)에 상관없이 모든 취약점 정보를 기록하기 위한 실행이다.

두 번째는 취약점 수준이 CRITICAL인 경우 빌드를 중지하기 위한 목적으로 실행한다. 첫 번째 실행에서 모든 취약점 정보를 캐시에 저장하고 있고, CRITICAL 수준의 취약점만을 탐지하므로 두 번째 스캔은 빠르게 완료된다.

Trivy 실행이 완료되면 Dockle이 이미지 검사를 실시한다. Dockle도 Trivy와 마찬가지로 FATAL 수준의 취약점이 있으면 빌드를 중지하고 종료한다.

무사히 검사가 완료되면 이미지를 ECR에 푸시하고 빌드 아티팩트로 Trivy와 Dockle의 실행 결과를 S3에 저장한다.

buildspec.yml을 편집해 CodeCommit에 푸시하면 이미지에 대한 스캔 및 검사 결과를 확인할 수 있다. Cloud9 인스턴스에서 buildspec.yml을 수정하고 CodeCommit에 푸시해 CI/CD 파이프라인 실행 상태를 확인해보자.

실행하면 CodeBuild에서 에러가 발생한다. 에러 로그를 확인해보면 'trivy' 스캔에서 심각도가 'CRITICAL'인 취약점이 발생해 에러가 났다는 것을 알 수 있다.

CodeBuild 실행 에러 로그 일부

```
[Container] 2022/02/20 16:38:47 Running command trivy --no-progress --exit-code 1
--severity CRITICAL ${REPOSITORY_URI}:${IMAGE_TAG}
2022-02-20T16:38:47.053Z    INFO    Detected OS: debian
2022-02-20T16:38:47.053Z    INFO    Detecting Debian vulnerabilities...
2022-02-20T16:38:47.056Z    INFO    Number of language-specific files: 1
2022-02-20T16:38:47.056Z    INFO    Detecting gobinary vulnerabilities...


123456789012.dkr.ecr.ap-northeast-2.amazonaws.com/sbcntr-backend:fad82db (debian 10.11)
=============================================================================

Total: 5 (CRITICAL: 5)


+---------+-----------------+----------+-----------------+---------------+------------
---------------------------+
| LIBRARY | VULNERABILITY ID | SEVERITY | INSTALLED VERSION | FIXED VERSION |
TITLE               |
+---------+-----------------+----------+-----------------+---------------+------------
```

```
----------------------------+
| libc6   | CVE-2019-1010022 | CRITICAL | 2.28-10        |              | glibc:
stack guard protection bypass   |
|         |                  |          |                |              |
-->avd.aquasec.com/nvd/cve-2019-1010022 |
+        +------------------+         +
+--------------+----------------------------------------+
|         | CVE-2021-33574  |          |                |              | glibc:
mq_notify does                |
|         |                  |          |                |              | not handle
separately               |
|         |                  |          |                |              | allocated
thread attributes             |
|         |                  |          |                |              |
-->avd.aquasec.com/nvd/cve-2021-33574   |
+        +------------------+         +
+--------------+----------------------------------------+
|         | CVE-2021-35942  |          |                |              | glibc:
Arbitrary read in wordexp()       |
|         |                  |          |                |              |
-->avd.aquasec.com/nvd/cve-2021-35942   |
+        +------------------+         +
+--------------+----------------------------------------+
|         | CVE-2022-23218  |          |                |              | glibc:
stack-based buffer overflow       |
|         |                  |          |                |              | in
svcunix_create via long pathnames     |
|         |                  |          |                |              |
-->avd.aquasec.com/nvd/cve-2022-23218   |
+        +------------------+         +
+--------------+----------------------------------------+
|         | CVE-2022-23219  |          |                |              | glibc:
stack-based buffer            |
|         |                  |          |                |              | overflow
in sunrpc clnt_create         |
|         |                  |          |                |              | via a long
pathname                 |
|         |                  |          |                |              |
```

```
-->avd.aquasec.com/nvd/cve-2022-23219   |
+--------+--------------+---------+--------------+--------------+-----------
----------------------------+

main (gobinary)
===============

Total: 0 (CRITICAL: 0)

[Container] 2022/02/20 16:38:47 Command did not exit successfully trivy --no-progress
--exit-code 1 --severity CRITICAL ${REPOSITORY_URI}:${IMAGE_TAG} exit status 1
[Container] 2022/02/20 16:38:47 Phase complete: POST_BUILD State: FAILED
[Container] 2022/02/20 16:38:47 Phase context status code: COMMAND_EXECUTION_ERROR
Message: Error while executing command: trivy --no-progress --exit-code 1 --severity
CRITICAL ${REPOSITORY_URI}:${IMAGE_TAG}. Reason: exit status 1
```

실습에서 사용한 컨테이너의 기본 이미지로 이용한 Debian GNU/Linux인 'distroless'는 심각한 취약점을 가지고 있다.

백엔드 애플리케이션에서 이용할 이미지를 alpine으로 변경한 Dockerfile을 푸시한다. 이번에는 도커 허브에서 alpine을 취득한다. 여기서는 버전 3.14를 이용한다. 이 버전에서 에러가 발생하는 경우는 도커 허브 사이트(https://hub.docker.com/_/alpine)를 참고해 새로운 기본 이미지로 변경해서 이용한다.

변경할 Dockerfile: sbcntr-backend/Dockerfile

```
FROM gcr.io/distroless/base-debian10
↓
FROM alpine:3.14
```

2022년 2월 기준으로 alpine 3.14에서 취약점이 해결되는 것을 확인했다. 하지만 보안 정보는 매일같이 갱신되고 있다. 지면에는 CRITICAL 취약점이 5개라고 나오지만, 실습 시점에는 더 늘어날 가능성도 있다[17]. 에러가 발생하면 취약점 내용을 확인해 대응한 뒤 실습을 진행하기 바란다.

빌드가 완료되면 S3에 저장된 아티팩트를 확인한다. S3 서비스로 이동해 대상 빌드 아티팩트를 다운로드한다.

---

17 (옮긴이) 원서에서는 2021년 9월 시점, 2건의 취약점이 발견됐다. 즉, 5개월 사이에 심각한 취약점이 3개가 늘었다.

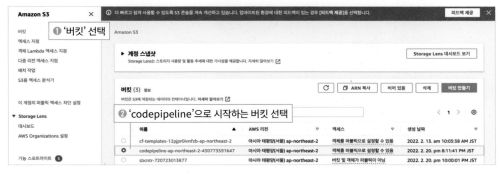

그림 5-8-2 아티팩트가 저장된 버킷을 선택

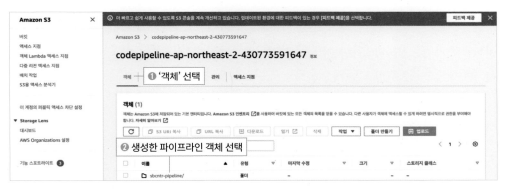

그림 5-8-3 아티팩트가 저장된 곳으로 이동

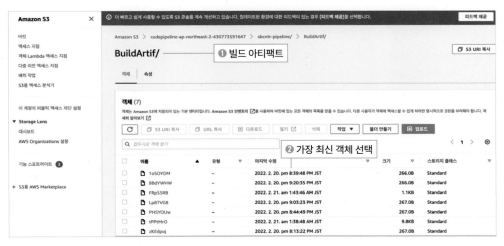

그림 5-8-4 가장 최근에 선택한 아티팩트 확인

그림 5-8-5 아티팩트 다운로드

아티팩트 파일은 zip 파일 형식이므로 압축을 풀어 파일을 확인한다. 'trivy_results.json' 파일을 확인해보면 취약점이 모두 해결된 것을 확인할 수 있다.

Trivy 실행 결과 확인

```
[
  {
    "Target": "123456789012.dkr.ecr.ap-northeast-2.amazonaws.com/sbcntr-backend:606be93
(alpine 3.14.3)",
    "Class": "os-pkgs",
    "Type": "alpine"
  },
  {
    "Target": "main",
    "Class": "lang-pkgs",
    "Type": "gobinary"
  }
]
```

이번에는 Dockle의 결과를 확인해본다. Dockle의 결과는 'dockle_results.json' 파일에 저장돼 있다. Dockle은 파일 앞쪽의 'summary' 항목에서 요약 내용을 확인할 수 있다.

Dockle 실행 결과 확인

```
{
    "image": "123456789012.dkr.ecr.ap-northeast-2.amazonaws.com/sbcntr-backend:606be93",
    "summary": {
        "fatal": 0,
        "warn": 1,
        "info": 2,
        "skip": 0,
        "pass": 13
    },
    "details": [
        {
            "code": "CIS-DI-0001",
            "title": "Create a user for the container",
            "level": "WARN",
            "alerts": [
                "Last user should not be root"
            ]
        },
        ...
    ]
}
```

'fatal' 항목은 없으나 'warn'과 'info' 항목이 존재하는 것을 확인할 수 있다.

이처럼 컨테이너를 빌드할 때 Trivy와 Dockle을 실행하면 보다 안전한 컨테이너 운영을 할 수 있다.

프로덕션 운영을 위해서는 이 외에도 추가적인 검토가 필요하다. 이 방식은 CI/CD를 실행할 때만 보안 검사를 하기 때문에 한 번 빌드된 이미지는 이후 버전 취약점 등을 검사하지 않아 취약한 상태로 운영될 가능성도 있다. 따라서 정기적으로 이런 검사 도구를 실행하게 구성하는 것도 검토해야 한다.

그 외에도 각 환경(개발 환경과 프로덕션 환경 등)에서 취약점 등급에 따른 대응을 어떻게 해나가야 할지 정하는 것도 중요하다. 정답은 없으므로 프로덕트와 비즈니스 특성에 맞춰 결정해 나가자.

| 정리 |

5장에서는 4장에서 생성한 컨테이너 애플리케이션에 3장에서 학습한 내용 중 중요한 부분을 넣어 구축할 수 있게 설계를 추가하거나 새로 구축했다.

3장의 모든 것을 다루지는 못했지만, 운영 설계, 보안 설계, 성능 설계라는 광범위한 소재였기에 분량이 많다고 느낄 수도 있을 것이다.

5장의 실습을 통해 실습 환경은 프로덕션 레디 형태에 가깝게 완성됐다. 이 실습을 통해 익힌 설계 방법을 자신이 만드는 프로덕트나 시스템에도 적용해 보기 바란다.

chapter

부록

실습을 진행하기 위해서는 AWS 계정을 만들고 최소한의 보안 설정을 하는 것이 좋다. 이미 개인 또는 검증용 AWS 계정을 가지고 있고, 그 계정을 이용한다면 계정을 새로 만들 필요는 없다.

AWS 계정을 만드는 것 자체는 간단하다. 필요한 것은 신용카드와 스마트폰이다.

▷ AWS 계정 생성

AWS 메인 페이지에 접속해 계정을 생성한다. 접속할 주소는 다음과 같다.

- https://aws.amazon.com/ko/

접속한 페이지의 우측 상단에 있는 'AWS 계정 생성' 버튼을 클릭해 계정 생성을 시작한다.

그림 A.1 AWS 메인 페이지에서 계정 생성 시작

AWS 가입 화면이 표시된다. 브라우저에 따라서는 영어로 표시될 수 있는데, 우측 상단의 언어
선택에서 원하는 언어로 변경할 수 있다.

다음 절차에 따라 계정 생성을 수행한다.

1. 루트 사용자 이메일 주소와 계정 이름을 입력한다.

그림 A.2 가입 페이지 1

2. 입력한 이메일로 전송된 확인 코드를 입력한다.

3. 루트 사용자 암호를 입력한다.

4. AWS 이용 계획, 이름, 전화번호와 지역, 주소를 입력한다. 전화번호는 국가코드(+82)를 붙이고 지역번호 앞의 '0'
   을 뺀 전화번호를 입력해야 한다.

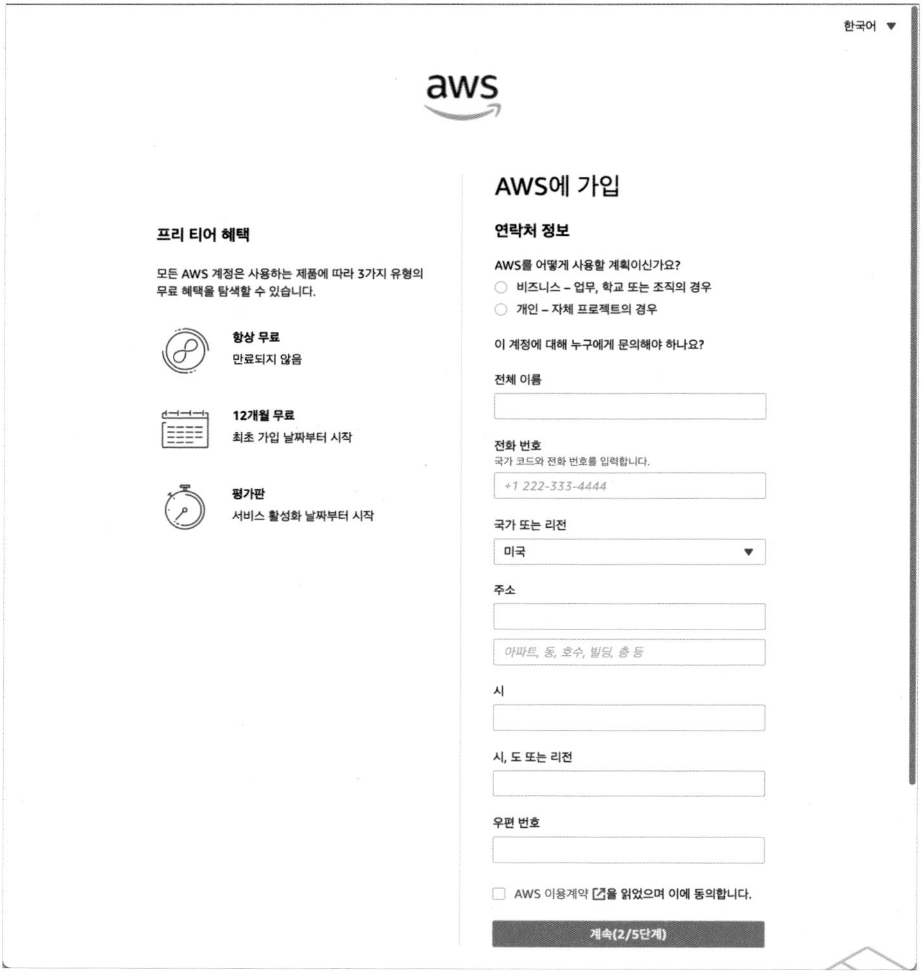
한국어
aws
AWS에 가입
프리 티어 혜택
모든 AWS 계정은 사용하는 제품에 따라 3가지 유형의 무료 혜택을 탐색할 수 있습니다.
항상 무료
만료되지 않음
12개월 무료
최초 가입 날짜부터 시작
평가판
서비스 활성화 날짜부터 시작
연락처 정보
AWS를 어떻게 사용할 계획이신가요?
비즈니스 – 업무, 학교 또는 조직의 경우
개인 – 자체 프로젝트의 경우
이 계정에 대해 누구에게 문의해야 하나요?
전체 이름
전화 번호
국가 코드와 전화 번호를 입력합니다.
+1 222-333-4444
국가 또는 리전
미국
주소
아파트, 동, 호수, 빌딩, 층 등
시
시, 도 또는 리전
우편 번호
AWS 이용계약 을 읽었으며 이에 동의합니다.
계속(2/5단계)

그림 A.3 가입 페이지 2

5. 결제 정보를 입력한다.

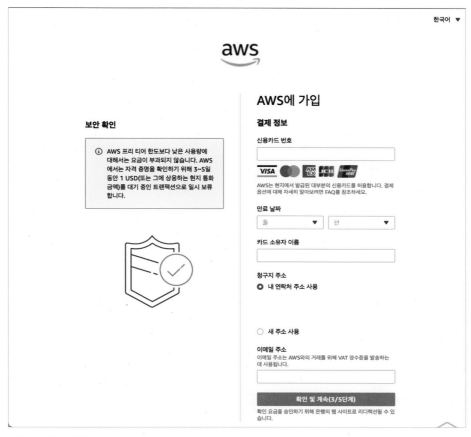

그림 A.4 가입 페이지 3

6. SMS 또는 전화로 본인 인증을 수행한다. SMS가 간단하므로 SMS 이용을 추천한다.

그림 A.5 가입페이지 4

7. Support 플랜을 선택한다. '기본 지원 – 무료'를 선택해도 실습에는 문제가 없으므로 무료를 선택한다. Support 플랜은 나중에라도 변경이 가능하다.

그림 A.6 가입 페이지 5

이상으로 계정 생성이 완료했다. 등록한 메일 주소로 환영 메일이 도착했을 것이다.

그림 A.7 가입 완료

바로 로그인을 한다. 'AWS Management Console로 이동' 버튼을 클릭하면 로그인 페이지로 이동한다. 또는 메인 페이지에서 '콘솔에 로그인' 버튼을 클릭해도 로그인 페이지로 이동한다.

로그인 페이지로 이동하면 어느 계정으로 로그인할지 선택할 수 있는데, 현재는 루트 사용자만 존재하므로 '루트 사용자'를 선택한 뒤 앞에서 등록한 메일 주소와 패스워드로 로그인을 완료한다.

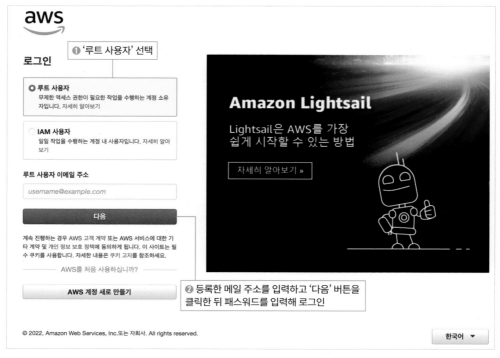

그림 A.8 로그인 페이지

로그인하면 다음과 같은 페이지가 표시된다.

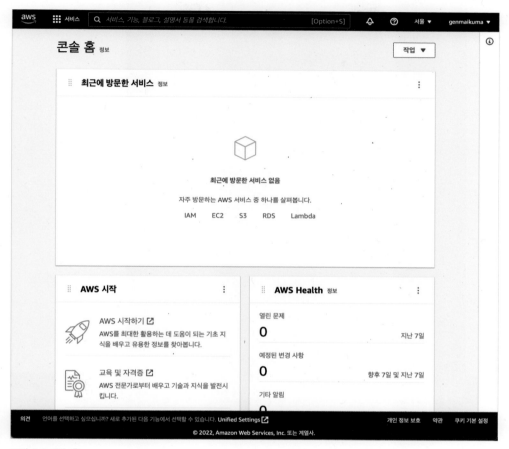

그림 A.9 콘솔 홈

화면 좌측 상단의 '서비스'를 클릭한 후 '모든 서비스'를 선택하면 알파벳 순으로 AWS의 모든 서
비스가 표시된다. AWS 서비스가 급속히 발전하며 서비스 목록을 한 화면에서 볼 수 없게 됐기
때문에 원하는 서비스를 바로 보는 것은 힘들어졌지만 상단의 검색 바를 이용해 원하는 서비스
로 쉽게 이동할 수 있다.

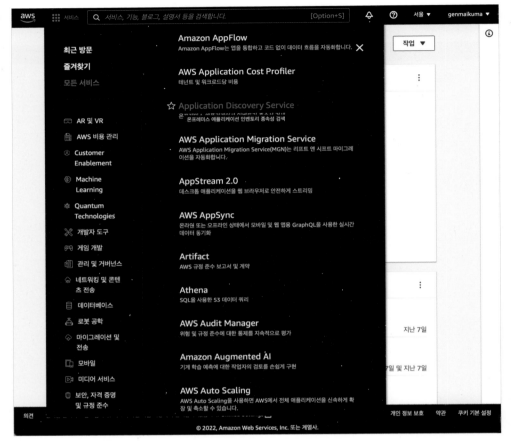

그림 A.10 서비스 목록(일부)

▷ MFA(Multi-Factor Authentication) 설정

AWS 관리 콘솔에 로그인한 뒤 가장 먼저 해야 할 것이 'MFA' 설정이다.

최근 무차별 대입 공격(ID와 패스워드를 목록화 한 뒤 하나씩 대입해 ID를 탈취하는 공격 기법)이 증가하고 있다. 이 공격에 대한 대처 방법 중 하나로 MFA(다요소 인증)를 사용한다. 계정을 방금 만든 이 시점에 사용자가 로그인한 계정은 '루트 사용자'라는, AWS의 모든 권한을 가진 관리자 계정이다. 만약 이 계정이 탈취당해 채굴이나 머신러닝 등 사용료가 비싼 서비스에 이용됐다면 한 달 뒤 막대한 금액이 청구될 수 있다.

AWS에서는 이런 사태를 피하기 위한 보안 모범 사례로 다음과 같은 내용을 사용자에게 권고하고 있다.

- 루트 사용자에는 MFA를 반드시 설정할 것

- 일상적인 작업이라면 관리 작업이라도 루트 사용자 계정을 이용하지 않음[1]

우선 상단의 검색 바에서 'IAM'을 입력해 IAM 서비스로 이동한다.

MFA가 설정되지 않았기 때문에 보안 권장 사항으로 MFA를 설정하라는 경고가 표시된다. 오른쪽의 'MFA 추가' 버튼을 클릭한다.

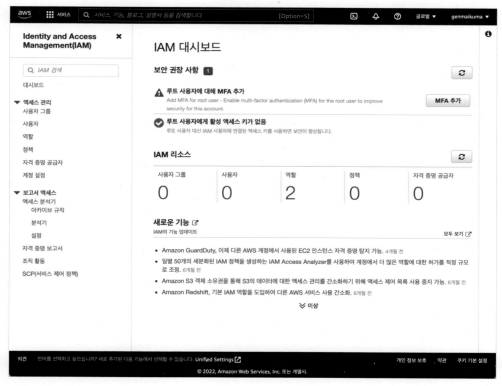

그림 A.11 IAM 서비스

---

1 https://docs.aws.amazon.com/ko_kr/IAM/latest/UserGuide/id_root-user.html

보안 자격 증명의 '멀티 팩터 인증(MFA)' 항목에 있는 'MFA 활성화' 버튼을 클릭한다.

그림 A.12 MFA 활성화 1

MFA 디바이스 관리에서는 '가상 MFA 디바이스'를 선택한다.

그림 A.13 MFA 활성화 2

가상 MFA 디바이스란 T-OTP(Time based One Time Password) 앱이 설치된 기기(PC, 스마트폰)를 뜻한다. 하드웨어 MFA 디바이스는 은행 등에서 인터넷 뱅킹용으로 사용하는 OTP 전용 기기를 생각하면 된다. 여기서는 스마트폰을 기준으로 설명한다.

소유하고 있는 스마트폰에 아래의 앱 중 하나를 설치한다. 마스터 패스워드를 통해 클라우드 백업 및 타 기기와 동기화가 가능한 Authy를 추천한다.

표 A.1 AWS의 MFA를 지원하는 앱 목록

Android	Authy, Duo Mobile, LastPass Authenticator, Microsoft Authenticator, Google Authenticator, Symantec VIP
iPhone	Authy, Duo Mobile, LastPass Authenticator, Microsoft Authenticator, Google Authenticator, Symantec VIP

그림 A.14 MFA 활성화 3

'QR 코드 표시'를 클릭하면 QR 코드가 화면에 표시된다. 이 QR 코드를 스마트폰에 설치한 앱으로 스캔한다. 스캔 후 스마트폰 앱에 30초 단위로 6자리의 숫자가 표시된다. 이 숫자를 MFA 코드 입력란에 입력한다. 이때 동일한 번호를 두 번 입력하는 것이 아니라 연속으로 생성된 2개의 코드를 MFA 코드 1과 2에 넣어야 한다(즉, 하나의 코드를 1에 먼저 입력하고 잠시 기다려 새로운 코드가 생성되면 그 코드를 2에 넣는다).

설정을 완료하면 IAM 대시보드로 돌아가본다. 처음에 표시된 MFA 설정 관련 경고가 사라진 것을 확인할 수 있다.

한 번 로그아웃한 후 MFA을 이용해 로그인이 잘 되는지 확인해본다.

그림 A.15 로그아웃

로그인을 시도하면 처음과 동일하게 메일 주소와 패스워드 입력을 요구한다. 메일 주소와 패스워드를 입력하면 그 후 MFA 코드를 입력하라는 화면이 표시된다. 앱을 실행해 앱 화면에 표시되는 코드를 입력하면 로그인이 완료될 것이다.

MFA는 매우 중요하니 관리에 주의해야 한다. MFA가 설치된 스마트폰은 패스워드로 보호해야 하며, MFA 자체도 데이터 분실이 일어나지 않도록 클라우드 백업 등을 통해 보호해야 한다.

기타 설정 사항

루트 사용자에 대한 보안 강화 설정을 한 뒤에도 몇 가지 해야 할 것이 있다. 여기서는 각 작업을 CloudFormation을 이용해 자동으로 설정한다.

우선 설정해야 할 내용에 대해 하나하나 살펴본다. 그 후 CloudFormation 템플릿을 이용해 실행한다.

IAM 사용자 생성

우선 IAM 사용자(AWS 관리 콘솔에서 이용할 사용자 계정)를 생성한다.

앞에서 설명한 것처럼 AWS를 조작할 때는 루트 사용자를 이용하지 않고 IAM 사용자를 사용하기 위해서다.

용도별로 세세하게 권한을 제어할 수 있고, 필요한 권한만 이용할 수 있도록 제한할 수 있기 때문에 IAM 계정이 탈취되더라도 피해를 줄일 수 있다. 개인 용도로 AWS를 사용하더라도 반드시 IAM 사용자를 생성해 루트 사용자를 사용하지 않도록 해야 한다.

여기서는 'sbcntr-user'라는 계정을 생성하고 'Administrator'라는 그룹에 소속하도록 설정한다. IAM 사용자를 그룹에 넣으면 동일한 역할을 갖는 IAM 사용자에게 간단하게 권한을 부여할 수 있기 때문이다.

Administrator 그룹을 만들고 권한 부여를 위해 IAM 정책을 부여한다. 여기서는 AWS가 관리하는 IAM 정책을 이용한다. 기본 조작이 가능한 'AdministratorAccess' 관리 정책을 부여한다. 마지막으로 Administrator 그룹에 sbcntr-user 계정을 추가하면 sbcntr-user 계정은 'AdministratorAccess' 관리 정책에 정의된 권한을 이용할 수 있게 된다.

패스워드 정책 설정

IAM 사용자가 설정할 패스워드의 규칙을 정하는 것도 가능하다. 패스워드 길이 제한, 문자 종류 제한, 패스워드 사용 기간 제한 등을 설정할 수 있다.

이 부분은 조직의 규칙이나 계정의 사용 용도에 따라 설정하기 바란다. 복잡한 패스워드를 사용하도록 정책을 설정했다 하더라도 MFA는 반드시 설정해야 한다.

AWS CloudTrail 활성화

생성한 AWS 계정을 누가, 언제, 어떻게 조작했는지 기록하는 것은 중요하다. 기록을 남겨두면 예상하지 못한 문제가 발생했을 때의 원인을 찾거나 변경 관리, 해킹 감시 등 다양한 용도로 이용할 수 있다.

AWS 조작은 AWS 관리 콘솔, AWS CLI, AWS SDK 등 여러 방법이 있다. 하지만 어떤 방법을 이용하더라도 모두 API를 통한 조작이다. 즉, API 조작을 감시하면 어떤 방법을 이용하더라도 조작 감시가 가능하다.

AWS CloudTrail을 활성화하면 자동으로 API 조작을 감시한다. 이 설정은 반드시 활성화해 둔다.

각종 설정 변경

이제 템플릿 파일을 이용해 CloudFormation을 실행한다. AWS 관리 콘솔 상단의 검색 바에서 'CloudFormation'을 검색해 해당 서비스로 이동한다. 리전은 '서울'을 선택한다.

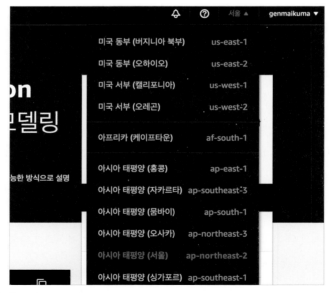

그림 A.16 '서울' 리전을 선택

템플릿 파일은 부록의 /cloudfformations/appendix1.yml이다.

'스택 생성'을 클릭해 CloudFormation을 실행한다. 다음 그림과 같이 작업을 진행한다.

그림 A.17 각종 설정 적용 1

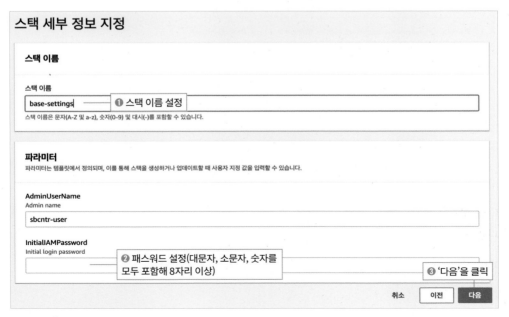

그림 A.18 각종 설정 적용 2

스택 옵션 구성

태그

스택의 리소스에 태그(키-값 페어)를 지정할 수 있습니다. 각 스택에 최대 50개의 고유한 태그를 추가할 수 있습니다. 자세히 알아보기 [↗]

키	값	제거

태그 추가

▶ 알림 옵션

▼ 스택 생성 옵션

제한 시간
스택 생성 시간 초과 전 시간(분)입니다.

분	≎

종료 방지
스택이 실수로 삭제되는 것을 방지합니다. 일단 생성되면 스택 작업을 통해 이를 업데이트할 수 있습니다.

○ 비활성

◉ 활성화됨   ❶ 실수로 삭제되는 것을 방지
하기 위해 '활성화됨' 선택   ❷ '다음'을 클릭

취소   이전   **다음**

그림 A.19 각종 설정 적용 3

ⓘ **The following resource(s) require capabilities: [AWS::IAM::Group, AWS::IAM::Role]**

이 템플릿에는 Identity and Access Management(IAM) 리소스가 들어 있습니다. 각 리소스를 생성할 것인지 그리고 그러한 리소스가 필요한 최소 권한을 가지고 있는지 확인합니다. 또한 이러한 리소스는 사용자 지정 이름을 가집니다. 사용자 지정 이름이 해당 AWS 계정에서 고유한지 확인합니다. 자세히 알아보기 [↗]

☑ **AWS CloudFormation**에서 사용자 지정 이름으로 IAM 리소스를 생성할 수 있음을 승인합니다.   ❷ '스택 생성' 클릭

❶ 체크   취소   이전   변경 세트 만들기   **스택 생성**

그림 A.20 각종 설정 적용 4

검토 화면에서 설정 내용을 확인하고 CloudFormation을 실행한다.

CloudFormation 대시보드로 돌아가 스택 상태가 'CREATE_COMPLETE'로 변경될 때까지 기다린다.

'CREATE_COMPLETE'로 변경되면 각 자원이 생성됐는지 확인한다.

- IAM 그룹

- IAM 사용자

- 패스워드 정책

- CloudTrail용 S3 버킷

- CloudTrail 로그

IAM 사용자 패스워드 변경 및 MFA 설정

마지막으로 CloudFormation에서 생성한 IAM 사용자로 로그인해 패스워드를 변경하고 MFA를 설정한다.

현재 로그인된 계정에서 로그아웃한 뒤 IAM 사용자로 로그인한다.

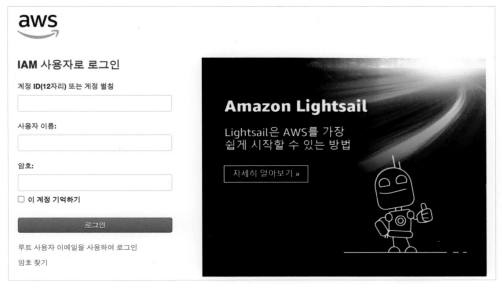

그림 A.21 IAM 사용자로 로그인[2]

앞서 설정한 패스워드로 로그인을 시도하면 초기 패스워드를 변경해야 이용할 수 있다는 문구가 표시된다. 현재 패스워드 정책은 대문자와 소문자, 숫자, 특수문자 중 세 종류 이상을 포함해 8자리 이상으로 설정하게 돼 있으므로 이 요건에 맞는 패스워드로 변경한다.

---

2   (옮긴이) 계정 ID(12자리)는 루트 사용자 계정에서 확인할 수 있다. 우측 상단에 있는 사용자 이름을 클릭해서 나오는 12자리 숫자가 계정 ID다.

비밀번호를 변경해야 계속 사용할 수 있습니다

AWS 계정

IAM 사용자 이름   sbcntr-user

이전 비밀번호

새 비밀번호

새 비밀번호 재입력

비밀번호 변경 확인

루트 사용자 이메일을 사용하여 로그인

그림 A.22 첫 로그인 시 패스워드 변경 요청

이후 MFA 설정은 루트 사용자 설정을 참조해 설정한다.

이상으로 계정 생성 및 설정을 마친다. 여기서는 최소한의 보안 설정만 했으나 고액 청구를 방지하기 위해 이용 요금에 대한 알림, 자원 변경을 탐지하는 AWS Config, AWS 계정과 워크로드를 보호하기 위한 Guard Duty 등 설정해두면 안심하고 사용할 수 있게 해주는 서비스도 존재한다.

이용 용도에 따라 적절하게 서비스를 이용해 안전하게 AWS를 이용하기 바란다.

생성한 자원 삭제

이 책의 4장과 5장의 실습에서는 AWS 서비스를 이용해 많은 자원을 생성한다. AWS는 자원을 사용한 만큼 요금이 발생하는 종량 과금 방식(Pay-as-you-go)이므로 실습으로 생성한 자원을 삭제하지 않고 방치하면 계속 요금이 발생한다. 생각하지 못한 비싼 월 요금이 발생하는 것을 피하기 위해서도 실습에서 생성한 자원은 모두 삭제해야 한다.

본문의 실습에서 생성하는 자원은 모두 'sbcntr'이라는 접두사를 붙여 설명했다(IAM 등 일부 자원 제외). 따라서 지금까지 이용했던 AWS 서비스를 하나씩 열어 해당하는 자원을 삭제해야 한다.

하지만 삭제 방지 설정이 돼 있거나 다른 자원이 해당 자원을 참조하는 방식으로 설정된 경우 제대로 삭제되지 않으며, 서비스를 하나씩 열어 확인하고 삭제하는 것도 귀찮은 일이다. 이에 이 부록에서는 실습에서 생성한 각 서비스 목록과 각 자원의 삭제 순서를 설명한다.

▷ 생성한 자원군

실습에서 생성한 자원을 서비스별로 목록으로 정리하면 다음 표와 같다.

표 B.1 실습에서 이용한 AWS 서비스

장	서비스	비고
4	Cloud9	
5	CodePipeline	
4	CodeDeploy	
5	CodeBuild	
4	ECR	
4	ECS	
4	Cloud Map	
4	RDS	
4	Load Balancer	
4	CloudWatch	

장	서비스	비고
5	S3	
4	IAM	
5	WAF	
5	Systems Manager	
4	Secrets Manager	
4	VPC 엔드포인트	VPC보다 먼저 삭제
4	CloudFormation	
4	EC2	보안 그룹
4	VPC	VPC, 서브넷, 라우팅 테이블, 인터넷 게이트웨이

실습에서는 콘솔에서 생성한 서비스와 CloudFormation에서 생성한 서비스가 있다. 순서대로 삭제해 나간다.

▷ 각종 서비스 삭제

각 서비스 대시보드에 이동하는 부분은 생략한다. 다른 서비스(프로덕트)를 함께 실행하고 있는 계정이라면 기존 자원을 삭제하지 않도록 주의해야 한다.

Cloud9

1. 왼쪽 내비게이션 메뉴의 'Your environments'에서 대상 인스턴스를 선택한다.

2. 'Delete' 버튼을 클릭해 팝업 설명에 따라 삭제한다.

3. 삭제 처리가 진행된다. 시간이 걸리는 작업이므로 잠시 후 Cloud9 대시보드를 새로고침해 삭제 여부를 확인한다.

Code 시리즈

이 항목에서 모두 삭제한다.

CodePipeline

1. 왼쪽 내비게이션 메뉴의 '파이프라인'을 선택해 표시되는 화면에서 대상 파이프라인(sbcntr-pipeline)을 선택한다.

2. '파이프라인 삭제'를 클릭해 팝업 설명에 따라 삭제한다. 'delete'를 입력하고 체크 박스는 그대로 두고 '삭제' 버튼을 클릭한다.

CodeDeploy

1. 왼쪽 내비게이션 메뉴의 '애플리케이션'을 선택해 표시된 화면에서 대상 애플리케이션 링크를 선택한다.

2. '배포 그룹' 탭을 선택해 대상 배포 그룹의 링크를 선택한다.

3. '삭제' 버튼을 클릭해 팝업 설명에 따라 삭제한다.

CodeBuild

1. 왼쪽 내비게이션 메뉴의 '빌드 프로젝트'를 선택해 표시된 화면에서 대상 프로젝트(sbcntr-codebuild)를 선택한다.

2. '빌드 프로젝트 삭제'를 클릭해 팝업 설명에 따라 삭제한다.

CodeCommit

1. 왼쪽 내비게이션 메뉴의 '리포지토리'를 선택해 표시된 화면에서 대상 리포지토리(sbcntr-repo)를 삭제한다.

2. '리포지토리 삭제'를 클릭해 팝업 설명에 따라 삭제한다.

이상으로 Code 시리즈의 모든 자원 삭제를 완료했다.

ECR

1. 왼쪽 내비게이션 메뉴에서 '리포지토리'를 선택한다

2. 다음 리포지토리를 선택하고 '삭제' 버튼을 클릭한다. 팝업 설명에 따라 삭제한다.

```
sbcntr-backend
sbcntr-frontend
sbcntr-base
```

이상으로 ECR 자원 삭제를 완료했다.

ECS

먼저 프런트엔드 ECS를 삭제한다. 프런트엔드 애플리케이션과 Fargate Bastion ECS 작업을 삭제한 뒤 ECS 클러스터를 삭제한다.

1. 왼쪽 내비게이션 메뉴에서 '클러스터'를 선택한다
2. 'sbcntr-frontend-cluster'를 선택한다.
3. '작업' 탭을 선택한 뒤 모든 작업을 체크하고 '정지' 버튼을 클릭한다.
4. 작업이 정지된 것을 확인한다.
5. '클러스터 삭제' 버튼을 클릭한다. 팝업 설명에 따라 삭제한다.
6. 클러스터가 삭제된 것을 확인한다.

다음으로 백엔드 ECS를 삭제한다.

7. 'sbcntr-backend-cluster'를 선택한다.
8. '서비스' 탭을 선택해 대상 서비스(sbcntr-ecs-backend-service)를 체크한 뒤 '삭제' 버튼을 클릭한다.
9. 'sbcntr-ecs-backend-service'의 서비스 검색 부분도 함께 삭제하도록 체크 박스를 체크하고 이후 설명에 따라 삭제를 진행한다.
10. 서비스가 삭제된 것을 확인한다.
11. '클러스터 삭제'를 클릭해 팝업 설명에 따라 삭제한다.
12. 클러스터가 삭제된 것을 확인한다.

이상으로 ECS 자원 삭제를 완료했다.

Cloud Map

명시적으로 생성한 자원은 아니므로 잊어버리는 경우가 많은 자원이다. 이는 ECS 서비스를 생성할 때 '서비스 검색'으로 생성된 자원이다. Cloud Map 서비스로 이동해 삭제를 진행한다.

1. '네임 스페이스' 화면에 표시된 'local' 링크를 클릭한다.

2. '서비스' 블록 안에 있는 'sbcntr-ecs-backend-service'를 선택해 '삭제'를 클릭한다. ECS 서비스 삭제를 할 때 함께 삭제해 이미 서비스가 없는 경우 이 절차는 생략한다.

3. 화면 상단의 '삭제'를 클릭한다.

이상으로 Cloud Map 삭제를 완료했다.

RDS

1. 왼쪽 내비게이션 메뉴의 '데이터베이스'에서 대상 클러스터(sbcntr-db)를 선택한다.

2. 'sbcntr-db'를 체크한 뒤 '수정' 버튼을 클릭한다.

3. 가장 밑에 있는 '삭제 방지' 부분에서 '삭제 방지 활성화' 체크를 지우고 '계속' 버튼을 클릭한다.

4. '수정 예약' 항목에서 '즉시 적용'을 선택하고 '클러스터 수정'을 클릭한다. 1분 정도 시간이 소요된다.

5. sbcntr-db 트리에서 역할이 '리더 인스턴스'인 데이터베이스를 선택한다.

6. '작업' 풀 다운 메뉴에서 '삭제'를 클릭한다.

7. 같은 방법으로 역할이 '라이터 인스턴스'인 데이터베이스도 삭제한다. 마지막 스냅숏 작성 여부에는 체크하지 않고, 삭제 승낙 여부에는 체크한 뒤 삭제한다.

RDS 삭제는 시간이 오래 걸린다. 역할이 '리전 클러스터'로 된 항목의 상태가 '삭제 중'으로 표시되면 삭제가 거의 완료된 것이다. 이후 화면을 새로 고쳐 RDS가 완전히 사라졌는지 확인한다.

이상으로 RDS 자원 삭제도 모두 완료했다.

로드 밸런서

1. EC2 서비스의 내비게이션 메뉴에서 '로드 밸런서'를 선택한다.

2. 내부용 로드 밸런서(sbcntr-alb-internal)를 선택하고 '리스너' 탭에서 모든 리스너에 체크한 뒤 '삭제'를 클릭한다.

3. 인터넷용 로드 밸런서(sbcntr-alb-ingress-frontend)도 같은 방법으로 리스너를 삭제한다.

4. 'sbcntr'로 시작하는 모든 대상 그룹을 선택해 '작업' → '삭제'를 클릭한다.

5. 로드 밸런서로 돌아가 'sbcntr'로 시작하는 모든 로드 밸런서를 선택하고 '작업' → '삭제'를 클릭한다.

이상으로 로드 밸런서 삭제를 완료했다.

CloudWatch

1. 왼쪽 내비게이션 메뉴에서 '로그 그룹'을 선택한다.

2. 'sbcntr'로 시작하는 로그 그룹을 전부 선택해 '작업' → '삭제'를 클릭한다.

이상으로 CloudWatch 자원 삭제를 완료했다.

S3

1. 왼쪽 내비게이션 메뉴에서 '버킷'을 선택한다.

2. 'sbcntr'로 시작하는 로그 기반용 버킷, 'codepipeline-ap-northeast-2'로 시작하는 CodePipeline용 버킷을 삭제한다.

3. S3 버킷은 객체가 있을 때는 삭제할 수 없으므로 버킷을 모두 비운 뒤 진행한다.

4. '삭제'를 클릭해 팝업 설명에 따라 삭제한다.

이상으로 S3 삭제를 완료했다.

IAM

1. IAM 서비스 왼쪽 내비게이션 메뉴에서 '역할'을 선택한다.

2. 필터에서 'sbcntr'이라는 문자열이 들어간 역할만 표시하도록 한다.

3. 필터링된 역할을 모두 선택해 '삭제'를 클릭한다.

4. 내비게이션 메뉴에서 '정책'을 선택한다.

5. 필터에서 'sbcntr'이라는 문자열이 들어간 정책만 표시하도록 한다.

6. 정책을 선택해 '작업' → '삭제'를 클릭한다.

7. 정책의 경우, 전체 선택은 되지 않으므로 6번 작업을 반복해야 한다.

이상으로 IAM 정책 및 역할 삭제를 완료했다.

WAF

1. WAF & Shield 서비스 왼쪽 내비게이션 메뉴에서 'Web ACLs'를 선택한다.

2. 리전 선택 드롭다운 메뉴에서 'Asia Pacific(Seoul)'을 선택한다.

3. 대상 Web ACL을 선택해 'Delete' 버튼을 클릭해 팝업 설명에 따라 삭제한다.

이상으로 WAF 삭제를 완료했다.

Systems Manager

1. Systems Manager 서비스의 왼쪽 내비게이션 메뉴에서 '플릿 관리자'를 선택한다.

2. '계정 관리' → '인스턴스 티어 설정'을 클릭한다.

3. '계정 설정 변경' 버튼을 클릭해 나타나는 팝업에서 Standard 인스턴스 티어로 변경한다는 내용의 체크 박스에 체크하고 '설정 변경' 버튼을 클릭한다.

4. 관리형 노드의 목록 중에 'mi'로 시작하는 인스턴스를 체크한다.

5. '노드 작업' → '이 관리형 노드 등록 취소'를 클릭해 등록을 취소한다.

이상으로 Systems Manager 관련 설정을 완료했다.

Secrets Manager

1. Secrets Manager 서비스로 이동해 '보안 암호' 항목에 생성한 'sbcntr/mysql' 항목을 클릭한다.

2. '보안 암호 세부 정보' 항목의 '작업' 풀다운 메뉴를 클릭해 '보안 암호 삭제'를 클릭한다.

3. 보안 암호는 즉시 삭제되지 않고 7~30일간의 대기 기간을 입력해야 하므로 '7'일로 설정해 '삭제 예약' 버튼을 클릭한다.

4. '이 보안 암호는 삭제하도록 예약되어 있습니다.'라고 표시되는 문구를 확인한다.

이상으로 Secrets Manager 삭제를 완료했다.

VPC 엔드포인트

1. VPC 서비스의 왼쪽 내비게이션 메뉴에서 '엔드포인트'를 선택한다.

2. 'sbcntr'로 시작하는 VPC 엔드포인트를 선택한다. 일괄 삭제는 되지 않으므로 하나씩 작업을 반복해야 한다.

3. '작업' → '엔드포인트 삭제'를 클릭한다. 팝업 설명에 따라 삭제한다.

4. 이후 3번 작업을 반복한다.

이상으로 VPC 엔드포인트 삭제를 완료했다.

CloudFormation과 관련된 네트워크 관련 서비스

1. CloudFormation 서비스의 왼쪽 내비게이션 메뉴에서 스택을 선택한다.

2. 'sbcntr-frontend-stack'이라는 이름이 붙은 스택을 선택한다.

3. '삭제' 버튼을 클릭한다.

4. 스택이 'DELETE_IN_PROGRESS' 상태로 변하며 삭제가 시작된다. 삭제가 완료되면 목록에서 사라진다.

5. 이어서 'sbcntr-base'라는 이름이 붙은 스택을 선택한다.

6. 마찬가지 방법으로 스택을 삭제한다.

EC2(보안 그룹)

실습에서 컨테이너 설계와 관련이 깊지 않은 기본 서비스는 CloudFormation에서 구축했다. 보안 그룹도 그중 하나다. CloudFormation에서 자원 삭제를 완료했다면 보안 그룹의 모든 자원도 삭제된다. 만약을 위해 EC2 서비스에서 '보안 그룹' 항목을 확인해 보기 바란다.

VPC

VPC도 보안 그룹과 마찬가지로 CloudFormation에서 구축했으므로 CloudFormation 삭제 작업으로 함께 삭제된다. 만약을 위해 VPC 서비스에서 VPC, 서브넷, 라우팅 테이블, 인터넷 게이트웨이를 살펴보기 바란다.

정리

이상으로 모든 자원을 삭제했다.

ㄱ – ㅅ

ㅇ – ㅎ